ロナルド・ドゥウォーキン

宇佐美　誠訳

裁判の正義

木鐸社

日本語版への序文

　本書の序論の末尾近くで，法と道徳の関係という古くからの問いに関して，法理学・法哲学の多くの学徒にとって過激だと思われるだろう示唆を行った。そうした示唆を私の近刊書『ハリネズミにとっての真理』(*Truth for Hedgehogs*)[1]でいくらか詳しく発展させるが，しかし本書の日本の読者にはその示唆に関して若干のことを述べたい。上記の問いに法律家がアプローチする正統派的構図は，次のようなものである。「法」と「道徳」は相異なった諸規範の集まりを記述している。その相違点は深く重要である。法は特定の共同体に属するが，道徳はそうではない。道徳は，あらゆる人に対して定言的な力をもつ一組の諸標準ないし諸規範からなるのである。法は，少なくともその大部分においては，相異なった種類の偶然的な決定や実践を通じて人間によって作られる。イングランドにおいて，人々が自分の過失による行為によって他者を害するときには，その他者に賠償するよう法が人々に要求するということは，偶然的事実である。道徳は，（一部の見解では，神によって作られるのを除いて）誰によっても作られず，人間のどんな決定にも実践にも偶然的なものではない。他者を過失によって害した人々が，その他者に賠償できる場合には賠償する責務を負っているということは，偶然的でなく必然的な事実である。

　こうした2つの体系という正統派の構図には深い瑕疵があると，私は信じている。相分離した諸規範の体系を構成するものとして法と道徳をいったん捉えると，その2つの体系と想定されているものの間の結びつきを判定しうるいかなる中立的視点もないことになる。3つの立場を区別できるだろう。自然法論，実証主義，解釈主義である。これらはそれぞれ，法を上回る拒否権を道徳が提供する，法が道徳から独立している，法的推論の解釈を通じて道徳が法に入ってくると考えている。これらの説明のどれが最も精確であるか，あるいは他の仕方でよりよいかという問いに対するわれわれの解答のために，どこに向かえばよいのだろうか。この問いは道徳的な問いだろうか，あるいは法的だろうか。どの答えを選択しても，あまりにも短い半径の循環論法を生んでしまう。

　法と道徳を相分離した2つの体系として数え上げ，次にその2つの体系の

相互連関を追究するか否定するという古い構図を棄て去らなければならない。この構図を1つの体系という構図でおきかえなければならない。法は道徳の一部分ないし一側面だという構図である。そうした構図は，一部の読者には馬鹿げたものだと聞こえ，他の読者にはパラドックスに聞こえ，残りの読者には冗談だと聞こえるだろう。その構図は，厚かましく大げさな形態の自然法の理論だという印象を与えるかもしれない。なぜなら，その構図は，ある共同体の法が，つねにまさしくその法がそうであるべきところのものだと力説しているからである。私が念頭においているのは，それよりもはるかに革命的でない，あるいは反直感的でないものである。道徳には相異なった諸部門があるが，それにもかかわらずそれらはすべて道徳の諸部門であるという考えに，われわれは慣れている。われわれは，個人道徳が個人倫理から流れ出していることや，政治道徳が個人道徳から流れ出していることを受け入れている。そうした樹木構造のなかに法を容易におくことができる。法は政治道徳の一支脈ないし一区分なのである。

　法が政治道徳の残部からどのように区別されるべきか――これら2つの解釈的概念が，一方が他方の単なる一部分として示されるためにはどのように区別されるべきかはそれ自体，解釈的な問いである。分別あるどんな答えも，制度化という現象を強調するだろう。政治道徳それ自体が有用な範疇として現れてくるのは，政治制度が現れてくるときだけである。法が政治道徳から現れてくるのは，制度的実践が次のようにすることによって，一定の方向で洗練されたものとなったときだけである。すなわち，支配者と市民の両方が，他とは別個の仕方で政治権力の過去の行使から導き出される責務を負っているという点，またこれらの新たな責務は，当該の歴史が実際と異なっているとすれば，支配者と市民の両方が負っていただろう責務を拡張したり，それと矛盾したり，それに代替したりしうるという点を主張するのが適切であるようにすることによってである。そうした過程にはいかなる神秘的ないし形而上学的なものもない。その過程はいかなる創発的な力も想定していない。その過程は，法が何であるかに関する問いと法が何であるべきかに関する問いとの別個性を否定しない。それは，2つの体系という構図がもつ循環性を被っていないモデルである。なぜなら，その過程は当初から，法が道徳の残余にどのように関係するかという問いは終局的には道徳的な問いであると仮定しているからである。

目　次

日本語版への序文……………………………………………………… 3

序論　法と道徳 ……………………………………………………11

　ありうる交差の短い目録　（16）
　ソレンソンの事案　（18）
　意味論的段階　（20）
　法理学的段階　（24）
　学理的段階　（25）
　裁決的段階　（30）
　法的プラグマティズム　（33）
　道徳的多元論　（38）
　政治的な学理的実証主義　（39）
　分析的な学理的実証主義　（43）
　法哲学　（47）
　最後の提案　（48）

第1章　プラグマティズムと法 ……………………………………51

　新プラグマティズム　（51）
　正解の寄せ集め　（58）
　フィッシュと実践の微妙さ　（60）

第2章　理論をたたえて ……………………………………………67

　序論　（67）
　埋め込み的見解　（70）
　ヘラクレスとミネルウァ　（72）
　シカゴ学派　（76）
　要約：理論を擁護して　（94）

第3章　ダーウィンの新手の勇猛な飼い犬 ……………………97

切迫した問い　(97)
道徳の独立性　(98)
「道徳理論」とは何か　(101)
「強い」テーゼ　(105)
「弱い」テーゼ　(108)
新プラグマティズム　(113)
補論：プラグマティズムとブッシュ対ゴア事件　(120)

第4章　道徳的多元論 ………………………………………135

第5章　原意主義と忠誠 ……………………………………151

第6章　ハートの補遺と政治哲学の要点 ……………………179

アルキメデス主義者　(179)
政治的概念　(185)
法　(206)
リーガリティという価値　(213)

第7章　30年間も続いて ……………………………………235

序論　(235)
ピックウィック流の風変わりな実証主義　(237)
プトレマイオス流の天動説的実証主義　(249)
実証主義と偏狭心　(264)
補論：個人的特権で述べたい論点　(270)

第8章　法の諸概念 …………………………………………279

意味論の毒牙　(279)
ドゥウォーキンの誤謬　(282)
法の諸概論についてのラズの見解　(283)
学理的法概念と分類学的法概念　(290)

第9章　ロールズと法 …………………………………301
　法哲学者としてのロールズ　(301)
　法哲学の本性　(304)
　法とは何か　(308)
　法的推論への制約　(313)
　立憲主義　(317)
　真理と客観性　(322)
　告白　(324)

原　注 ……………………………………………………325

訳　注 ……………………………………………………358

訳者あとがき ……………………………………………363

初　出 ……………………………………………………374

索　引 ……………………………………………………375

裁判の正義

序論　法と道徳

　オリヴァー・ウェンデル・ホウムズが最高裁判所の陪席裁判官だったとき，裁判所に向かう際に，若き日のラーニド・ハンドを馬車に乗せてやった。ハンドは自分の目的地に着き，去ってゆく馬車に手をふって，陽気にこう呼びかけた。「判事，正義を行って下さいよ！」。ホウムズは馬車を止め馭者にぐるりと方向転換をさせて，驚いているハンドのところに戻ってきた。そして，窓から身を乗り出して言った。「それは私の仕事じゃないんだよ！」。それから，馬車は方向転換して去っていった。馬車はホウムズを，彼の主張によれば正義を行わない仕事へと連れ帰ったわけである。
　裁判官の道徳的確信は，法が何であるかに関するその裁判官の判断にどのように関わるべきだろうか。その問いに対して，弁護士，社会学者，法哲学者，政治家，そして裁判官はみなそれぞれ答えをもっている。これらの答えは，「まったく関わらない」から「つねに関わる」にまでわたる。私は自分自身の答えをもっており，その答えを過去30年以上にわたって著書や論文で擁護してきた。異なった仕方と異なったレベルで私に同意せず，また同意しあっていない数人の学者の理論を，本書にいま集められている諸論文では論考している。この「序論」では，私自身の見解のさやに包まれたほどの要約を提供する。また，私が誤っており，批判者たちが正しいのかもしれない相異なったレベルと仕方の一覧図を提供する。
　不幸なことに，"law"（法）という英単語や他の諸言語での同義の単語は，多くの異なった仕方で用いられており，それらの単語を用いて展開する別個の概念は数多くあり，そしてこれらの概念の間の相互関係には問題があり論争の余地がある。そのため，法と正義の間の結びつきに関する相異なった理

論はしばしば，きわめて相異なった種類の問いへの答えである。こうした意味論上の不運は，法理論のなかにあまたの混乱を引き起こしてきた。本書の諸論文は主として，私が学理的意味と呼ぶものに関するものである。その諸論文は，ある場所での「法」の概念，すなわち特定の効果をもっている実体という概念を探査する。例えば，ロード・アイランド州法の下では，12歳未満の者によって署名された契約は無効であるとか，あるいはより論争の余地あることだが，アメリカ憲法典は大統領に，テロリズムの嫌疑がかかっている外国人を拷問するように命令することを許しているとかと述べるとき，われわれは学理的概念を用いている。われわれは全員，この種の主張，すなわち法が何を要求し禁止し許容し創造するかに関する主張を行っている。われわれは，そのような主張を擁護する際に，重要な関連性のある種類の議論に関する多数の仮定，そしてまたそのような主張が真であるときそれに続いて生じる帰結に関する多数の仮定を共有している。

　その共有された理解の一部分として，ロード・アイランド州法では，年少の未成年によって署名された契約は無効であるということが真であるかどうかを決める際に，同州の立法機関が過去に何を制定し，ロード・アイランドの裁判官が過去に判決で何を書いたかには重要な関連性があることを，われわれは理解している。そしてまた，ロード・アイランドの裁判官が12歳の被告に対して契約違反に対する損害賠償を命じるべきかどうかは，〔ロード・アイランド州法では，年少の未成年によって署名された契約は無効であるという〕その命題が真であるかどうかに大いに左右されるということを，われわれは理解している。そのような仮定や信念の複雑なネットワークにおいて，法命題は重要な役割を果たしており，その役割から自らの意味を分かちもつ。法命題がいつ真となるかを決める際に，裁判官や他の人たちが用いるべきテストのなかに，道徳的テスト——例えば，年少の子供が契約を結べないようにするとすれば，それは賢明で正義にかなった政策だろうか，あるいは拷問はつねに道徳的に不正だろうかと問う道徳的テスト——が含まれているかどうかは明らかに，最大の実践的重要性をもった論点である。この論点をいくらかいっそう形式的に述べてもよい。法命題の真理条件，すなわち法命題を真とするために成立していなければならない条件のなかに，道徳的規準は果たして含まれているのか，またそうならばいつ含まれているのかを決めることは，重要である。このことは，わが国のような政治共同体では，すなわち

重要な政治的決定が裁判官によってなされ，その裁判官は，真なる法命題によって要求されるか免許を与えられるようにのみ判決を下す責任を負うと考えられている政治共同体では，とりわけ重要である。そのような政治共同体では，どの命題が真であるかを決めるために裁判官が道徳を見やらなければならないかどうか，またいつ見やるべきかは，とりわけ重要となる。

　だが，この学理的法概念と，密接にそれと連携しているにもかかわらず異なった諸概念とを混同しないよう，細心の注意を払わなければならない(1)。社会学的法概念もまたある。われわれは，特定のタイプの制度的社会構造に名を与えるために「法」という語を用いる。例えば，その社会学的概念を用いて，原始的な部族社会で法がいつ初めて現れたか，あるいは商業は法なしで可能であるかと問うかもしれない。相異なった社会理論は，この社会学的意味での法を同定するためにいくらか相異なったテストを用いる。例えば，マックス・ヴェーバーは，強制的実行の特化された制度がないところでは，法は存在しないと述べたし(2)，またロン・フラーは，手続的正義の一定の最小限の要求が満たされないかぎり，法はないと述べた(3)。

　どのような種類の社会構造が法体系として数え入れられるかについての正確な定義を規定することは，さまざまな目的にとって助けとなり，あるいは本質的に重要でさえあるだろう。その目的とは，予測的な社会科学を促進すること，調査プロジェクトを系統立てること，ある仕方で——多分さまざまな社会的パターンの間の相関性を示すことによって——歴史に光をあてること，一定の実践または制約がもつ道徳的重要性を強調することである。だが，社会的な種類の何か自然な区別があって，その区別は法的構造を，その区別が捉えようとしている何か本質的な本性をまさに自らのなかにもっているものとして識別するのだと考える誤りを犯してはならない。第6章で説明するように，官僚制・実力主義・婚姻・法のような相異なった形態の社会制度についてのわれわれの概念は，その本質的な本性が物理的または生物的な構造あるいは何かそれに匹敵するものによって与えられるという自然種の概念ではない。われわれは——専門家も非専門家も同じように——法についての大まかな社会学的概念を確かに共有している。もしも天文動物学者が，遠く離れた惑星で自分が発見した知性的だが人間でない動物の集団には，ある種の法体系があると報告するならば，われわれはほぼ全員，一定の憶測をすることだろう。しかし，その集団が明確な強行の制度をもたないとか，その惑星

では事後法が稀な例外でなく当たり前であるとか，その集団の公務員が道徳的に正統な権威をもつと決して主張しないとかということが発見された場合に，その集団は本当に法体制をもっているかどうかについて論じることは馬鹿げていると，われわれは考えるだろう。通常は，大まかな実用的観念が提供するよりも正確な「法体系」という語の定義を問い求めることは，不必要だと考えられている。すでに述べたように，天文学者，社会学者，道学者は，調査上または分類上の効率性を達成するのに役立つ，より精巧な概念定義を見出すかもしれないが，これらの人たちが通常の用法を犯すことなく，より精巧な定義を規定することができるための十分な余地が，われわれの大まかな理解のなかにある。例えば，自分がしていることを言う際に，自分がどのような社会学的論点または道徳的論点を指摘しているかを明らかにするかぎりでは，概念上または意味論上の誤りを犯すことなく，ナチスには法があったともなかったとも言うことができるのである(4)。

　社会学的概念には境界線があることを否定しようとしているのではない。もし誰かが，ぺろぺろキャンディーなり〔トランプ遊びの〕「魚釣り」ゲームなりが法的構造の一例だと言うならば，その人は普通の種類の誤りを犯しているわけではないだろう。その人は，何か異なった概念を用いているか，あるいはわれわれがもっている概念をまったく誤解しているかのどちらかだろう。学理的法概念は，次の仕方で社会学的概念の境界線のなかに現れる。それは，社会学的意味での法体系がどのような権利または義務を承認しているかと問うことが有意味でないかぎり，どんなものも社会学的意味での法体系ではないという仕方である。そのことは，〔学理的と社会学的という〕二つの概念の間の重要な相互の結びつきである。しかし，その関係は互酬的ではない。権利または義務を展開するあらゆる規範集合が，法の事例だというわけではないのである。「魚釣り」は，そのような〔権利または義務を展開するという〕仕方で構造化されている。そのゲームでプレーヤーはいつカードの山から一枚を抜かなければならないかと問うことは，確かに意味をなす。ナチスには法体系があったということが，さまざまな理由により否定されるかもしれないが，それにもかかわらずナチス法と推定されたものが認めた権利義務は何かという問いに答えることはできる。だから，学理的概念を利用しうることは社会学的概念を確定するにはいたらない。

　そうすると，社会学的法概念は学理的法概念とはきわめて異なった哲学的

身分をもっていることになる。通常，前者の社会学的法概念の不明確な境界線が解消されるか，またどのように解消されるか次第であるものはほとんどないが，しかしもちろん，すでに述べたように，後者の学理的法概念をどのくらい正確に理解するか次第で決まるものは多数ある。また，学理的概念を，それとは異なった，主として 2, 3 名の法哲学者が用いている概念から区別しなければならない。これは分類学的法概念である。この法概念では，社会学的意味での法があるいかなる政治共同体にも，分離されたルールの集まりや，道徳的標準・慣習的標準・何か他の標準に対置される法的標準であるような他の種類の標準の集まりもあると想定されている(5)。法哲学者たちは，一定の道徳原理が法原理でもあるかどうかと問う際，この分類学的概念を用いる。原理的には個別化し数え上げられる分離された標準の集合としての法という観念は，いかにも学者的な擬制だと私には思われる(6)。いずれにせよ，法命題の真理条件に道徳が現れるかどうか，またいつ現れるかというわれわれの主たる問いを述べるためには，その分類学的法概念は必要でない。一部の法命題の真理条件には，算術的原理が明らかに現れる。例えば，コーエンはコスグローヴに利子を含めて正確に 11,422 ドルを支払う法的責務を負うという命題が，それである。しかし，算術的ルールが法原理でもあると言うとすれば，少なくとも奇妙だろう。分類学的な問いはいつも注意を他へそらすものだ。重要な問いは，どの法命題が真であるかの決定にとって道徳が重要な関連性をもつかどうか，またどのようにもつかであって，どのような道徳原理が重要な関連性をもつと考えるのであれ，その道徳原理にどのような名をつけるかではない。

　最後に，熱望的法概念と呼びうるものが共有されている。この概念はしばしば，リーガリティの理念または法の支配として言及される。われわれの見解では，この熱望的概念は争われる概念である。われわれは，法の支配が望ましいことでは意見が一致しているが，その理念の最善の言明が，少なくとも精密に言えば何であるかについては意見を異にするのである。一部の哲学者は，法の支配は純粋に形式的な理念だと考えている。すなわち，確立された標準が許容する仕方でのみ公務員が行為するよう求められ，また現に行為するとき，リーガリティは十全に保障されていると考えている。他の哲学者は，より実質的なリーガリティ観を支持する議論を行う。この哲学者たちは，公務員が受け入れている標準が，個々の市民がもつ一定の基底的権利を尊重

するときにのみ、リーガリティが成り立っていると考えるのである。これらの2つの見解の間の論争は、わが国の憲法の第5修正と第14修正の「デュー・プロセス」条項が手続的制約とともに実質的制約を課しているかどうかに関するアメリカ憲法学者たちの間の長い論争の理論的基層である。学理的概念と同じく、だが社会学的概念や分類学的概念とは異なって、何が熱望的概念の正しい捉え方だと考えるか次第であるものは多数ある。だが、その最善の捉え方が何であるかの決定にとって政治道徳には重要な関連性があるかどうかと問う必要はない。それはまさに政治道徳的な問いである。

ありうる交差の短い目録

われわれの主要な問いは、学理的法概念の本性についてである。法命題の真理条件のなかに道徳的考慮事由が現れるかどうか、現れるならばどのようにして現れるかを問うのである。はじめに、その道徳的考慮事由がいかに多くの異なった仕方で現れるかに気づかなければならない。もちろん、正義に反したいかなる法も妥当しえないという単純な観念は、拒否されなければならない。合衆国での課税率は現在明白に不正義だが、それにもかかわらずこの課税率を記述する命題は真である。だが、法の内容は当然にも、より劇的でない仕方で正義に依存すると考えられている。1つには、いくつかの国では——アメリカはその1つだが——その国でどのような法が有効に創設されうるかに対する道徳的限界を設けるものとして適切に解釈されるだろう憲法がある。例えば、立法府により制定され、「法の平等な保護」をどの集団にも否定する法律と推定されるいかなるものも、違憲で無効であると、憲法は規定するかもしれない。その場合、徴兵制に男性は服するが女性は服さないことが法であるかどうかは、その区別が不公正かどうかに左右されると考えられるかもしれない。

法が何であるかは他の仕方でもまた、法が何であるべきかに左右されると考えられるかもしれない。成熟した〔法体系の〕国々での法の多くは、制定法・規則その他の形態の成文制定物のなかで宣言され、これらの制定物の文言は抽象的か曖昧か多義的であるかもしれない。例えば、法文は、中絶が「母親の健康を守るために必要な」ときにのみ法的に許容されうると規定しているかもしれない。その場合、ある女性の身体的健康よりもむしろ情緒的安定性を守るために、法が中絶を許容するかどうかは、法がそのような問題で精

神的健康と身体的健康を区別するべきかどうかに左右されるということかもしれない。ある規則の文言は明らかだと思われるが，文字通りに解釈されるならば驚くべき結果をもたらしうると思われるかもしれない。格好の古い例がある。〔制定権のある自治都市〕ボローニャの制定法は，「街路で流血する」のを犯罪としていたのである。この制定法は，当時は一般的だった屋外での歯科医術を違法化するという意図せざる結果を生んだのだろうか。それは，屋外での歯科医術を違法化するならば，その違法化がどのくらい不正義であるかに左右されると考えられるだろう。

　アングロ・アメリカ諸国の法体系では（そして事実上は世界の他地域の多くでもまた），法命題の真偽は，制定法とともに過去の判決に左右される。適格な上級裁判所の過去の判決の正しい解釈が，他者の過失ある行動によって負傷させられた人々は，損害賠償を求めてその他者に対して訴訟を提起できるということであるならば，その原理は法の一部である。しかし，司法府の一連の判決についての正しい解釈が何であるかは，ときには明らかでない。一連の判決は，過失者は自らの行為によって引き起こされたすべての損害について法的に責任があるという原理と矛盾しないかもしれない。しかし，過失者は，その人が予見できるのが理にかなっていた損害賠償についてのみ責任があるという，より限定的な原理とも矛盾しないかもしれない。それらの判決の正しい解釈は，法がそのような仕方で損害賠償を限定するべきであるかどうかに左右されるということかもしれないのである。

　法が何であるかを決定する際に道徳が現れるかもしれないこれらの異なった仕方に注意しなければならない。私はたったいま，法命題の真理がこれらの仕方で道徳的主張の真理に左右されると考えられるかもしれないと言うのにとどめるよう注意を払った。なぜなら，本書の論述が進むうちに分かるだろうように，これらの〔法と道徳の〕相互結合と推定されるものには論争の余地があるからだ。例えば，アメリカの憲法訴訟に携わる裁判官および憲法学者の影響力ある集団は，アメリカ憲法の抽象的条文が，法の妥当性を道徳的争点に依存させているものとして理解されるのが最善だということを否定し，あるいは道徳が，不精確な制定法がどのように解釈されるべきかに関わりをもつことを否定する。現時点では，私はこうした目録を，法が道徳に左右されると一部の法律家によって考えられている多くの異なった仕方に対して敏感でなければならないということを思い起こしてもらうためにのみ提示

しておく。

ソレンソンの事案

　法の一般理論のなかで，道徳の役割についての問いが生じうる相異なった点にもまた敏感でなければならない。これらの相異なった点を次のように例示したいと思う。一つの架空の事案を記述し，その事案でどのような法命題が真であるかについての包括的説明を提供しうる一般理論の相異なった段階を示すことによって，例示するのである。私自身が構成してきた一般理論に従って，その事案にどのような判決が下されるべきかに関する自分の見解を，本書で論考する他の理論家たちの見解と比較したいと思う。本書第6章で，その想像上の事案をある程度長く記述する。この事案が生じた原因は次のようなものである。ソレンソン夫人は，インヴェントゥムという総称の薬品を長年服用してきたが，その薬品は，さまざまな製薬会社によって異なった特許売薬名で製造されていた。インヴェントゥムには深刻な副作用があり，それを発見しなかったことについて製薬会社には過失があり，そしてソレンソン夫人は重大な心臓疾患を被ってきた。しかし，彼女は，自分が服用した錠剤をどの製薬会社が製造したかを証明できない。インヴェントゥムを製造した多くの製薬会社のうち1社または2社以上によって作られた錠剤を服用したことに疑いの余地はないが，しかしそれらの製薬会社の一部によって製造された錠剤を服用しなかったことにもまた疑いの余地はないのである。彼女は，どの会社がどれだったのかを単に覚えておらず，いまでは見つけられない。

　ソレンソン夫人の弁護士は，彼女がその薬品を服用していた期間中にインヴェントゥムを作ったすべての製薬会社を一括して訴えた。弁護士は，ソレンソン夫人が服用した錠剤が各製薬会社によって作られたならば，どのくらい作られたのかを確定することはできないから，法は製薬会社のそれぞれを，直接関係のある期間中のインヴェントゥム販売の市場シェアに応じた損害賠償額の割合について彼女に対して有責としていると理解するべきだと論じる。その反対に，製薬会社の弁護士は，ソレンソン夫人が，自分の損害について当該会社に責任があると証明しえないかぎり，法は会社のどれも有責としていないと反論する。したがって，ソレンソン夫人にはいかなる救済を受ける権原もまったくないと論じる。双方の弁護士は，法が何であるべきかではな

く，法が何であるかに関して主張を行っている。どちら側の弁護士も，自分の主張を聞く裁判官が法を無視して，それが正義の要求するものだという根拠によって自分に有利な判決を下すことを提案してはいない。(どちらかの側の主張が正しいならば，)どちら側の主張が正しいかに関して，われわれ自身が見解をもつのであれば，ソレンソン夫人の法域において実際に法が何であるかを，われわれは自分自身で決定しなければならない。

　それはどのような種類の問いだろうか。それは法的な問いであり，法令・判例集を見ることによって答えられるべきだと言うかもしれない。しかし，法令・判例集のなかに見出すものからどのような結論を引き出すべきかは，どのように分かるのだろうか。自らが引き起こさなかった損害について何人も有責でないと裁判官が言明した多くの過去の判決が見つかり，直接的因果関係でなくむしろ市場シェアにもとづいて損害賠償を裁判官が認めたいかなる過去の判決も見つからなかったと想定していただきたい。製薬会社の弁護士は，これらの歴史的事実から，法についての自説が正しいことになると論じるだろう。すなわち，法は，損害を引き起こしたと示されたことがない何人も有責としないと論じるだろう。しかし，ソレンソン夫人の弁護士は同意しないだろう。ソレンソンがおかれている状況は，これらの過去の訴訟のどれにおける原告の状況とも異なるから，有責性と因果関係に関して過去に裁判官たちが引用した一般原理は法についての十全に正確な言明をなすと単純に仮定できないと，弁護士は言うだろう。弁護士は次のように論じるだろう。法は，一方当事者が他方当事者に身体損害について損害賠償を求める大半の事案では，因果関係を示すことを要求する，より一般的な原理のなかで最善に述べられる。しかし，この原理はすべての事案でそう要求するのではなく，とりわけソレンソンの事案では要求しない。確かに，裁判官たちはそのようなより深層の原理をまだ宣言したことはなく，あるいは同定したことさえないが，しかしそのことは，この原理が存在しないことをほとんど示していないというのである。

　法が何を語っているかを決定するこれら2つのきわめて異なった方法のうち，どちらが正しい方法であるかを，どのように決定するのか。法律家は自分の経歴を通じて，自分が当然だとする法に関して論じるという途に入り込んでいる。しかし，われわれはより内省的でありたいと思い，またそれを構成する時間や性向を大半の弁護士がもっている解答よりもいっそう深く一般

的な解答を提供したいと思っていると想定していただきたい。その場合，われわれは，私が法の一般理論と呼ぶものを，すなわちわれわれにとっての問いに答える際に助けとなるだろう学理的法概念の一般的説明を発展させなければならない。

意味論的段階

だが，この一般理論がどのようなものであり，それをどのように構築し始めるべきかは，ただちに明らかとなるわけではない。そのことは，一般理論を述べる相手にとって学理的概念の機能が何であるとわれわれが想定するかに左右される。概念は，きわめて相異なった種類の使用をされうるのであり，法の諸概念のうちのどれについての理論も，法が果たすと想定されている役割に敏感でなければならない。鍵となる問いは次のものである。人々は学理的概念を共有しているので，その概念の適用について意見が一致したりしなかったりしうることが理解できるのだということが意味をなすためには，人々はどのような仮定と実践を共有しなければならないだろうか。その問いに答える際に，以下の区別が有用だろう。

規準的概念。人々が——概括的または精密な——定義について意見が一致し，関連する術語または成句の正確な適用の規準をその定義が設定するときにのみ，人々はある諸概念を共有していることになる。例えば，人々が未婚男性という概念を共有しているのは，未婚男性とは結婚していない男性であると知っているときのみであり，また人々が二等辺三角形という概念を共有しているのは，そのような三角形では二辺の長さが等しいと知っているときのみである。二等辺性は精密な概念である。未婚男性はかなり精密な概念だが，もっとも，いくらかの不精密性がある。18歳の結婚歴のない男性は未婚男性と言えるのだろうか。他の規準的概念ははるかに不精密である。結婚という概念は，中程度に不精密な規準的概念である。相異なった社会で見出される多くの相異なった形態の法的・社会的な取り合わせが，結婚と呼ばれている。社会学的・分類学的法概念もまた中程度に不精密な概念である。この種の概念についての理論を発展させることは，何か特定の目的のためにより精密な定義を提案することを意味する。しかし，より精密な定義が他の定義よりもうまく当該の概念の本質を捉えていると仮に主張するならば，それは誤りだ

ろう。例えば，多くの人が現在言うように，結婚の本質は男性と女性の間の合一体であり，そのため「同性愛者婚」という語は語義矛盾だと言うことは，誤りである。

　・・・・・
　自然種的概念。人々は，その具体例が自然の物理的または生物的な構造をもっている諸概念——例えば，金属や動物——を共有している。たとえその例が本質的にもつ本性に関して意見が一致しておらず，あるいはその例を同定するために用いる規準において意見が一致していなくても，そうなのである。一部の専門家は，虎のDNAに関してあまたのことを知っており，他の多くの人々は，虎がDNAをもっていることや，DNAの構造が虎を虎たらしめていることを知っている。より多くの人々はDNAについて聞いたことはないが，にもかかわらず，すべての虎が同一の生物的構造をもち，その構造が何であれ科学者たちは原理的にはその構造を同定できると想定している。そして，はるかに多数の人々は生物的構造についていかなる理解ももっていないが，しかし虎が特別な種類の動物であること，すなわち動物園かジャングルで見られる大型で危険な縞模様の猛獣であることを知っている。にもかかわらず，上記の人々は皆，虎というものについて同一の概念をもっている。虎は悪霊の現われだと信じる原始的社会の構成員も，虎の遺伝的歴史を追究する進化動物学者も，一つの檻のなかに何頭の虎がいるかに関して意見が一致できるが，虎がどのようにして〔この世に〕来たのかに関する意見の不一致は，みせかけでなく真正のものである。自然種的概念については，規準的であるだけの概念についてはできないタイプの分析ができる。科学は，自然種的概念がもつ真の本質を分子的または生物的な構造の形で発見したと主張しうるが，そのようなことは規準的であるだけの概念については意味をなさないだろう。しかし，もちろん，ある自然種についての哲学的理論がそのような科学的道筋をとらなければならないということにはならない。〔ウィリアム・〕ブレイクの〔「虎」という〕詩を説明しようとする人は誰でも，虎がもつより表面的な特質に完全に集中するために，虎のDNAを無視するだろう。

　・・・・・
　解釈的概念。一部の諸概念はさらに異なった仕方で機能する。その諸概念は，われわれが構成してきたある実践が何を要求しているかについて内省し，それについて意見を戦わせるよう鼓舞する解釈的諸概念として機能するのであ

る。ボクシングの世界の人々は1つのラウンドでの勝利という概念を共有している。誰が特定のラウンドで勝ったかに関して、またその問いについて決定する際にどのような具体的規準が用いられるべきかに関して、しばしば意見が一致しないとしても、そうなのである。ボクシングの世界の人々はそれぞれ、上記の問いへの答えがボクシングのルール・コンヴェンション・期待その他の諸現象についての最善の解釈次第であることを、またこれらすべてが特定の機会にその〔誰が特定のラウンドで勝ったかに関する〕決定を行う際にどのように最善に役立てられるかについての最善の解釈次第であることを理解している。本書第6章で説明するように、政治道徳および個人道徳の中心的諸概念——正義・自由・平等・民主制・正・不正・残忍性・鈍感さといった諸概念——もまた、われわれにとって解釈的概念として機能する(7)。人々は、不正義を同定する規準に関する、またどの制度が不正義であるかに関する激しい意見の不一致にもかかわらず、正義概念を共有している。

　言語実践の収斂は、規準的概念と自然種的概念の両方について正確な適用を確定する。もっとも、これらの2つのタイプの概念では異なった仕方で確定するのだが。規準的概念を共有している人々はもちろん、特定の事例でその概念の適用の規準が成り立つかどうか、例えばある男がかつて結婚していたかどうか、それゆえ彼が未婚男性であるか男やもめであるかに関して、意見が不一致となりうるし、また誤りうる。自然種的概念を共有している人々は、より基本的な仕方で誤りうる。人々は何世紀間も音が〔空気の〕波であることを知らなかったのだが、そのように、一部またはすべての人は、その概念の諸特性が本質的にもつ本性に関して誤りうる(8)。人々はまた具体例に関しても誤りうる。小川の底の輝く鉱石が金であるか単に金に似た鉱物であるか、あるいはくじらは魚であるかに関して、誤りうるのである。しかし、そのような誤りを同定することは、当該概念を特定の自然種に結びつける、基礎にあり収斂してゆく実践を前提する。仮に普通の人々が一般に、化学者が言う金と〔金に似た〕黄鉄鉱とをどちらも金として数え入れ、〔しかも〕宝石商であれば金と黄鉄鉱を異なった鉱物として識別して、後者の黄鉄鉱を廃棄するだろうと分かっていてもそのようにしているとすれば、推測するに、普通の人々は誤っていると言うのではなく、化学者たちは価値ある種類の金について学問的専門用語を発展させてきたと言うことになるだろう。仮に地球上に、すべての点でちょうど水と同じようにふるまう〔つまり流れたり凍

ったり沸騰したりする〕2種の飲用の流動体があり，人々は両者に区別なしに言及するために「水」という単語を用いているけれども，科学者たちはその2つの物質が異なった分子構造をもっていると知っているとすれば，通俗的用法で「水」が水を指し，他方の物質に誤って適用されているかどうか，あるいはその語が水と他方の物質とを集合的に指しており，そこで〔語法の〕誤りは犯されていないかどうかが分かるためには，言語実践をより注意深く研究しなければならないことになるだろう。

　解釈的概念もまた，人々が実践を共有していることを必要とする。人々は当該概念を解釈的なものとして実際に扱うことにおいて意見が収斂していなければならないのである。しかし，それは，当該概念の適用において意見が収斂することを意味しない。人々は，解釈的概念の具体例に関して劇的に意見を異にするときにさえ，解釈的概念を共有していることがありうる。そこで，解釈的概念についての有用な理論——正義についての理論または〔ボクシングの〕ラウンドでの勝利についての理論——は，具体例を同定するために人々が用いる規準を単純に報告したり，あるいは具体例だとおおよそ人々の意見が一致しているものがもつ深い構造を単純に発掘したりすることはできない。解釈的概念についての有用な理論はそれ自体で，当該概念が現れる実践についての解釈——それは論争の余地あるものにきわめてなりやすいが——でなければならない。

　私見では，学理的法概念は解釈的概念として機能する。少なくとも，複雑な政治共同体ではそうである。われわれは，複雑な政治的諸実践における行為者としてその概念を共有しており，その政治的諸実践は，その諸実践をどのようにして最善に継続するかを決定するために，これらの諸実践を解釈するようわれわれに要求する。そして，われわれは，自分の結論を述べるために学理的法概念を用いる。政治実践に価値や目的を付することによって学理的法概念を彫琢し，付した目的や価値からの光の下でその政治実践内部で人々が行う特定の主張の真理条件に関する見解を形成する[9]。それは，私が自著『法の帝国』[10]や本書のとくに第6章と第8章で擁護した見解である。自分たち自身の実践をそのような仕方で同定する人々がごくわずかだろうということは，決定的な異議とはほとんどならない。われわれは，哲学的説明に従事しているのであって，代行的な意味論的内観に従事しているのではないのである。私の仮説によって，法に関して実際に見出される意見の一致お

よび不一致の種類が説明されるが，代替的仮説——学理的概念は規準的である，あるいは自然種的概念であるという仮説——によっては，それは説明されない。ところが，他の法哲学者たちは確かに，学理的概念をこれら2つの他の仕方で扱っている。そこで，そのような〔学理的概念が規準的か自然種的かという〕選択がなされ，あるいは（それよりもはるかに一般的には）単に仮定される当初の意味論的段階を，そのような理論の一部として数え入れなければならない。

法理学的段階

　法理論の次の段階——それを法理学的段階と呼んでよいだろう——においては，理論家は，学理的概念とはどのような種類の概念であるかという問いに対する意味論的段階での自らの解答を適切に与えてくれる種類の法理論を構成しなければならない。学理的概念は解釈的概念であると私は信じているので，法理学的段階では，その学理的概念が一般的な仕方で現れる実践を解釈することを試みる。すなわち，その実践を最もうまく正当化する諸価値の混合体，したがって次の段階で個別の法命題の真理条件を枠づけるときには，その実践を継続する上で導きとなるはずの諸価値の混合体についての一般的説明を提供する。第6章では，どの価値が熱望的法概念の最善の捉え方を提供するか，つまりどの価値が法の支配を政治的理念として最もうまく説明するかを確定するために，熱望的法概念を研究することによって，この諸価値を見出さなければならないと論じる。この段階では，学理的概念についての省察と熱望的概念についての省察は一緒になる。そこで，この段階では，プロジェクトは不可避的に，道徳が現れるプロジェクトとなる。なぜなら，熱望的法概念のように明示的に政治的な価値をどのように最善に理解するかに関するどのような理論も，政治道徳での実行課題であるはずだからである。

　熱望的概念についての——リーガリティや法の支配がもつ価値についての——どのような十分な説明も，政治的一貫性の理念つまり次の原理に優越的地位を与えなければならないと，私は信じている。それは，国家は政治的諸原理の首尾一貫した集まりを通じて統治を行うよう可能なかぎり努めるべきであり，その政治的諸原理からの便益を国家はすべての市民に拡張するという原理である。平等がもつそうした次元は，国家の強制権力の正統化にとって本質的に重要だと思う。しかし，意味論的段階では，学理的法概念が解釈

的概念であるという点で私と意見が一致し，また法実践の一般的価値を熱望的なリーガリティ概念の中に見出さなければならないという点でも一致する他の理論家は，にもかかわらず，その熱望的なリーガリティ概念のなかで捉えられている諸価値について私とはきわめて異なった説明を擁護するかもしれない。例えば，その理論家は，法秩序の政治的・社会的価値が，市民が個別的および集合的な効率性の利益にかなうように自分の活動を計画し調整するのを法秩序が促進することができる点にあると当然考えるかもしれない。

学理的段階

　法理学的段階で法の価値についての理論をいったん展開すると，第3段階すなわち学理的段階に移動する。この段階では，法理学的段階で同定された諸価値の光の下で法命題の真理条件についての説明を構成する。仮にソレンソン夫人の事案における製薬会社の弁護士が，私がたったいま記述した——法的諸実践の一般的価値は個人的および集合的な効率性を促進するという——見解をとるならば，その弁護士は次のように論じるかもしれない。この価値は，任命された法的公務員〔つまり裁判官〕が過去に宣言したもののみに特定の法命題の真理を依存させる学理的理論を通じて，最もうまく奉仕される。なぜなら，その実践は，法的ルールの内容を論争の余地のないものにし，そのため効率的協調を促進する助けとなるだろうからというのである。そのような仕方で，弁護士は，法理学的段階で道徳がもつ重要な関連性を認めてもなお，ソレンソン夫人の主張の真理性を判断する上で，道徳には重要な関連性がないという自分たちの学理的主張を支持できるだろう。法理学的段階での私自身の意見は効率性でなく一貫性を強調するものだから，学理的段階では，きわめて異なった理論を支持する議論を行う。

　私見では，一貫性を基底におく法実践解釈を強く主張する最善の仕方は，学理的段階で，法とは何かという問いそれ自体を解釈的な問いとする真理条件を採用することである。ある法命題が，現行の法実践において真なるものとして一般的に扱われている他の法命題についての最善の解釈を提供する個人道徳上および政治道徳上の諸原理から当然に導かれるならば，その法命題は真であると提案する。この見解では，法が，すべての製薬会社から市場シェアに応じた損害賠償を得る権原をソレンソン夫人に与えるかどうかという問いは，過失についての法の全体についての最善の正当化論が，彼女の状況

においてそのような結果を求めるだろう道徳原理を含むかどうかと問うことによって解決されるはずである。そのような定式は，ソレンソン夫人の事案における争点を自動的に〔原告勝訴または被告勝訴という〕どちらかに決定するわけではない。過失についての法の最善の正当化論は，自らが引き起こさなかった損害に対する損害賠償について有責とすることが不公正であるという効果をもつ道徳原理を含むということかもしれない。そうであれば，法は恐らく製薬会社にとって有利なものである。しかし，最善の正当化論は，そうした一般原理を拒否して，それとは異なった一組の諸原理——そこには，リスクのある冒険的事業から利潤を得ている人たちはそのリスクを共有するべきだという考えが含まれる——に有利となるようにするだろうということかもしれない。その場合には，法は恐らくソレンソン夫人を有利に扱うだろう。それらの結論の各々に関しては，私は慎重である。なぜなら，後に見るように，かなり多くの法についてのいかなる一般的解釈も，ここまでの議論が示すよりも複雑であるにちがいないからである。私はただ，私見であれば学理的段階で要求するだろう種類の推論を示唆し，また私見が立てる問いが明らかに道徳的な問いだと強調したいだけである。私見が正しいとすれば，法理論の法理学的段階のみならず学理的段階でもまた，法を同定する際に道徳がかかりあいをもつのである。

過失法のような法理の統一体についてのある解釈が他の解釈よりも，当該の法理の統一体にとってよい道徳的正当化論を提供しているならば，その解釈は他の解釈よりもよい，すなわち分析の法理学的段階で提案または仮定されている法の諸理念をよりよく満たすものとして法実践を示している。したがって，提案されている正当化論の成功を測定しうる２つの次元を区別することができる。第１に，正当化論は，自らが正当化しようとしているものに少なくとも概括的に適合していなければならない。現行の法実践が，何か特定された聖典に顕示されているように神の意志の遂行という価値に資すると言うとすれば，それは現行の法実践の正当化論の任に耐えないだろう。たとえ神の意志の遂行という価値が，法実践が採用する正統かつ重要な目標であるとしても，その価値がわれわれの法実践の目標だと主張することはできない。なぜなら，そのような主張は，弁護士や裁判官が実際に行っていることにわずかに適合することさえないからである。第２に，実践の正当化論は，当該実践に概括的に適合する以上のことをしなければならない。正当化論は，

その実践が資する何か十分に重要な価値をも記述しなければならないのである。法の実践は多くの弁護士にきわめてよい暮らしを提供すると言うならば，それは法の制度や実践を正当化しないだろう。弁護士のきわめてよい暮らしという帰結は，確かに現実ではあるが，このように絶大な帰結をもつ政治実践を正当化するほど十分に重要でも価値があるわけでもない。

　解釈がもつこれら2つの次元の区別は，解釈者が実際にどのように考えているかを捕まえようとするものではない。どのような法律家も教育・訓練・経験を通じて，ある解釈が発明よりもむしろ解釈として数え入れられるのに十分なほどうまく適合しているかについての自分自身の解釈を構築してきており，そしてその感覚を無意識的に展開するだろう。その区別を，現象学的報告としてではなく，解釈の理解と解釈が挑戦を受けるかもしれない相異なった仕方とを理解する助けとなる分析的装置として考えている。ともかく，〔私の法理論の〕一部の注釈者がそうしてきたように，適合性のテストは整合性についての単なる自動的テストだと想定することによって，その2つの次元の区別を誤解してしまわないことが重要である。その反対に，適合性と価値という2つの次元は，政治道徳上の単一の総体的判断がもつ相異なった面を代表しており，学理的段階における解釈の成功についての最終的評価においてその2つのテストをどのように適用し，どのように糾合するかは，それに先行する法理学的段階での判断を反映するだろう[11]。法についての総体的な政治的正当化論が，一貫性からのある要求を含むものと考えるならば，しかもその要求が，法命題に対する解釈的テストをわれわれが選択する理由であるならば，適合性の次元を念入りに仕上げて，一貫性とは何か，また一貫性の価値はどこにあるかについてのいっそう洗練された感覚を適合性の次元が反映するようにしなければならない。例えば，ソレンソン夫人が住む州の過失についての法を正当化するためにわれわれが提案する原理は，その州の裁判所が過去に達した現実の判決だけでなく，それらの事案の判決を下した裁判官たちが自らの判決を支えるために書いた意見にも適合すると主張したらよいだろうか。この問いやそれに並行的な問いに対しては，政治共同体があらゆる人に原理の同一機構をおよぼすことはなぜ重要であるかに関していっそう明確に〔理解するよう〕努めることによって答えなければならない。私自身の見解では，この要求についての適切な説明は，政治共同体が市民生活に介入するために自らの権力を実際にどのように用いるかを決定するので

あって，相異なった公務員がそのような介入のために過去に与えた諸理由を決定するのではない。

　総体的な法解釈は，さらに別の重要な意味で複雑である。その法解釈は，特定の法実践が承認し強行する法的な権利・義務その他に関する実質的主張を正当化するだろう原理を求めるが，しかしまたこれらの実質的主張が埋め込まれている憲法実践・手続法実践の大群をも正当化しなければならない。そこで，法実践のどのような総体的正当化論も，特定の機関に立法権限を割り当てる政治道徳上の原理と，その立法権限を多様な公式および非公式の仕方で限定する他の原理とに，優越的地位を与えなければならない。ソレンソン夫人が住む州の立法府は，何人も，危険な薬品によって引き起こされた損害について，その損害を引き起こしたと示された人々または制度を相手取る場合を除いて，損害賠償を受け取れないと明示的に規定する制定法を採用していたと想定していただきたい。そうすると，当該州法についての任に耐えるどのような解釈も，ソレンソン夫人には損害賠償へのいかなる権利もないという学理的判断で終わるだろう。この場合に，そのような判断において道徳がいかなる役割も果たさないと考えるとすれば，それは誤りだろう。道徳は，立法府の憲法上の役割についての解釈において重要な役割を果たしている。ある機関が憲法で定められているとき，その定められた機関が立法する権限をもつと想定するための理由は，政治道徳的理由である。その理由がもつまさしくその性質をめぐって法律家たちに意見の不一致があるならば，少なくとも一部の機会には，立法府が事実としてどのような法律を立法したのかに関して，不可避的に意見の不一致があるだろう。

　道徳がもつ上記の役割は，立法権が憲法によって創出されているが，その憲法が立法権を限界づけてもいる合衆国（および増加しつつある他の成熟した民主的諸国）のような国々ではとりわけ明証的である。ソレンソン夫人が住む法域で有効な憲法が，先述した法の「平等保護」に関する条項を含んでいたと想定していただきたい。そのとき，危険な薬品の使用者のみに不利な仕方で向けられた〔上記の〕制定法が，不公正な差別の事例であるかどうかは，憲法上の重要な問いだろう。その問いはもちろん道徳的な問いである。立法府の制定物が憲法上の道徳的標準を犯していない——例えば，道路交通法が誰にもデュー・プロセスを否定しない——ことが明らかだと思われるときでさえ，道徳はその判断のなかで消極的役割を果たしている。それは，シ

ャーロック・ホウムズの吠えない飼い犬のようなものである。道路交通法には道徳的に異論の余地がないことは明らかだろう。しかし，それもまた道徳判断である。

　当該の問いが立法権についての問いでなく，立法解釈についての問いであるときでさえ，立法を正当化するために考慮される政治原理はそのまま残っている。なぜなら，その政治原理が解釈上の戦略を正当化するからである。立法府が，先述の法律，すなわち母親の健康が危険にさらされているときには中絶を許容する法律を採択したと想定していただきたい。その法律が精神的健康を守るために中絶を許容するかどうかを，どのように決定するべきだろうか。前述のように，精神的健康と身体的健康の区別を行うとすれば，それは道徳的に恣意的かどうかと問うかもしれない。あるいは，当該法律を起草した人々がその区別を意図していたかどうかと問うかもしれない。〔その結果として〕例えば，立法者は，自分が身体的健康だけを守っていると明らかに考えていたということが，発見されるかもしれない。当該法律を解釈するこれら2つの仕方——あるいは他の多くの実行可能な仕方——のうちどれを選ぶかは，決定的に重要となるだろう。しかし，自らの選択を複雑な立法実践の最善の正当化論として擁護しなければならず，そのことは，民主的政治道徳または他の政治道徳——代表制の多数決主義的統治がもつ要点と価値についての特定の説明——のなかで自らの選択を擁護するよう要求する。

　だから，ソレンソン夫人の事案について決定する法解釈者は，彼女の州での論争の余地なき実体法を正当化する原理——自らの損害が特定の過失ある製薬会社によって引き起こされたのだと示すことができた人々は，当該の製薬会社から損害賠償を得る権利をもつという原理——だけでなく，当該の州における，また全国における確固たる権力および権威の配置を正当化する原理をも見出さなければならない。そして，後者の原理は，ソレンソン夫人がどのような具体的な法的権利をもつかを決定する際に，前者の原理の説得力を制限するかもしれない。製薬会社の弁護士は，一貫性を法理学的段階での重要な法的価値として認めず，より効率性を基底におくリーガリティ観に有利とし，したがって学理的段階では，その段階での政治道徳を排除する法命題のテストを採用するかもしれないと，先に述べた。しかし，その弁護士はまた，法理学的段階で一貫性を受け入れることにより，また学理的段階で解釈的分析についての私の見解に似た何物かを受け入れることにより，依頼者

〔である製薬会社〕に仕えるかもしれない。すなわち，弁護士が次のように論じることもありうる。十全な範囲の適切な法実践——その憲法的および手続的な次元を含めて——についての最善の解釈は，過去の法実践が促進した確固たる期待を法は尊重するべきだという原理にかなりの重みを与える。製薬会社およびその保険会社がもつ確固たる期待はそのような期待であり，これらの会社の期待は，製薬会社は自らが引き起こしたと示されえた損害に対してのみ責任があるというさまざまな予算関係規定に反映されている。ソレンソン夫人の弁護士は，その原理にあまり大きな重みを与えることを拒否するだろう。その弁護士は，商業的期待は実質的正義における改善を予期するべきであり横車を押すべきではないと想定することが，当今の実践のよりよい正当化論を提供するのだと主張するだろう。2つの弁護士集団の間の議論がこのような仕方で展開するならば，一方の側が他方の側よりも，法源のなかにあるものとしての政治道徳に訴えかけていると言うことはできない。むしろ，弁護士集団の道徳的主張が異なるから，法的判断もまた異なると言わなければならない。

裁決的段階

　ある種の政治的決定——とりわけ国家による強制権力の独占を展開する裁判官によってなされた政治的決定——は，真なる法命題によって要求されるか許容されたものとしてのみ捉えられるべきだと，大半の人々は信じている。大半の人々にとって，このことは絶対的制約に近いものである。しかし，それは完璧に絶対というわけではない。法がきわめて不正義であるか，あるいはたぶんきわめて賢明でないとき，きわめて稀な場合には，裁判官は法を無視する責務，そして不正義または大いなる非効率性を防止するために自らの政治権力を用いる責務を負っているだろうということを，大半の人々は受け入れている。したがって，法学的分析の第4段階を承認しなければならない。それは裁決的段階であって，そこでは，法を強行することを一般に期待されている政治的公職者は特定の事案で実際に何を行うべきかという問題が起こる。無論，それは政治的問題であり，したがって道徳的問題である。それは，法を同定する際に道徳がどのように現れるかという問いではなく，道徳が裁判官に，法から独立して，あるいは法とは反対にさえも行為することを要求することがあるとすれば，道徳はいつそのように要求するかという問いであ

る。

　大半の人々は，裁決上の問いはほとんどつねに学理上の問いによって解決されると考えている。すなわち，理にかなった品格ある民主制においては，たいへん稀な事例でのみ，真である法命題を同定し適用する以上のことを要求されるだろうというのである。しかし，この一見するときわめて理にかなった見解はじつは，私が法理論のより早い諸段階として記述したものに属する諸仮定——意識的なものであれ無意識なものであれ——に拠って立っている。意味論的段階を論考する際に，学理的法概念は解釈的概念であると示唆しておいた。学理的法概念はわれわれにとって，法命題が権力行使に対して含意をもつと想定する実践に埋め込まれているものとして機能するのである。学理的法概念が何か他の種類の概念ではなく，解釈的概念であるのは，その正確な適用についてのわれわれの感覚が，権力がどのように行使されるべきかに関するわれわれの判断に敏感だからである。意味論的段階において，学理的法概念についてのそのような説明をもし受け入れるならば，裁決的段階において，その説明と矛盾したことを分別ある仕方で言うことはできない。一部の例外的な機会には，裁判官が行うことのなかで，法が自分には関係ないとし，あるいは法を無視するべきだということを，われわれは是認するかもしれない。しかし，われわれは，裁判官がこうしたことを行わないだろうという永続的期待を想定しなければならない。すなわち，裁判官は，真なる法命題が要求または許容すると自分たちが捉えるものに従って判決を下すだろうという永続的期待を想定しなければならないのである。われわれにとって，学理的理論は裁決的理論の不可欠な部分であり，ほとんどそれを汲み尽くす。それは，遵法の道徳的責務を信じているからだけではなく，学理的法概念がどのように機能するかについてのわれわれの感覚を所与とすると，法理についての理論を構成するためにさえ，この遵法の道徳的責務を想定しなければならないからでもある。

　しかし，仮にわれわれが意味論的段階で異なった決定をしていたならば，裁決的段階に行き着いたとき，異なった話を語るということに当然なるだろう。あの早い段階〔つまり意味論的段階〕に戻って，われわれは，学理的法概念が，私が記述した解釈的諸概念よりも未婚男性の概念または水の概念に似ていると決めていたと想定していただきたい。その場合には，学理的法概念が未婚男性〔の概念〕に似ているともしも考えるならば，ある事柄につい

て法が何であるかを決める際に弁護士たちが全員用いるテストを単に同定することによって学理的法概念を解明すると，われわれは決めたことになる。あるいは，学理的法概念が水の概念に似ているともしも考えるならば，法であるという点で弁護士たちの意見がおおむね一致するものがもつ真なる本質または真なる本性をあらわにすることによって学理的法概念を解明すると，われわれは決めたことになる。そうすると，われわれの分析のなかで，裁判官が眼前にある事案を確定する際に，法の状態がどのように現れるべきかに関して，一般的命題としてさえ何も仮定することなく，「…が法である」という文を分析したということになるだろう。あの裁決上の問いを全面的に触れられないままに残していたことになるだろう。確かに，われわれはそれでも，政治道徳上の問題としては，裁判官は通常は法を強行するべきだと言うかもしない。しかし，それと等しい首尾一貫性をもって，われわれはまた，裁判官が，法が正義にかなうか賢明であるか効率的であると自分が独立に見出さないかぎり，法を決して強行するべきでないと言うかもしれない。そうした場合には，裁決的段階は完全に独立で自己完結的な分析上の段階であることになるだろう。裁決理論はまったく法理論の一部分でないとさえ言うかもしれない。実際のところ，学理的法概念がもつ哲学的性質についてのそうした見解をとる法哲学者たちは，私の一部の批判者が現に言っているように，一貫性を基底におく私の学理的理論は，裁決的理論にすぎず，法理論ではないと言うことがありうる。そのような主張は，法理論の第一の意味論的段階でその法哲学者たちがなした決定によって可能となるのである。

　裁決的段階で法理論が提供するものは，基底的な意味論的段階でなされる決定だけでなく，後の諸段階でなされる決定にもまた左右される。例えば，次のように想定していただきたい。ソレンソン夫人の弁護士は意味論的段階では，学理的法概念が解釈的だということを受け入れ，しかしその後の法理学的段階では，法は効率性と協力という価値に仕えると理解されるべきだと主張する。したがって，法命題の真理性の確定に対して，法的公務員による過去の明示的宣言のみに重要な関連性があり，その他の何物にも重要な関連性がないとする学理的理論を，ソレンソン夫人の弁護士は主張すると想定するのである。この場合，その弁護士は，過去の公式宣言が自分の依頼者に市場シェアによる損害賠償への権利を付与しないということは真であるけれども，過去の宣言はそのような権利を否定してもいないと論じるだろう。弁護

士は，この事案では（語られない他の諸事案のように）一部の法理論家が法における「欠缺」と呼ぶものがあると結論づけるだろう。法命題はどちらの仕方でも結果を指図せず，その結果，裁判官は，従うべき法があるときにはその法に従わなければならないことをたとえ受け入れていても，従うべき法がないときに事案をどのように決定するべきかを自分に語る独立の裁決的理論を発展させなければならない。そして，ソレンソン夫人の弁護士によれば，裁判官はその場合，市場シェアに従ってソレンソン夫人への損害賠償を支払うよう製薬会社に強制することによって，正義を行うべきである。（たぶん，法廷においてそのような議論をそのような仕方で行おうとする弁護士はいないだろうが——仮に弁護士がそれを行うならば，懲戒を受けるかもしれない——しかし裁判官は，弁護士が，法は自分の依頼者にとって有利であると言うとき，その言葉で，弁護士が本当は何を言おうとしているかを理解しているだろう。）

　この新しい理論構成の内部では，道徳は法理論において2つの点で役割を果たす。価値が法実践に帰せられる法理学的段階と，裁判官が正義を行うよう迫られるとともに，正義は市場シェアによる損害賠償を要求すると聞かされる裁決的段階とにおいてである。しかし，この2つの道徳の注入は別個のものである。その反対に，私自身の見解では，法実践に帰するべき一貫性という価値は，学理的段階を経て裁決的段階へと流れ込んでいる。なぜなら，一貫性は，この〔ソレンソン夫人の〕事案を含む一部の諸事案では裁判官に対して，法が何であるか，また裁判官としての自らの責任をどのように立派に果たすかを両方とも決定するために，道徳を見るよう要求するのだと，私は論じるからである。繰り返して言うが，これは，道徳を包含する理論と道徳を排除する理論との間の相違ではなく，分析の相異なった段階で道徳を導入し，法理論全部が終結する最終的政治判断にとって相異なった帰結を伴う諸理論の間の相違なのである。

法的プラグマティズム

　このような法理論の解剖学——それはいかなる十全な理論をも，意味論的・法理学的・学理的・裁決的な諸段階へと分割する——は，もちろん人工的である。すなわち，法哲学者は，こうした様式化された仕方で自分の理論を明確化するわけではない。しかし，人工的解剖学は，さまざまなタイプの法

理論を同定し区別するために有用な枠組を提供する。本書では，法思想史上は過激であるとともに，当今の法実践ではきわめて大きな重要性をもつ理論から始めたい。この理論は相異なった形態をとり，相異なった呼称をつけられてきた。その理論を「法的プラグマティズム」と呼びたいと思う。

　プラグマティズムを裁決上の理論として記述するのが最も容易であり，また最も一般的である。プラグマティズムは，裁判官が，眼前にある事案で，つねに未来志向で帰結主義的なスタイルで判決を下すべきだと考えるのである。裁判官は過去の実践それ自体を考慮せずに，当該の共同体の将来にとって最善であるどのような判決も下すべきである。プラグマティズムのより精密ないかなるヴァージョンも，何か特定の帰結主義観を特定しなければならない。判決のどの帰結が最善となるかをどのように決定するのかを特定しなければならないのである。これは行為功利主義的な捉え方であるかもしれない。その捉え方は，個別の政治的諸決定が，何か特定された厚生観に従って，特定された人口の平均的な期待厚生を最大化することをそれぞれ目的とするべきだと考える。あるいは，その帰結主義観は，例えば経済的効率性または富の最大化という術語で最善の帰結を定義する，非厚生的な捉え方であるかもしれない。

　いずれにせよ，プラグマティストの裁判官は〔帰結主義観の相違〕にもかかわらず，立法者が過去に制定したものまたは裁判官が過去に判決したものに目を配るよう自分に要求する道具主義的制約を受け入れなければならない。これらの制約は，最善の帰結について裁判官が選んだ捉え方にとって外在的でなく，むしろその捉え方から現れてくる。プラグマティズムによれば，裁判官が全般的に立法に従わなければならず，過去の判決に忠実であり続けなければならないのは，立法機関や司法機関がもつ将来の行動を調整する権力に，効率性または何か他の目標を保障する際に大きな便益があるからであり，仮に裁判官が新判決において過去の宣言を無視するという特徴をもつとすれば，その権力は掘り崩されるだろうからである。しかし，裁判官がなしうることに対する他のより道具的でない制約はありえない。そのため，効率性または何か他の共同体の目標が，過去の宣言を無視するか書き直すことによって実際によりよく満たされるときには，無視または書き直しが，プラグマティストの裁判官が行うべきものとなる。

　われわれの解剖学は，法理論家が上記の立場に帰着するだろう相異なった

仕方を示唆している。法理論家は，例えば，先述の法理論の4段階を通じて自分の途を進み，意味論的段階と法理学的段階で提起された問いに対して私が与えた諸解答をなるほど概括的には受け入れるかもしれない。法理論家は意味論的段階で，学理的法概念が解釈的概念だと考え，法理学的レベルで，法の価値についての最善の説明は一貫性の理念を含むと考えるかもしれない。法理論家はその後に学理的段階で，当今の実践についての最善の解釈を提供したいと望むが，しかし次のように想定することによって私と意見を異にするかもしれない。最善の解釈は，法に対して未来志向で帰結主義的な真理値のみを設定することを正当化し，そのためソレンソン夫人が市場シェアによる損害賠償への法的権利をもつという命題が真であるのは，裁判官が彼女にそのような権利を与えることが，広く共同体にとって全般的に危害となる以上に利益になるだろうというとき，しかしそのようなときのみだと想定するのである。「法と経済学」と呼ばれる重要な知的運動——それは元来アメリカのロー・スクールで定着したが，しかし他の国々にも広まってきた——は，さまざまな分派を生んできた。これらの分派の1つは明らかに法理学的かつ解釈的である。運動のこうした一翼における学者は，コモン・ロー裁判所は何らかの仕方で定義される経済的効率性を最大化する判決を下してきたという特徴をもつと主張する。(私はいくつかの論文と著書で，その運動がもつ相異なった諸側面を論考し，批判してきた[12]。) 仮にこの主張のとおりだとすれば，ソレンソン夫人の事案のような困難な事案において，そうした未来志向の目標を最大化するだろうどのような仕方であれ，法を発展させることによって，一貫性は最もよく保護されることになる。

　しかし，他のプラグマティストたちはきわめて異なった仕方で論じて，分析の初発の意味論的段階で，はるかにいっそう過激な立場から出発する。この序論で私自身の見解を要約する際，法命題が真理条件をもっている——ソレンソン夫人には市場シェアによる損害賠償への法的権利があるという命題は真であるか，また真であるならば，それはなぜかと問うことには意味がある——と仮定し，また学理的法概念の哲学的研究は，その真理条件を同定することに向けられるべきだと仮定してきた。これらの仮定は，何十年間も一部の法学者たちによる挑戦を受けてきた。その法学者たちは法に関する「リアリスト」と自称し，そして法命題は真でも偽でもなく，裁判官または他の公務員の主観的選好の表明にすぎず，そのため法命題の真理条件を追究する

プロジェクトは的外れな時間の浪費だと主張するのである。その法学者たちは，学理的法概念は規準的でも自然種的概念でも解釈でもなく，むしろいかさまだと考えている。これらの懐疑的主張のいっそう洗練されたヴァージョンは，より組織化されて哲学的な様式で，他の著作家たちによって擁護されてきたのであり，その著作家たちはプラグマティストと自称する。第１章で，２人のそのような著作家，すなわち哲学者リチャード・ローティと文学者スタンリー・フィッシュの主張と議論を研究する。どちらも法学者ではないが，両者とも，私自身の法学上の見解に関して批判的な仕方で著述してきた。第１章では，彼らが擁護するプラグマティズムのヴァージョンは，哲学的に混乱しており，比喩を除いては述べることができないが，その比喩は彼らの議論を自己論駁的とせずには中身を取り出すことができないと論じる。

　法学における最も影響力のあるプラグマティズムのヴァージョンは，さらに異なったものである。それは表面上，第１章で論考された諸見解よりも哲学的ではなく実践的だが，それにもかかわらずその中心的テーゼは，政治哲学において重要で論争の余地ある立場である。そのプラグマティズムのヴァージョンは，政治権力をもった誰でも，自分の制度上の立場と自分の権力の程度を所与として可能であるどのような仕方であれ，物事をよりよくしようとするべく政治権力を用いるべきだと考えている。この見解では，法命題の真理に対して裁判官が示すかもしれないどんな配慮も，裁判官が専心して追求するべき目標――それは自分の政治的共同体の改善である――からの無駄な注意の逸脱である。この形態のプラグマティズムは，法理論の裁決的段階で全面的に展開されており，先行する諸段階のどれも必要としない。そこで，その形態のプラグマティズムは，学理的法概念の本性に関して，あるいは当今の法実践はどのように最もよく正当化されるかに関して，あるいは法命題の真理条件に関して，どんな見解もとらない。伝統的法理学のすべての装備は，未来志向で道具的な目的－手段の計算という新風によって一掃されるというわけである。

　この見解をとる最も影響力のある法的プラグマティストは，リチャード・ポズナーであり続けてきた。彼は，卓越した連邦裁判所裁判官であるとともに，とてつもなく多作な法学者かつ法的著作家である。第２章と第３章は彼の見解を論考する。（第３章補論では，ブッシュ対ゴア事件における最高裁判所の言語道断な判決を正当化するために自らのプラグマティストな理論を

展開するポズナーの試みを論考する。この判決は，ジョージ・W・ブッシュを大統領とし，世界史を運命的に変えたものである。）ポズナーの理論についての私の論考を通じて，次のように論じたい。彼の形態のプラグマティズムは無に帰着する，すなわち空虚である。なぜなら，彼は，裁判官が最善の帰結を生み出すように事案を決定するべきだと頑に主張するけれども，何が最善の帰結であるかを裁判官はどのように決定するべきなのかを特定しないからである。そのことは重要な批判である。なぜなら，具体的な帰結主義観を特定するならば，それは，プラグマティズムのどのようなヴァージョンをもただちにより魅力的でないものにするだろうからである。いまは誇らしげにプラグマティストと自称する多くのアメリカの法学者は，単なるレトリックに代えて現実の理論を信奉しなければならないとすれば，当惑するだろう。功利主義は，それがもつすべてのよく知られた欠陥のために，法的プラグマティストが最も採用しやすい道徳理論だと思われるだろう。しかし，ポズナーは功利主義を，その代わりにどのような道徳理論を採用するつもりかを示すことなく，拒否してきた。彼のプラグマティズムは空虚なままだという議論に対する彼の唯一の応答は，アメリカの裁判官たちは自分たちの社会の適切な諸目標に関して十分に意見が一致しており，そのためこの諸目標についてのいかなる学問的な定義も討議も必要でないというものである。裁判官たちに，最善だと皆で意見が一致していることを行うのを続けさせることは，十分に単純である。ブッシュ大統領による連邦裁判所への裁判官の任命に関する近時の政治的な論争や議会内の論争を追ってきた誰も，そのような主張を信用できない。事実としては，現実の裁判官たちも潜在的裁判官たちも〔すなわち過去および将来の事案での裁判官たちは〕，経済的効率性・安全性・環境保護の相対的重要性から人種間正義やジェンダー間平等まで，法のなかで問題となる政治的争点の全範囲に関して深く意見を異にしている。

　第2章では，キャス・サンスティーンとポズナーを思想上の「反理論」学派の両メンバーとして一括りにしている。私はいまでは，そのような主張が誇張だと考えている。なぜなら，両研究者ともに，法についての私の説明において政治哲学と道徳哲学が果たす役割について批判的であるけれども，サンスティーンの見解と私自身の見解の間にある相違点は，サンスティーンが言うように(13)，ポズナーとの間の相違点よりもはるかに根深くないものだといまでは信じているからである。それにもかかわらず，サンスティーンの

見解と私自身の見解の間にある相違点は重要である。法命題が真であるのは法命題が法実践全体についての最善の解釈によって支持されるときだと想定することによって、私が裁判官に行っている要求は、あまりに多くを求めており、またそうした理由のゆえに劣悪な判決を生み出しやすいと、彼は信じている。第2章で説明するように、特定の主題について法が何を内容としているかという解釈的な問いは、解答作業に終わりのない問いだと、私は信じている。裁判官は通常、私が「局地的優先性」の原理(14)と呼ぶものに先導されて、自分が直接扱っている問題の学理上の近隣に分類される自分自身の法域での法的素材のみを参照することによって、任に耐える諸解答に達することができる。しかし、裁判官の議論は、そのような仕方で制限されているが、私見では、次の場合にのみ最終的に健全である。すなわち、裁判官の議論が、法的素材の全体を包含するはるかにいっそう一般的な解釈によって持続され、法についてのより基底的な法理学上の捉え方のなかに基礎づけられる場合である。弁護士または裁判官が、法の状態に関する結論を公表する前に、こうしたより一般的な領域へと自分でどこまで遠く冒険しなければならないのかは本質的に、実践的な問いである。それは、他の諸事のなかでも、他の弁護士や法的公務員によって実際に与えられてきた、自分の見解にとっての挑戦課題に左右される。これらの挑戦課題は直接の近隣での法的素材からは答えられえず、私が呼ぶところでは、ある「理論的上昇」が必要だということだろう。サンスティーンは、裁判官が原理的にさえこの理論的上昇に抵抗するべきだと考えている。裁判官は、より伝統的な仕方で、すなわち自分の同僚との「不完全に理論化された意見の一致」を求めて、自分の判決について部分的にのみ明瞭な正当化論を追い求めることで、事案で判決を下すべきだというのである。私はこれらの主張を第2章で批判する。サンスティーンは共著者たちと最近、裁判についての経験的研究を公刊したが、その結果は彼の見解よりも私の見解を支持する傾向があると、彼は寛大にも述べている(15)。

道徳的多元論

私のテーゼは、法理学的段階で、したがって後の諸段階でも、きわめて異なった仕方で批判されることがありうる。法実践についての私の説明は、法実践を正当化する諸価値が、たとえ変化に富み複雑だとしても統合された全

体を形成し，またそのような仕方で，学理的段階および裁決的段階で一貫性を要求し先導すると想定している。しかし，強力な哲学的伝統があり，それはいまや多くの法律家の意見のなかに共鳴している。それは，自由と平等のような政治的に重要な諸価値は互いに根深く衝突しており，その結果，諸価値の間の妥協が必要だという伝統である。そのような妥協はそれ自体，何かいっそう基礎的な価値によって先導されることはありえない。なぜなら，衝突は最も基礎的な諸価値の間で起こっているからだ。最終的には，諸価値の間でのある先導なき主観的選択が必要である。その事実は，法実践全体についての，あるいは何か局地的な法領域についてさえも，1つの解釈が全体に最善のものとして分別のある仕方で擁護されうるという私の仮定に挑戦するものである。政治的諸価値における基礎的衝突の最も強力な擁護者は，アイザイア・バーリンであり続けてきた。道徳的諸価値における根深い衝突というバーリンの理論は，きわめて根底的なレベルで一貫性の理念に挑戦する。第4章では，彼の主張と議論を解明し批判する。

政治的な学理的実証主義

　法実証主義の法理学的学説を特徴づけようとする私の以前の努力によって，不必要な論争を惹起してしまった。いかなる重要なことも，法実証主義という名称をどのように用いるか次第では，あるいは実際のところ，どの著述家が実証主義者と呼ばれるか次第では決まらないのである[16]。だが，それぞれが実証主義的立場と呼ばれるだろう相異なった法理学上の立場を区別することは，解説上の問題として助けになるだろう。これらの立場が相異なっているのは，法概念についての相異なった理論だからである。学理的法実証主義は，道徳的事実が少なくとも基本的には法命題の真理条件のなかに現れえないと考える。H・L・A・ハートはその著書『法の概念』において，学理的法実証主義を擁護した。「自説によれば，法の存在と内容は，法の社会的諸源泉（例えば，立法・判決・社会慣習）を参照することによって，道徳を参照することなく同定されうる。ただし，そのように同定された法がそれ自体，法の同定のための道徳的諸規準を包含してきたところを除く」[17]と，彼は述べている。

　社会学的実証主義は，道徳的テストが，法を他の形態の社会組織または政治組織から区別するための適切な諸テストのなかに現れないと考えている。

分類学的実証主義は，道徳原理と法原理は別個のものであり，したがって法は道徳原理を含まないと考えている。社会学的実証主義も分類学的実証主義も重要な哲学的立場であるかどうかを疑うべき理由を，すでに示唆した。私がそう信じるように，社会学的法概念と分類学的法概念が不精密な規準的概念であるならば，これらの法概念に明瞭な境界を課するよう主張するいかなる理論も，方法論的重要性から区別されたものとしての哲学的重要性をもちえない。実証主義に関する私の著作物は，学理的実証主義を標的としてきたのであり，本書における何も断りのない実証主義への言及は，学理的実証主義に言及しているものと理解されるべきである。

学理的実証主義には明らかに哲学的重要性がある。学理的実証主義には実践的重要性もあるだろうか。それは，法分析の学理的レベルと裁決的レベルの間にわれわれが想定する結びつきに左右される。法的プラグマティズムと，私が擁護した一貫性を基底におく法理についての見解は両方とも，実践的含意をもっている。それらの見解は，裁判官は眼前に来る事案で判決をどのように下すかが問題となるという背景的仮定に対して展開されている。したがって，それらの見解は，法的分析において——公法や私法が孵化する裁判官の判決中の意見や講義ホールやセミナー室において——しばしば表面的にだが実際に働いている，法に関する重要な諸理論のなかにある。法実証主義の一部のヴァージョン——集合的に，政治的実証主義という名で言及したいと思う——は，〔法的プラグマティズムや一貫性を基底におく見解と〕同じ仕方で重要である。それらのヴァージョンもまた，裁判官はどのように事案の判決を下すべきかという問いに対して述べようとするのである。それらのヴァージョンは，裁判官が何をするべきであるかは大部分，どのような法命題が真であるかによって決められると仮定し，そして私が行うように，法命題の真理条件に関する自らの見解を正当化するために政治道徳に訴えかける。第7章で述べるように，オリヴァー・ウェンデル・ホウムズとラーニド・ハンドの両者を含むアメリカの著名な法律家たちは，法実証主義を擁護した。なぜなら，裁判官は民衆に支持された立法府の決定に服従するべきであり，自分自身の多分それと異なった（また典型的にはより保守的だとその著名な法律家たちが考えた）道徳的確信から，立法府の決定を自分自身で批判または補足するよう試みてはならないと，その著名な法律家たちは信じていたからである。これらの政治的実証主義者は，法実践の最善の正当化論が，自分た

ちが民主的原理として捉えたものを含むと仮定していた。それは，裁判官でなく人民の全体——人民はそれ自身の役割を免じえない——が，どのような法律が人民を統治するべきかを決定するべきだという原理である。

　当今の一部の法学者は，上記と類似の明示的に実践的かつ政治的な仕方で，法実証主義を擁護する。例えばリアム・マーフィーは，裁判官が，法が何であるかに関する自分の決定に達する際に道徳に訴えかけるならば，一般人は，どのような法も正義にかなっていると考えるように導かれるだろうと信じている(18)。そのようなことは直感に反しており，また尤もらしくないが，しかしそれにもかかわらず，マーフィーの議論は，政治的実証主義がもつ性格のよい例示となっている。学理的実証主義のH・L・A・ハートのヴァージョン——それは学問的な法哲学では影響力をもってきたが，法実践ではそうではない——はいまでは一般に，政治的実証主義の一例ではなく，分析的実証主義，すなわち後述するタイプの理論の一例だと考えられている。しかし，彼の初期の作品のなかには政治的実証主義の少なくとも暗示がある。例えば，彼はかつて，法的議論を道徳的議論からしっかり分離するならば，法の道徳的批判を促進するだろうとも論じた(19)。

　だが，政治的実証主義の当今の最も手ごわいヴァージョン——それには実際のところ，きわめて大きな実践的重要性がある——は，合衆国憲法がどのように解釈されるべきかについての理論である。前述のように，多くの国の法的憲法は，立法府および行政官の権能を抽象的言語で制限するのだが，その言語は，明示的に道徳的であるか——いかなる刑罰も「残忍かつ異常」であってはならない——，あるいは道徳的解釈に開かれているか——政府は法の「適正な」過程を否定してはならない——のいずれかである。公務員の権能に対するこれらの法的制約は，道徳的制約として読まれるべきであり，したがって，立法府および司法府の行為をこれらの標準に照らしてテストするよう求められる弁護士や裁判官は，自分自身で道徳的論点を探査しなければならないと，私は論じたことがある(20)。男性のみの徴兵が憲法第14修正の「平等保護」条項によって禁止されているかを決定するために，裁判官は，そのような男女の区別が政治道徳において正当化されるかを決定しなければならない。それは裁判官が決定しなければならない唯一の問題ではないとしてもである。こうした見解は，「原意主義者」と自称する弁護士や裁判官によって固く拒否されている。彼らは，アメリカ憲法の抽象的で一見道徳的な諸条

項さえも，その諸条項を遠い昔に起草または制定した人々か，あるいはずっと昔に死亡した選挙民がアメリカ憲法に禁じることを期待しただろう立法または他の行為のみを禁止していると解釈されるべきだと信じているのである。彼らは，歴史上の人々の信念・願望・期待に関する歴史上の事実のみが，憲法典上の命題の真理条件を提供すると信じている。平等保護条項が男性のみの徴兵を禁じていることになるのは，男性のみの徴兵が用いられた南北戦争後に第14修正を制定した政治家が，自分たちの条項がそのような徴兵を禁じることを期待していただろう場合のみである。道徳はその論点にまったく関わりをもたない。

　こうした見解の主唱者はおもに法哲学者ではなく，彼らが述べることからその議論の十全な構造を識別するのはしばしば困難である。彼らはしばしば，自分の意見をまさに法の定義または本性から流れ出てくるものとして提示する。そのことは，法が解釈的概念だという私の見解を，彼らが意味論的段階で拒絶していることを示唆するだろう。しかし，彼らはしばしば，自分の主張を次の政治原理への訴えかけにより補強する。すなわち，国民は，かつて人民とその代表者によって制定された原理——たとえその制定が遠い昔に起こったことだとしても——によって統治される方が，いま司法職を享受している少数の法律家が気に入っている原理によって統治されるよりも，民主的理論といっそう整合的だという政治原理である。つまり，この見解の主唱者は次のように信じていることになる。当今の裁判官たちが，憲法が命じるものを解釈するために道徳的推論を用いるべきでないのは，法が定義により道徳にまったく関わりをもたないからではない。その反対に，政治道徳の最善の議論は，ある先行世代の道徳的意見が，当今の裁判官たちによってではなく人民の全体によって憲法の修正を通じて取って代わられるまでは，彼らがその道徳的意見に従うよう制約されることを要求するからだというのである。そこで，この見解の主唱者は，法が解釈的概念だという点で私に同意しており——そうでなければ，政治道徳への訴えかけがなぜ必要だろうか——，また自分が引証する政治原理がアメリカの法実践の正当化論にとって不可欠だと考えている。(政治原理への訴えかけがどのくらい誠実なのかに関しては，懐疑の余地がときおりある。第5章において，アントニン・スカリア裁判官の法理学を論考する際に論じるように，原意主義を信奉してきた最高裁判所裁判官の一部は，自分自身の裁判上の行動において，原意主義の原理に一貫

して従っているのではない。論争の余地ある事案における彼らの〔判決のための〕投票行動は，わが国の法実践の解釈全体の成功に左右されないきわめて保守的な政治的議題によっていっそうよく説明されるだろう。）

　私は長年にわたって，憲法解釈についてのこうした「原意主義的」理論に反対する議論を行ってきた。第5章では，保守的な弁護士や裁判官がこの理論のために提示してきた諸議論を染めていると私が信じる哲学的混同について論考する。2つのきわめて異なった観念を区別しよう。意味論的原意主義は，憲法の法文における単語が，法文を制定した人々が法文にもたせるよう意図していた意味を与えられなければならないと主張する。期待論的原意主義は，これらの単語が，法文を制定した人々が法にもたせるよう期待してきた法の力を与えられなければならないと論じる。意味論的原意主義は襲撃不可能であるように私には思われる。意味論的原意主義は，意味の観念についての一般的な哲学的理解を法文に単に応用しているのである。仮に「残忍な」が18世紀には，いま「高価な」が意味するものを意味していたならば，残忍な刑罰を非難するものとして第8修正を読むことはその条文を誤解することになるだろう。（ローレンス・トライブ教授は第一級の憲法学者であり法廷弁護士だが，憲法解釈に関する私の著述に対する彼自身のコメントにおいて意味論的原意主義の重要性を見逃しているように私には思われる。第5章の機会を利用して，彼の批判が誤っていると私がなぜ考えるのかを説明する。）意味論的原意主義は抵抗できないものである。しかし，期待的原意主義には抵抗しなければならない。なぜなら，憲法起草者が抽象的な道徳的標準を定立しようとしていたならば——彼らはそうしようとしていたと私は信じているが——，立法は公正自体に照らしてではなく公正についての憲法起草者自身の意見に照らしてテストされるべきだと彼らが宣言したと捉えるとすれば，彼らが言おうとしていたことに対して忠実ではないことになるからである。制定法解釈と憲法解釈に関するスカリア裁判官の議論を第5章で論考するが，これらの議論はとりわけこうした混同にさいなまれてきたと私は信じている。

分析的な学理的実証主義

　分析的な学理的実証主義は，法の道徳からの独立性が，法理論の裁決的段階における法実践についての政治的または道徳的な解釈ないし正当化論に左

右されるのではなく，法のまさに概念なり観念なり本性なりについての正確な分析から直接に導き出されると主張する。学理的法概念をいったん適切に理解するならば，道徳的事実が法命題の真理条件のなかに現れないことはある種の必然的真理だと分かると，分析的実証主義者は主張する。これが，ハートの最もよく知られた著書——彼はそれを『法の概念』と名づけた——が擁護していると一般に捉えられている立場である。もっとも，その本にさえ，分析的実証主義でなく政治的実証主義の形跡があるのだが[21]。私は，分析的実証主義が，学問的な法哲学におけるハートの多くの追随者——その作品が第7章で論考される法哲学者たちを含めて——の立場だと仮定してきた。もっとも，第7章が公刊された後に著されたさまざまな論文について論考する第8章では，ハートの追随者の一部が単なる分類学的実証主義を擁護しているものとして理解されるべきなのかと迷う理由を提示する。

　分析的な学理的実証主義者は，法理論の最も基本的な意味論的段階で私の見解と意見を異にする。なぜなら，分析的な学理的実証主義者は，私の意見とは反対に，学理的法概念が，その明瞭化のためには政治道徳上の論点についてある立場をとることが要求される解釈的概念ではなく，その明瞭化が全面的に，実質的道徳がそのなかに位置を占めない記述的または概念的なプロジェクトである何か他の種類の概念だと主張するからである。分析的実証主義を理解する際に，私にとって困難なのはおもに，そのような〔学理的法概念が解釈的概念でなく何か他の種類の概念だという〕示唆を理解することである。『法の帝国』では，その示唆を理解する1つの仕方を示唆した。ハートは事実上，学理的法概念が規準的概念であり，また学理的法概念を分析することは，法律家がそれを適用する際にたとえ無意識的にであれ実際に用いている規準を表面化することを意味すると仮定していると，私は述べたのである。概念分析のそのような方法論は，ハートがそのなかで自らの著書を準備したオックスフォードの哲学的伝統ではなじみ深いものだった。

　ハートは，彼自身が自著で引用している同僚 J・L・オースティンの格言〔1〕の精神をもって，次のように論じようとしていると，私は考えていた。すなわち，われわれが法の本性に関して学びうるのは，それをもってわれわれの法実践を記述し，またそのなかでわれわれの法実践を行うような言語に固有の区別について内省することによってである。私は，ハートが自分自身のことを，通常の意味での定義を提示しているのだと捉えていると言うつも

りはなかった。「私が念頭においている哲学者たちは，法命題の意味――法命題がそれを用いる人々にとって意味しているもの――」を記述しており，「こうした説明は，より古いスタイルで『法』の定義という形態をとるか，あるいはより現代的なスタイルで法命題の『真理条件』――法律家が法命題を受容したり拒否したりする状況――の説明という形態をとる」と，私は述べた[22]。学理的法概念はこの種の概念だという仮定，すなわち学理的法概念が明瞭化されうるのは，「われわれ」が学理的法概念やそれと同類の諸概念を適切だと思う相異なった状況に注意を向けることによってだという仮定を，私は批判した。学理的法概念が規準的概念でなくむしろ解釈的概念であることを理解しそこなうのは，私が「意味論の毒牙」と呼んだ誤謬を構成すると述べたが，「意味論の毒牙」については第8章でより詳しく論考する。

ハートは死後に初めて公刊された新たな資料のなかで，自らの初期の方法論に対する私の記述を拒否した。私は彼を誤解していたと彼は言ったのである。私は，自分の元々の診断は正確だったと考え続けてきたが，他の法哲学者たちもそう考え続けてきたのである[23]。そして，私の元々の診断は，ニコラ・レイシーによる最近の優れたハートの伝記[24]から新たな支持を受けたと，私は信じている。だが，ハートによる後年の否認を，少なくとも，彼がそれまでに自分の著作物についてどのように考えるようになったかについての言明として捉えなければならない。したがって，第6章では，彼の方法論についての代替的説明を考察する。しかし，それに成功することはない。ハートは，自分が提供することを願った法命題の真理条件についての理論が政治的および道徳的に中立的でありうると，どのように考えることができたかについて，〔私の元々の説明以外の〕他の説明を見出すことはできない。分析的な学理的実証主義の命運は，学理的法概念が実質的で道徳的に中立的な哲学的分析に従いうることを示す学理的法概念の説明を提案する能力に全面的にかかっている。われわれが，学理的法概念が解釈的概念だと捉えることなしには，法実践における学理的法概念の役割を理解することができないならば，政治道徳からは全面的に無垢である分析で，学理的法概念について助けになるものは存在しえないことになる。

第7章は，より当今の観点から分析的実証主義を検討する。1970年代に，私が次のように示唆した論文によって鼓舞されて，論争が始まった。分析的実証主義のハートのヴァージョンは，法概念それ自体の説明であり，したが

って現在および過去のすべての一人前になった法体系に適用されると主張するが，そのヴァージョンは，法の現象学および公式の成文記録のかなりの部分を誤り伝えるものだと示唆したのである(25)。ハートは，すべての一人前になった法体系が，ときには複雑だとしても基本的な社会的「承認のルール」を含み，そのルールは実質的にはすべての法的行為者に受け入れられ，すべての法的行為者にとって真なる法命題の決定的な出自テストとして作用すると述べていた。私は，この主張が法的推論の内部での道徳原理の重要な役割を無視していると論じた。道徳原理は，裁判官が法は然々であると主張する通りに法がなぜあるのかについての裁判官の説明のなかに現れるが，しかし道徳原理はそれ自体，広く受け入れられた最上位の出自テストによって同定されない。その反対に，法的議論のなかに現れる道徳原理の同一性・性格・重みには論争の余地があり，いかなる弁護士の意見や裁判官の意見も個人道徳や政治道徳についての自分自身の確信に左右されると，私は述べた。

　ハートは生存中には，私の議論への実質的応答を公刊しなかった。だが，他の分析的実証主義者たちは確かに応答した。彼らの１人であるジュールズ・コールマンは，私の論文が触媒として作用し，私の異議に向き合うために分析的実証主義を洗練させ発展させるように彼らを激励したと述べてきた。第7章では，コールマンの最近の理論とハートの最も傑出した弟子であるジョセフ・ラズの理論を考察することによって，分析的実証主義者の試みを記述し，彼らの成否を評価する。コールマンは，いまでは「包含的」実証主義と呼ばれる学説のなかで，法的推論において道徳に重要な関連性があるのは，承認のルールによる出自テストを確かに満たす法的ルールが，言及によって道徳を包含するときのみであり，またそのような理由のみによる——例えば，憲法の規定が明示的に，「不公正な」法律は無効だと規定しているときのみである——と示唆することによって，私の議論に応答した。〔第7章では，〕彼の議論はいくつかの仕方で誤っており，彼の主張は分析的実証主義の彼のヴァージョンにとっての勝利には終わらず，実証主義全般の降服に終わると論じる。

　ラズはきわめて異なった仕方で，次のように主張することによって私の議論に応答した。法が権威として作用する能力をもっていること，次に権威の観念についての特別な説明を発展させる能力をもっていることは，法概念にとって本質的に重要であり，その特別な説明によれば，道徳的推論が標準の

内容を同定するよう要求されるならば，いかなる標準も権威として作用しえないというのである。ラズの特別な権威理論は恣意的であって，そのような〔法から道徳を排除するという〕結果を生み出すようにのみもくろまれており，またいかなる通常の権威観でも，たとえ道徳的確信を頼りにする解釈が標準の要求するものを確定するために必要だとしても，標準は権威的でありうると，私は論じる。第8章では，分析的実証主義者と私自身の間の議論を異なった仕方で回顧する。私は，コールマン，ラズ，マイケル・スティーヴン・グリーン，スコット・シャピロによる最近の諸論文について論考する。その諸論文は，当今の分析的実証主義者の議論がいかに深く，この「序論」のなかですでに論考した学理的・社会学的・分類学的な法概念の決定的に重要な区別を無視することに依存しているかを示す証拠となると，私は信じている。

法哲学

「法理学」または「法哲学」と呼ばれる講義は何世紀もの間，世界中のロー・スクールや法学院での主要科目となってきた。しかし，これらの講義の内容や法学教育におけるそれらの重要性は，法哲学が自分の主題だと主張する人々の間での議論がもつ性質や外見上の実践的重要性の移動に応じて，頻繁に変化してきた。私がロー・スクールの学生だったとき，法理学の講義は，法の本性に関する概念的諸論点についての伝統的戒律によって占められており，その概念的諸論点は，主題の面でもその研究に必要とされる技能の面でも，ロー・スクールの他の授業で学ぶ実体法や手続法の諸論点とはきわめて異なっていると思われていた。法実証主義と自然法論のどちらが法の本質的な本性についてのよりよい理解を提示しているかと問うことによって，法的推論における道徳の役割に関する問いを論議していた。

そのような光景は，2つの重要な仕方で変化してきた。第1に，「法理学」と呼ばれる授業は，もはやそれらの概念的諸論点だけに向けられるのでなく，おもに向けられるのでさえない。「法理学」と呼ばれる授業は，例えば法における経済学の役割，法社会学，フェミニズム，啓発的にも「批判的人種理論」と呼ばれるものに関する，大いに多様でいっそう政治的な諸論点を取り上げるのである。第2に，法哲学は他の多くの学問的な講義・主題の核心へと移住してきており，法理学と実体法の間の区別を全面的にかすませる。より学

問的な多くの法律家は，学部生として，または大学院生としてさえ，哲学的訓練を受けたことがある。また，法理論において哲学的に最も感受性が強く価値がある仕事は，自らを法哲学者に分類する法学者によってではなく，憲法学者に，あるいは契約法，不法行為法，環境法，私法または公法の何か他の部門における専門家に自らを分類する法学者によって行われてきた。確かに，第7章で示唆するように，一部の法哲学者——主として分析的実証主義者——は，自分たちの法の概念的探究を，法的実質と政治道徳の両方から独立したものとして扱い続けている。しかし，そうした法哲学者はおもに互いに対して語っており，学界の内部でも専門職集団の内部でも周辺的になってきている。実際のところ，法理論において最も重要な仕事は，いまや法学者によってではなく，ロー・スクール内部と自分自身の学部内部との両方で働く政治哲学者や経済学者によって行われている。いかなる理論家も，現代における法哲学に対して，政治哲学者ジョン・ロールズよりも大きな貢献をしたことはない。本書の最終章では，ロールズの貢献を論考する。

最後の提案

　ここまでの私の論考は，「道徳」と「法」が，たぶん多様な仕方で相互依存的だが，原理的には別個の思想上の諸部門の名であるという伝統的理解に挑戦してこなかった。いまや，2つの異なった知的領域の関係を図表に示すようにわれわれを奨励するこうした伝統的理解は不満足なものだと示唆したい。それとは異なった知的地形図をもつと，われわれはよりうまくやれるかもしれない。すなわち，法を道徳から分離したものとしてではなく，道徳の一部門として扱えるかもしれないのである。われわれは政治道徳をそうした仕方で扱う。すなわち，より一般的に理解されるが，しかし——他とは別個の制度的構造に適用可能だという理由で——他とは別個のそれ自身の実体をもって区別されている道徳の一部分として扱うのである。われわれは法理論を，政治道徳がもつ，制度的構造のさらなる洗練によって区別された特別な一部分として扱うだろう。

　私の提案には，いかなる独立の実質的な説得力もない。私が，法と道徳の相互関連に関して自分が望むあらゆることを言えるのは，法と道徳が分別ある仕方で，主要な別個の知的領域にあるものとみなされると仮定する古典的語彙においてである。しかし，私が推奨する〔法を道徳の一部門として捉え

る見方への〕移行は，より明晰な仕方でわれわれの主題を系統立てるだろう。その移行は，法理学的な問いを，有権的な集合的決定や特殊化されたコンヴェンションがいつ，どこまで，どのような理由で，われわれの生活において最終的な言葉をもつべきかに関する道徳的な問いとして見るように奨励するだろう。われわれはもはや，法が何であるかを固定する際に正義が役割を果たすことを疑わないだろう。そうすると，まさしくその役割とは何かといういっそう複雑で重要な論点に集中することができるだろう。

第1章　プラグマティズムと法

　10年以上もの間，アメリカの法理論は，それ自体がもつ性格や可能性に関するメタ理論的論争に占拠されすぎてきた。こうした先占状態の一部（単に一部だが）は，信用のおける政治的諸目的によって鼓舞されてきた。しかし，結局はそれらの政治的諸目的からさえ何も出てこなかった。社会正義を念頭においてニヒリズムと脱構築を論考した人たちは，社会正義の諸問題をより直接的に扱ったならば，その点についていっそう多くのことをできたであろう。法がすべて権力・幻想・桎梏であるのか，あるいはテクストは他のテクストを解釈するだけであるのか，あるいは正解，最善解，真なる解，最も健全な解があるのか，それとも単に有用な解，有力な解，人気のある解があるだけなのかに関する大論争は，大切なエネルギーと資源の浪費としていまや脇におかれるべきである。そうすると，その代わりに，どのような事案でも下されるだろう判決はどのように下されるべきか，またどのような事案でも正しい，最善である，真である，最も健全であると考えられるだろう解答のうちのどれが本当にそうであるか〔という問い〕を取り上げることができるだろう。

新プラグマティズム

　プラグマティストと自称する一部の法律家は，自分が実践的な人であること，抽象的理論よりも特定の政治的・法的な決定がもつ実際の帰結に関心をもっていることを言おうとしているにすぎない。しかし，「プラグマティズム」は一種の抽象的哲学理論の名でもある。ローティ教授は，哲学的プラグマティストと自称しているが，哲学的プラグマティズムという伝統のなかに，

ウィリアム・ジェイムズ，チャールズ・サンダース・パース，ジョン・デューイだけでなく，ルートヴィヒ・ヴィトゲンシュタイン，W・V・O・クワイン，ドナルド・デイヴィドソンをも含めている。もっとも，後三者の哲学者は，ローティのヴァージョンの哲学的プラグマティズムを支持する以上に論駁してきたのだが。

　ローティは次のように言う。法的探究・道徳的探究・科学的探究さえも，何が本当にそうであるか，法が本当は何であるか，テクストが本当は何を意味するか，どの制度が本当は正義にかなっているか，宇宙が本当はどのようであるかを発見する努力であるという考えを，われわれは断念しなければならない。諸概念についての1つの語彙，すなわち諸命題の1つの集成は他よりも，何か独立に存在している「現実」に対してより忠実でありうるという考えを，われわれは断念するべきである。実際のところ，われわれがもっているその語彙は，単にわれわれがもっている語彙，すなわちわれわれには合っていると，あるいはわれわれには有用だと思われる語彙なのだということを，受け入れるべきである。観念や命題についてのその語彙がもはや有用だと思われない——もはやわれわれに合っていると思われない——ときには，その語彙を変えることができ，また変えるべきである。それは，他の語彙で「どのようにやってゆくか」を見るためである。そのように理解された探究は実験的である。新しい観念がどのように働くかを見るため，すなわちどの観念または語彙が有用または興味深いかが証明されるのを見るため，新しい観念を試してみるのである。

　こうしたことは刺激的に聞こえるが，しかし多くの哲学者がいままでに指摘してきたように，哲学的には犬の餌のようなものである。ヒラリー・パットナムの辛辣な批判を要約した，バナード・ウィリアムズによる要点の簡明な言いかえを引用しよう。「[ローティの見解は，]自らを引き裂いて離しているにすぎない。仮に，ローティが喜んで言うように，世界についての（われわれにとって）正確な記述が，何を言うのが便利だとわれわれは気づくのかという問題であるならば，また仮に，ローティが認めるように，すでに存在している世界を科学が発見すると言うことが便利だとわれわれが気づくならば，彼も言っているように，すでに存在している世界を科学が本当は発見するのでなく，（多かれ少なかれ）発明するのだと言うことができる観点は，単に存在しない」[1]。

上記の要点は，法と道徳にも等しく適用できる。自分の専門業務を実践している普通の弁護士は，一部の判決中の意見は本当に法を正しいものかまっとうなものにするが，他の意見はそのようにしないと考えている。普通の市民は，湾岸戦争が正義にかなっていた，あるいは正義に反していたと考えている。普通の市民は，湾岸戦争が正義にかなっていた，あるいは正義に反していたと言うことが，愉快だとか興味深いとか助けになるとか有用だとかと言おうとしているのではない。侵略軍を駆逐するのは本当に行うべき正義にかなったことであるから，あるいは無辜の民間人を殺害するのは本当につねに正義に反することであるから，湾岸戦争が本当に正義にかなっていた，あるいは反していたと言おうとしているのである。この区別——法が本当は何であるか，あるいは正義は本当は何を要求するかと，何を言ったり考えたりするならば，それはある意味で有用であるかとの間の区別——はわれわれにとって重要だと言うとすれば，それは控えめな表現だろう。そのように言うことは決定的に重要である。その区別なしにはうまくやってゆけないのはもちろん，まったく「やってゆく」こともできないだろう。プラグマティストはわれわれにその区別を棄てるよう求めていると考えるとすれば，その助言をプラグマティックに自己論駁的なものとして拒否するだろう。そのような助言を容れるならば，われわれの「語彙」はわれわれにとってより有用でなく，はるかに有用でなくなるだろう。

　だから，プラグマティズムは，自らが現れるどこでも自滅する。プラグマティズムは，われわれにそれを容れないようにと自らが語る助言を提示するのである。したがって，ローティが次のように言うことは，一部の読者を驚かせたにちがいない。少なくとも法においては，われわれはすでに，彼のブランドのプラグマティズムが要求する変化を遂げ，プラグマティズムとその同盟者はこの分野をほとんど席巻し，彼らが戦ってきた長期戦はいまや大部分勝利し，少なくとも法理論においては，われわれは今やすべてプラグマティストだというのである[2]。そうしたことがどのようにして可能なのか。なぜなら，われわれはまだ，法についての法律家の言明が，法が何であるかに関する言明であり，法が何であると言うならば有用だろうかに関する言明ではないかのように語っているからであり，またわれわれはまだ，法律家の言明が法を正しいものにしたり不正なものにしたりできると想定しているからである。〔これらの点についての〕説明は，以前に提示した診断のなかで

ある程度詳しく行っているが，いま要約するつもりである[3]。

　ローティと彼の追随者たちは皆明らかに，人々が考え語ると想定される2つのレベルを区別している。もっとも，この区別を明確にしてはいないが。第1は内的レベルであり，そこでは法なり科学なり文学活動なり道徳的従事なりのような何か実践的な企てが実行される。それは，人々が自分にとって有用な語彙を用いるレベルである。すなわち，人々が，科学は，世界が本当はどのようであるかを記述すると言い，また法は単に，法がそれであると考えるならば有用であるようなものではないと言うことが正しい――なぜなら，そのように言うことが有用であるから――レベルである。第2は外的レベルであり，そこでは哲学者や他の理論家が，上記の企てに参加するのでなくむしろこれらの企てに関して語る。それは，ローティや他の人たちによれば，一部の悪しき科学哲学者が，科学は，世界が本当はどのようであるかを発見すると主張し，一部の悪しき法哲学者が，弁護士や裁判官は困難な事案においてさえ，法が本当は何であるかを発見しようとすると言うレベルである。これが，ローティが占拠しようとしているレベルである。ローティはいまやその外的レベルを自分自身で占拠して，これらの〔悪しき科学哲学者・法哲学者の〕外的主張は形而上学的で，基礎づけ主義的で，他の悪しきことだと言いたいのである。これらの誤った外的記述を拒絶することは，内的レベル――実際の科学や実際の法実践のレベル――での思考も言論も変化させないだろう――悪しき外的諸理論から実践へと漏れ出すどのような混同や不明瞭さからも内的レベルを自由にすることを除いて――と，彼は考えている。だから，プラグマティズムの勝利は，現実の実践がその種の混同から解放されて続くことができるように概念的根拠を明らかにしたにすぎないと，ローティは言う。

　だが，この擁護論に伴う困難は，ローティが占拠したいと望む外的レベルは存在しないということである。「科学は世界をあるがままに記述しようとする」という言明が，科学の内的世界でその言明が意味するものと異なった何事かを意味しうるいかなる外的な哲学的レベルもなく，また「適切に理解された法は積極的是正措置を許容する」が，法廷でそれが意味するものと異なった何事かを意味しうるいかなる外的な法理学的レベルもない。言語は，そのなかに自らが現れる社会的な出来事・期待・形態から，すなわち意味への鍵は使用であるという荒削りだがなじみ深いスローガンで要約される事実

から，自らの意味をとってくることができるだけである。そのことは，われわれの言語がもつ普通の実働的部分についてだけでなく，われわれの言語のすべて，哲学的部分と同様に世俗的部分についてもまた真である。もちろん，われわれの言語の一部を，残りを論考するために用いることができる。例えば，私がちょうど言ったことを，すなわち意味は使用と結びついていると言うことができる。そして，普通の単語は確実に，特定の専門職の特別な実践における技術的意味を獲得できる。例えば，弁護士は「約因」の語をきわめて特別な仕方で用いる。しかし，われわれは，言論の全体的な企てから，どのような実践も——普通の実践も専門技術的実践も——単語に与えてきた意味から全面的に独立して単語が意味をもつ異なった超越的な平面へと逃れることはできない(4)。

　だから，ローティが不可解な哲学的ないし外的なレベルに訴えかけるだけでは，十分でない。彼は，悪しき哲学的言明を何らかの使用の文脈のなかに位置づける必要がある。彼は，悪しき哲学的言明が何か特別な専門技術的意味か他の意味をもち，その結果，次のようになることを示さなければならない。法哲学者が，法が本当にそうであるもののゆえに，法命題が真または偽であると言うとき，その法哲学者は単に，普通の弁護士が，特定の判決中の意見が法を不正なものにしたと自分で言うときに言っていることを，より一般的な仕方で言っているのでないということである。だが，ローティも他のプラグマティストたちも，そのようなことを実際に試みてこなかった。彼らが現に試みているとすれば，どのようにして成功しうるかを理解することは難しいだろう。彼らは哲学的言明を，その特別な意味だと想定されるものをもたらす何らかの仕方で言い換えなければならないだろう。そのような言い換えを行う際，彼らは他の単語や観念に戻らなければならないだろうが，それらの単語や観念にもまた完全に普通で明らかな使用がある。そうすると，彼らは，それらの単語が，その普通の仕様で意味するものと異なった何事かをどのようにして意味するのかを，われわれに語らなければならないだろう。

　例えば，プラグマティストが，悪しき哲学者の理論が特別な意味をもつのは，これらの理論が，現実の外的世界の内容が人間の目的から独立しており，あるいは文化と歴史，またはその種の何物かから独立していると主張するからだと，われわれに語ると想定していただきたい。〔この語りが直面する〕困難は，これらの新たな句——現実の目的からの独立性に関する句——もまた

普通の意味をもち，当該の哲学者の主張にその普通の意味を与えるならば，哲学者が言っていることになるものもまた普通のものだということである。例えば，これらの単語をその普通の仕方で用いると，エヴェレスト山の高さは，人間の目的・歴史・文化に相対的でない——もっとも，エヴェレスト山の高さを記述するためにわれわれが用いるメートル法や，われわれがいやしくもエヴェレスト山の高さに関心をもつという事実は，現に確実に目的や文化に依存しているが——ということは，完全に真である。だから，プラグマティストは，「目的から独立」のような句に特別な意味を提供しなければならないだろう。それは，哲学者が，現実は目的から独立していると言うときに，普通の人々がそれを言うときに言おうとしているのとは異なった何事かを哲学者が言うのはなぜかをまたもや説明しようとする特別な意味である。そして，そのときプラグマティストが言ったどのようなことも——彼が提示したどのような新たな句または言い換えも——同じ困難に出くわすだろう，等々である。例えば，プラグマティストが仮に，確かに山の高さはわれわれの目的から独立しているが，そのことが真であるのは，われわれがどのようにやってゆくかを所与としてであり，悪しき哲学者はそのことを否定しているか理解していないのだと言うとすれば，それは助けになるだろうか。否である。なぜなら，またもや，われわれがどのようにやってゆくかを所与とすれば——つまり，自らの意味と説得力をわれわれが事実上発展させてきた実践から引き出している言明としては——この主張は偽だからである。われわれがどのようにやってゆくかを所与とすれば，山の高さは，われわれがどのようにやってゆくかによってではなく，地球と岩石についての無数の事柄によって確定される。

　私がいま，プラグマティズムは十分に懐疑的ではないと主張していると，あるいはプラグマティズムは何か逆説的な仕方でそれ自身の成功に飲み込まれていると主張していると，誰も考えてしまうことがないように，私は希望している。繰り返させていただきたい。相異なった種類の懐疑論的主張を含めて，哲学的主張は，他の種類の命題と同様である。哲学的主張は，信奉される前に理解される必要があり，そして哲学的主張が用いる概念がどのように用いられているかという背景に照らしてのみ理解されうる。そのように理解すると，われわれが論考してきたプラグマティズムの主張は，勝ち誇るように真なのではなく，直截かつ単調な仕方で偽であるにすぎない。われわれ

がどのようにやってゆくかを所与とすれば，例えば，科学者が発見する現実はないとか，法は権力の問題にすぎないとか，解釈と発明の間にいかなる区別もないとかということは，真でなく偽である。上記のような声明は，魅惑的で過激で人を解放するように聞こえる。しかし，そう聞こえるのも，われわれがもつ言語のなかでのみ，それらの声明が言っているように思われることを実際に意味しているのかと，われわれが問うまでである。

　ローティが言う新プラグマティストや，彼らの先行者と同盟者は，私が提起した問いに答える誠心の努力をしてこなかったと，先ほど述べた。新プラグマティストが拒否する哲学的ないし理論的な主張と，彼らが受容する並行的な普通の主張の間にある意味上の相違は何か。それはどのようなものでありうるか。新プラグマティストは，自分が記述したことがない命題を自分は論駁したといかにして信じうるのか。隠喩がもつ力や自己欺瞞の他の装置がもつ力を決して過小評価してはならない。

　新プラグマティストは，驚かすような鍵括弧と傍点を紙ふぶきのように使う。彼らは，悪しき哲学者たちが，物事が現実に存在すると単に考えるのでなく，物事が「現実に」または現実に存在すると考えているのだと言う。あたかも鍵括弧または傍点によって，言われているものの意味が変わるかのように。だが，隠喩は彼らの重砲のようなものである。悪しき哲学者は，現実・意味・法が「そこに出て」おり，あるいは世界・テクスト・事実が「手を伸ばして」それら自身による解釈を「命じ」，あるいは法が「天空に垂れ込める遍在者」であると考えているのだと，新プラグマティストは言う。これらの隠喩はあたかも，悪しき哲学者が，新たな，異なった，形而上学的に特別な種類の現実を，すなわち普通のものを超えた現実を，そして新たな，超自然的な，哲学的レベルの言説を主張していると示唆しようとしている。しかし，事実としては，そのような仕方で語る人はプラグマティストのみである。彼らは，自分の敵を創出してきた，あるいはむしろ自分の敵を創出しようとしてきた。というのも，プラグマティストが仮に自分の過熱した隠喩を説明するならば，普通の生活での世俗的言語へと戻らなければならないだろうし，そうすると結局のところ，悪しき哲学者を普通の法律家・科学者や確信のある人から区別していなかったことになるだろう。例えば，法が「そこに出て」いると言うことが，法が何であるかと，法が何であるとわれわれは望むかとの間には相違があることを意味するならば，大半の法律家は，法がそこに出

ていると考えるし，プラグマティストには，法がそこに出ていないと分別ある仕方で言える視点はない。

正解の寄せ集め

　困難な事案における諸正解に関する私のテーゼは，前述のように，きわめて控えめで常識的な法的主張である。それは，何か隔たった外的な哲学的レベルと想定されているところではなく，むしろ法実践の内部でなされる主張である。私は，法律家が言うであろう普通の意味において，何か困難な事案に関して，適切に解釈された法は原告に（または被告に）有利だと言うことは果たして健全または正当または的確だろうかと問う。そして，然り，その種の一部の言明は，いくつかの困難な事案に関して健全または正当または的確であると答える(5)。（そのようなある言明は特徴的または一般的に，困難な事案で健全であると，私は事実上言っている。しかし，そうしたいっそう野心的な言明は，私が行っている主張の種類に関するこの論考では無視することができる。）

　したがって，そうした法的主張を支持する最も自然な仕方は，何か特定の困難な事案で正解が何であるかを示そうとすることである。正解が何であるかを示そうとすることは，もちろん普通の法的議論を出すことによってのみなされうる。そのような多くの議論を，私はきわめて困難な諸事案に関して事実上出してきた。例えば，合衆国憲法を正確に理解すると，〔合衆国〕最高裁判所はクルザン事件でのミズーリ州最高裁判所判決を覆すよう要求されると論じた(6)。最高裁の4名の構成員はその結論に同意した。5名は同意しなかった。彼らは，可能な最善の議論によって正反対の解答――自分たちはミズーリ州裁判所の判決を肯定するよう要求されているという解答――が要求されると考えたのである。私はいま，10名のきわめて相異なった法律家に言及したが，その全員がクルザン事件において，普通の法的判断の問題として正解があると考えていた（あるいは少なくともそう言った）。そして，もちろん他の何千人もの法律家が同じことを考えていた。さて，今度はあなたの番である。あなた自身は，何らかの種類の困難な事案で，すべてを衡量すると，何らかの普通の法的議論が最も健全だと気づいたことがあるだろうか。気づいたことがあるならば，あなたもまた，私自身の主張の標的だと捉えている無正解テーゼを拒否したことになる。

だが，唯一正解テーゼは，クルザン事件で一方の側によりよい議論があるという普通の意見のなかで捉えられている以上の何事かを意味しているにちがいないと力説する明らかに抵抗しがたい衝動が，法理論家にはある。法理論家は，私が，無自覚な法律家であればそう言うだろうように，何か普通の仕方で諸正解があるとだけ言っているのではなく，諸正解が本当にある，あるいは本当の諸正解が本当にある，あるいは諸正解がそこに出ている，あるいは言葉の膨張のはしごを昇るような他の何事かを言っているにちがいないと考える。そのような法理論家の過ちはまさにローティの〔と同じ〕過ちである。自分が攻撃したい立場にこれらの冗語や隠喩を挿入することによって，その立場の意味に追加したりその意味を変化させたりすることができると考えるという過ちである。膨張させられ装飾されたこれらの主張が，膨張させられず装飾されていない意味とは異なった意味をもつ観点はまったくない。そして，膨張させられ装飾された主張の意味とは，その主張が普通の法的生活でもつ意味なのである。だから，私が述べてきたことのなかには，それを否定するのはひねくれていると彼らの大半が考えるだろうものを除いて，彼らが否定するいかなるものもない。

　したがって，懐疑論的な無正解テーゼがいやしくも実践的重要性をもつならば，そのテーゼはそれ自体，形而上学的主張ではなく法的主張として扱われなければならない。そのテーゼは，普通の法律家の意見とは反対に，困難な事案で諸正解があると考えるのは法的な誤りだと主張している。そのように理解すると，そのテーゼは法的議論によって成立するか失敗する。哲学と道徳は確実に，また多くの仕方で，そうした法的議論にとって適切である。例えば，法実証主義者は，唯一正解テーゼが法において論理または意味論の問題として誤りであるにちがいないと論じてきた。（私は以前の論文で，彼らの議論に応えようとした[7]。）批判法学運動のメンバーは，法理のなかに浸透している内的矛盾であると自分が捉えるものを指摘するが，もしも内的矛盾が存在するならば，それらは正解を取り除くだろう。（だが，私は，こうした示唆は矛盾を競争と混同していると示そうとしたことがある[8]。）ジョン・マッキーを含む道徳的懐疑論者は一種の内的な道徳的懐疑論を擁護するが，もしもその懐疑論が健全であるならば，それもまた諸正解の可能性をくじくだろう[9]。疑いの余地なく，法にかみあう他の諸議論が，内的に懐疑論的な見解に有利なように用いられうるし，また用いられるだろう。しかし，

これらは法的議論である。もし成功すれば，それらの議論は改革を求め，またもし成功すれば，解明できない隠喩の支え木なしにそれらの議論が出されうる。それらの議論はプラグマティストの異議のごときものではない。プラグマティストの異議は，私が言うことを隠喩的術語で記述しなおして，何か神秘的な哲学的レベルへと私を拉致しようとするやり方を除けば，出されえない。そのレベルでは，外的懐疑論者が身を乗り出し，ハゲタカが獲物を渇望しているのである。

フィッシュと実践の微妙さ

フィッシュ教授は長きにわたって，(彼ならばそう言うかもしれないが) 私という事例に関わってきた。彼は，私の作品に関して少なくとも3点の高度に批判的な論文を書いたことがあるが[10]，それらの論文は私を，他の短所のなかでもとくに「摑みどころのなさ」や「壮観な混同」のゆえに非難している。彼は，これらの論文の1つに対する応答として〔私に〕委ねられたものが公刊されるのを拒否した。そして，彼は，ポズナー判事の著作に対する自分の熱のこもった書評の結びで，気楽な語調で私に対する「いささか粗野な」批判をいわれもなく告げたのである[11]。それほどにエネルギッシュな反対者をさらに刺激したいとはまったく思っていない。しかし，解釈に関する彼の数多くの論文——私に対して批判的な諸論文を含めて——は，私が論考してきたプラグマティズムの諸特徴をまったくもって例示しているので，それらの論文に読者の注意を向けさせないとすれば，私は臆病者だということになるだろう。

先ほど言ったことだが，プラグマティストは，普通の言明の奇怪な隠喩的転換を通じて自分の論敵を発明し，次にそうした移行を擁護するべく，これらの論敵と想定されている者は普通の仕方で語っているのでなく，何か特別な外的レベルの言説を占拠しようとしていると力説するが，そのレベルをプラグマティストは実際には記述することができず，とにかく存在するのだと力説する。フィッシュの全作品はそうした診断を確認するものだが，しかし彼は新しく重要なひねりを加えている。解釈に関する知的実践の内部からは，興味深いいかなることも多分言えないから，解釈には第2の外的レベルがあるにちがいないと，彼は述べる。アプリオリな主張はつねに，反理論的だと自称する人には不似合いである。しかし，この主張はとりわけ深刻な誤りで

ある。なぜなら，知的実践がもつ批判的に討論的かつ反省的な性格が見えていない人は，知的実践に関して他のいかなるものもほとんど理解しないだろうからである。

　上記の危惧は，プラグマティズムの枢要な論敵——基礎づけ主義——が本当は何であるとフィッシュが考えているかについての彼の説明において現実化する。「基礎づけ主義という言葉で，探究やコミュニケーションを，単なる信念または未検討の実践より堅固で安定した何物かに根拠づけようとするどんな試みをも，私は言おうとしている」(12)。対比に注意していただきたい。一方の単なる未検討の実践——自然に起こってくるものを行うこと——と，他方の「より堅固で安定した何物か」。その対比は，ローティの宣言が自滅している仕方で自滅する。なぜなら，ある探究やあるコミュニケーションが実際のところ，単なる信念よりも実質的な何物か，例えば事実に根拠づけられていると考えることは，単なる未検討の実践の一部——不可欠の一部——だからである。フィッシュは，「より実質的なもの」を信じている人が備えているにちがいないと想定される悪しき諸観念のなじみ深いリストをただちに生み出すことによって，要点を不明瞭にする。ありふれた疑いはすべてそこに挙げられている。「文脈を超え，文化さえも超えて不変な…根拠づけ」，「『生のままの事実の』世界」，「一組の永久的諸価値」，「自由で独立な自己」，「正しい結果をすべてそれ自身によって生み出すだろう」探究方法（強調は原著者）。しかし，そうしたいかなる無意味なものもわれわれの普通の実践の一部分ではない。その事実は，単なる信念とより実質的な何物かとの区別がわれわれの普通の実践の一部分ではないことを意味しない。それはむしろ，フィッシュが，その区別は「われわれはどのようにやってゆくか」という問題として本当は何であることになるのかを摑まえていない，あるいはむしろ忘れようとしていることを意味している。

　私の作品についてのフィッシュの最初の論文は，いまではなじみ深い隠喩戦略を開拓したものだった。彼が読者に語ったところによれば，私の見解では，意味はテクストのなかで「まさにそこに」あり，「自己執行的で」あり，「すでに適切な場に」あり，「単に与えられて」おり，また文学作品は形式とジャンルへの「自らの帰属を発表し」，そして小説は自分自身についての解釈を導く「未解釈の中核」をもっている。だが，彼は論文を終えるにあたって，次のような興味をそそられる事実を良心的に報告していた。それは，これら

の隠喩が示唆すると考えられるだろうあらゆることを否定しようと，私自身は注意を払っていたという事実，実際のところ，彼自身が言っていたあらゆることを，私は予期していたと考えられるかもしれないという事実である。しかし，フィッシュは，私の否認が，彼の恐るべき隠喩が場違いであることを示すにはほど遠く，混乱をあらわにしているだけだと述べた。テクストを解釈することと新たなテクストを発明することとの間には相違があると言う人は，その人が後に自分が何をしている，または何を仮定していると言うの・であれ，あるいはそう考えるのであれ，意味についての「まさにそこに」とか「未解釈の中核」とかの構図を仮定しているにちがいないと，フィッシュは述べた。

　フィッシュの2番目の論文では，2つのレベルという装置が明示的となった。彼が言ったところでは，私の摑みどころのなさや壮観な混同は，言説の2つのレベルの間を切り替えつつ，そうしているのだと読者に警告しないことに存する。第1は，解釈することや判断することのような実践という内的レベルであり，普通の学者や裁判官が単に信念をもったり判決を下したりするレベルである。第2は，外的でより「一般的かつ抽象的な」レベルであって，そこではわれわれは，「裁判官の活動を決定的・啓発的な仕方で特徴づけ」ようと努め，あるいは裁判官の活動に関して「指図的または規範的な」主張を行おうと努めるだろう。彼はこの区別を，裁判官が先例に従うこととそれを無視することとの間には相違があるという私の主張，つまり彼が以前にきっぱり否定した区別に適用した。

　　そこで，実践のレベルには，法の歴史を続けることと新たな方向に離れることとの区別があるが，その区別は議論を正当化する諸方法の間での区別であって，その相違がどのような議論からも離れて明快である諸行為の間での区別ではない。要するに，その区別は解釈的であり，そしてそれが解釈的であるがゆえに，その区別は何を解決するのにも用いられえない。というのも，その区別それ自体が，継続的に解決されているものだからである。そこで，ドゥウォーキンは完全に縛られている。彼は，自分の区別の…元来の形式［思い出していただきたいが，フィッシュは，私がその解釈に異議を唱えているにもかかわらず，その区別の形式は抵抗するテクストを意味していると捉えていた］に固執することがありう

るが，その場合には，彼は裁判官の活動と他のどんなものをも有意味に（参照されえ用いられうる仕方で）区別することに失敗する。あるいは，彼は実践の内部での区別として自分の区別に訴えかけることもありうるが，その場合は，その区別にはいかなる指図的ないし規範的な説得力もない。なぜなら，その区別は，自己記述または非難についての争われうる諸様態の間での区別だからである[13]。

　この注目するべき一節をいくらか詳しく見るべきである。解釈することと発明することとの区別が「どのような議論からも離れて明快で」はないという冒頭は，人の注意を他へ逸らすいつものものであり，いっそう「まさにそこに」式の代物である。その区別がどのような議論からも離れているなどとは，そのことが何を意味していようとも，誰も一切考えていなかった。それに関係するのは，先例に従うことと先例を無視することとの区別がそれ自体，解釈的主張を含むという断定，先例を無視したとしてある裁判官を非難することは「争われうる」非難だという断定，先例に従うことと先例を無視することとの区別が何も解決せず，それ自体つねに解決されているという断定である。それらの断定が意味しているのは，私が想定するところでは，議論の特定の形式が解釈することに数え入れられるか発明することに数え入れられるかに関して，法律家たちが意見を異にするということであり，これらの事柄に関する法律家たちの意見と法哲学者たちの意見の両方ともつねに移り変わっているということである。そのことも誰も一切否定しなかった[14]。しかし，ここまでの議論での何物も，フィッシュが提出しようとしている問いにしっくりと合っていない。その問いとは，解釈することと発明することとの区別が，解釈実践の内部において啓発的かつ批判的な仕方で，つまり当該の区別が解釈実践の内部でもつとフィッシュがいまや同意する意味だけをその区別に与える仕方で，用いられうるかどうかである。普通の区別を用いて，ある裁判官は先例を解釈しておらず自分自身の方向に逸れていると言うことは，意味をなしうるだろうか。そのように言うことは，当該の裁判官への批判として数え入れられるだろうか。

　もちろん数え入れられる。普通の区別がそうした記述的かつ批判的な仕方で用いられえないとすれば，その区別はどのように用いられうるというのか。もちろん，われわれが裁判官の実践を「啓発的な」仕方だと特徴づけるのは，

われわれが，裁判官は先例を無視するのでなくむしろ解釈する責任を受け入れていると（それが真であるならば）言う場合である。そしてもちろん，裁判官がそうした責任を現に受け入れているかどうかを問わず，裁判官は受け入れるべきだと言うことは，重要な規範的主張である。これらの主張がそれ自体で解釈的主張であること——もちろんそれらの主張は解釈的主張であるが——は，これらの主張の説得力や迫力をどのように減じうるというのか。あるいは，これらの主張が本来的に論争の余地あるものであり，合意を命じるという意味で「解決されている」ことがしばしばありそうにないことは，これらの主張の説得力や迫力をどのように減じうるというのか。実践を解釈することはなぜ解釈実践の一部でありえないというのか[15]。フィッシュの2レベルの主張は，哲学的呪文についてのヴィトゲンシュタインの診断の事例集に載るような例である。良識の外に出て自らを悩ませている理論家は，何か隠れたア・プリオリなコミットメントによってそうしているというわけである。解釈実践は自己意識的かつ反省的ではありえないというフィッシュの決定的に重要な仮定——私が一方のレベルから他方のレベルへと混同した仕方で移動しているとする彼の無数の論難のそれぞれにおいて前提されている仮定——は，擁護されず，直感に反し，曲解しており[1]，障害をもたらすものである。

　上記の仮定がもつ説得力は終始一貫して安っぽいものである。その仮定は，解釈実践を非内省的かつ自動的に思えるようにしてしまうのである[16]。それは，自らが誤って分離した両方の活動についての深刻な誤解を生み出す。それは解釈的理論を，発明された敵の外的メタレベルへと放逐する。そして，それは現実の解釈実践を平板かつ受動的なままにし，内省的・内観的・討論的な調子を奪ったままにするが，その調子が事実としては解釈実践の性格にとって本質的なのである。その両方の帰結とも，私の作品に関するフィッシュの3番目の論文において顕著である。第1に，彼は，私たちの間の論争が，私が何を言おうとも，解釈実践からまったく独立した外的で論理的な地平で起こっているものとして理解されなければならないと繰り返した。私は，実践すべての外側にあるアルキメデスの点を占めようとしており，私の「一貫性としての法」は，「単なる実践に優先し，その実践に啓示を与えるレベルに存在する反省のモデルだという哲学の一般的主張にとって有利な立場」にすぎないと，彼は述べた。こうした記述を支持するよう彼が発表した新たな議

論は，次のようなものだった。『法の帝国』は法律家に，彼らが必要としていない助言を与えようとしている。なぜなら，法律家は，そうした助言にどのみち反して行為することが多分できないだろうからだというのである。この議論は，それ自身の術語においてさえも失敗している[17]。しかし，たとえその議論がそれ自身の術語においてはうまく働いているとしても，フィッシュの目的にとってはうまく働かないだろう。たとえ裁決に関する私の主張がすべて無駄で不必要だとしても，私の主張が何らかの仕方でアルキメデス的で外的であるということにはならないだろう。陳腐さはすべて内的で世界内的なのである。フィッシュは，自分が不快だと思う言明は，異なっており，奇妙で，離された言説のレベルだという自分の主張を正当化するためには，普通の解釈実践の内部でその言明がもつ意味とは十分に異なった意味を，その言明にあてがうことができることを示さなければならない（どのプラグマティストも示さなければならないと先に述べたように）。私が知るかぎり，彼はそうしようと努めたことさえない。

フィッシュの第2の仮定は解釈実践の受動的・非内省的性格に関するものだが，その仮定は，私が，裁判官たちは実践「の内部で」考えると報告することに甘んぜず，裁判官たちは実践「とともに」考えるべきだと力説しているという彼の不平を支配している。

> 実践の内部で考えることは，可能かつ適切な行為についてのある人のまさに認知と感覚が，深く位置づけられた行為者としてのその人の位置の内部から「自然に」——さらなる反省なしに——流出させることである…実践とともに考えること——実践の働きについての何か外挿されたモデルを自己意識的に駆使することによって——は，自らの責務が何であるか，どのような手続きが「本当は」正統であるか，どのような証拠が事実として証拠であるかなどについて，単に始終計算していることである。それは理論家であるということだ[18]。

しかし，どんな法律家も知っているように，法の場合には，実践のなかで考えることと実践とともに考えることとの間にはいかなる相違もない。これらは同じことなのである。よき裁判官は「自然に」「さらなる反省なしに」，自己意識的かつ自己批判的であること，すなわち自分の「責務」が本当は何で

あるか，どのような「証拠が本当に証拠」であるかなどを問うことが，自分の仕事の一部であると分かるだろう。よき裁判官は，フィッシュの言葉では，参加者としての自分の役割を占めていなければならないとともに，またその役割のおかげで理論家でなければならないと，自然に分かるだろう。そのことは，弁護士や裁判官が，自分が語るときにはいつも自分の投企についての諸理論を無から構成するということを意味しない（と言った方がよい）。それはむしろ次のことを意味する[2]。弁護士や裁判官は，自分が無反省に保持する見解さえもつ討議的性格を認識しており，また弁護士や裁判官は，こうした見解さえも原理上は，自分が応える責任を負っている理論的挑戦にさらされやすく，その挑戦がもし提起されるならば，また提起されるときには，それに応えるのが，自分が理にかなった仕方でなしうる最善のことであると理解しているということを意味するのである。フィッシュはここで他のどことも同じように，人々がまったく自然に沈潜しうる実践の内的構造がもつ複雑性を劇的に過小評価している。彼は，いくつかの仕事では理論がそれ自体で第2の自然だということを分かっていない。われわれが行う一部の事柄は，フォークボールを投げることよりも討議的である。〔例えば，名投手の〕デニー・マーティネッツは意見を提出したことがない。その上，理論は野球においてさえ，フィッシュが認める以上に実践と関わっている。50年前に打率4割を誇った最後の選手は，現代で最も偉大な打者だが，彼は，投手がボールを投げる前にいつも理論を築いたのである(19)。

第 2 章　理論をたたえて

序　論

　私は，法的推論と法実践における理論の役割を論じるつもりである。例を出すのが何よりもよいので，いくつかの例をもって始めるつもりである。ある女性がジェネリック医薬品の錠剤を服用してきたが，その錠剤がきわめて有害な副作用をもつことが明らかになったと想定していただきたい。多くの異なった製薬会社がその錠剤を製造し，その女性には，自分が年々実際に購入し服用した錠剤を誰が作ったのかはまったく分からず，したがって誰の作った錠剤が自分への害の原因となったかはまったく分からない。その女性は，製薬会社のどれかまたはすべてを訴えることができるだろうか。あるいは，何人も，彼または彼女またはそれが引き起こさなかった損害については不法行為上有責でないと，われわれは力説するだろうか。法律家たちは二手に分かれて論じてきた。一部の法律家——カリフォルニア州最高裁を含めて——は，製薬会社は共同的にも個別的にも有責だと述べてきた[1]。他の法律家は，製薬会社のどれも有責でなく，悲しいことだが，その女性の損失は法においては補償されない損失だと力説した。（他の例を提供するために，）人々が政治的抗議のつもりでアメリカの国旗を燃やし，政府は〔憲法〕第1修正と首尾一貫した仕方で，国旗を燃やすのを犯罪とすることができるかどうかという問いが生じると仮定していただきたい。ご存じのように，法律家たちや他の人たちはこの問いについても相異なった見解をとってきた。最高裁判所は「否」と答えたが，しかし多くの法律家は，最高裁判所が憲法典について過ちを犯したと考え続けている。法が何であるかに関して，他の何千もの

根深い論争の例がある。最高裁判所は，〔本章の言論文執筆時点で，〕さらにいっそう意気消沈させるような問いが提起されている第9巡回裁判所からの上訴の事案について審理をしかけている。それは，憲法が少なくとも原理上，医師の幇助による自殺への何かの権利を付与しているかどうかという問いである(2)。裁判官たち，弁護士たち，そして普通の人々がその問いに答える仕方は，鋭く相異なっている。

　いまや主要な争点を述べることができる。例えば，製薬会社が法において共同的にも個別的にも有責だという陳述は，どのような種類の陳述だろうか。あるいは，第1修正は国旗を燃やすことを保護しているという陳述はどうか。これらの陳述は直截に歴史的な陳述ではない，すなわち過去に起こった出来事の単なる記述的報告ではない。それらの陳述は単なる予測でもない。憲法が医師の幇助による自殺を保護していると述べる人は，（私がそう予測しているように，）裁判所が他の仕方で判決を下すだろうと予測するかもしれない。そうなると，ある問題について法が何であるかに関する主張を真または偽とするものは，いったい何だろうか。

　ほとんど同じ問いを言い表す他の仕方だと私が信じるものが，ここにある。法的主張の真理性に関して推論したり論じたりする適切な仕方は何か。その問いに対する2つのきわめて一般的な解答を区別しよう。第1のものを「理論埋め込み的」（あるいは単に「埋め込み的」）アプローチと呼ぶことにしたい。法的推論は，前述の法的問題のような特定の個別の法的問題に，法に由来する諸原理または政治道徳上の諸原理の広大なネットワークを関わらせることを意味する。実際には，例えば不法行為法の本性に関する，あるいは民主制における言論の自由の性格に関する，あるいは良心の自由や個人的な倫理的決定の自由への権利についての最善の理解に関する複雑な諸原理からなる広大で覆い尽くすような理論的システムについて考え通したか，あるいは考え通す心積もりがあるのでないかぎり，法的な問いへの正解に関して考えることはできない。

　第2の解答——それを理論的アプローチに対置された実践的アプローチと呼ぶつもりだが——は，次のような仕方で述べることだろう。大きく一般的で覆い尽くすような理論に関して私がたったいま言ったことは，すべて的外れである。判決は1つの政治的機会であって，裁判官，弁護士，そして法に関して考える他のあらゆる人は，どのような政治的機会によって提起される

直截な実践的問題にも自分の注意を向けるべきである。唯一の問いは，われわれはどのように物事をよりうまくできるかであるべきだ。そうした実践的な問いに，助けとなる仕方で答えるためには，相異なる諸決定からの諸帰結に関して——これらの帰結を測定するためには，多分またいくらかの経済学に関しても——多くのことを現に知っている必要がある。しかし，多くの政治哲学は必要でない。

　私がこれら2つのアプローチを記述したとき，あなたはただちにどちらが自分の見解であるかが分かったとあえて言おう。実践的アプローチはたいへん実際的で常識的でアメリカ的であるように思われる。その反対に，理論埋め込み的アプローチは，行われるべき現実の仕事があるときには，抽象的で形而上学的でまったく場違いであるように思われる。人々は今まで〔実践的アプローチに〕集まってきたので，私はまさにその正反対のことを論じるように努めるつもりである。理論埋め込み的アプローチ（その論敵たちがそうするように私はこれを記述したが，間もなく，より適格な仕方で記述しなおすつもりだ）は，魅力的であるだけでなく不可避でもあると論じるつもりである。実践的な代替案は全体を見通すような1つの欠陥に苦しむと論じるつもりである。その代替案は全面的に非実践的なのである。

　私が法的推論の理論埋め込み的見解をどのように理解しているかをいくらかいっそう詳細に記述しようとすることから始めるつもりである。その解説の途中で，ヘラクレス[1]や他のタイタン族の者に関して述べるつもりである。それから，そのように理解された理論埋め込み的見解への最近の2つの攻撃を考察するつもりである。第1の攻撃は，リチャード・ポズナー判事[3]——ご存知のように，朝食前に本を1冊書き，正午前に数件の事案で判決を下し，午後いっぱいはシカゴ・ロー・スクールで教え，晩餐後には脳手術を行う怠惰な判事——によって提示されている。第2の攻撃は，ポズナーとほぼ等しく多作な同僚のキャス・サンスティーン——彼もまたシカゴ・ロー・スクールで教えている——によって提示されている[4]。これらの学者は一緒になって，反理論的だが大真面目な法理学のシカゴ学派を形成している。両人とも，法的推論の埋め込み的な捉え方を批判して実践的な捉え方を是認し，また両人とも，埋め込み的な捉え方についての私自身の説明を，自分が矯正したいと希望している誤りのパラダイムとして記述している。したがって，いわゆる理論的に覆い尽くすような，見下げるほど抽象的な，彼らが弾

効する見解と，彼らがうるさく勧める実践的見解との間の選択は，本当はわれわれにはないのだという私の議論をテストするために，彼らの作品を用いるつもりである。

埋め込み的見解

　私は少し前に1つの問いを発した。複数の製薬会社が，その一部は原因となっていない危害について共同的にも個別的にも有責である（あるいは有責でない）という主張は，どのような種類の主張だろうか。その主張を解釈的主張とみなすことが最善であると，私は提案する。その主張は，諸原理を手元の事案に適用する場合には，その諸原理が，集団としての製薬会社に不利な判決への権原を原告に与える（あるいは与えない）と断言するのである。「実践に埋め込まれた諸原理」という成句はもちろん隠喩である。隠喩は訴えかける力をもってはいるが，法理学では，隠喩はあまりにしばしば思考への激励でなく代用物となってきたのであり，隠喩が現れた後にはできるかぎりすばやく隠喩を廃するのが最善である。私の隠喩は次のことを示唆しようとしている。われわれが法的主張を正当化するのは，その主張を支持する原理が，当該事案が生じた学説上の領域におけるいっそう一般的な法実践の最善の正当化論をも提示すると示すことによってだということである。もちろん，諸原理のどの集合が，法のかなりの部分がもつ一般的なまとまりに最善の正当化論を提供するのかに関して，法律家たちは意見を異にするだろう。例えば，意図しない危害についての法の最善の正当化論を提供するものとして，人々はたとえ意図しなくとも過失により引き起こす危害については責任があるが，しかし引き起こしていない危害については責任がないという原理を提示する人がいるかもしれない。そうした原理が最善の正当化論を提供するものと捉えるならば，製薬会社が勝訴し，原告は敗訴する。なぜなら，原告は，製薬会社のどれも自分への危害を引き起こしたのだと立証できないからである。しかし，他の法律家は，この領域での不法行為法がきわめて異なった原理によって正当化されると論じるだろう。薬学的な研究・開発・マーケティングのような何か価値ある商業的事業からのほとんど不可避の帰結として不運なことが生じる場合には，損失は特定の不運な被害者にのみ降りかかるべきでなく，その事業から利潤を得ている人たちの集合のなかで割り振られるべきだという原理である。その原理は，おそらく正反対の結果を支持

する議論を行うだろう．もちろん，他の適切な諸原理が定式化されるかもしれず，その一部はより説得的だがはるかに複雑であるかもしれないが，しかしわれわれの例にとっては上記の2つで十分である．

　他の例のために，国旗を燃やす事例にとって適切な2つの競合しあう原理を構成することもできる．第1の原理は，われわれの実践が言論の自由に与える特別な保護が，われわれの民主制が機能する際に言論の自由がもつ道具的重要性によって正当化されると考えている．第2の原理は，言論の自由の実践が，それとはかなり異なった原理によっていっそうよく正当化されると考えている．それは，何人も，単に確信・意見・選好が不愉快なものだという理由でその表明が否定されてはならないことは平等な市民の資格の一部分だという原理——したがって民主制に向けて道具的であるよりもむしろ民主制にとって構成的である原理——である．これらの原理のうち前者は，国旗を燃やす権利に不利な判決をよりよく支持し，後者は反対の判決をよりよく支持するだろうと，私は信じている．

　そうすると，1つの法的主張——薬害被害者が勝訴する，または敗訴するという主張，あるいは国旗を燃やすことが憲法上禁止されうる，または禁止されえないという主張——は，ある原理または他の原理が法実践の何らかの一部分のよりよい正当化を提供するという主張に等しい．どのような仕方でよりよいのか．それは，解釈的によりよい——つまり，原理が法実践によりよく適合し，法実践をよりよき光のなかにおくから，よりよいのである[5]．そうした場合には，どのような法的議論も，正当化上の上昇と呼びうるものにさらされやすい．直接に最も焦点となっていると思われる特定の諸事案からわずかに視線を上げて，法の近隣諸領域を見るときには，あるいは多分ごくわずかに視線を上げて一般的に見る，例えばより一般的に事故法を，より一般的に憲法典を，より一般的に裁判官の能力または責任に関するわれわれの仮定を見るときには，われわれが是認しようとしていた原理は，われわれの法実践をその最善の光のなかで見ることを認めるというわれわれの主張に対する深刻な脅威を見出すかもしれない．というのも，われわれが是認しようとしていた原理が，法の何か他のいっそう大きな部分を正当化するために依拠しなければならない何か他の原理と不整合であるか，あるいは何か他の仕方で不調和となることを発見するかもしれないからである．例えば，われわれは，人々または諸機関が，賠償するよう求められた損害を引き起こした

のだと示すことなく，不法行為上の賠償責任があるとされうるということを受け入れる心積もりがあるかもしれない。しかし，その場合に，その原理が他所では拒否されてきたという可能性——例えば，原告の損害を生み出す因果連鎖のなかで被告の行為があまりに隔たっていたという根拠によって責任を否定した事案では，その原理が暗黙裡に拒否されてきたという可能性——をわれわれに強調する人がいるかもしれない。あるいは，われわれは自分自身に対してそうした可能性を強調するようになるかもしれない。もちろん，結局のところ，その後者の事案を，企業責任に適用されるとわれわれが考えている原理とどのようにして和解させうるかを示すことによって，上記の脅威を追い払うことが当然できるだろう。しかし，その脅威を単に無視することはできない。なぜなら，われわれが行っている解釈的議論——法的主張を維持するためにはその解釈的議論を行わなければならない——がもつ性格のゆえに，そのような脅威には重要な関連性があるからだ。われわれの目的とする正当化論は事実上，われわれの法実践が原理づけられていないことを示すだろうという主張を単に無視することはできない。なぜなら，その主張は，一部の市民に対する強制を正当化する際には特定の原理に訴えかけ，他の人々への賠償を否定する際には同一の原理を拒否しているからである。そうした主張が仮に正当化されるならば，われわれが提案する判決には，単に理論的優雅さの問題としてだけでなく，市民の資格の平等にコミットする共同体が自らをどのように統治するべきかという問題としても，異論の余地があることになるだろう。

ヘラクレスとミネルウァ

　もちろん，正当化上の上昇という恒常的脅威への注意を促すことによって，その脅威がつねに実際に現れると言おうとしているのでなく，あるいはしばしば実際に現れると言おうとしているのでさえない。ほとんどのときには，その脅威は実際に現れないだろう，少なくとも深刻で時間がかかる仕方では実際に現れないだろう。そして，われわれは，きわめて局地的優先性と呼んでよいものを足場にして——要するに，手元の問題を直接に扱う制定法や事案の他にはわれわれの解釈的議論のなかで何も見ずに——快活に前進することができる[6]。しかし，正当化上の上昇はつねにいわば手持ち札のなかにある。その上昇をア・プリオリに排除できないのである。なぜなら，平凡で

争いの余地がないとさえ思われる法的主張が，より高いレベルからの新しく潜在的に革命的な攻撃による挑戦を突然にいつ受けるかは，決して分からないからである。そうした〔法的主張への攻撃に対する〕原理上のさらされやすさを，私は英雄的なヘラクレス裁判官の描写のなかで摑まえようとした。ヘラクレス裁判官は自らの才能を所与として，私がたったいま記述したのとは反対の方向に当然前進するだろう。彼は，内から外へではなく，すなわち他の法律家が行うように，より特定の問題からより広くより抽象的な問題へではなく，外から内へと正反対の方向で考えるだろう。彼は自分の最初の事案を審理する前に，すべての時機に適した巨大な「覆い尽くす」理論を構築できるだろう。彼は，形而上学上・認識論上・倫理学上のすべての未解決問題を決定することができ，また政治道徳を含む道徳上のすべての未解決問題を決定することができるだろう。彼は次の点を決定することができるだろう。宇宙のなかに何があるか，それが宇宙のなかにあるものだと考える際に彼の考えはなぜ正当化されるか，正義と公正は何を要求するか，最善に理解された言論の自由は何を意味するか，言論の自由はとくに保護に値する自由であるか，またそのような自由であるのはなぜか，その活動が他の人々の損失に結びついている人々に当該損失について他の人々に賠償するよう要求することが正しいのはいつか，また正しいのはなぜか。ヘラクレス裁判官は，そうしたことすべてや他のあらゆることを，すばらしく知識体系論的なシステムへと編み上げることができるだろう。新しい事案が起こってくる場合にも，彼はきわめてよく準備が整っているだろう。彼は，外から——多分，自分のすばらしい知的創造物の銀河系間にわたる広がりから始めて——手元の問題に向けて着実に作業を進めることができるだろう。法一般について，法の1つの種としてのアメリカの法実践・憲法実践について，憲法解釈について，不法行為について，最後には，あまりに多くの錠剤を服用した気の毒な女性や，国旗を燃やした怒れる男について，入手可能な最善の正当化論を見つけるのである。

　普通の人々，普通の弁護士，普通の裁判官には，そのようなことの多くができない。われわれは，内から外へのやり方で推論する。職業上または責任上または偶然に押し付けられた個別の問題から始め，また探究の範囲は，われわれに利用可能な時間によってだけでなく，われわれが実際に出くわしたり想像したりする議論によっても厳しく限られているのである。内から外へ

のやり方で推論する裁判官は，長く骨の折れる調査または議論を引き受ける時間を見出すことも，それを引き受ける必要性を見出すことも稀だろう。だが，ときには裁判官はこうした時間や必要性を見出す。ベンジャミン・カードウゾウはマクファーソン対ビューイック自動車会社事件[7]でそうした必要性を感じ，そしてわが国の法がもつ性格を変えたのである[2]。われわれは皆，裁判官が，手元の事案に関して考え始めたときには予期していなかっただろう正当化上の上昇の際に，自分が上向きに引っ張られていると気づいた他の諸判決について考えることができる。そうした上昇は稀であるかもしれない。しかし，絶対的に決定的重要性のある点は，上昇がいつ要求されるかを決定するためのア・プリオリなテストも十把一絡げのテストもないということである。弁護士なり裁判官なりは，自分が最初に考えていたか希望していたよりも理論的な議論に惹かれたり引っ張られたりするかどうかを知る前に，ある争点に関して考えるのがかなり進んでいなければならない。

　これら2つの姿——外から内へと考えるヘラクレスの姿と，内から外へと推論する可死の法律家の姿——には，まったく矛盾がない。私がその2つの記述の両立可能性を強調するのは，法への埋め込み的アプローチの批判者の多くが，現実の裁判官はヘラクレスではないと欠かさず言うからである。批判者は単に，裁判官が超人的な被造物ではないと言おうとしているのではない。ヘラクレスについて私が書く一代記が要点を外れていると言おうとしているのである。類比はつねに危険——隠喩とほぼ同様に危険——であって，私は，自分が出そうとしている類比をきわめて短い皮紐につないでおきたいと希望している。しかし，科学との類比は，知的領域の内部で内から外へのやり方で考える人たちにとってさえ，知的領域についての外から内への見方がどのように助けとなりうるかを示す助けとなるだろう。われわれが簡明に科学と呼ぶ知識の総体がまさしく継ぎ目のない網状体であると，われわれは考えている——あるいは少なくともそう希望している。継ぎ目はまだあり，科学者や哲学者はそれらの継ぎ目に頭を悩ませている。しかし，物理学が少なくとも化学・天文学・微生物学・冶金学・工学と首尾一貫していなければならないという野心をもつことには，なんら問題がない。実際のところ，われわれはそれ以上の何事かを——これらの慣例的に個別の知識の集合体が他の諸集合体と首尾一貫していることだけでなく，物理学が多分最も抽象的だと捉えられ，他の諸分野は漸進的にいっそう具体的な思想の諸部門として物

理学から引き出されたものとして見られうるということも——希望しており，またわれわれが信じるところではそれを部分的に実現してきた。これらの理論的かつ構造的な野心を，女神ミネルウァをヘラクレスのスタイルで想像することによって例示できるだろう。ミネルウァは，たった1つの橋の建設を引き受ける前に，空間および時間の一代記と粒子論がもつ基礎的説得力を習得するのに必要な何世紀も過ごしたのである。その後，誰かが，特定の金属は一定の重量をそなえているかと尋ねたとき，彼女は，自分のすばらしい完全な理論から解答を演繹することができたのである。そうした〔ミネルウァの〕姿を理解できるのは，その姿が，われわれの科学の総体に関してわれわれがどのように考えるかを捕捉しているからである。

　しかし，いかなる科学者ももちろん，ミネルウァの例に倣い始めることさえできないだろう。新種の橋を建設する工学者は，内から外へのやり方で作業する。工学者は，自分が問題を発見するまでは，自分がどのような問題を発見するかを知らない。また，少なくともその問題を発見するときまでは，工学者は，自分が不可避的に発見するだろう問題が，冶金学の何らかの原理を再考するように自分に求めるかどうかを，あるいはもし求めるならば，自分が冶金学へと脱線することが，粒子物理学を再考するように自分に——あるいは他の誰かに——要求するかどうかを語ることができない。ミネルウァの物語は（それはかの女神の一生がもつ可能性を捕らえているが），それとはきわめて異なった工学者の物語を今度は説明する——理論的上昇のはしごは，誰もその1段目を踏み出すようにさえ惹かれないときでさえ，なぜ手持ち札のなかにあるのかを説明する——基底的仮定の真価が分かる1つの仕方である。それが，法について私がヘラクレスの物語で捕捉したいと望んでいるものである。繰り返して言えば，私の主張は，法的推論が，政治道徳上のきわめて抽象的な原理を含む正当化の広大な領域を前提しているということ，われわれはその構造を，工学者が自分の知っていることの大半を当然としているほどにまで当然とする傾向があるということ，しかしその構造の何らかの一部分をときおり再検討するよう強いられるだろうけれども，いつ，どのように強いられるは事前には決して確実に知りえないということである。

　私が説明しようと試みてきた理論埋め込み的見解は，法的推論の1つの説明——法が何であるかに関する主張に向けてどのように適切に論じるかについての1つの説明——である。その見解はまた，そのような主張における真

理が何に存するかについての1つの説明でもある。理論埋め込み的見解は自動的に，普通の事案における裁判官の責任に関する議論ではなく，憲法上の事案における裁判官の責任に関する議論でさえない。そうしたことは自明であるかもしれないが，ここでそれを言うのは，たいへん多くの人々が，埋め込み的見解は裁判官に，その人々がしばしば口にする言い方では，理論の広大な「周遊」に従事する免許を与えるという根拠により，埋め込み的見解に抵抗してきたからである。しかし，私が強調してきた事実——どんな種類の法の正しい同定も解釈的試行を包含し，したがって正当化上の上昇にさらされやすいという事実——から自動的に，どんな特定の種類の公務員も，どんな特定の種類の機会にもその試行をなす責任を与えられるべきだということになるわけではない。共同体が裁判官に，「憲法は最高法であり，あなたの仕事は憲法が何を言おうとしているかを述べることだ」と言うならば，私がしばしば論じてきたように，そうした訓令は，政治道徳へのかなり相当な「周遊」を要求していると明らかになるだろう。しかし，われわれは裁判官にそうした仕方で訓令しなければならないわけではない。わが国の裁判官は，憲法についての終局的かつ有権的な解釈の責任を負わされるべきでないと力説することは，完全に理解可能である。もし人があまりに大きな司法権を恐れるならば，それはその人が言うべきことである。裁判官が大きな権力——それは，彼らの管轄権を変更することによって理論的には補正されうるが——をもつのをその人が好まないことを，法的推論についての誤った理論として偽装することは，重大な混同である。私は，警戒する側でもう1つ他の発言をするべきだろう。私は一時も，弁護士・裁判官その他の誰も，正当化上の上昇が彼らのやり方に投げかけるどのような大きな理論的争点であれ，それらの争点に関して意見が一致するだろうと示唆しようとしてはいない。もちろん，その人たちは意見が一致しないだろう。それが，反対意見や教室でのよい議論があるのはなぜかの理由である。私が言おうとしているのはただ，法は理論に浸されているということ，そして内省的法律家はたとえ法がどのような理論に浸されているかについて合意していなくとも，法が理論に浸されていることは理解しているということなのである。

シカゴ学派

　最後に，読者に約束してきた批判者〔に対する応答〕へと向かおう。しか

し，初めに，これほど多くの人々が理論に関して不平を言うよう鼓舞されているわれわれの時代精神に関して，一言だけ述べたい。20世紀の青年期はイデオロギーの湯に浸かっていたが，イデオロギーは20世紀にとってあまり役に立たなかった。世紀末には，わが国の知識人は多分，以前のどの時代にもまして理論に不信をいだいている。われわれがどちらを向こうとも，ポストモダン派，前－構造主義者，脱構築派，批判法学論者，批判的人種理論の学者，その他の反理論軍の大部隊による差止命令と放棄宣言が聞こえてくる。一部の人は理論がインチキだと言い，他の人は理論が抑圧だと言い，多くの人はその両方だと言う。

　だが，ロー・スクールの内部においてさえ，言ってみれば反理論の移動群のより博学で空想的なメンバーではなく，相対的に主流の批判者たちに集中したいと思う。そのことが，シカゴ学派を，とくにポズナー裁判官とサンスティーン教授を例にとる理由である。ポズナーとサンスティーンや類似の意見をもつ他の人たちが法的議論における道徳理論ないし抽象的理論の使用に反対して出す議論は，思うに，有用な仕方で次の３つの見出しの下に導かれうる。形而上学的・実用主義的・専門職主義的である。

形而上学

　第１に，形而上学的なものを見てゆこう。理論埋め込み的アプローチはときおり，弁護士や裁判官が政治道徳上の複雑な諸争点について自問することを——例えば，害悪を引き起こさなかった人を損害賠償で有責とすることは果たして公正であるかを判じるよう努めることや，あるいは市民の資格が平等である民主制において言論の自由がなぜ特別な保護に値するかについての政策と原理という相異なった理由を同定するよう努めることを——要求すると，私は述べた。しかし，われわれにはまさにいま，活発で顕著に影響力のある意見がある——それが，われわれの時代精神[3]と私が呼んだものである。それは，上記の政治道徳上の問いに対する客観的に正しいいかなる解答もないという意見，すなわち宇宙のなかで「そこに出て」おり，弁護士・裁判官その他の誰でも発見するはずの，政治道徳に関するいかなる客観的真理もないという意見である。こうした見解では，これらの事柄についての——また，例えばジェノサイドは邪悪であるか，人種差別は正義に反しているか，言論の自由はいやしくも基本権であるかを含めて，より基本的な論点につい

ての——われわれの確信はすべて,（ヴィトゲンシュタインが流布させた——どうか彼を許したまえ——句をいま使うと,）「言語ゲーム」による創造物にすぎない。わが国では,われわれ自身の目的のために,またわれわれ自身のニーズから特定の話し方を採用したが,その話し方によれば,ジェノサイドが忌まわしい行いであること,人種差別が戦慄するべきものであること,言論の自由が特別であることは,真である。そうしたゲームを通じて,われわれは,自分が訴えかける「道徳的現実」を構成した。言論の自由はわれわれの局地的言語ゲームでは基底的権利である。言論の自由は客観的・超越的に基底的権利ではない。宇宙の構造には,いかなる「そこに出て」いる基底的権利もないのである。ポズナー裁判官にとっての理想像であるオリヴァー・ウェンデル・ホウムズにちなんで言えば,かなり大きな重要性がある事柄について,相異なる社会が十分に相異なっている場合,一方の社会は他方の社会を滅ぼさなければならないかもしれないが,しかしどちらの社会も,宇宙の観点から,自らの意見の方が自らの憎む意見よりも妥当だと考えるべきではない。

　ポズナー裁判官はこの驚くべきテーゼをひけらかしてきた。彼は自著『法を克服すること』のなかで,言語ゲームについて語っており,言語はわれわれの道徳的宇宙を報告することをめざすよりも,われわれの道徳的宇宙を創造するという見解に好意的だと思われる[8]。ともかく,そうした見解はいまや,哲学を例外として,多くの当今の学術的言説を通じて極端に流布している見解である。そうした流布した見解が説得的でもあるとすれば,法的推論への理論埋め込み的アプローチは,大いに誤って導かれており,廃棄されるべきだということになる。それは2つの理由による。第1に,埋め込み的アプローチによれば,法的推論は,ある解釈的主張が少なくとも通常は敵対的諸主張よりも優越しているだろう,すなわち単にその主張の主唱者の意見では優越しているだろうというのでなく,実際に優越しているだろうと前提している。いかなる客観的な道徳的真理もないとすれば,純正に困難な事案では,いかなる解釈的主張も実際に優越していることはありえない。第2に,私が埋め込み的アプローチを支持して出した論拠はそれ自体,道徳的論拠である。他の状況では共同体が否認する原理の体制に一部の市民を従わせることは不公正であるから,法律家は,自分の判断の理論的正当化論を提示する心積もりがなければならないと,私は述べた。そうした道徳的論拠はそれ自

体，客観的身分を主張している。この理論的アプローチを維持するためには，その理論は，客観的真理でなくわれわれの共同体の言語ゲームによれば真理であるものをめざしており，またそれにより正当化されると言うとすれば，それは十分でないだろう。言語ゲームを信じている人たちがもつ明白な仮定とは反対に，当今の民主諸国において言語ゲームがいやしくも存在するならば，言語ゲームはわれわれを統合せずに分裂させる。われわれは，道徳的確信の最も一般的なレベルではないとしても，ほとんどそうしたレベルで，意見を異にしている。賠償的正義，言論の自由，人種間正義に関する複雑な問いへの単一の解答が，われわれ全員が語り考える仕方を形成できると想定するとすれば，それは馬鹿げているだろう。だから，道徳的諸問題に関していかなる客観的真理もないという議論が健全であるならば，その帰結は，それにもかかわらずわれわれの共同体にとっては真理があるということではなく，むしろわれわれ各人にとって別個の真理があるということであり，そうした基底の上に裁定への理論的アプローチを維持することはできない。

　だが，この懐疑論的形而上学的テーゼは，その最近の人気にもかかわらず首尾一貫していない。私が形而上学的批判者に，「ジェノサイドは邪悪である」または「人種差別は不正義である」と述べると想定していただきたい。批判者は応える。「はい，その通りだ。あなたに同意する。しかし，これらの命題が客観的に真であるとか，それらの命題の真理が現実の上に根拠づけられているとかと考えるという誤りをどうか犯さないでもらいたい。あなたは，自分自身の意見を表明しただけであり，その意見に私やわれわれの発話共同体ないし解釈共同体の他の人たちがたまたま同意したのである」。形而上学的テーゼの高名な主唱者リチャード・ローティは，そうした区別を次のような仕方で行った。彼は，もちろんわれわれが皆知っているように，山は存在すると言った。山は，人間が存在する前に存在したし，恐らく人間が絶滅した後も長く存在するだろう。しかし，ローティはその後で次のように付け加えた。もし異なった質問「山は，**現実にそうであるような現実**の一部分として存在するか」——これらの句はとても大きな文字になっている——をされるならば，自分は，「いいえ，それは馬鹿げている」と答えるだろう。山の存在は，**現実にそうであるような現実**の一部ではない。山の存在は，われわれが演じている言語ゲームから流れ出ているにすぎないというのである。しかし，この区別は，次の2つの命題の意味を区別することができるということ

を必要とする。第1は，人間が存在したことがなかったとしても，山は存在しただろうということである。それは，真であるとローティが言う言明である。第2は，山が，**現実にそうであるような現実**の一部であるということである。それは，偽であると彼が言う言明である。しかし，第2の命題について，そのなかにどれほど多くの大きな文字を詰め込もうとも，第1の命題とは有意味な仕方で異なった何事かを第2の命題がどのように意味しうるのかは，私にはどうしても分からない。

　そうしたことがもし正しいならば，ローティのテーゼは崩壊する。しかし，読者の一部は，もし客観性に関するわれわれの懐疑論を正義に限定して，山のことは捨ておくならば，より成功したテーゼを構成できると考えるだろう。しかし，より成功したテーゼを構成できず，それは同じ理由による。われわれが，ジェノサイドは邪悪であるとか，人種差別は正義に反しているとか，女性器切除は戦慄するべきものであるとか，言論の自由は本質的に重要であるとかと言うと想定していただきたい。その後で，われわれは，これらの判断のそれぞれは単にわれわれの意見であり，それらの意見のどれも客観的に真ではないと付け加える。われわれは，次の2つの命題の間に意味の相違があると想定していなければならない。人種差別は不正義である。人種差別は客観的に不正義である。しかし，われわれには相違を見出せない。その主張を支持する私の議論をここで出すつもりはない。なぜなら，外的懐疑論という一般的争点に一論文（「客観性と真理：あなたはそれを信じた方がよい」）を費やし，その論文では私の議論をかなりの長さで報告しているからである(9)。

実用主義

　しかし，先述のように，ポズナーの著作物には形而上学的議論の反響音があるけれども，彼は，自分自身が推奨するものを哲学的テーゼに依拠させたいと願うつもりはないと述べた。彼は裁定についての自分の見解を自由な立場のものとみなしている。ポズナーは，自分の見解が一般理論ではなくむしろ姿勢のなかで最もよく表明されると述べ，そうした姿勢についての自分の最も正式の説明を，ほとんど急所をつく一節で提示している。「プラグマティズムの外観を特徴づけるために私が用いてきた形容詞——実践的・道具的・未来志向的・活動主義的・経験的・懐疑的・反教条的・実践的——は，例え

ばロナルド・ドゥウォーキンの作品を考えるときに心に浮かぶ形容詞ではない」(10)。だから，ポズナーの姿勢は恐らく，法的推論への埋め込み的アプローチによって代表される姿勢とは対照的であろうとするものである。もっとも，ボローニャ・ソーセージのようにいろいろ詰まった彼の徳の一覧表からは，どのように対照的であるのかは摑みがたいが。彼はわれわれに，奇妙な観念を締め出して，決定の帰結に留意し，その他の賢明な仕方でわれわれの知的・法的活動を行うようせきたてる。それは価値ある助言である。教条主義は深刻な過誤であり，もしそれに屈服するならば，嘆かわしいことにそれに答えなければならない。しかし，こうしたことは，法理学がその上に打ち立てられるような代物ではない。そして，ポズナーは，裁定についての私の説明を首肯しないことを明らかにしているものの，彼の説明がなぜ，またどのように私のものと異なるのかに関して，精密なことをほとんど述べていない。

　それでも，私には欠けている諸徳の彼のカタログにおける 2 つの項目は，とりわけ実質的に重要だと思われる。彼は，第 1 に，プラグマティックなアプローチは未来志向的だと述べる。だが，彼が念頭においているかもしれない 2 つのきわめて異なった対比を区別することが重要である。彼は，法的推論は義務論的でなくむしろ帰結主義的であるべきだと言おうとしているのかもしれず，あるいは法的推論は何か他の仕方で帰結主義的でなくむしろ厚生主義的であるべきだと言おうとしているのかもしれない。これらの可能性のそれぞれを順に説明し考察したいと思う。より悪い事態を生み出すだろうことを行うのは〔道徳的に〕命じられることであるか——例えば，嘘をつくならば，より多くの嘘が語られるので事態がより悪くなることを含めて，あらゆる仕方で事態がより悪くなることを防止できるだろうときにも，つねに真実を語らなければならないか——は，道徳理論における中心的な問いである。帰結主義者は，より悪い帰結を生み出す仕方で行為することは決して要求されないと論じ，義務論者は，ときにはそのように要求されると論じる。（議論は，こうした記述が摑まえるよりも複雑だが，しかし私の主張点を出すにはこれで十分である）。もしポズナーがこの対照を念頭においているならば，彼は，私が擁護する埋め込み的アプローチを誤解してきたのである。埋め込み的アプローチは明らかに，義務論的ではなくむしろ帰結主義的だからである。埋め込み的アプローチはその総体的目的において帰結主義的である。そ

れは，私が『法の帝国』で記述しようとした意味で平等尊重主義的である法および共同体の構造をめざしている[11]。また，それは詳細において帰結主義的である。あらゆる解釈的な法的議論は，われわれの実践に埋め込まれた原理によれば代替案よりもすぐれた事態を保障することをめざしているのである。だから，未来志向的が帰結主義的を意味するならば，埋め込み的アプローチが十分に未来志向的でないというのは，埋め込み的アプローチへの異議とはなりえない。

　事態のよさを比較するときに，それらの事態における人々の厚生のみを——つまり，ある事態では他の事態よりも人々が良化しているか，またどのくらい良化しているかのみを——見るべきかは，道徳理論におけるさらなる問い，ほぼ中心的な問いである。厚生主義者は，何らかの厚生関数——ある集団が良化しているか，またどのくらい良化しているかを測定する何らかの方法——を選ばなければならず，そして最も流布した厚生関数は功利主義である。功利主義的厚生主義者は，法律または判決が事態を改善するのは，結果として人々が総体または平均で良化しているときだけだと論じる。功利主義を拒否する人は次のように想定する。少なくともときには，人々が平均または総体で良化していなくても——多分，権利がよりよく尊重される，あるいは状況が何か他の仕方でより公正であったり，より正義にかなっていたりするという理由で——，ある事態は別の事態よりもよいと想定するわけである。われわれが「未来志向的」という語を，かの議論の功利主義的側面を記述するために用いても，あまりに風変わりとはならないだろう。だから，われわれは，ポズナーが，功利主義的観点からよりよい決定を見出すことに法的推論・法的議論が向けられるべきだと推奨していると言うことができるだろう。

　裁定についての埋め込み的説明は，詳細において必ずしも反功利主義的ではない。埋め込み的説明を受け入れている人は，（ポズナーが実際にしばしば論じてきたように，）法実践の最善の解釈がその中核において効用原理を示すと論じるかもしれない。しかし，裁定への指針としての功利主義にコミットする埋め込み説も——そして，少なくとも私見では，憲法典を含むわが国の法の多くも——功利主義的根拠によっては正当化されえず，その反対に，精神または効果において功利主義的でない平等と公正という原理を前提しなければならない。そして，埋め込み説がもつ総体的目的——それは平等尊重

主義的だが——は明白に功利主義的でない。だから,ポズナーが「未来志向的」という語を功利主義的という意味で用いているならば,彼の意見は,埋め込み的説明が十分に未来志向的でないと非難しているという点では正当である。しかし,その場合には,ポズナーは,功利主義を支持する議論を出すよう,あるいは少なくとも,功利主義に対して提起されてきた多くの重大な異議に対する解答を出すようわれわれに負っている(12)。進歩が,人々を平均でより幸福にすることや,あるいはポズナーが過去にときおり示唆していたように,より裕福にすることに存するというのは,ほぼまったく自明ではない。

だから,埋め込み的アプローチに対するプラグマティックな代替案が功利主義的計算を是認しているにすぎないと捉えるならば,プラグマティックな代替案をあまり論拠づけることにはならない。したがって,われわれは,ポズナーのカタログにおける他のたくましい形容詞へと向かうべきである。彼は,プラグマティックなアプローチが実験的だと言う。ある意味では,埋め込み的アプローチは明白に実験的である——実際のところ,それの主要な論敵よりも実験的でないのではなく,より実験的なのである。埋め込み的アプローチは,裁定が原理について想像力に富んでおり,そのため裁判官が,例えばマクファーソン事件でカードウゾウが行ったように,過去に認識されたことがない原理を,法の一分野の最善の解釈を提供するものとして提案するということを推奨する(13)。だから,ポズナーが埋め込み的アプローチを十分に実験的でないものとして批判しようとしているならば,実験的であることの異なった意味を念頭においているにちがいない。彼は,理論において実験的であるのでなく,理論の位置において実験的であると言おうとしているにちがいないのである。そうだとすれば,彼の助言を次のような仕方で言い直せるだろう。弁護士や裁判官は,自分が直面する問題への相異なった解決案を,どれが何らかの大掛かりな理論によって推奨または是認されるかにかかわらず,どれがうまく働くかを見るために,試してみるべきである。弁護士や裁判官は,自分の前にある実践的問題に集中して,利用可能な解決案のどれであれば物事を実際によりよくするだろうかと問うべきである。

そうした助言であれば,いつ有用となるかを考えることにしよう。独りでいる冬の夜に,助けが遠いところであなたの自動車が故障したと想定していただきたい。エンジンがすっかりやられてしまって,動き始めようとしない。

次のように言うことは，とてもよい助言だろう。「内部燃焼機関についての物理学を思案していないで，あれこれ試して，その1つがうまく働くかどうかを見なさい」。例えば，あなたが帽子を後ろ向きにかぶり直して，目をつぶり，キーを回すと，自動車が動き始めるならば，そして現に動き始めるならば，つべこべ論じたてずに，ただ走り去りなさいということかもしれない。これらの状況では，ポズナーの助言は助けになると思われるだろう。しかし，今度はあなたが，宇宙の誕生からの年月に関して問うている天文学者だと想定していただきたい。その場合には，もしポズナーが，何が本当に真であるかに関して思いわずらわず，何がうまく働くかをただ思いわずらうようにと言うならば，あなたはきわめて当惑するだろう。真理がまさしく思いわずらっているものであるときに，真理に関して思いわずらわないようにと言われることは，狼狽させられることである。だが，その助言は危険ではないだろう。なぜなら，この文脈で「うまく働く」が何を意味するかを，あなたは知っているのだから。天文学上のテーゼは，われわれが信じているものの残りによく適合し，正しいと保証されていることが明らかとなる証拠および発見に関する予測を生み出すならば，うまく働くのである。私見では，哲学的命題が真であることは，その命題が信用できる予測を提供することのみに存すると言うことは，哲学的混同であるが，しかしこのことは実際には害悪とならない。なぜなら，その2つの観念は——そうした言い方ができるだろうが——手に手をとって進んでゆくからである。信用できる命題を探している科学者は，少なくとも通常は，真であるものを発見するのによい位置にいる科学者なのである。

　しかし，今度はそれとはきわめて異なった状況を想定していただきたい。あなたは裁判官で，製薬会社は患者が被った損害に対して——その製薬会社の大半はその損害を引き起こさなかったにもかかわらず——本当に共同でも別々にも有責であるかどうかについて判決を下すよう努めており，そしてあなたは，何が本当に真であるかに関して思いわずらわず，何がうまく働くかをただ思いわずらうようにと言われる。その助言はいまやまったく役に立たない。なぜなら，何が「うまく働く」のかを決めることができる前に，さまざまな争点に関して何が真であるか——例えば，何が公正であるか——を決めなければならないからである。なぜなら，今度は——立ち往生した自動車の事例と異なって，あるいは捉えどころのないビッグ・バンの事例とさえ異

なって——，「うまく働く」が何を意味するかについてのいかなる独立の標準もまったくないからである。例えば，製薬会社に有利な判決は反対の判決よりも，より多くの研究を促進するとともに，薬品価格をより低く保つだろうと思われると想定していただきたい。そのことさえも，この前者の判決が後者の判決よりも「うまく働く」ことを証明しないだろう。なぜなら，これらの望ましい結果を達成するが，しかし欠陥薬品を通じて傷つけられた人から損害賠償を奪うという費用をもってそうしている判決は望ましいのかどうかが，決定されるべきものであり続けているからだ。

　弁護士や裁判官に，「うまく働く」決定を追求するようにと助言することがもつ空虚さは，社会的にいっそう意見が分かれる争点を考えるときには，さらにいっそう判然とさえしている。その争点とは中絶である。多くの裁判官や弁護士，また哲学者も，人を苦悶させるこの争点について悩む際に，例えば胎児は妊娠の最初の2つの三半期にそれ自身の利益をもつかどうかといった，深く理論的な問いに答えようと努めることが重要だと考えてきた。そのような困難な論点について思い悩むのをやめて，どんな解決案ならばうまく働くだろうかとだけ問うべきだと想定するとすれば，それはいかにして助けになりうるのか。われわれが何か信心深いプロライフ団体に対して，われわれは実験的であるべきであり，極端に許容的な政策をしばらく試して，この争点が生み出してきた社会的緊張がその後に解消するかを見るべきだと言うと想定していただきたい。社会的緊張が現に解消して，人々がもはやこの争点を気にするように思われないならば，それは，許容的政策がわれわれにとってうまく働いたことを証明するだろうと，われわれは言うかもしれない。プロライフ団体は嫌悪で震えて，こう応えるだろう。そうした見通しは，許容的政策がうまく働いたことを示さず，その反対に，その政策がさらにいっそう忌まわしい災禍だったことを示すだろう。なぜなら，許容的政策は共同体を終局的に無感応にしたのだから。法と道徳においてはとりわけ，「何がうまく働くか」を見ることによって棘のある問いを避けよという説論は，単に助けにならないだけではない。それは理解不可能なのである。

専門職主義

　法的推論への埋め込み的アプローチに対する攻撃の第3の伝達方法を，専門職的異議と呼ぶつもりである。「われわれはここで法律家にすぎない。わ

れわれは哲学者ではない。法学はそれ自身の専門領域をもち，それ自身の特別な技能をもっている。ロー・スクールに行けば，法律家のように考えるとはどんなことかを教えられるのであり，哲学者のように考えるとはどんなことかを教えられるのではない。法律家は，道徳理論上または政治理論上の広大な理論的争点を決定しようとはしない。法律家は特定の争点について，小売で，1つ1つ，より制限され限界づけられた仕方で決定する。法律家の議論の伝達方法は，哲学的学術論文における大掛かりな伝達方法ではなく，精密な法文分析と類推という，より月並みだがより信用できる方法である」。

こうした視点の最も高名で影響力のあるヴァージョンは，実証主義的伝統の偉大な法哲学者たちのヴァージョンである。すなわち，ベンサム，オースティン，そしてなかんずくH・L・A・ハートであり，ハートは実証主義的伝統に新たなレベルの洗練性と優雅さをもたらしたのである[14]。私が解釈するところでは，ハートは，法的推論はその中核において，そうした目的のために政治共同体で発展させられた特別な法的ルールを適用することに存しており，そのため道徳理論ないし政治理論を含む一般的な理論的考慮事由は，その特別な法的ルールが理論的標準を明示的に組み入れることによって，それらの考慮事由を重要な関連性があるものとする程度でのみ，法の同定にとって重要な関連性があると述べた。その通りだとすれば，法的推論がより一般的な理論的仮定に埋め込まれたものと適切に理解されるのは，慣習的な法実践がそのように宣明したことがある偶然的程度までにすぎない。そして，少なくともハートの見解では，当今の大半の法体系では，慣習はほとんどそのように宣明したことがない。彼の死去から2年後の1994年，彼の著名な著書『法の概念』の新版が，新たな補遺を付けて公刊された。彼は何年かの間にその補遺を執筆したり中断したりしたが，しかし完結させることはなかった。その補遺は，法の埋め込み的説明に対するハートの反対論がもつ本性を一部の点で明確にしている——もっとも，他の仕方では，その本性に関する新たな問いを提起しているのだが。私は，補遺への実のある応答を近い将来に公刊したいと思っているが[4]，そうした人をひるませるような課題をここで始めることはできない。

その代わりに，一貫性に対する専門職的挑戦のうち，より哲学的でなく，表面上はより実践的なヴァージョンに集中するつもりである。数十年前に，かつてシカゴ・ロー・スクールの院長および合衆国司法長官だったエドワー

ド・レヴィが,『法的推論入門』と呼ばれる, 小著ながら影響力のある本を公刊した。そのなかで彼は, 法的議論についての高度に専門職化された説明を提示した(15)。彼は, 法律家のように考えることは, 理論の大きな構造を個別の法的争点に適用することに存するのではなく, むしろ具体的な判決の集まりから別の集まりへの類推による推論に存すると述べた。シカゴ・ロー・スクールの別の教授キャス・サンスティーンは, こうした見解をいま取り上げて念入りに仕上げ——その見解を彼は法への「不完全に理論化された」アプローチとして記述している——, とりわけその見解と法的推論についての埋め込み的見解との対照を強調してきた。サンスティーンは反理論陣営への最近の改宗者だが, しかし改宗者が特徴的にそうであるように, 彼は新宗派の追求に熱心である(16)。

　サンスティーンは,「不完全」理論を支持するさまざまな主張を出している。これらの主張を区別するのには注意しなければならず, したがって市民および公務員がもつ相異なった責任を区別するのには注意しなければならない(17)。われわれは, 第1に判断責任を負っている。われわれ各人は, どんな政治的立場を支持してどんな政治的決定を行うかを自分で決めなければならないのである。われわれの一部はまた, 第2に協調責任を負っている。われわれは, 自分が支持する政策を推進したり, 自分が支持する決定を行ったりする際に, 他者と協力するか, またどのように協力するかを決めなければならないのである。協調責任の形態はもちろん役割に左右される。立法者にとっては, それは立法府での同盟を形成するという問題であり, 普通の市民にとっては, それは政党やその場かぎりの利益集団に加入するという問題であり, 合議制裁判での裁判官にとっては, 自分にとって好ましい判決のための多数派を求めるという問題である。われわれの一部——公務員——は, 第3の責任を負っている。説明責任である。公務員はしばしば, 自分が行った決定についての公式の説明を提供しなければならない。そうした説明の形態はまたもや役割に敏感なものである。そして, その説明が, 立法府の報告書または2人以上の裁判官によって署名された判決中の意見のような共同文書の形式をとるときには, その説明は, 判断の根拠が互いに異なっていたかもしれない人々に向かって語っている。

　サンスティーンは, これらの責任の各々に関連して「不完全性定理」を提案している。これらの定理の2つ——協調責任と説明責任に関するもの——

は，驚くようなものではなく，また極端な状況を除けば例外的なものではない。彼は重なり合う合意というロールズ的装置を用いて，次のように論じる。われわれは，自分と同じ政策や判決を好む人たちと喜んで協働するべきである。〔その政策や判決を好む〕われわれの根拠が彼らの根拠と異なっているときでさえ，そうするべきである。そうした助言に抵抗するべき状況があることに，サンスティーンは同意するだろう。ホロコーストは決して起こらなかったと宣言することを犯罪とする法律に反対して，ネオ・ナチとともに運動しようという誘いを，私は断ったことがある。しかし，判決を含む政治上の普通の状況においては，その助言は賢明である。サンスティーンの第3の定理——それは説明に関するものだが——は，公務員の決定についての共同の公的説明を準備する際に，妥協も賢明であるかもしれないと示唆しており，それもまた多くの状況ではよい助言だと思われる。合議制裁判で，例えば製薬会社の事案において特定の判決に有利な「重なり合う合意」を形成する裁判官たちがそれぞれ，自分自身の理論的根拠を記述する別個の意見を書くことは，もちろん可能である。しかし，多数派が，各人が加われる単一のより表面的な意見に落ち着くことは，さまざまな理由から，ときには当然よりよいことである。そして，そうした意見が必然的に払いのけられるべきでないという点では，サンスティーンの意見は確かに正しい。

　これら2つの定理——不完全に理論化された政治的協調と不完全に理論化された共同説明とに関するもの——のいずれも，法的推論についての理論埋め込み的見解と矛盾しない。しかし，サンスティーンは第3の定理を提示しており，それは個別的判断についてのわれわれの初発の責任に関するものである。重なり合う合意についてのロールズ的モデルが想定するところでは，当該合意の各当事者は，ロールズが「包括的な」倫理的枠組と呼ぶ，当事者ごとに異なった理論的根拠にもとづいて，個別的判断をすでに行っている。しかし，サンスティーンは，弁護士や裁判官が，個別的判断を行う責任の履行においてさえ，政治理論・道徳理論といういっそう抽象的な区域へと冒険することを差し控えるべきだと提案している。つまり，彼は，理論的多様性に直面しているときでさえ，政治的同盟や司法的同盟は具体的な意見の一致から練り上げられるだろうと主張しようとしているだけではなく，具体的な意見の一致を生み出す個別的判断はそれ自体で表面的であるべきだと主張しようとしている。彼は，「普通の」法的推論についてのこうした見解を，私自

身の見解と対照的なものとして表明する。

　しかし，ドゥウォーキンの見解では，ヘラクレスは普通の「判断の隠れた構造をわれわれに示し，それゆえこれらの判断を研究と批判に開かれたものとする」。もちろん，ヘラクレスが法の各領域の「包括的理論」をめざすのに対して，普通の裁判官は，探究のすべての線を考慮することができないので，「部分的」である理論をめざさなければならない。しかし，ヘラクレスの「適合性の判断と政治道徳性の判断は，彼らの判断と同一の素材で形成され，また同一の性格をもっている」。これらの主張点が，ここで私が否定しているものである[18]。

　事実としては，後に見るように，サンスティーンは結局のところそれらの主張点を否定していないことが明らかになる[19]。しかし，彼の当初の言明が意味するものを理解することが，彼がなぜ最終的にはそれを棄てなければならないかを理解するために重要である。『法の帝国』で，また本章の前述部分で，ヘラクレスと普通の裁判官との相違点を，彼らの内省がもつ方向および野心における相違点として記述したが，しかし彼らが内省する素材やその内省の性格における相違点としては記述しなかった。「普通の」弁護士や裁判官は，新たな構造物の利用可能性に関して推論する技師のように，内から外へのやり方で具体的な法的争点に関して推論するけれども，自分が問題によってそこへと引っ張られる正当化上の上昇にいかなるア・プリオリな限界も設けることはできない。探査されねばならない理論のレベルを命じるのは，探究自体がもつ性格——探究が表に出すとともに生み出す問題——であって，この理論のレベルをあらかじめ知ることも規定することもできない。弁護士も裁判官も，一貫性が満たされてきたし満たされうると責任をもって仮定してよい点を超えて，法的探究を追求する必要はない。そして，こう仮定することをいつまで責任をもってできるのかを決定する際には，決定の必要性や他の責任からの圧力を含めて，自分の実践的状況を考慮に入れなければならない[20]。

　サンスティーンが仮に，法的推論についてのこうした説明を本当に「否定し」ようとしているならば，彼は，弁護士または裁判官が，一貫性に関する問題が判然としている場合にその問題と対決するのを拒否するべきだと想定

しているか，あるいはそのような問題に自分が気づかないでいるように目をつぶるべきだと想定しているにちがいない。われわれの例示的諸問題の1つについて判決を行わざるをえない裁判官を想像していただきたい。彼は単純に先例に訴えかけることができない。それは，的を射たどんな先例もないからであるか，あるいは最も直接的に的を射た先例が他所で承認されている原理と矛盾しているように自分には思われるからである。彼は，自分の探究の理論的射程を広げることが必要ならば，また必要なだけ広げつつ，自分の探究を続けるよう，一貫性によって求められる。サンスティーンはどのような反対の助言を与えようというのだろうか。裁判官は，わが国の伝統に埋め込まれた標準によれば，因果関係が存在しないときに有責性を課すのが公正であるかと問うことなく，製薬会社が共同で有責であるかを決定しようとするべきだろうか。裁判官は，わが国の憲法構造の意味の内部では胎児が人であるか，あるいはデュー・プロセス条項を適切に用いて基本的自由を保護しうるか，あるいは中絶を通じて生殖作用を制御する自由が基本的自由であるかを問うことなく，女性が中絶への憲法上の権利をもつかを決定しようとするべきだろうか。もしそうであるならば，裁判官はなぜ，これらの明らかに適切な争点を考慮することを拒否するべきなのか。もしそうでないならば，彼は，どの「理論的」争点を考慮するのを固辞するべきであり，またこれらの争点はなぜ，他とは異なった仕方でより理論的であるのか。それらと異なった，より「完全に」ではなく理論的などのような基盤にもとづいて，彼は決定するべきだというのか。

　これらの問いのうち最後のものに対するサンスティーンの解答は，助けにならない。彼はレヴィの解決案を提示する。サンスティーンは，裁判官が，理論のより抽象的なレベルに向かうことによってではなく，より法律家らしい仕方で——類推によって——困難な事案で判決を下すべきだと述べるのである。しかし，それは誤った対比である。なぜなら，（カントの言葉を言い直せば，）理論なき類推は盲目的だからである。類推は結論を言明する1つの仕方であって，結論に到達する1つの仕方ではないのであり，本当の仕事は理論がしなければならない。製薬会社すべてを仮に有責とするならば，それは，実際に現に損害を引き起こした人々を有責とすることにより似ているのだろうか，あるいは事故にまったく関わりをもたなかった人々を探し出して，事故の費用を支払わせることにより似ているのだろうか。中絶は幼児殺しに

より似ているのだろうか，あるいは虫垂切除により似ているのだろうか。自分自身が所有する国旗を燃やすことは，ハイド・パークの演説コーナーで演説することにより似ているのだろうか，あるいは犯罪的な侮辱でもって人々を攻撃することにより似ているのだろうか。理論の深くに遠征することなしには，それらの問いに答え始めることさえできない。すなわち，原因と責任の結びつきに関する基底的な問い，あるいは言論の自由にはなぜ特別な重要性があるか，あるいは人間の生命の本来的価値が最もよく理解され表出されるのはどのようにしてかについて問うことなしには，それをできないのである。このことをサンスティーンは理解している。彼は，類推という方法が一般的原理への依拠を要求することを譲歩して認めるが，しかしこの譲歩は自分の見解と埋め込み的説明との区別を破壊しないと力説する。なぜなら，彼が述べるところでは，類推は，「中間レベル」原理のみへの訴えかけを要求し，高レベル原理への訴えかけは要求しないが，一貫性はときおり法律家に高レベル原理に訴えかけるよう要求するだろうからである。しかし，これは妙に厄介な区別である。それは，「中間レベル」が非常に情報の乏しい区分であるからだけではない（言論がなぜとりわけ重要であるかを説明する政治理論は，「中間レベル」理論だろうか，より高い何物かだろうか，より低い何物かだろうか）。それはまた，法的内省へのア・プリオリな制約というまさにその観念が——それは，法的内省が越えてはならない抽象性の境界として定義されているが——，現象的にも論理的にも異様だからである。法律家は（他の人々と同様に），信頼のおける休憩所に達する前に探究がどこに通じているのかを見出すことによって，探究の途上で自分が追求する必要がある内省の射程を発見する。法律家は，その地点までの自分の内省がいかに結論にいたらないものであれ，あるいは不満足なものであれ，自分がどこで立ち止まらなければならないかをあらかじめ規定する方法論を受け入れることはないし，受け入れることはできない。

　だから，類推へのサンスティーンの訴えかけは結局のところ，自分が反対しようとしている理論埋め込み的説明から自分の方法を差別化していない。そのことからますます，彼はなぜ，裁判官が理論を避けるべきだと考えているのかという問いが生じる。そうした問いに対する彼の解答もまた不可解である。なぜなら，その解答は，一貫性が廃棄されるべき理由を述べず，一貫性が緩められて一目標とされるべき理由さえも述べずに，一貫性自体の諸要

求を実際に述べているからである。サンスティーンは例えば，法実践における先例の重要性に注意するよう求め，新たな理論的構造物を法に課することに熱心な裁判官が，これらの先例をあまりに素早く覆すだろうと恐れている。しかし，それはヘラクレスもまた気にとめていた考慮事由である。そして，ヘラクレスはその考慮事由に導かれ，われわれの実践がもつその特徴に伴う一貫性の尊重からまさしく出発して，私が「局地的優先性」の原理と呼んだものを採用した(21)。その原理は，サンスティーンは言及していないが，しかし法における修正は「局地的」であるべきだという「前提」を裁判官が採用するべきだという彼自身の示唆と等しいと思われる(22)。サンスティーンはまた，大規模な理論——例えば，言論の自由についての「人格の自律」式の説明のような——への司法的コミットメントは法を厳格にし，変更をより難しくするだろうと示唆している。しかし，彼も指摘するように，理論的明示性は誤りを同定するのをより容易にし，そして例えばロックナー事件の時代の先例の場合にそうだったように，過去における宣言された理論がそれ自体で誤りとして同定されるときには，大規模な変更を促進するだろう[5]。一貫性は有用な変更への道をさまざまな仕方で開く。例えば，先例での事実を，以前に宣言された先例の理論的基盤から分離することによって，また牽引力という装置[6]を通じてである。

　だが，理論的「不完全性」についてのサンスティーンの最も興味をそそる擁護論は，より明示的に政治的なものである。彼が言うには，「政策と原理の両方の理由から，正と善についての大規模な理論を発展させることは，民主制の課題であって司法府の課題ではない。このような注意書きは，不完全に理論化された意見の一致がその一部分となっている正統性についての説明の構成部分を示唆するはずである」(23)。しかし，裁判官が次のことを受け入れないかぎり，「民主制」がいかにして「正と善についての大規模な理論を」生み出しうるのかは，不可解である。それは，そのような理論のどれが立法や他の政治的出来事に伏在しているかを同定することが，裁判官の責任の一部分だということである。立法によって抽象的原理の一般的宣言が明示的に制定される——例えば，自然の驚異には本来的価値があるとか，便益を受けている企業によって課されたリスクは，その企業から便益を得ている人々の集合が負うべきであるとか明示的に制定される——という見込みは，ほとんどない。われわれがともに信奉してきた原理を同定できるのは，より具体的

な制定物の解釈を通じてのみである。サンスティーンは，憲法訴訟の裁定のみを念頭においているのだろう。憲法訴訟の裁定では，憲法の道徳的解釈と私が呼んできたものによって先導された裁判官が，自分の意見を拒否するだろう公衆に，自分自身の「大規模な」理論を課そうと努めるかもしれない。そうだとしてもなお，彼の議論は裁定と管轄を誤って合成している[24]。多分，裁判官は憲法上の制約を解釈する責任を負うべきでないのかもしれない——多分，そうした権限は，ある点では人民により多く残されるべきだったのかもしれない。しかし，第1修正から何が導かれるかを決定する任務を負っている裁判官が，問いの1つとして，民主制にはそうした特別な仕方で言論を保護する理由がなぜあるかと問うのを控えるべきだということは，ほとんど導かれない。

　前述のように，サンスティーンは最終的には，自分が結局のところ埋め込み的説明への代替案を提示していないことを譲歩して認めている。彼は，私の立場を拒否すると宣言した直後に，その拒否を後に内容的に限定すると述べるが，その内容的限定は，存立する意見の不一致があるとしても，それがほとんど残らないようにするものであることが明らかとなる。その内容的限定を導入する際，彼は次のように述べる。「要するに，一部の事案では，理論という仕方でのかなりの説明を導入することなしには，まったく判決を下せない。その上，一部の事案では，理論を導入することなしには，うまく判決を下せない。よい理論が利用可能で，かつその理論はよいと裁判官が納得しうるならば，その理論を司法上受け入れることにいかなるタブーもあるべきでない。不完全に理論化された意見の一致 ［サンスティーンは不完全に理論化された個別的判断と言おうとしているにちがいないが］は，推定的であって結論的ではない」[25]。続く数頁では，彼は私自身の説明の多くと並行的な仕方で，一貫性を追求する裁判官がもつ強みを記述している[26]。例えば，最も論争の余地なきルールや実践さえも理論的検討から隔絶しないことがもつ重要性を説明している[27]。彼はその後，自分は，「一般理論が法においてつねに正統性を欠いている」と論じているわけではないと力説する。「意味をなすのはより温和な主張点である。…裁判官は，高レベルの理論化に対するタブーではなく，むしろその理論化に反対する推定を採用するべきである」[28]。しかし，埋め込み的説明は同一の助言を与えている。埋め込み的説明は，より抽象的な理論へと上昇する特別な理由が裁判官にあるときにのみ，

そのように上昇することを推奨しているのである。

　ある点では，サンスティーンは，埋め込み的説明が与えない助言を告知している。「裁判官は，より完全な理論が正しいと確信している場合にのみ，ある法領域についてその理論を採用するべきである」と，彼は述べる[29]。（私ならばその反対に，われわれの大半は，自分の道徳理論が正しい道徳理論だと「確信して」いる裁判官〔を警戒して，彼ら〕から保護されたがっていると考えたことだろう）。しかし，彼は，こうしたことを本当に言おうとすることができない。なぜなら，彼がすでに指摘したように，理論を導入することなしには，一部の事案ではまったく判決を下せず，また他の事案ではうまく判決を下せず，そのことは，裁判官が，確信をもたらす，あるいは少なくともそれと競合する諸確信よりも大きな確信をもたらす理論的判断をしばしば行わなければならないだろう——この確信が確実性にまではいたらないときでさえ——ことを意味するからである。結局のところ，裁判官が，何らかの理論的内省なしには「まったく」または「うまく」判決を下すことができない事案に自分が直面していると考えることは，いつ正しくなるのだろうか。そうした標準を満たすためには，次のことで十分ではないか。すなわち，裁判官は理論的内省なしには，どの解答が，すべての事由を考慮して自分の責任に最もふさわしい解答であるかについて確信を欠いているということである。また，そうすると，裁判官は確信に達する地点までは自分の理論的内省を行うということが，理解可能ではないか。もし理解可能だとすれば，裁定上の一貫性の要求を伴う埋め込み的見解と，サンスティーンの「温和に不完全な理論化」との間には，いかなる相違点もまったくない。

要約：理論を擁護して

　冒頭で先延ばしした問いに立ち返ることによって，本章を終えたいと思う。法学においても，知的風景の残り全部にわたっても，われわれは理論への嫌悪感に直面している。ポズナーとサンスティーンは2つの例にすぎない。例えば，アメリカの第1級の学問的な訴訟専門家であるローレンス・トライブ教授は，自分には憲法上の裁定についてのいかなる一般理論もなく，またその一般理論を発展させようと努めることも意図しなかったと発表した[30]。こうした趨勢を何によって説明できるだろうか。先ほど，私は，学問的な哲学の外部でいま流布している哲学的相対主義の一形態を記述した。その形態

は，真理一般が，また政治道徳に関する真理はとくに，われわれの実践において創造されており，これらの事柄に関して，特定の文化または特定の言語から独立しているいかなる真理もないと考えているのである。だが，そうした深く混乱した哲学的立場が流布していることは，私が記述した諸症状の説明ではなく，むしろ説明されるべき他の症状である。

　多分，答えの一部は，イデオロギーおよびテクノクラシーによる惨事に満ちた20世紀の終わりにおいてふさわしい温和さがもつ大きな訴えかけの力にある。知的な温和さはさまざまな邪悪なものの反対物であるように思われる。すなわち，優越性を前提する人種差別主義と性差別主義の反対物，驕慢だと思われる形而上学者および体系構築者の野心の反対物，そしてなかんずく非民主的だと思われるもったいぶった知識人のエリート主義の反対物であるように思われる。だが，われわれはいま，反理論的な構えを温和さと見誤るという罠を見てきた。ポズナーの一見罪のない実験主義は，哲学者がこれまでに考案したなかで最も野心的かつテクノクラティックな絶対主義の一つに帰着する。それは功利主義的帰結主義である。また，サンスティーンの司法上の節制の勧告は，いやしくも実行可能だとしたら，より多くの民主制をもたらすのでなく，民主制にとって本質的に重要なプロセスの麻痺をもたらすだろう。温和さは姿勢であって召命ではない。われわれが温和であるのは，人々・市民・公務員としてわれわれが負うもろもろの役割や責任に関する困難な理論的争点に背を向けるときではなく，われわれ自身の可謬性の鮮明な感覚のなかで鍛え上げられるエネルギーと勇気をもってそうした困難な理論的争点に立ち向かうときである。われわれの内省的判断は，非常に多数の次元でわれわれに自己抑制を課するかもしれないが，これらの次元を受け入れることが温和さの行為であるのは，当該判断がそれ自体，真に，また徹底的に内省的である場合のみである。

　すべての裁判官が哲学の訓練を受けているのではないという点では，私は批判者たちに同意する。しかし，私の議論が健全であるならば，裁判官に，ときには哲学的である争点に立ち向かうよう求めるしか選択はない。それに取って代わるのは，道徳理論を避けることではなく，法律家らしい類推による推論という神秘的技能のようなすべてのなじみ深い法的フロギストンの下で，道徳理論の利用を闇のまま覆い隠し続けることである。先日，私の人生で初めてダチョウを食べた。ダチョウは砂漠にふさわしいものであって，ま

た私はまだ納得できないが，多分食卓にもふさわしいものかもしれない。しかし，ダチョウは裁判官席にはふさわしくない。

　ここまでの私の理論賛美は消極的なものだと思われるかもしれない。私は批判者たちに応答してきたが，しかし法における一貫性を支持する積極的なことを多く述べてはこなかった。だから，私の最後の言葉によって，一貫性がなぜそれほど重要であるかをあなたが思い起こすよう願っている。当今のあらゆる民主制では国民は分裂しており，われわれ自身の民主制ではとりわけ分裂している。われわれは，文化的にも人種的にも政治的にも道徳的にも分裂している。にもかかわらず，われわれは平等者としてともに生きるという大志をいだいており，そうした大志にとって絶対的な意味で決定的に重要なのは，われわれが，自分たちを統治する原理が自分たちを平等者として扱うという大志をもいだいているということである。われわれはできるかぎり，製薬会社には有責性についてのある理論を適用し，自動車の運転者にはそれと異なった理論を適用するということがないように励まなければならない。また，ポルノグラフィに関して思いわずらっているときには言論の自由についてのある理論をいだき，国旗を燃やす行為に関して思いわずらっているときには別の理論をいだくということがないように励まなければならない。上記のような不可欠の大志は，われわれが，自分たちの裁定上の熟議を含めた集合的熟議において，その大志の方向へのわれわれの進歩をテストするために，必要な場合には十分に高く上昇することを引き受けるのでないかぎり，追求されえない。経済的達成や社会的平和のための単なる道具としてではなく，われわれに共同体であることを主張する権原を与える平等な公共的考慮の表象かつ鏡像として，法の支配を主張する場合には，われわれは上記のような至高の義務を引き受けなければならない。

第3章　ダーウィンの新手の勇猛な飼い犬

切迫した問い

　リチャード・ポズナーの悲嘆は，最近数ヶ月で3番目の攻撃となっている(1)。それは，彼が「道徳理論」と呼ぶものに対する攻撃である(2)。彼の以前の諸論文の1つは私の講演に対する応答であり(3)，私が今度はその論文に応答したので(4)，このコメントはすでに長く続いている討論の続きとなっている。ポズナーの講演は特徴的に，人を楽しませるもので，慌しく，悪人譚的で，迫力あるものだ。その講演には，重要性のあるものもないものも含めて，じつにさまざまな脱線・引用文・侮辱が詰め込まれている。だが，彼が自分のおもな主張を支持するために提示している議論は，壮観なほどに不成功となっているので，彼自身が提起する問いが切迫したものとなる。彼がそれに反対してきた学問的作品に対する彼の猛烈な敵意——彼はそれを「はらわたが煮えくりかえるほど嫌いなもの」と呼ぶ(5)——は，実際に何によって説明されるだろうか。この問いに対する1つの解答を提案するつもりである。ポズナーは，その反対だと保証しているにもかかわらず，実質的で非道具主義的な道徳理論に束縛されているが，その道徳理論を十分に認めておらず，多分認識してさえいないのである。この理論は，彼が公式にいだいている〔と自称する〕「道徳的相対主義」とはきわめて異なっているが，しかし彼のさまざまな立場や熱情をはるかによりよく説明することができる。
　だが，私は初めに，彼の議論の質についての私の手厳しい判断を擁護しなければならず，そして擁護することに含まれる危険性に気づいている。ポズナーの劣悪な議論は当然，罠であるかもしれない。というのも，彼の中心的

主張の1つは，裁判官は哲学的推論が得意ではないということであり，そしてその主張が少なくとも1人の——とりわけ知的で卓越した——裁判官について真であることを示すことによって，自分の主張を証明する手助けをするように批判者たちを誘っているのかもしれない。それが彼の戦略であるならば，彼は鳥用の罠に〔私という〕もう1羽のヤマシギを捕らえたことになる。

　この応答は，ポズナーのさまざまな主張をかなり詳細に考察する。明らかに劣悪な議論として私が記述したものに対する骨の折れる応答でもって読者を悩ませるのには，2つの理由がある。第1に，ポズナーの議論はポピュリストの反理論運動に仕えるものであって，その運動はアメリカの知的生活のなかでいまや有力となっている——彼が自分の議論の途中で熟考している科学についての悲惨な見解は，その趨勢のもう1つの例にすぎない(6)。そうした運動はわれわれの時間を浪費するものである。なぜなら，その運動の多くは，ポズナーの議論の場合にそうであるように，その運動が正当化できないのはもちろん記述さえもできない目標のために行為するのを空虚に求めることに存するからである。より悪いことに，反理論の論者は，自分が理解しようと立ち止まることのない観念をあざけるが，しかしその観念は，社会正義のいかなる責任ある追求にとっても決定的に重要な属性なのである。どんな道徳原理も，われわれの文化・言語・実践にいかに徹底的に埋め込まれていようともなお偽でありうるし，いかに徹底的に拒否されようともなお真でありうる。わが国の知的歴史における反理論の挿話的興隆がいつその本来の経過をたどるようになるかは，私には分からない。その遅すぎた凋落はすでに始まっているのかもしれない。しかし，その信仰箇条のいかなる顕著な言明も，挑戦されることのないままにしておくべきではない。

道徳の独立性

　ポズナーの議論を深く検討する第2の理由は，戦術的なものである。彼の講演は重要な哲学的論点の例となっている。なぜなら，彼は，普通の人々と裁判官の両方が道徳理論なしですませられるのだと示すことをめざしているけれども，彼自身の議論はくりかえしまさに道徳理論に戻っているからである。彼がその矛盾を分かりそこねているのは，一方の道徳理論と他方の道徳社会学・道徳人類学・道徳心理学との間の決定的に重要な区別を分かりそこねているからである。

道徳判断一般に関して，あるいは特定の道徳命題——例えば，女性器切除はどこでも不正である——に関して，じつにさまざまな問いを提起することができる。これらの問いは相異なった知的領域にあてはまる。1つは道徳社会学の領域である。世界中の大半の人々は，重要な道徳的確信に関して意見が一致しているだろうか。一致していないならば，意見の多様性はどのくらい大きいだろうか。例えば，どのくらい多くの人々が，女性器切除は不正だと考え，どのくらい多くの人々が，女性器切除は道徳的に許容されうると，あるいは道徳的に義務づけられているとさえ，考えているだろうか。第2の領域は，道徳人類学に属する。人間が道徳的な正・不正の判断を行うという傾向性をどのように発展させてきたかは，何によって最もよく説明されるだろうか。人間には，特別な道徳的分野または道徳的粒子を知覚する能力があるのだろうか，あるいは宇宙のなかで「そこに出ている」道徳的要素と感覚的連絡を確立する能力があるのだろうか。それらの能力がないならば，人々が現にもっている意見をなぜもっているのか——一部の文化における大半の人々はなぜ，女性器切除が不正だと考え，他の文化における大半の人々はなぜ，女性器切除が不正でないと考えるのか——は，何によって最もよく説明されるだろうか。第3の領域は，道徳心理学に属する。人々は何に導かれて，かつて形成した意見を変更したり，新たな意見を発展させたりするのだろうか。例えば，議論や他の誘導物は，女性器切除の正しさあるいは不正さに関する人々の意見をどこまで変えさせることができるだろうか。第4の領域は，道徳自体の領域である。女性器切除は道徳的に不正だろうか。それはどこでも不正だろうか，あるいはどこでも不正でないのだろうか。あるいは，一定の伝統も特別なニーズや状況もない文化でのみ，不正なのだろうか。これらのさまざまな領域や争点の間には重要なつながりがある。しかし，最も重要なのは，第4の領域は他の諸領域のどれとも概念的に別個だと認識することである。例えば，ある人が首尾一貫した仕方で，女性器切除が多くの文化で広く受け入れられてきたと考え，また一部の文化では女性器切除が受け入れられ，その人自身の文化を含めて他の文化では拒否されているのは，2つの社会での相異なった経済的ニーズや他のニーズを反映しているにすぎないと考え，そして女性器切除の実践はどこでも道徳的に憎むべきものだと考えることは，確かに可能である。
　ある点では，ポズナーは，これらの領域のうち前三者と最後のものとの間

の相違を認知しているように思われる。彼は，前三者の領域を含めた道徳「に関する」問いと，第4の領域を構成する道徳「上の」問いとを区別して，自分の講演は前者だけに関わっていると宣言する(7)。それが仮に真だとすれば，彼の講演ははるかに異論の余地が少ないものであるだろう。しかし，それは真ではない。なぜなら，後に分かるように，ポズナーのおもな主張は，道徳「に関する」ものでなくむしろ道徳「上の」ものだからである。実際のところ，その主張が仮に道徳「に関する」ものだけだとすれば，その主張は，彼の学問的標的たちがもつ意見と何ら矛盾しないだろう。その標的たちの作品は，ポズナーが異議を唱えるかぎりでは，全面的に〔道徳〕「上の」多様性を示しているからである。

　ポズナーが諸領域を適切に区別するのに失敗していることは，彼の講演を通じて明らかである。彼は，道徳的多様性についての非難しようがない報告や，利他主義や他の道徳的姿勢についてのいまやなじみ深い進化論的説明の引用を，何頁にもわたって提供している。（ポズナーの攻撃対象者の一覧表にある「学問的道徳家たち」は，諸社会・諸下位文化・諸個人が相異なった道徳的意見をもっていることを語ってもらう必要が，あるいはそれほどしばしば語ってもらう必要があるのだろうか。あるいは，イボイノシシが道徳思想をもちうるとしたら，そのイボイノシシは他のイボイノシシが美しいと考えるだろうということを語ってもらう必要があるのだろうか(8)。）だが，ポズナーは，この社会学・人類学・ＳＦ小説のうちどれが，道徳上の実質的主張である自分の「強いテーゼ」を担うのか，あるいは自分が是認している道徳的相対主義を含めてさまざまな実質的な道徳的立場を担うのかを示す必要性に気づいていないと思われる。彼は，（私が危惧するところでは，多くの法律家や法学者が想定してきたように，）自分が提示する社会学的事実や人類学的思索がそれ自体で，何か相対的な，または反客観主義的な道徳的立場を課すと仮定しているのだろう。しかし，彼は，自分が批判している著作者たちはこうした道徳的立場を課されるのを受け入れていないことを知らなければならず，したがって自分がこうした立場を課することを説明し擁護するよう努めるべきだったと知らなければならない。とりわけ奇妙なのは，彼が自分の仮定を擁護するいかなる責任も感じていないことである。なぜなら，彼は，私自身の見解に「特段の注意」を払おうとしていると述べているが(9)，私は最近，そのような〔ポズナーの上記の〕仮定がなぜ誤りであるのか，そ

して——ポズナーが惹かれると言っている立場を含めて——実質的な道徳的立場を支持しうる唯一の種類の議論がなぜ道徳的議論であるのかを説明する長い論文を公刊したところだからである[10]。私がその論文を書いたのは，道徳理論に関する混乱と闘うためである。その混乱は，ロー・スクールや他の一定の学部でいまやとりわけ流布していると私が信じているものであり，またポピュリストの反理論運動の燃料となっている。ポズナーはその論文を読んだことがあり，それをいくつかの機会に（しばしば不正確に）[11] 引用している。しかし，彼は，私が誤謬だと言う議論を繰り返しているけれども，私が述べたことに応える努力をしておらず，私が述べたことを認める努力さえもしていない。私がその論文で出した議論をここで要約しようと試みるつもりはない。もっとも，以下ではその議論を仮定しているが。疑いもなく，ポズナーは，私の議論を拒否する根拠が自分にあると信じている。そして，この根拠が何であるかをいくらか詳細に説明するために，ポズナーが本応答に対する自分の返答の一部を用いるだろうことを，私は希望しており仮定している[12]。

「道徳理論」とは何か

　ポズナーが標的だと発表しているものは道徳ではなく——彼は自分には道徳との口論の種はないと述べている——，彼が「道徳理論」と呼ぶ何物かである[13]。彼は，たとえ道徳が非道徳的議論だけによっては倒されえないとしても，「道徳理論」は非道徳的議論のみによって倒されうると考えているのかもしれない。しかし，そうだとすれば，彼の戦略は失敗している。なぜなら，彼の区別はそれ自体で，混乱したものだからである。彼は，普通の人々を支配下においている道徳判断ないし道徳的推論と，根無し草の学究者という階級のみを惹きつける道徳理論との相違は，種類上の相違だと考えている。しかし，その相違がいやしくも擁護されうるとすれば，捕らえどころのない程度問題としてのみ擁護されうる。

　人々は典型的には，自分の道徳的確信における不確実性または傷つきやすさと感じるものへの応答として，道徳的推論を開始する。多くの人々は，次のような道徳的争点や政治的争点に関して元々の意見をもっている。初期の胎児には自分自身の道徳的権利があるか。生命維持装置を外してほしいという患者の求めを医師が尊重することと，致死性の錠剤がほしいという患者の

求めを医師が尊重することとの間には，道徳上の相違があるか。政治共同体は中絶や安楽死のような問題に関して集合的決定に達しようと努め，法律を通じてその集合的決定をあらゆる市民に強行するべきか，あるいはむしろ諸個人が自分自身の確信に達して，その確信にもとづき行為するのを許容するべきか。これらの意見がもつ哲学的身分については，「メタ倫理学」上の少数の哲学者を除いて，ほとんど誰も思い悩みはしない。自分の確信が心から独立した事実の報告であるか，あるいは道徳的に中立的な世界への単なる感情の投影であるかを悩む人は，ほとんどいない。しかし，多くの人々は，自分の確信が健全であるかどうかを現に思い悩む。多くの人々は，上記の諸問題についての真理に達することが，そしてその真理の感覚から行為することがきわめて重要だと考えるのである。要するに，多くの人々は道徳的に責任ある人々であって，彼らの道徳的推論への関心は責任の感覚の自然な帰結である。多くの人々は，自分の確信について内省したいと思い，またこれらの確信が，自分が他の機会に是認するいっそう一般的な原理や観念と矛盾していないことに満足したいと思っている。例えば，彼らは当然，中絶に関する自分の見解が，感覚と利益ないし権利との結びつきに関する何かいっそう一般的な立場を前提しているかどうか，またこうしたより一般的な立場があらわとなったときに，自分はその立場を正直に是認でき，あるいはその立場がもつ他の含意に賛同できるかどうかと自問するだろう。あるいは，彼らは，安楽死についての1つの見解を国家があらゆる人に強行するのは適切であるかに関する自分の見解が，中絶についての1つの見解を国家があらゆる人に強行するのは正しいかに関する自分の見解と首尾一貫しているかどうかと自問するだろう。もちろん，人々は，あたかも真理が問題にならないかのように，自分の確信がもつ首尾一貫性のみを気にかけると言おうとしているのではない。人々が自分の確信の一貫性を気にかけるのは，正しいことを行いたいと切望しているからなのである。

　確かに，他の多くの人々はそうした性格の内省に耐えられない。その人々は，自分が何を考えているかを知っており，自分が矛盾しているとか原理を欠いているとかという疑念や示唆にわずらわされたくないと思っている。彼らは，自分がデモ行進したり戦争への賛成票を投じたりする前に「理論」をほしがっておらず，また「理論」をほしがる人たちを馬鹿にしている。ポズナーはそうした人々の側にいるが，しかし彼は，より内省的な人々がもつ動

機や仮定を誤解するべきでない。ポズナーは，より内省的な人々の全動機が，自分が正しいと世界中の他のあらゆる人を説得することにあると仮定している——彼は再三，意見の不一致は道徳理論が失敗してきたことを証明していると述べている(14)。しかし，そうした仮定はあまりにも粗雑である。もちろん，日常生活でも学問的哲学またはジャーナリズムと同じく，人々はしばしば自分自身と同じく他者を説得したいと思う。しかし，そうした目標はどんな機会にも道徳的内省の要点を汲み尽くすわけではなく，その要点にとってしばしば中心的でさえない。内省的な人々は，自分自身を満足させたがっている。彼らはまた，自分が行うことによってその利益が影響される他の人々を，自分はテストされた確信から，また一貫性をもって行為していると〔説くことにより〕満足させたがっている。だから，彼らは，自分の確信に他者を改宗させるいかなる望みもないときでさえ，内省性・誠実性・整合性を示す仕方で自分の確信を説明しようと努める。

　内省的な人々は，自分が何事かを信じたり決めたりする前に，功利主義あるいはカントの形而上学の何らかの変種のようなまったき道徳哲学なり政治哲学なりを構築するということを力説するわけではない。むしろ，私が他の機会に言ったように，彼らは内から外へという仕方で推論する(15)。彼らは特定の具体的問題から出発し，また自分の立場が恣意的であるとか，自分の他の見解なり確信なりと矛盾しているとかといった異議に対して，自分の立場を擁護できるかを心配する理由から出発する。したがって，知的・道徳的・専門職的責任についての自分自身の感覚が，これらの疑いを葬るためには，自分がどのくらい一般的な「理論」を構築したりいだいたりしなければならないかを指図する。彼らの責任が——政治的公務員についてそうであるように——とりわけ大きいときには，彼らは当然，道徳哲学者や法哲学者——彼らは論議中の争点について思い悩むのに多大な時間をつぎこんできた——を含む他の人々がもついっそう包括的で発展した説明に照らして，自分の内省をテストするのが適切だと考えるだろう。人々がこれらの源泉に向かうのは，確定的な答えを見出せるという期待をもってではなく——彼らには，自分たちの間でそれらの源泉が一致しないことが分かっている——，むしろ自分の確信の厳密なテストを求めて，もしも見出せるならば自分の確信が修復を必要とするという新しい考えを求めて，そしてしばしば，自分の意見をより正確でよりよく支持された確信とするよう作業しなおす際に従うことができる

理論的な手引きを求めてである。

　内省のこうした過程を，私は「正当化上の上昇」の過程として記述したことがある(16)。「推論」と「理論」の何かア・プリオリな区別を通じて，上昇の過程がどこまで続くべきかをあらかじめ規定することは，誰にとっても不可能である。上昇の過程は，それを促した謎や衝突が解決されるまで続かなければならず，そして謎や衝突が解決される地点をあらかじめ知ることはできないのである(17)。だから，どこで道徳判断が終わり，道徳理論が始まるかを述べることは，原理的に不可能である。通常の道徳的内省の後には，心もとないか恣意的だと思われる判断をより大きな原理・構想・理念とのつながりを跡づけることによって支持することは，道徳的推論の一部であって，道徳的推論に付け加わった別の何物かではない。それはちょうど，〔野球の試合で〕9回が終わった後に試合が同点のとき，延長戦を行うのが野球の一部であるようなものだ。その上，原理と理想は一般性のほとんどあらゆるレベルで生み出されてきた。その原理と理想には次のものが含まれている。喜びを増加させるどんなものも善だという覆い尽くすような功利主義的テーゼ，ジョン・ロールズの厳しく限定された政治的正義観(18)，私が擁護しようと努めてきた政治的民主制の理論(19)，言論の自由がもつ要点と価値についてのトマス・スキャンロンの説明(20)，刑法上の刑罰と過失法の道徳的基礎とに関するハーバート・ハートの所見(21)，ケイシー中絶事件における3名の裁判官の補足意見の核心にある個人の自律に関する所見(22)，最近の数点の裁判官の意見やロー・レヴュー上の論文における市場シェアによる有責性がもつ公正に関する発言(23)，政教分離に関する雑誌編集長ページでの所見，他国の人々の人権を保護する国の責任に関する食卓での発言，ある世代が他の世代に対して負う環境上の責務に関する学校教師の教え，「もしも彼がお前にそれをするとしたら，どう感じるだろうね」と尋ねることで子供の意見を変えさせようとする親の努力。これらの道徳「理論」の実例は，一般性ないし抽象性のレベルにおいて異なっているにすぎず，道徳的議論を具体的なものか理論的なものかとみなすどのようなきっぱりとした範疇分けも，望みがないほどに恣意的だろう。ポズナーの攻撃対象者一覧表にある「道徳家」の一部は抽象性が相対的に高いレベルで著述しており，一部は相対的に低いレベルで著述している。ポズナーが彼らをすべて無差別に束ねているのは，自分の立場の恣意性を増加させるだけである。彼は，道徳的推論を活気づける動機が

もつ複雑性と，道徳的現象としての内省と確信の相互作用がもつ複雑性との両方を見逃してきた。

「強い」テーゼ

ポズナーの「強い」テーゼは，いかなる道徳理論も道徳判断のための「堅固な基礎」を提供できないと考えるものである[24]。このテーゼはもちろんそれ自体，理論的かつ包括的な種類の道徳判断である。というのは，ある種類の道徳的主張が他の種類の道徳的主張のための「堅固な基礎」を提供するかどうかはそれ自体，道徳的な問いだからである。例えば，人種差別を非難する原理が積極的是正措置を非難する健全な基礎を提供するかどうかは，道徳的な問いである。そうした問いは，当該原理が健全であるか，それはどのようにして最もよく解釈されるか，そしてそのように解釈されると，当該原理はそうした帰結をもたらすかどうかに左右されるからである。

これらの道徳的な問いを，ポズナーの講演の大部分を占めている経験的争点と注意深く区別しなければならない。なぜなら，その経験的争点は，道徳判断の理論的擁護が，とりわけ大学で教鞭をとる者によって構築された理論的擁護が，他の誰かを，その人自身の反対の確信を変更するように説得できるかという心理学的な問いにおもに関係があるからである。それは明らかに異なった問題である。ある人が，特定の道徳原理——例えば，流布していない宗教の伝統の核心にある道徳原理——が絶対的に真であり，道徳的権利・道徳的義務に関するじつにさまざまでより具体的な主張のために「堅固な基礎」を実際のところ現に提供するのだと力説し，しかしなお，どんな他者もそれらの原理の真理が分かるように，あるいはより具体的な判断の根拠としてそれらの原理を受け入れるように導かれることはとてもありそうにないと認めることは，完全に首尾一貫している。

だから，ポズナーが自分の強いテーゼを擁護できるとすれば，それは自分自身の実質的道徳理論をもってだけである。そのような１つの理論は道徳的ニヒリズムであって，それは，いかなるものも道徳的に正でも不正でもないと主張する。ニヒリズムであれば，いかなる理論的議論も，ある行為を正か不正のどちらかと考える十分な理由を提供しえないという主張を明らかに正当化するだろう。しかし，ポズナーは，自分がニヒリストであることを否定している[25]。その代わりに，彼は，有効な道徳的主張——すなわち「ある道

徳的主張を有効と宣言するための規準」を満たす道徳的主張——があると信じる道徳的「相対主義者」として自らを記述する(26)。それらの規準は、「局地的、つまり当該主張が提出される特定の文化での道徳的コードに相対的」である(27)。事実としては、後に見るように(28)、ポズナーは、こうした相対主義の整合的なヴァージョンを述べることに成功していない。しかし、そのことはいまは問題ではない。なぜなら、単なる一片の（ここでは重要な関連性がない）道徳社会学でなく実質的道徳理論として理解された、最小限に尤もらしい形態の相対主義でさえも、ポズナーの強いテーゼを正当化しえないだろうからである。相対主義が仮に真だとすると、「特定の文化での道徳的コード」に関する一般的情報とあわさって、相対主義はその文化の内部では道徳的主張にとっての「堅固な基礎」を提供するだろう。実際のところ、ポズナーの標的である学問的な哲学者や法律家のうちのいく人かは、その哲学者〔や法律家〕が主張しているものの少なくとも一部分にとっての基礎を提供するものとして多くの相対主義者が受け入れるだろう議論を出している。例えば、ジョン・ロールズはしばしば、現代の民主国家の公共的文化に伏在している原理や観念がもつ含意を示すものとして、自分の議論を特徴づける(29)。憲法典に関する私自身の議論も、特定の政治文化を解釈するものである(30)。明らかに、ロールズも私も、またポズナーの一覧表にある他の誰も、道徳的相対主義という学派の尤もらしい捉え方において道徳的相対主義者ではない。しかし、相対主義者は、われわれの議論の少なくとも一部分が、個別の道徳判断にとっての「堅固な基礎」を提供することを否定しないだろう(31)。

そうすると、ポズナーは、自分の強いテーゼについていかなる擁護論もまったく提供していないことになる。彼の講演の大半は、それとは異なった——しかしまたも顕著に尤もらしくない——主張で占められている。それは、いかなる一般的な道徳理論も道徳的議論も、ある人が当初は拒否した道徳判断を受け入れるようにその人を説得できないという主張である。いかなる道徳的議論も、その人の想像力の勘所を見つけないかぎり誰も説得することができないという点には、私は同意する。しかし、想像力は多くの形態をとりうるのであり、そして多くの人々の想像力には倫理的・道徳的な一貫性への切望が含まれている。多くの人々は、自分の人生が自分の確信を表示するものであってほしい、また自分の確信が真であってほしいと思っているのであ

る。そのことだけでも，内省の相異なったレベルが，また学問的道徳理論の相異なった種類さえも，どのようにして多くの人々にとって衝撃力をもちうるかを説明するのには十分である。一部の人々は，一貫性以上のものをほしがっている。彼らは，鼓舞し正当化するような，どのように生きるべきかについての——またどのようにともに生きるべきかについての——構想をほしがっている。そして，その欲求によって，最善の道徳哲学はなぜ何世紀も，また何千年さえも生き残ってきたのかが説明される。

　観念は最後にはときおり現に山を動かし軍を動かすということは，われわれの民俗的な知恵の一部であるとともに，侮りがたい歴史学者たちの意見である。ポズナーは，その反対のことを示すいかなる本物の経験的証拠も提示していない。彼は，流行の進化生物学上の「まったくその通り」式の話の一部の未熟なヴァージョンを引用している。しかし，ある道徳感覚が人類という種において生存のための価値をもつことは，その道徳感覚が一貫性や整合性への野心を含まないことをほとんど示さず，たやすくその反対のことを示唆するかもしれない。ポズナーは，西洋の大学におけるすべての学問的な法律家と哲学者（その個性・経歴・個人史・気性・著述スタイル・議論戦略は，単一の大学の内部でさえも無数の仕方で相互に異なるが）の訓練がなぜ，またどのようにして，均質的集団としての彼らを道徳的説得に不向きにするのかに関して，自分自身の内省を提示している。そして，ポズナーは，高い教育を受けた一部の人々が道徳的罪を犯してきたのだと指摘する。

　上記の説明はうまくゆかないだろう。道徳的議論または道徳理論が行いや信念に対してもつ衝撃力についての相当立派な一般的説明が可能だとしたら，その説明は過度に複雑で細かく区分けするものだろう。その説明は，直接の衝撃力と遅れて生じる衝撃力を区別するだろうし，遅れて生じる衝撃力が民衆文化の多様な制度を通じて媒介されるかもしれないさまざまな仕方を図表にするだろうし，議論の質も議論者の技能や評判も考慮に入れるだろうし，このような衝撃力を左右しうる他の何千もの文化的・心理学的変数に注意するだろう。要するに，「道徳的議論はいったい人々の心を変えさせるか」はきわめて貧弱にまとめられた問いであり，その問いを尊重するべき問いにしようとすれば，そのために多くの作業が必要とされるだろう。そうだとしても，現下の未熟な形式における当該の問いに対する次の2つの答えのどちらも，自信をもって拒否することができる。それは，「つねに〔変えさせられる〕」

と「決して〔変えさせられない〕」という答えである。宇宙的な程度で愚かな楽観主義者だけが，よき道徳的議論はつねに原初の自己利益または反対の性向を打ち負かすなどと考えることができるだろう。教条主義的な冷笑家だけが，よき道徳的議論は決して，その議論がどれほどよかろうとも，またその衝撃力がどのように仲介されようとも，まったく相違を生まないなどと力説することができるだろう。ポズナーは冷笑家の意見に惹かれているように思われるが，しかし彼は，なぜ惹かれているのかをわれわれに示すために，わずかなア・プリオリな合理主義と少数の逸話の他には何も提示していない。

「弱い」テーゼ

　ポズナーの弱いテーゼは，道徳理論が普通の生活や政治でどのような力をもっていようとも，裁判官は，自分の特別な目的のために利用可能なよりよい装置をもっているから，道徳理論を無視するべきだと考えるものである[32]。彼はまたもや道徳の独立性を無視している。裁判官が，困難な事案の判決を下す際に道徳的決定をなすように要求されないならば，もちろん道徳理論を参照するように要求されない。しかし，裁判官が道徳的争点に現に直面するならば，歴史学なり経済学なり他の非道徳的技術なりを通じて道徳的争点を解決するようにと裁判官たちに語るとすれば，それは，代数学で悩んでいる人に缶切りを用いてみるようにと助言するように，範疇錯誤だろう。

　ポズナーは，裁判官が道徳的争点に立ち向かわないとわれわれを説得したいと願っている。最近の論文では，彼は私を無知だと非難した。なぜなら，裁判官は公正の問題に関心があると，私は想定していたからである[33]。私はそれに応答して，自分が論考してきた法分野における判決での意見やそれらの意見を論考するロー・レヴューの文献における公正についてのいくつかの論考を引用した[34]。（私は，製造物責任の判決についての1991年の研究をも引用できたかもしれない。その研究は，「公正は効率性よりも18％のより高い頻度で〔裁判官たちによって〕発展させられ，そして公正は判決において24％のより高い頻度で照らし合わされていた」と結論づけた[35]。）ポズナーは講演の最初の方で自分の主張を繰り返している。彼は，道徳理論が「事案における現実の争点に噛み合わない」と言うのである[36]。だが，ずっと後には，彼は自分の攻撃を移動させる。ポズナーは，「裁判官は道徳理論の領域に投げ込まれるかもしれないと思われる」と認めるが[37]，しかし〔判決とい

う〕記録の注意深い研究から，私（および恐らく私が引用したすべての学者）は，裁判官が道徳的術語を道徳的な仕方で用いていると考えるように欺かれてきたことが示されるだろうと力説する。

　しかし，裁判官は他のどのような仕方で道徳的術語を用いうるのだろうか。ポズナーはそれを語らず，しかも裁判官は道徳的術語を非道徳的な仕方で用いるという自分の示唆を掘り崩している。それは，その示唆を出した直後に，裁判官がなぜそれほどしばしば現に道徳に訴えかけるのかを説明するときである。彼が述べるところでは，「印象的である」ほどに，裁判官が道徳に訴えかけるのは，「素人連がより理解するだろう言語で語る」ためであり，最終的には，「法と道徳の間にはかなりの重なり合い」があるからである[38]。これらの説明のすべてはもちろん，裁判官が道徳的術語を，あなたや私が用いるのと同一の意味で用いる，つまり道徳的概念に言及するために用いることを仮定している。これらの明らかに決定的な譲歩のすぐ後で，ポズナーは攻勢に転じる。彼は，「ドゥウォーキンとその同盟者たち」が，道徳法則が要求しているとわれわれが捉えるものに，法を十全にあらゆる面で一致させようと努めていると非難する。そして魅力的なことに，私や私の同盟者たちを，イスラムの宗教法を侮辱する人々を斬首刑に処するアフガニスタンの原理主義者と比較する[39]。しかし，もちろん，法が何であるかを決定する際に，道徳的確信にときには——たとえしばしばでさえ——重要な関連性があると考えるためには，誰も，法がすべての道徳的責務を，かつ道徳的責務のみを強行するべきだという馬鹿げた主張に賛同しなくてよい。

　ポズナーは次に，私が論考したことがある最高裁判所の一定の諸事案がいかなる道徳的争点も提起しないのだと示そうと努める。しかし，彼自身の例はその反対のことを示している。例えば，医師の幇助による自殺の事案では，最高裁判所の裁判官は，「哲学者の意見書」が論考した「哲学的争点に首を突っ込んだ」と，彼は述べる[40]。その意見書でのおもな道徳的主張は，第1に，死亡しつつある意思能力ある人々には原則的に，どのように死亡するかを自分で決める権利があるということだった。第2には，そうした権利の承認が，他の患者が自分の意思に反して死を選択するように圧力をかけられるだろうというリスクをある程度までは高めるとしても，そのことは当該権利の承認をまったく拒否するのを正当化しないということだった。これらの主張の両方に「首を突っ込んだ」判事は誰もいなかった——彼らのうち3名は，第1

の主張について私たちの立場に反対の判断を下し,また5名は,第2の主張について私たちの立場に反対の判断を下したのである[41]。

　ポズナーは,最高裁判所がロー対ウェイド事件でも「道徳的問題に首を突っ込んだ」と述べ,そしてこの文脈では,彼の「全主張点は,裁判所が『道徳的費用』を衡量する能力を欠いていることだ」と付け加える[42]。(そうしたコメントは心得違いのものに従っている。もっとも,中絶への権利の承認を延期することがもつ「道徳的費用」に関わって私が出した議論に関する〔ポズナーの〕不満をあらわにするものだが[43]。)しかし,最高裁は,国家が個人道徳上の問題において個人の自律を尊重するべきかという道徳的争点に「首を突っ込む」ことはしなかった——またできなかった——のである。(その道徳的争点は,後の中絶事件であるケイシー事件における判事たちのさまざまな意見でより浮き彫りにさえなった[44]。)その上,最高裁は,さらなる道徳的争点——初期の胎児は,憲法上の保護への権原を胎児に与えるそれ自身の利益をもたないという争点——をも決定しておくことなしには,自律に有利な判決に達することはできなかっただろう。なぜなら,他者の基本的権利が問題となっているならば,ある争点が個人の自律という術語で枠づけられることはできないからである。(結局のところ,裁判所は,母親に,胎児のわが子を殺すかどうかを自分で決める権利があるとは考えないだろう。)中絶の事案で,最高裁が,胎児はそれ自身の利益および憲法上の権利をもった人格であるかどうかという道徳的争点を決定したということには,疑いの余地がない。

　事実上,ポズナーは数箇所では実際に,憲法上の大きな争点について決定する裁判官が道徳原理について論争の余地ある決定をしばしば行っていると認める。実際のところ,彼は,裁判官がその論争の余地ある決定を行うべきだと宣言し,また裁判官に,どの道徳理論に依拠するべきかを語りさえする。例えば,ポズナーは,自分ならば医師の幇助による自殺の事案をどのように決定したかを説明するために,道徳的議論を提示する。〔その道徳的議論によれば,〕最高裁判所は反自殺幇助法を支持するべきだった。なぜなら,わが国での当該争点についての勢力の権衡を所与とすれば,安楽死論争が通常政治で戦われるようにすることが,民主制に最もよく役立つからだというのである。もちろん,ポズナーは道徳理論への自分の訴えかけを隠さなければならず,そして彼はあっと言わせる仕方で現に隠している。彼は,民主制の適

切な作動に関する自分自身の確信を含めて，政治道徳に関する確信は，道徳判断ではまったくないと宣言する。それらの確信は，「政治過程または司法過程に関する」主張にすぎないと述べるのである(45)。(「道徳的」主張と「政治的」主張の相違に関する類似の言明は，彼の論文全体を通じてまき散らされている(46)。) しかし，これらの確信はどんな記述的意味でも「政治的」ではない。それらの確信は，政治制度や司法制度がどのように作動するべきかに関する規範的主張である。それらの確信は，ポズナーがときおり示唆するように，戦略的意味で規範的なのでもない。規定された目標をどのように最もよく達するかに関する判断ではなく，むしろどの目標が追求されるべきかに関する高度に論争の余地ある主張である。それらの確信は，政府の権限がどのように分配され行使されるべきか，またこれらの権限が個人の道徳的権利の尊重のゆえに制限されるべきだとすれば，それはいつかに関する道徳判断である(47)。

　人種分離についてのポズナーの論考は，道徳理論への自分自身の訴えかけを偽る必要性によっていっそう深刻にさえ損傷されている。ポズナーは最初に，裁判所が用いた議論（および裁判所が用いるべきだったと彼が述べる他の議論）は，実際には「非道徳的」議論だったと宣言する(48)。例えば，ブラウン事件での裁判所は，「分離は」黒人の「自尊心を損なうという」心理学者による「非道徳的」発見に自らの判断をもとづかせていると，彼は述べる(49)。しかし，そうした「非道徳的」議論は，黒人が白人と政治的に平等な存在であって，平等な尊重に値すると前提しており，そして同じ論考のなかでポズナーは，この前提が1954年時点では高度に論争の余地ある道徳的主張だったと宣言している(50)。ポズナーは次にそれとは異なった戦術を試みる。彼は，裁判所が引証した道徳原理のいくつかには本当はまったく論争の余地がなく，ブラウン事件の事実関係のように意見が一致した事件の「背景」の単なる一部だったと述べるのである(51)。しかし，彼はその例として，「政府には，人種を基礎として便益または負荷を配分する…十分な理由があるべきだ」という原理を挙げており(52)，そして彼がちょうどいま認めたように，黒人が政治的に白人よりも劣等であるかどうかには，したがって黒人の劣等性が彼らの人種を基礎として分離する「十分な理由」であるかどうかには，確かに論争の余地があった。ポズナーは最後には，裁判官が憲法訴訟の事案において論争の余地ある道徳判断を行うのを固辞するべきだという自分の主張を全面的

に廃棄しているように思われる。彼はむしろ裁判官に，自分が論争の余地ある道徳判断を行っていることを宣伝しないようにと助言する。最高裁判所は自らのブラウン判決において「不正直」だったが，しかし最高裁判所がとった途は政治道徳上の論争に乗り出すことよりは賢明だったと，彼は述べる(53)。最高裁が，「平等保護条項がある意味では」学校や他の公共的な場での人種分離を「防ぐことを意図していたか，あるいは防ぐために用いられるべきである」ことは，「あらゆる人が知っている」と単に宣言していたならば，最高裁の意見はより効果的――またより「正直」――でさえあっただろうと，彼は付け加える(54)。それはもちろん嘘になっただろう――判事たちは，多くのきわめて名高い法学者が，「平等保護条項がある意味では」人種分離を「防ぐことを意図していたか，あるいは防ぐために用いられるべきである」とは「知って」いなかったことに気づいていた。そして，その嘘であれば，どのようにして「正直さ」に貢献したのかは，明らかでない。

　公式の人種分離は市民権の平等に矛盾しているとすでに宣言していた最高裁にとって，その命題を擁護するのを拒絶するならば，それはよりよかっただろうと，ポズナーがなぜ考えるのかは，いっそう不明でさえある。結局のところ，最高裁は，人間の基底的平等についてのカント的理解はベンサム的理解よりも優れているかどうかについて，あるいはそれに匹敵する他の哲学的話題について，博士論文を公刊することが必要だと気づいただろうということではない。裁判所が，平等保護条項がそれを具現していると理解されるべき種類の平等を同定する何らかの原理――当該原理の他の含意を判事は喜んで受け入れたことだろうが――を宣したのであれば，知的・政治的な責任からの要求を満たすには十分だっただろう。われわれはそのような原理を容易に構成することができる。もっとも，その原理は，ブラウン事件時の裁判所になるほどと思わせるものではなかったかもしれないが。平等保護条項は，一部の市民が他の市民よりも劣っているという根拠，あるいは一部の市民の運命が平等な配慮に満たないという根拠によってのみ正当化されうる法的制限や法制度を禁じており，そして公式の人種分離は，他のどんな想定によっても十分には正当化されえない。(最高裁は事実上，ブラウン事件とローマー事件の間にときどき思い出したようにその原理に向かって移動していったと，私は信じている(55)。) もちろん，それは自己執行的原理ではない。議論は，学校の分離への適用を含めて自らの諸特徴の各々を正当化するように展開さ

れなければならない．だが，そのことは，道徳的議論が憲法裁判に現れるときでさえ，道徳的議論は本来的に終わりが開かれていて論争の余地あるものだと単に述べることにはならない．ポズナーは，判決が演算法か科学にもとづいており，その結果，判決がつねに合意によって，彼が言う語の特別な意味で「解決される」ことをより好むだろう．しかし，裁判官は，良きにつけ悪しきにつけ道徳的争点に直面しており，道徳理論を罵ることによって，道徳的争点を数学的争点または科学的争点へと変えることはできない．

新プラグマティズム

　私〔のここまでの議論〕が正しいならば，ポズナーは，道徳理論が道徳判断を支持するいかなる根拠も提示していないという自分の「強い」主張を支持するいかなる議論も，あるいは裁判官は道徳理論を避けることができ，また避けるべきだという自分の「弱い」主張を支持するいかなる議論も提供してこなかった．その反対に，事実を偽るいくつかの英雄的だが相矛盾した努力にもかかわらず，彼自身は継続的に道徳理論に訴えかけている．したがって，私の元々の問いに戻らなければならない．彼の議論がそれほどに悪しきものであるならば，「学問的道徳主義」に対する彼の猛烈な敵意は，何によって説明されるだろうか．高齢のために，理論における自分の技能が鈍り，したがって理論を好む気持ちも鈍ってきたというポズナー自身の冗談めいた示唆は，脇においておこう[56]．（私はそうした説明の前提が好きではない．）多分，〔私の問いへの〕答えは気性にあるにすぎないのだろう．ウィリアム・ジェイムズは，自分が哲学の「素人」と呼ぶ人を，同時に「優しい心持ち」かつ「頑丈な心持ち」でいたいと願い，そのため相矛盾した姿勢を結合する人だと述べた[57]．多分，われわれは，ポズナーのなかの同じような欲求に気づくことで満足するべきなのだろう．もっとも，彼は，頑丈な心持ちと優しい心持ちを一緒に詰め込みたがっているのでなく，頑丈な心持ちといっそう頑丈な心持ちを一緒に詰め込みたがっているのだが．

　しかし，私はそれとは異なった説明を暗示したのであり，それをいま探査したいと思う．ポズナーの主張は，彼自身の大きな実質的道徳理論に依拠することによってのみ裏書きされうるだろうと，私は力説した．多分，事実として，ポズナーはそのような理論によって動かされているのだろう．そうだとすれば，その理論は，彼がこの講演でいだいていると明示する理論ではない．

彼は，自分が，「ある道徳的主張を有効と公言する規準は，局地的，つまり当該主張が提出される特定の文化での道徳的コードに相対的である」と信じている「道徳的相対主義者」だと述べる(58)。しかし，そうした自己記述をカモフラージュ以外のものとして真剣に捉えることは難しい。それにはいくつかの理由がある。

　1つには，道徳的相対主義についての彼の説明はただちに矛盾を生み出す。中国での道徳的コードが，2人の子の母親が妊娠したときにはいつでも中絶を要求し，またアイルランドでの道徳的コードが，どんな状況でも中絶を禁じているとする。そうすると，ポズナーの定義によれば，中国人が，中国またはアイルランドの誰でも一定の状況では中絶する義務を負うと述べるとき，中国人は「有効な」道徳的主張を生み出しているが，アイルランド人が，両国の人々についてまさしく正反対のことを宣言するとき，アイルランド人もまた「有効な」道徳的主張を生み出していることになる。多分，ポズナーは，「当該主張が提出される」ではなくむしろ「当該行動が起きる」と言おうとしたのだろう。そのような解釈では，中国人の話者とアイルランド人の話者が互いに矛盾しているということになる必要はない。それぞれの話者は，すべての女性は自分自身の共同体のコードに従う義務を負っていると言えるのである。そうすると，そのように定義された相対主義を受け入れているアイルランド人の話者は，中国人の女性が中絶するときにいかなる誤りも犯していないことに同意するべきだということになる。しかし，ポズナーは，そうした帰結をもつ相対主義の「俗悪な」ヴァージョンを拒否すると述べている(59)。その上，彼が1頁後に，道徳的「主観説」と自分が呼ぶものに共感をもっていると宣言するとき，混乱は増幅される。彼が述べるところでは，自分自身の共同体の道徳的コードを拒否する人は，まったく「道徳的に誤って」いない。なぜなら，いかなる「超文化的な道徳的真理」もないからである(60)。しかし，相対主義者は，ポズナーがまさにこの見解を定義したように，「有効な」道徳判断を行うために「超文化的な」道徳的真理が必要であることを否定している。ポズナーは，自分自身が矛盾していたと感じているのだろう。なぜなら，彼は，自分が本当は，有効な道徳規範は人々からなる共同体に相対的ではなく，単一の個人に相対的であると言おうとしているのだと付け加えているからである(61)。しかし，たった1頁前では，彼は，自分が「より正確には道徳的主観説として記述される『何でもよろしい』という意味での道

徳的相対主義者」であることを否定している⁽⁶²⁾。だが，「何でもよろしい」という意味はまさに，彼が後にとくに明示して，自分が相対主義者であると述べている意味だと思われる。幼児を殺すのが正しいと「誠実に」信じる人がいるとすれば，自分は結局のところその人を反道徳的とは呼ばないだろうと，ポズナーは述べるのである⁽⁶³⁾。（その意見は今度は，彼が最近他所で発表した別の立場と明白に矛盾すると思われる。「誰かが私に，子供を拷問するのは結構だと言うとすれば，それに応えて私が言えるすべてのことが，私はそれには同意しないが，しかしあらゆる人には自分自身の意見をもつ権原があるという点だけだろうというのは，私の見解ではない」と，彼は述べているのである⁽⁶⁴⁾。）講演で後に暗闇が全体を覆うのは，〔ポズナーという〕相対主義者が次のように宣言するときである。

> 道徳原理は，「正しい」ことなしに，現時点では揺るぎないものであるかもしれない。ある社会の誰も，例えば異人種間結婚がタブーであるのを問いただすことがなかったという事実は，そのタブーを道徳的に正しいものとはしないだろう。正しいものとすると考えるとすれば，それは，俗悪な相対主義，すなわちある道徳原理を社会が受容することはその原理を道徳的に正しいものとするという考えを信奉することになるだろう⁽⁶⁵⁾。

　思い出していただきたい。ポズナーはたった数頁前には，「ある道徳的主張を有効と公言する規準は，…当該主張が提出される特定の文化での道徳的コードに相対的である」と告知していた⁽⁶⁶⁾。それは，彼がいま「俗悪」だと宣言するまさにその見解ではないのか。
　以上すべてにより，ポズナーは実際には，自分が形式的には是認しているなかのどれとも異なった「道徳的位置」によって動かされていると考えることが許されうる。彼がこの異なった見解を一目だけ提示するのは，次のように宣言するときである。「相対主義は道徳の適応主義的な捉え方を示唆する。その捉え方では，道徳は――非道徳的に，すなわち金槌が，釘を打つというそれの機能に適応して，うまく，あるいはへたに判断されるだろう仕方で――社会の存続または他の諸目標へのそれの貢献によって判断される」⁽⁶⁷⁾。われわれは，この言明をただちに退けたいという気持ちになるかもしれない。

道徳の「適応主義的な」捉え方はいかにして非道徳的でありうるというのか。ある道徳を,それは社会が存続する助けとなるかどうかと問うことによって評価することはできない。なぜなら,ある社会が採用している道徳はほとんどつねに,社会が存続するかどうかを確定するのでなく,社会が存続する形態を確定するからである。「他の諸目標」への言及も助けとはならない。何か特定の社会の内部で,その社会の「諸目標」が何であるかに論争の余地がないとしたら——例えば,社会は富についての何か特定された尺度に従って社会の富の総計を最大化するのをめざすべきだということが,論証されているとしたら——,金槌との類比が適当だろう。しかし,もちろん,われわれ自身の共同体については,それは論争の余地がないものではない。その反対に,われわれの意見が最も分かれる議論は,どの諸目標を追求するべきかをめぐるものである——例えば,われわれは深刻な不平等という費用を払って富裕になるのをめざすべきだろうか。だから,「非道徳的に」という語は,暗闇のなかで口笛を吹くようなものに見える。ポズナーが,どのような目標が適切であると自分が考えるかを言明することによって,自分の「適応主義的な捉え方」をもしも完成させるならば,彼は標準的道徳理論を奇怪な形で提示したにすぎないし,もしもそうしないならば,彼はまったく何も言わなかったのである。ポズナーは,その(いまより優れた)壮年時代には,われわれが集合的に追求するべき目標に関する特定の提案を擁護しようと努めており,自分の提案に道徳理論というラベルを貼ることをひるまなかった。われわれの目標は,われわれの共同体を平均でより富裕にすることであるべきだと,彼は述べた(68)。彼はいまでは明らかに,自分が誤りを犯していたことに同意しているが(69),しかし適切な社会的目標についてのいかなる代替的説明も提示していない。

　これまでのところ,以上のことはプラグマティズムの標準的ディレンマであるように見える。プラグマティストは,どのような道徳原理も,ある実践的標準に照らして評価されなければならないと論じる。すなわち,当該原理を採用することは物事をよりよくする助けとなるか。しかし,プラグマティストがどのような特定の社会的目標——いつ物事はよりよくなるかについてのどのような捉え方——を規定しても,彼らは自分の主張を掘り崩してしまう。なぜなら,そうした社会的目標はそれ自体,循環論法で論じることなしには,道具的に正当化されえないからである。だから,彼らは典型的には,

物事をよりよくするとはどのような意味であるかを述べるのを固辞する。リチャード・ローティや、ポズナーの反理論軍の他の指導者たちは、政治的経験すべてとは反対に、状況がいつ改善しているのか、あるいは有用だと自分が信じている一語で言えば、特定の戦略が「うまく働く」のかは、万人にとって明らかだと仮定しているように思われる(70)。しかし、道徳的な意見の不一致には必然的に、何が「うまく働くこと」として数え入れられるかに関する意見の不一致が含まれる。例えば、「プロライフ」派の活動家と「プロチョイス」派の活動家は、どのような形式の中絶規制が「うまく働く」かについてきわめて相異なった説明を与えるだろう。だから、道徳的プラグマティズムは、多くの批判者にとって空虚な理論であると思われる。道徳的プラグマティズムは、自らが記述するのを固辞する将来の探査において将来志向の努力を鼓舞するのである。

　プラグマティズムが十分に自由放任だとすれば、ダーウィン主義的な道徳生物学の流行がプラグマティズムに新たな希望を提示しているように思われる。人類は進化を通じて、自分たちが生存するだけでなく繁栄もする助けとなる姿勢と気質を発展させてきたということを、われわれが納得しているのだと想定していただきたい。その場合、適切な規範や姿勢を同定するわれわれ自身の能力だけでなく、自然淘汰または何かそれに類似したものを通じてこの同定を行う自然の能力にも信をおくかもしれない。つまり、われわれは、自分たち自身と共同体にとって何が最善であるかが分かっていると述べる必要はない。相異なった共同体において一定の性向・姿勢・共感・気質を自然なものとしてきた過程に信をおくことだけが必要なのである。どのような目標をわれわれは集合的に追求するべきか、何が改善として数え入れられるかを言明する心積もりでいる必要はないし、問題となっている事柄についての理論のなかで期待される詳細さをもってそれを言明する必要は確かにない。その代わりに、われわれは次のように言うことができる。自然な性向は賢明だと仮定しなければならず、また自然な性向のゆえにわれわれが向かう目標は適切だと仮定しなければならない。それはもちろん、われわれが、自分の無反省な仮定が誤った事実情報にもとづいていると納得するのでないかぎりでだが。

　概略的に素描したこの姿勢を「ダーウィン主義的プラグマティズム」と呼んでよいだろう。ダーウィン主義的プラグマティズムは根底では実質的かつ

非道具主義的な姿勢であることを理解するのが重要である。なぜなら，それは，一定の種類の人間生活や一定の状態の人間社会が他よりも本来的に優越していると前提しているからである。ダーウィン主義的プラグマティズムが道具主義的であるのは，それが，そうした一定の状態を同定し達成する特定の手段——事実探究と他の面では非介入主義的な静寂主義との組み合わせ——を提案しているという意味においてだけである。そうした道具主義であれば，意味をなさないだろう——それは実を結ばない循環論法だろう。しかし，それは，自然によって発見されるべき人間生活および人間社会の本来的にいっそう優越した状態があるというさらなる仮定のためである。つまり，これらの状態は，事実誤認のためにだけ訂正される自然によって生み出されるものだという理由のみによって，「優越した」ものなのではないという仮定のためである。

　ダーウィン主義的プラグマティズムがポズナーの直感的だが隠れた確信であるという仮定は，私が記述してきた不可解なことをすべて解消する。それは，衷心からの道徳的確信の自然的で未検討の表明であるどんなものも不道徳なものとして非難するのをポズナーが躊躇していることを説明する。それは，利他主義と道徳がどのように起こったかについての生物学者の話にポズナーが魅せられていることを説明する。それは，ポズナーがなぜそのように移り気な道徳的相対主義者であるかを説明する。彼は，相対主義の精神——それは効力のある道徳的コードを尊重するようにとわれわれに教える——には強く惹かれているが，しかしわれわれ自身の不正とは異なる道徳的コードを求めるというわれわれの自然な衝動をその相対主義の精神が非難することには惹かれていない。彼は，道徳的反逆者を不道徳な人たちとして弾劾することにも気が進まない。それらの反逆者の反逆もまた自然であり，ポズナーが力説するように，ダーウィン主義的価値をもっているかもしれないのである。(「事実としては，われわれにはいく人かの不道徳者が，あるいは少なくとも非道徳者が必要である」と，彼は述べる[71]。もちろん，不道徳者の被害者にも非道徳者の被害者にも不道徳者や非道徳者は必要でない。問題となっている「われわれ」は人類であって，人類はまだ進化しており，目的のためには突然変異を必要としているというわけである。) ダーウィン主義的プラグマティズムという仮説は，彼がなぜ「エリート」裁判官に，自分の憲法上の権限を用いて，自分の内臓を侵すかのように攻撃してくるもの——自分が

「腹に収める」ことができないもの——を打ちのめしてほしいと思っているが，しかしこうしたものを飽き飽きするような理論の投下でもってすっかり取り囲むように努力してほしいとは思っていないのかを説明する[72]。その仮説は，彼がなぜ，何が道徳的に正しいかは「揺るぎない」道徳的コードによって解決されないかもしれないと宣言して，突然に自分の相対主義を棄てるのかを説明する。その宣言された正反対の見解は，唯一の真の進歩だと彼が考える種類の「適応主義的」過程を閉鎖するものだろう。件の仮説は，彼がなぜ道徳に関する懐疑論ないしシニシズムに抵抗するのかを説明する。彼は，道徳がその自然的・進化論的な力をもつのは，道徳が道徳のように感じられるかぎりにおいてだと理解しているのである。だから，彼は，特定の市での気温に関してと同様，道徳的主張に関して「問題となっている」局地的「事実」があるのだと宣言し，また自分は「一種」の道徳的実在論者だと宣言する[73]。しかし，彼は同時に，人々が創造する道徳の道具的正当化論以外のどれに対しても用心深く，そこで数頁後には，彼がここでいだいているまさにその実在論に「滑り込んで」いないのだと力説する[74]。その上，ダーウィン主義的プラグマティズムは，オリヴァー・ウェンデル・ホウムズに対するポズナーの深い感嘆を説明する助けとなる。ホウムズ自身の論文「法の途」は，かの判事の立場を区分することに熱心な法哲学者たちを悩ませてきたが，しかしまたその論文題が示唆するように，歴史を通じて法の途を横切る自然の容赦ない溶岩流の称揚として最もうまく理解されるのである[75]。

　ダーウィン主義的仮説によって，なかんずく，厄介なものであることをわれわれが先に見出した，一方の「普通の」無教育な道徳的推論と他方の「学問的な」道徳主義との区別が説明される。ポズナーは，自然的なものとして自分が感銘を受けるものを擁護することに熱心であり，そして「非内省的」は彼にとっては「自然的」という意味である。ポズナーは，自然的でなく夜更けまで苦心して作ったという感じがあるどんなものを撃退することにも等しく熱心である。彼は，学問的理論が非自然的で，介入主義的で，本当の生活をしてこなかった人々によって書かれており，そして（彼がその無害性をいかに断言しようとも）最終的には危険だと考えているのである[76]。彼は，道徳理論の死を求めるが，しかし哲学を引き受けるつもりのある人すべてと同様，自分自身の理論の大勝利を言おうとしているにすぎない。というのは，彼の議論は，自分が意図していることの正反対を示しているからである。彼

の議論は，道徳理論が除去されえないことを，また道徳理論が道徳的懐疑論や道徳的相対主義にとってさえも不可欠であることを示しているのである。ポズナーは自分自身，明確化されず，地下にもぐっており，魅力がないが，冷酷である道徳的信条によって支配されている。

補論：プラグマティズムとブッシュ対ゴア事件

　ブッシュ対ゴア事件での最高裁判所判決のこれまでに最も流布してきた擁護論は，次期大統領が誰になるかに関する法廷闘争・政治闘争と継続的な不確実性とのさらなる，そして多分引き延ばされた期間から，最高裁は国民を救ったというものである。こうした見解では，5名の保守的裁判官は，自分たちの判決を法的根拠によって正当化できないことが分かっていたが，しかし上記の困難から国民を救うために，法律家としての自分たちの名声への損害を英雄的に甘受することを決めた。彼らは他の人たちのために，ときおり語られてきた言い方では「銃弾を身に受けた」というのである。件の選挙と最高裁判決に関する論評からなる，私が編集に携わった本において，リチャード・ポズナーは上記の見解を支持する議論を，彼の特徴となっている鋭敏さと活力をもって，他の誰が行ってきたよりもはっきりと打ち出している[77]。

　ポズナーは，裁判官たちが少なくともときには，自分の仕事への「プラグマティックな」アプローチをとるべきであり，過去の法理が権威を与えてくれるだろう判決がない場合でさえ，全体として最善の結果を生むだろうと自分が信じる判決を下すべきだと述べる。そうしたプラグマティックなアプローチは，ポズナーが信じるところでは，ブッシュ対ゴア事件について，保守的裁判官たちが行った仕方で判決を下すことを推奨しただろう。ポズナーは，彼らの判決を，エイブラハム・リンカーンが南北戦争中に人身保護令状を一時停止することで憲法を無視したことになぞらえ，より不気味なことに，第2次世界大戦中に日系アメリカ人の強制収容を許可する最高裁判所の判決になぞらえるのである[78]。だが，彼は，司法的プラグマティズムが総力戦のような例外的緊急事態のためにだけとっておかれるべきだとは考えていない。その反対に，彼はプラグマティズムを，憲法上の緊急事態とともに日々の事例においても裁判官にとって正しい裁定の一般的なスタイルとして唱道する。したがって，プラグマティズムとは何であり，何を意味するかについての彼

の公式の言明を見るべきである。こうした言明の1つを，私は彼の以前の著書から取り出した。

> 司法過程に関わりのあるどんなものにつく形容詞としての「プラグマティックな」という語も，なお身震いを起こさせるものである。それは，裁判官の気ままさと主観性の見通しを開いて，法の支配をあざけるように思われる。それは，法を損得計算と同視するように思われ，そこでマキァヴェリ主義的であるように思われる。だが，プラグマティックな裁定が意味する必要があるすべてのもの——私がその語でもって言おうとするすべてのもの——は，制定法または憲法の法文や先例上の裁判官の意見のような，判決の聖典とされた素材のみを使用しつつ，論理的過程またはその他の形式的過程により，唯一の正解判決へと裁判官を導くように意図された演算法によってではなく，むしろ当該事案の代替的解決案の帰結を比較することによって先導される裁定なのである。プラグマティストは，そのような演算法があるとか，あるべきだとかとは信じない。プラグマティストは，裁定とりわけ憲法訴訟での裁定を社会的秩序づけの実践的道具とみなし，したがって社会にとってよりよい帰結を生む判決が，より好まれるべき判決だと信じている[79]。

ポズナーは，ブッシュ対ゴア事件についての自分の論考において，こうした説明をより複雑な哲学的文脈で述べている。彼は，「日常的」プラグマティズム——それは，たったいま引用された段落で記述されている，法的推論に対する帰結主義的で「当否を嗅ぎ分けられない」費用便益アプローチである——を，「正統派」と「抵抗派」という，プラグマティズムの2つのいっそう哲学的な形態から区別する[80]。こうした日常的で帰結主義的な意味でのプラグマティストである裁判官は，先例上の技術的な法的議論を軽蔑しない。その反対に，この裁判官は，伝統的な法的議論や法理の体系的な司法的尊重から発するよき帰結——それには，人々に自信をもって自分の事柄を計画するよう鼓舞することが含まれる——と，特定の機会に伝統的法理を裁判官が無視することから発するかもしれない悪しき帰結——それには，上記のような〔人々の〕期待をくじくことや，その期待を体系的に尊重することからの一般的便益を弱めることが含まれる——との双方に気づいており，またその

双方を考慮に入れるのである。しかし，プラグマティックな裁判官は，正統派の法的推論への奴隷的追従がもつ危険性にもまた気づいている。その裁判官は，一部の状況では，何かとくに重要な便益を生み出したり，あるいは何かとくに重大な危険性を避けたりするだろう判決に達することによって——この判決がたとえ確立した法理に真っ向から反対するとしても——，長期的にさえもよりよい帰結を達成することができることが分かっているのである。だから，プラグマティックな裁判官はそのときどきに，法理を尊重することからの長期的便益を，法理を無視することからの長期的便益に対して権衡をとらなければならない。ポズナーが述べるように，「この権衡に達するためのいかなる演算法もない。…彼ないし彼女は，すべての事由を勘案して——『すべての事由』には標準的な法的素材が含まれるが，手元の事案での判決で識別されうるかぎりではその帰結も含まれる——理にかなった判決を下すよう努めるべきである」(81)。

　ブッシュ対ゴア事件で，最高裁判所はそうした権衡に達しなければならなかったと，ポズナーは言う。長期的に「社会にとってのよりよい帰結」を生み出すだろうものは，ブッシュの上告を棄却し，したがってフロリダ州での票の再集計が続けられるのを許すことを推奨する先例および法理に従うことだろうか。あるいは，その再集計を停止させ，その結果としてブッシュがただちに大統領に選出されるようにするために，説得的でない法的議論を是認することだろうか。ポズナーが述べるところでは，5名の保守的裁判官が第2の選択に投票するならば，彼らは鼻持ちならぬ党派的判決を下したと思われるだろうこと，そして最高裁がもつ正直さと不偏性の名声——それは重要なものである——が損害を被るだろうことは，予期可能だった。そのことは第1の選択を支持する方に数え入れられる。しかし，その判決の後に続く「最悪の場合のシナリオ」と彼が呼ぶものの可能性は，第2の選択をより強力に支持して論じるものだった。最高裁判所の裁判官たちが2000年12月——彼らが自分たちの判決を下さなければならなかったとき——に熟考したかもしれないとポズナーが述べる最悪の場合のシナリオとは，次のようなものである。再集計によって，ゴアがフロリダ州での当選者だと示されたかもしれず，そうするとフロリダ州裁判所は，州の選挙人にゴアへの投票を保証するよう命じたかもしれない。最高裁判所の判決は12月12日に言い渡されることになっていたので，当該再集計は，まさにその判決日という「安全な避難所」的

締切——それは，州による選挙人の保証が議会からの挑戦を受けないようにする——までに完了しなかっただろう。実際のところ，責任を果たすような再集計は，選挙人がそれまでに自分たちの票を投じるよう要求されている期日である12月18日までにさえ，完了しえなかっただろう。その間に，共和党が支配的となっているフロリダ州の立法府は，ブッシュ支持を誓約する選挙人からなる立法府自体の候補者名簿を選択しただろう。そうすると，連邦議会はその2つの候補者名簿の間で選択しなければならなくなっただろうが，しかし連邦議会では結論が割れたかもしれない。共和党優位の下院はブッシュ支持の候補者名簿の側に立つが，しかし〔共和党と民主党で〕同数に割れている上院では，副大統領のゴアがまだ議長を務めており，彼は結果を決める票を投じただろうから，上院はゴア支持の候補者名簿を是認する。連邦議会が合意に達することができなければ，フロリダ州知事——それはブッシュの弟である——によって保証された候補者名簿〔に記載された選挙人たち〕が役に就いただろう。しかし，フロリダ州最高裁判所が仮に知事にゴア支持の候補者名簿を保証するように命じたとしたら，どうだろうか。知事は拒否し，フロリダ州最高裁は知事が裁判所侮辱罪にあたると宣言しただろうか。知事の公式の評決が何であるかを，誰が決定するのだろうか。最後に，フロリダ州でのいかなる票もまったく算入されないと想定していただきたい。そうすると，ゴアは選挙人の投票の過半数を得ただろうが，しかし〔市民の〕票全体の過半数を得なかっただろう。そうすると，大統領職は，ゴアが当選するためには選挙人の投票の過半数だけが必要なのかという未解決の争点に左右されるだろう。連邦最高裁判所は，それが政治問題であるという根拠により，その問題を決定するのを拒否するかもしれず，その場合には，袋小路が無限に長引くだろう。大統領代理が必要となるだろうが，一定の仮定の下では，それは当時は財務省長官だった（現在はハーヴァード大学学長である）ローレンス・サマーズだろう。サマーズは有能な大統領代理になっただろうか。

　ポズナーはときおり，こうした最悪の場合のシナリオがもつ尤もらしさについて，控えめで消極的な主張を出している。彼は，最悪の場合のシナリオが「決して空想的ではなく，きわめてありそうにないわけでさえない」と述べ，後には，そのシナリオが「不可避ではない」が，しかし「幽霊的なものと考えることはできない」と述べる[82]。だが，ポズナーはほとんどの部分で

は，自分のシナリオが不可避でなくとも，少なくとも大いにありうるから，プラグマティストの裁判官は，そのシナリオが，件の再集計が続けられるのを許す判決の帰結だと仮定するべきであるかのように論じている。(彼は，2000年の選挙についての自著に，『幽霊的ではない行き詰まりの打開』ではなく『行き詰まりの打開』という書名をつけた。) 事実としては，蓋然性を割り当てることがどのような真正の帰結主義的分析にも不可欠である。プラグマティストが2つの選択肢を比較するために，それぞれの選択肢からのありうる最悪の帰結のみを比較したり，最善の帰結のみを比較したりするとすれば，あるいは最もありそうな帰結のみを比較するとさえしても，それは非合理的だろう。プラグマティストは，それぞれの判決からのありうるさまざまな帰結を，その重大性を考慮に入れつつ，しかしその蓋然性によってそれぞれを割り引きつつ，比較しなければならない。そうした精神でポズナーのプラグマティックな議論を再定式化するときには，その議論はそれ自身の術語においてさえ，顕著なまでに印象的でないものとなる。

　ポズナーは手始めに，フロリダ州最高裁判所が命じた手作業の再集計はおそらく12月12日という「安全な避難所」的締切までに完了しえなかっただろうし，12月18日までにさえ完了していることは極度なまでにありえないと仮定している。しかし，この仮定は，プラグマティックな帰結主義者が仮定できない何物かを想定している。長期的な諸帰結のよき権衡以外のそうした何物かによって，最高裁判所は12月9日にフロリダ州の再集計を延期するよう要求され，また12月12日の判決では，進行中の手作業による再集計は，統一再集計標準に規定されていなかったという理由により欠陥あるものだと宣言するように要求されたのである。一貫したプラグマティストであれば，12月9日に延期命令を発するかどうかを考える際に，まったく介入しないという決定——最高裁はそれを支持する法理上の豊富な援護物をもっていただろう——からの長期的帰結が，その日に再集計を延期させて，数日後には，当該再集計は統一標準に服さないかぎり違憲だとの判決を下すことからの長期的帰結よりもよいかどうかと自問しなければならなかっただろう。一貫したプラグマティストであれば，どのくらいの無秩序を第1の選択は生み出し，第2の選択は回避するだろうかと自問する際に，再集計が何か無関係の理由により12月13日まで中断され，統一標準を討論し採択するのにどのくらいの時間がかかろうとも，その後でのみ再集計が再開され，その新たな標準の適用

に関する議論についての裁決のための時間ができるようにするなどと仮定することはできなかっただろう[83]。だから，適切な帰結主義的な問いは次のようなものである。フロリダ州最高裁判所の再集計が，裁判所によって元々命じられた形式で，〔合衆国〕最高裁判所によるどのような種類の介入からも自由に進行するのが許されたとしたら，フロリダ州が当選者を保証することは，12月12日に時間通り終わっただろうか，あるいはともかく12月18日までに終わっただろうか。そうだとすれば——その点を疑うべきいかなる理由もない——「最悪の場合のシナリオ」の残りの部分には重要な関連性がない。この「最悪の場合のシナリオ」は，ポズナーの議論においてのみならず，最高裁は危機を回避することによってわれわれに恩恵を与えたという，より非公式で広くいだかれている議論においても，誤謬である。これらの議論はすべて，最高裁が，リスクを回避する前に計り知れないほどにリスクを悪化させたという事実を無視している。最高裁が他の人たちのために銃弾を身に受けたとすれば，最高裁は発砲もしたのである。

　その上，こうした決定的に重要な異議を脇において，再集計過程は，まだ採択されていない新標準の下で12月13日に再開されたにちがいないと仮定しても，最高裁は国民を救ったという議論は依然，ポズナーや流布した見解が仮定するよりもはるかに弱い。そうした仮定の下でさえ，プラグマティストであれば，再集計がいつ終わろうとも，五分五分の可能性で，再集計によりブッシュが当選者だと示され，その場合には論争は終わるだろうと仮定しなければならないだろう。再集計によりゴアが当選者だと示された場合にさえ，ポズナーが記述する行き詰まりを招くかもしれない諸段階のいかなるものも不可避ではなかった。フロリダ州の立法府は代替的な候補者名簿を選ばなかったかもしれない——それを選ぶ際には，フロリダ州の共和党議員の一部にとってさえ真正の政治的リスクがあっただろう。フロリダ州の立法府が代替的な候補者名簿を選ぶ場合にさえ，連邦議会は，敵対しあう候補者名簿の間から選択することで行き詰まりを作ることをしなかったかもしれない。一部の共和党の議員は，フロリダ州民によって選択された選挙人たちを，政治的公務員によって選択された選挙人たちよりも好ましいとする論拠は，あまりに強すぎて覆せないと考えたかもしれない。ブッシュが勝ち取った諸州から選出されている一部の民主党議員は，ブッシュ支持を誓約するフロリダ州の選挙人に投票するようにという政治的圧力に譲ったかもしれない。〔ブッシ

ュとゴアのうち〕一方あるいは他方の候補者が，相手に譲ったかもしれない。ブッシュの辞退を支持する道徳的論拠はきわめて強いものだっただろう。彼は，全国の市民の得票数で敗北しており，またはるかに多くのフロリダ州投票者が自分でなくゴアに投票するのを意図していたことが分かっていた。それに加えて，再集計により，より多くのフロリダ州の投票者が実際にゴアに投票していたことが示されたならば，世論は，斡旋された取引で——または議会での権力技で——ブッシュが大統領になることに決定的に反対する方向に振れたかもしれず，その結果，ブッシュは譲るのが最善だと考えたかもしれない。(蝶型用紙投票方式の一件[2]によって，どのように見積もっても彼には当選する道徳的権原がないことが明らかとなった後にも，彼が辞退しなかったことに，多くのヨーロッパ人たちは驚いた。)あるいは，小さな危機が続くにつれて，ゴアに反対する世論が自らをたきつけるような仕方で成長し始め，ゴアは，いったんは譲ることによって自分の政治上の未来が高められるだろうと意を決したかもしれない。あるいは，議会において，ポズナーが想像するよりも早く，何らかの取引が生じたかもしれない。あるいは，フロリダ州の票が算入されないことが明らかとなれば，〔合衆国〕最高裁判所は，大統領職を選出するためには選挙での票の過半数が投じられるべきか，あるいは選挙でのすべての票が必要であるべきかを決定するために意見が一致できたかもしれない。最高裁判所は，この問いはまさしく，議会での政治的解決が存在しないときには自らが決定する責任を負っている解釈問題だと尤もな仕方で論じることができただろう。あるいは，最悪の場合のシナリオにおける他のすべての段階が実際のところ具現しても，サマーズは大統領代理である間うまく統治したかもしれない。もちろん，これらの可能性の一部は他よりも蓋然性が明確により低く，実際のところ一部はきわめて蓋然性が低い。しかし，われわれが最初に，再集計によってゴアが勝利者だと示される蓋然性が約50パーセントにすぎなかったと想定することから始めて，その後でポズナーによる他の諸々の推測の合成された蓋然性を考慮に入れるならば，彼が言う最悪の場合は，非常にありそうにない。どちらがありそうにないかは，政治において決してはっきりと分からないことを述べるためのいっそう空想的な仕方はどちらかということにすぎない。

　ポズナーが言う最悪の場合のシナリオさえも，国民的悲劇でなかったかもしれない。それは，(ポズナーの類比を思い出して言えば)南北戦争で南軍が

勝利することや第2次世界大戦で日本が勝利することほどには悪くなかっただろう。そうすると，これまでのところ，ポズナーのプラグマティックな擁護論は失敗だと思われる。しかし，われわれはまだ，すべてのなかで最も重大な問題に行き着いていない。12月9日の時点で，プラグマティックな考慮の権衡は明らかに最高裁の介入に反対する権原を与えていたと，先に述べた。しかし，そうした判断は，すべてのなかでただ1つ最も重要なプラグマティックな考慮を無視していると，私はいまや認めなければならない。プラグマティストの最高裁判所裁判官が12月9日に，フロリダ州の再集計を停止させることからの全体的帰結を，再集計を続けさせることからの帰結と比較して評価しようとしたならば，彼が次の事実を無視するとすれば，非合理的だろう。それは，再集計を停止させるならば，少なくとも4年間ブッシュの大統領職を保証することになるだろうし，他方，再集計を続けさせるならば，代わりにゴアが大統領となっている相当な——50パーセントと言うことにしよう——可能性を意味するだろうということである。これら2人の政治家のどちらが最終的に大統領となるかという問いは，2通りの判決についての真正にプラグマティックな比較における他のすべての要因を圧倒するだろう。

　疑いの余地なく，裁判官たちは，ブッシュまたはゴアが2001年初頭に大統領となるならば，わが国が改善するかどうかに関して，それぞれ意見をもっている。大統領というものは，ブッシュの大統領職が劇的な証拠となったように，良きにつけ悪しきにつけ巨大な権力をもっており，そして裁判官たちには，他方でなく一方が大統領であることが国に対して4年間もつ帰結における相違がきわめて大きいことは分かっていた。裁判官たちには，ブッシュ対ゴア事件でどちらの判決を下しても，ポズナーが記述する費用・便益のうちいかなるものも同じ尺度の重要性をもたないことが分かっていた。ブッシュの大統領職を歓迎する人は，最高裁判所の判決が帰結主義者の大勝利だと考えただろう。その判決は，選挙後の闘いを続ける面倒やリスクなしに，望ましい結果を達成したというわけである。しかし，ブッシュが国民にとって危険だと考える人であれば，その判決がプラグマティックな意味で大惨事だと考えただろう。その人が考えただろうところでは——そして，これが決定的に重要な点だが——，ブッシュの大統領職を最終的に回避する相当な可能性のためには，選挙後に続けられる闘いなどは支払うべき小さな代価である。プラグマティストの裁判官は自ら，これら2つの帰結主義的判断のどちらが

正しいかを決めなければならなかっただろうし，そのことは，ブッシュとゴアのどちらがわが国にとってよいかを決めることを意味する。もちろん，そのことは，5名の保守的な裁判官が実際に行ったと最も辛辣な批判者たちが考えていることにすぎない。その裁判官たちは，ブッシュであればよりよい大統領だろうと決め，それに従って行為したというのである。実際のところ，ほとんどあらゆる人が考えるところでは，同一の事案が最高裁のところに来たとして，しかし候補者たちの立場が逆であるという点のみが違っているならば——ゴアが当選者として保証されており，ブッシュがフロリダ州裁判所に再集計を命じることを納得させており，そしてゴアが〔合衆国〕最高裁判所にその再集計を停止させるよう求めているならば——，5名の裁判官はまったく介入しないという結論に投票しただろう。(ポズナーさえもそのように疑っている。もっとも，彼は，政治や自己利益が5名の裁判官に与える影響は，それらの裁判官を，候補者たちの立場が逆である場合には自分たちが見逃したかもしれない議論に「より敏感」にさせることにすぎなかったと示唆しているが(84)。) しかし，ほとんどあらゆる人——私が仮定するところでは，ポズナーを含めて——は，この事実は遺憾だと信じている。5名の裁判官が再集計を止めさせるとすれば，どちらの候補者が当選することになるかが，その裁判官たちにとって決定的に重要な相違となるということは，それが真実であれば，5名の裁判官を圧倒するような批判になると考えられている。しかし，ポズナーが仮に，5名の裁判官はこの事案で「プラグマティックな」結果に達する責任を負っているという点で正しいならば，その裁判官たちが，そうしたことが決定的に重要な相違となるようにさせないとすれば，それは無責任だということになっただろう。

　ポズナーはこうした困難を認めている。彼はブッシュ対ゴア事件についての論考において，その困難が「多分，プラグマティックな裁定への終局的な挑戦」を提起しているという驚くべき認容を行っている。彼は明らかに，プラグマティズムが，裁判官はときおり，国民にとって最善の候補者を選出するために選挙関連の事案について判決を下すべきだと勧めるとすれば，プラグマティズムは受け入れがたい裁定理論だろうと言おうとしているのである(85)。だが，ポズナーは，よきプラグマティストであれば，帰結についての自分の評価において他のあらゆることを考慮に入れる——例えば，何か「悪党の」国民であれば，われわれを害する長引いた大統領職論争を利用する気に

なるだろうというリスクを考慮する——にもかかわらず，どちらの候補者の政策全体が4年にわたりわれわれにとってよりよいかを考慮に入れないだろうと宣言する。ポズナーはそうした結果を「幸運」なこととして記述するが，しかしその結果についての彼の擁護論は説得的でない(86)。彼は，哲学者たちには「ルール功利主義」として知られている戦略に後退する。この戦略が想定するところでは，人々はしばしば次のようなルールに従うことによって，長期的に最善の帰結を生み出す。それは，あらゆる事例でそのルールに従うことが，当該事例で最善の帰結を生み出すかどうかを問わず，それ自体について考えても時間を超えて最善の帰結を生み出すように注意深く構成されたルールである。ポズナーはそうした理由により，裁判官は党派的な政治的判断を行うのでなく，厳格なルールに従うべきだと力説する。

　判決が大統領選挙の結果を決めるだろう稀な事案において，誰であればよりよい大統領となるかを考慮に入れる代わりに上記のルールに従うことが，実際のところ長期的にさえ最善の帰結を生み出すだろうと，ポズナーがなぜ考えるのかは，明らかでない。もちろん，人々が，裁判官たちは党派的決定を行ったと考えるとすれば，それは最高裁の名声に損害を与え，したがって最高裁の有効性に損害を与える。しかし，人々はブッシュ対ゴア事件での判決に関してともかくもそうしたことを考えている。少なくとも，保守的裁判官であればブッシュに有利な判決を下すだろうことがいったん明らかになると，ポズナー自身が強調するように，それは，最高裁が選挙に介入したことからの重要かつ不可避的な費用となるのである。いずれにせよ，ポズナーは，プラグマティックな裁判官は公然とプラグマティズムを認めるべきだとは考えていない。彼は，ブッシュ対ゴア事件での多数派裁判官は，プラグマティックな根拠により判決を下すべきだったが，しかしその事実を隠すために構成できるだろう法理についての口実の物語を構成するべきだったと示唆している。しかし，そうすると，ともかく公衆に対して隠されることになっている判決の実際のプラグマティックな根拠は，判決のただ1つの最も重要な帰結を含むべきでないのだろうか。ポズナーは，〔判決の根拠がその最も重要な帰結を含むべきだとすれば，〕そのことはアメリカ政府における権力分立を乱すだろうと述べる。彼がそうした理由により，そのことは悪い長期的帰結を生むだろうと言おうとしているならば，それはなぜかを説明しなければならない。きわめて時折にしか起こらず，隠れているとともに可能的なだけ

の小さな攪乱を許すことは，それが悲惨な大統領職から国民を救うだろうとき，なぜ長期的によりよいのでないのか。ポズナーの議論は，プラグマティストの裁判官が自分の判決を党派的に政治的根拠にもとづかせようとすることを否定するのを支持する実際のプラグマティックな論拠以上に，すべての費用を払ってもそれを否定する必要性によって突き動かされているように思われる。

　もちろん，ポズナーは，裁判官というものがそのような党派的判断に決して依拠せずにルールに従うべきだという点で正しい。しかし，彼は，ブッシュ対ゴア事件での保守的裁判官たちの判決が，自分たちがそのルールに従ったとすれば，自分たちの見解では最善の全体的帰結を促進する判決として擁護されうるだろうと想像する点で誤っている。ルール帰結主義は，事例ごとに帰結を判断することではなく，その代わりに固定されたルールに一致して判断することを支持する議論を提供する。しかし，ポズナーはいまや，きわめて異なった何物かを提案している。すなわち，裁判官たちが事例ごとに帰結を評価することによって判決を下すが，しかし最も重要な帰結を除外しておくように自分たちに要求するルールを採用するという混合的過程を提案している。それはつむじ曲がりである。裁判官は党派的であるべきではないから，大統領選挙に関わる事案について，どの結果が国民にとって全体的によりよいかに関するどんな計算にももとづかず，厳格に原理と法理にもとづいて判決を下すべきであると言うとすれば，それは十分に意味をなしている (87)。裁判官は最善の帰結を生み出すのをめざすべきだから，大統領選挙に関わる事案を含めて，党派的な政治的判断なしには帰結についての全体的評価が不可能である事案では，党派的な政治的判断を行うべきであると言うこともまた，意味をなしている——もっとも，魅力的でない意味においてではあるが。裁判官は上記のような事案について，どちらかの判決の費用と便益を評価することにより，しかし，そうした費用や便益を評価するに際して絶対的に決定的な重要性をもつ事実である，その紛争で勝者となりそうな人をいかなる考慮にも入れないことにより，プラグマティックに判決を下すべきであると述べることは，まったく意味をなさない。ポズナーが言う最悪の場合にさえ賭けることの真の費用を，ブッシュの大統領職——それは，そうした最悪の場合を避ける最も確実な仕方からの確実な結果である——が，どのくらいよいか悪いかを考慮することなしに，誰が意味ある仕方で判断できる

だろうか。ポズナーが確固たる推奨をしているのは，プラグマティックな判決を支持するのでなく，プラグマティズムの戯画を支持する定式である。それは，患者のための相互代替的な薬から選ぶように医者に求めるのに，薬の価格・入手可能性・管理しやすさによって選ぶように求めるが，しかしどの薬が患者を治し，どの薬が患者を死なせるのかとは尋ねないようなものである。

　だから，最高裁判所の行為についてのポズナーのよき帰結による擁護論は，注意深く検討すると崩壊する。しかし，ポズナーは，最高裁の判決についての論文において，司法的プラグマティズムのより一般的な擁護論を提示しているので，彼のより一般的な議論をも考察するべきである。「プラグマティズム」はいまや，法律家の間でがやがや飛び交っている言葉である。それはどこにでも現れ，非常に古い文脈でも現れるのである[88]。しかし，裁判官たちは他のあらゆる人と同様に，自分の判決のありうる相異なった帰結に関して意見を異にするので，帰結を衡量することによって判決を下すようにと裁判官たちに言うことは，無法性への誘いにすぎない――多くの人はそうだと考えるだろうと，ポズナーも認めている。

　司法上のプラグマティズムと裁定についてのより正統派の理論との相違を把握するのが容易であるのは，慣例的な法的分析が，共同体におけるほとんどあらゆる人が悪しきものだという評価を受け入れる判決を推奨するだろうことが明らかである劇的事例においてである。南北戦争中に人身保護令状を一時停止することによって憲法を無視するというリンカーンの決定というポズナーが挙げた例は，そうした種類の事例である。もちろん，これが国民の安全を保護するのに必要だというリンカーンの仮定が帰結分析の問題として健全だったかには，疑いの余地がある。しかし，リンカーンが奉仕しようとめざした目標――国民の安全が保護されるべきだという目標――には，彼がそのために行為した共同体の内部では論争の余地がなかった。だが，多くの――おそらく大半の――困難な事案では，裁判官は帰結に関して考えなければならないとだけ言うことは，助けにならないだろう。なぜなら，論争の中枢は，そうした帰結をどのように評価するべきかという点にあるからだ。中絶の事案は，この点を指摘するために私が以前に用いたことがある劇的な例を提供している。妊娠初期の中絶を禁じるとすれば，あるいはそれを許すとすれば，それは社会にとって最善の帰結を生み出すだろうか。中絶の道徳性

に関して意見を異にしている市民・弁護士・裁判官は，まさにその理由により，どの帰結であれば最善となるかに関して意見を異にしている。一方の側は，中絶を殺人と考えており，殺人を許す社会は品位を落としていると考えている。したがって，彼らは，中絶を許すことからの帰結は悲惨だと信じている。他方の側は，中絶を禁じることが何千人もの女性を惨めな人生に運命づけていると考えており，したがってその決定からの帰結は恐ろしいものだろうと考えている。

　裁判官が，中絶を許すことからの，あるいは禁じることからの帰結は，全体としてよりよいかと問うことによって，中絶禁止の合憲性を決定することを引き受けるとすれば，裁判官はこれらの劇的に反対しあう諸確信から選択しなければならないだろうし，自分自身の見方に従って自分自身の確信に依拠しつつ，自分で帰結を順位づけるしか選択の余地はないだろう。その結果，裁判官が自ら，中絶は殺人であるとか，そうでなくとも深く反道徳的であるとかと信じるとすれば，彼は中絶禁止の法律の合憲性を是認するだろう。裁判官は自ら，自分自身の最善の判断では，また他のいかなる権威も必要とせずに，中絶禁止からの帰結は中絶許容からの帰結よりも社会にとってよりよいと思うのだと語るだろう。それは真正にプラグマティックな判断だろう。もっとも，ほぼすべての法律家と市民は（また多分ポズナーさえも），それが誤っており無責任でさえあると考えるだろう。したがって，ポズナーが唱える種類のプラグマティズムが，それと同様の——かつ同様に無責任な——命令を，ブッシュ対ゴア事件について判決を下した裁判官たちに発するだろうことは，何ら驚くべきことでない。それは，すべての事由を考慮した上で，最高裁が当該事案を受理し，ブッシュを支持する薄弱な法理上の根拠にもとづいて判決を下すことによって負った損害を上回って，ブッシュの大統領職がゴアの大統領職よりも十分によりよいかどうかを決定することである。

　私は次のことを付け加えるべきだろう——もっとも，言うまでもないことであってもらいたいのだが。裁判官は，例の個人的な仕方で帰結を衡量することと，帰結を完全に無視することから選択する必要はない。裁判官が，「制定法または憲法の法文や先例上の裁判官の意見のような，判決の聖典とされた素材のみを使用しつつ，論理的過程またはその他の形式的過程により，唯一の正解判決へと［自分を］導くように意図された演算法によって」事案の判決を下すことができるだろうとか，下すべきだとかと想定する人は，誰も

いない。裁定についてのそうした説明は藁人形であるし，またつねにそうだった。もちろん，裁判官は自分の判決からの帰結を考慮に入れなければならないが，しかしそうしてもよいのは，自分自身の政治的または個人的な選好によって先導されてではなく，むしろ法全体に埋め込まれた原理，すなわちどの帰結には重要な関連性があり，これらの帰結がどのように衡量されるべきかを宣告する原理によって先導されてだけなのである。

第4章　道徳的多元論

　アイザイア・バーリンの考えは影響力を増しつつあり，また増し続けるだろうと，私は信じている。こうした増しつつあり継続している影響を私が見てとるのは，おもに政治哲学においてであり，また価値多元論についての彼の考えにおいてである。私は彼の著作から若干の文章を引用するつもりだが，それは結びつきあった文ではない。しかし，それにもかかわらず，彼のテーゼがもつかなりの独創性と興味深さを示唆するには十分である。彼は次のように始めている。

　　明らかなのは，価値が激突しあいうることだ。諸価値は，ただ1人の個人の胸中で容易に激突しあうだろう。そして，一部の価値は真であるにちがいなく，他の価値は偽であるにちがいないということにはならない。自由と平等の両方とも，何世紀も通じて人間によって追求されてきた主要な目標のなかにある。しかし，狼のための全面的自由は，羊にとっては死となる。これらの価値衝突は，価値とは何であるか，またわれわれは何者であるかについての本質である。
　　これらの矛盾は，すべてのよきものが原理的に調和している何か完全な世界では解決されるだろうと語られるならば，こうしたことを述べる人たちに対しては，われわれにとって衝突しあう諸価値を指示する名辞に彼らが帰している意味は，われわれが言っている意味ではないと答えなければならない。それらの意味が転換されているならば，それはわれわれには全然分からない捉え方になっている。完全な全体，すなわちすべてのよきものが共存する究極的解決という観念は，単に達成不可能で

ある——それは自明のことだ——だけでなく，概念的に整合的でないように私には思われる。偉大なよきもののなかには，共生できないものがある。それは概念的真理である。われわれは選択するように運命づけられており，そしてあらゆる選択は修復不可能な損失を伴うだろう[1]。

　バーリンは，自分の最も有名な論文の末尾において，このテーマを再び取り上げたが，しかしそれはより威嚇的な仕方においてだった。バーリンは，偽であると彼が宣言しているのを私が引用したばかりの見解がもつ訴えかけの力を，すなわち完全な全体という観念がもつ訴えかけの力を承認していた。彼は，それがもつ訴えかけの力を持続的で重要なものと承認していた。しかし，彼が述べたところでは，われわれはこうした衝動に負けてはならない。なぜなら，「それが人の実践を確定するのを許すことは，同じくらい深く，そしてより危険な政治的未熟さの兆候だ」[2]からである。

　それらの言葉は強い調子の言葉であり，また私が今にも言いかけていることのゆえに私を難じるものである。それにもかかわらず，私は，バーリンがそうした甚大な仕方で非難した全体論的理想を擁護するよう努めたいと思う。しかし，それを行う前に，この理想が偽であるだけでなく危険でもあるというバーリンの示唆にコメントをすることにしたい。実際のところ，ハリネズミには危険性があるが，しかし狐にもまた危険性があることを忘れてはならない[3]。専制君主は，すべての道徳的・政治的な価値が何か調和的な構想において相伴うようになることには物事を超越する重要性があり，そのため殺人がそれに資することで正当化されるという観念に訴えかけることによって，大犯罪を正当化しようと努めたことがある。それとちょうど同じように，その正反対の考え，すなわち重要な政治的諸価値は必然的に衝突しあうという考え，この諸価値からのいかなる選択も唯一の正しい選択として擁護されえないという考え，したがってわれわれが気に病むものごとの一部に生じる犠牲は不可避であるという考えへの訴えかけによって，他の道徳上の犯罪が正当化されたこともある。

　異常に繁栄したわが国において，何百万もの人々が，見苦しくない人生も見通しもないままである。彼らには，いかなる健康保険も，いかなる十分な住居も，いかなる職もない。こうしたことに関してわれわれは何かをしなければならないという追及に応えて，平等は自由と衝突するのだから，われわ

れにはあまりに多くのことができないと述べられるのを，あなたはどのくらいしばしば聞いてきただろうか。どんな真剣な仕方で貧困問題にとりかかるのにも必要な水準まで税金を上げることになっている場合にも，われわれは自由を侵害することになるだろうと述べられるのを，あなたはどのくらいしばしば聞いてきただろうか。あるいは，われわれが視線を上げ海外を見て，世界の多くのところでは民主制が冗談となってしまっていることが分かり，こうしたことに関してわれわれにできることは多くはないが，しかし多分できることはあると述べ，あるいは女性への医療を拒否するタリバンの政策を見て，恐怖でひるみ，それについて経済制裁であれば何事かをできるだろうかと問う。それらのときに，相異なった文化では相異なった価値があり，われわれが，自分たちの価値が正しい価値であり，それと異なった価値は誤っていると力説することは，帝国主義の一形態であると，われわれはどのくらいしばしば言われてきただろうか。われわれには社会を組織化する自分たちのやり方があるが，タリバン社会や他の原理主義的社会には彼らのやり方があり，最終的に言えるすべてのことは，単一の社会がすべての価値を織り込むことはできず，これらの価値から彼らは彼らの選択をし，われわれはわれわれの選択をするということであると，われわれはどのくらいしばしば言われてきただろうか。

　ハリネズミが専制君主である必要はない——トマス・ネイゲルが指摘したように，価値一元論は専制の錦旗として仕えるかもしれないから，つねに専制の錦旗として仕えるにちがいないと考えることは，大きな誤りである。もちろん，価値多元論は必然的に利己主義に通じるわけでも，無関心に通じるわけでもない。しかし，両者の側に危険性があり，ハリネズミの危険性が狐の危険性よりも大きいかどうかは，バーリンが考えたように，時代と場所に非常に大きく左右されると思われる。1950年代の半ば——バーリンが著名な講演録を著したころ——には，スターリニズムがはびこり，ファシズムの死骸がまだ悪臭を放っていた。当時は，文明にはハリネズミを恐れるべきより多くのものがあると思われていたのは，まったく当然である。しかし，当今のアメリカでは，また他の繁栄した西洋民主諸国では，そうしたことはさほど明らかでない。狐がより脅威を与える獣であるかもしれないのである。多分，これらの危険性の間に振り子があるのだろう。

　だが，危険性は主要な話ではない。バーリンの価値多元論がもつよき効果

に関してではなく、その学説の真理に関して、彼がどこまで正しいかを考察したいのである。彼の見解は独創的で強力な見解であると先に述べたが、なぜ独創的で強力な見解であるかをいま説明するよう努めたいと思う。それは、バーリンの主張を正確に同定するよう努めなければならないからだけではなく、彼の見解における困難が現れてくるのは、その見解がより流布している諸主張からいったん分離されるときだからでもある。バーリンは、いまでは非常に多くの著述家が力説するように、相異なった社会はきわめて相異なった価値の周囲に組織化され、相互に理解しようとすると困難に出あうという人類学上の平凡な説をただ力説したのではなかった。彼は、いまでは非常に多くの他の人たちがそうするように、その人類学上の平凡な説を、「客観的」価値について語ることはまったくいかなる意味もなさないという、さらにいっそう懐疑論的な主張と単純に結合させたのでもない。いわゆるポストモダニストの時代には、学者が、すべての価値――リベラルな価値であれ原理主義的価値であれ「アジア的」価値であれ――は主観的反応ないし社会的創造物にすぎず、そのためこれらの価値を真または偽なるものとして考えるのは深い哲学的誤りであると主張することは、すべてあまりにありふれている。

　バーリンの見解はより複雑でより興味深い。彼は、価値は実際のところ客観的であると信じていたが、しかし真である価値の間には解決不可能な衝突があるとも信じていた。つまり、真理とは何かに関する衝突のなかに人々はいるとだけ論じたのではなく、これらの事柄に関する真理のなかに衝突があるとも論じた。そのことが、私が引用したように、彼が単一の胸中の内部での衝突について語った理由であり、そして彼の見解を最も正確に捕捉できるのは、その見解を第一人称で述べることによってである。われわれが自分で、理想的な人生であれば備わっているべきあらゆるものが備わっている人生を想像することに着手すると想定していただきたい。あるいは、あらゆる重要な政治的価値を尊重し強行するだろう政治的憲法体制を構成することに着手すると想定していただきたい。われわれはそれらのプロジェクトのいずれでも失敗するように運命づけられていると、バーリンは述べるのである。

　その運命は概念的であって偶然的ではないとバーリンは付け加えており、私は、そのさらなる区別によって彼が何を言おうとしているかを明らかにするように努めなければならない。もっとも、彼が考えたほどにその区別が歯切れのよいものだと示すことができるかどうかは、定かでないのだが。明ら

かに，さまざまな偶発的理由により，あるいは不正義または邪悪さのゆえに，あらゆる人に対する自分の責務をすべて満たすことができないという状況はある。例えば，自然災害のすべての被害者を，一部が死亡する前に救出することができないかもしれないことは，当然である。チャーチルは戦争という緊急事態において，連合国側がすでにドイツの暗号コードを見破っているという事実を秘密のままにしておくために，コヴェントリーの市民に空襲が迫っているとの警報を発しないことによって，彼らを犠牲にしなければならないと考えた[4]。ある国民が経済的階級の不正義なシステムから損害を被ってきたならば，平等を回復する助けとなるように，少なくとも一世代間は，私立学校を廃止することによって自由を制限することが必要であるかもしれない。これらは，相異なった種類の偶然的理由や歴史的理由により，われわれが行うべきことをすべて行うことはできないという事例である。

　バーリンが力説するところでは，われわれの諸価値は上記よりも深い仕方で衝突しあう。そのことが，彼が次のように述べる理由である。すなわち，調和という理想が達成不可能であるだけでなく「整合的でない」ものでもあるのは，ある価値を保障したり保護したりすることが必然的に他の価値を廃棄したり他の価値について妥協したりすることを伴うからである。つまり，われわれがすべての運を摑むとしてもなお，われわれの諸価値は衝突しあうのである。バーリンが挙げる例は，この区別を明確にする助けとなる。自然さにふける人生――その瞬間の衝動や出来心に従うこと――を送るとすれば，それは送るべき輝かしい人生だろうと感じるかもしれない。しかし，賢慮というきわめて異なった価値からの要求をも感じるかもしれない。すなわち，あらかじめの考慮に，とりわけ他者のニーズや利害についてのあらかじめの考慮にコミットする人生を送るとすれば，それは壮麗な人生だと感じるかもしれない。しかし，双子のようなこれらの訴えかけの力を感じるとすれば，その1つを裏切らなければならないだろう。自然さを支配的としつつ，しかし賢慮に十分な余地を残す人生を送ろうとしても，あるいはその反対の人生を送ろうとしても，そうした人生を組み立てることはできないだろう。これら2つの価値を単一の人生において一緒にしようと努めるとすれば，その結果はひどい混乱になるだろう。いつが自然さの時間であるかを自分が思い出すために，自分の腕時計のアラームをセットする人を想像していただきたい。そうしたことはうまく働かないだろうし，このことは単なる歴史上の事故と

いう問題ではない。その2つの価値が結合されえないのは，それらの価値が事案の本性において互いに戦争状態にあるからなのである。

　自分自身の人生でより大きな収穫を得られるかもしれない他の例を容易に見出すことができる。私が予期するところでは，多くの人はここで，ある仕事またはプロジェクトへの全面的な一意専心のニーズと，ほとんどつねに正反対の方向へと引っぱってゆく家族内の責任や喜びへのコミットメントとの両方を感じ，そしてそうした衝突をねじりとることはときにはどのようでありうるかが，経験から分かっている。そうした立場にある誰かが行うどのような選択も，自分の人生から，少なくとも自分にとってはよき人生に本質的な何物かを奪うと，その人は考えている。

　最後に挙げた考え——重要な諸価値における衝突は何か真正かつ重要な損失を伴うという考え——は，バーリンの考えにとって中心的なものである。彼は，われわれが自分の欲するあらゆるものをもつことはできない——われわれが欲するかもしれないすべての冒険や楽しみを単一の人生に詰め込むことはできない——とだけ言おうとしているのではない。そうしたことは，彼が述べるように自明のことだ。彼が言おうとしているのは，それをもたないならば人生が欠陥あるものとなってしまうとわれわれが考えるようなあらゆるものを，単一の人生のなかにもちこむことはできないということである。そうした種類の失敗の政治的類似物は何だろうか。もちろん，政治共同体は，その市民が夢見る経済的・文化的な成功すべてを達成することはできないし，もちろん政治共同体の政策はときには，他の市民に便益を与えることを通じて一部の市民を失望させるにちがいない。しかし，政治的価値は，共同体がその市民に対して負っている互いに別個の責任，すなわちそれを無視したり侵害したりすることは人を失望させるだけでなく不正でもあるような責任の名となっている。

　平等を1つの価値として受け入れ，また平等が，あらゆる市民には見苦しくない医療へのアクセスがなければならないことを意味すると考えるならば，繁栄した共同体で，一部の市民が医療の不足のゆえに死ぬのに任せる共同体は，その市民に重大な不正を行っていると考えることになる。もし自由を1つの価値として受け入れ，また貧しい人たちにいっそう多くの資金を提供するために豊かな人々が課税されるときには，自由が侵害されていると考えるならば，そのような課税は豊かな人たちに不便を課しているだけでなく，そ

の人たちに不正を行ってもいると考えることになる。もし平等と自由の両方を受け入れ，また平等と自由には上記の含意があると考えるならば，政治共同体が何を行おうとも，それは自らの責任を侵害していると考えなければならない。つまり，政治共同体は，何らかの集団に不正を行うかどうかではなく，どの集団に不正を行うかを選ばなければならない。そうしたことが，バーリンが念頭においていた種類の政治的諸価値における衝突である。それは，失望させることの不可避性ではなく，あがなうことができない道徳的汚点の不可避性なのである。

　バーリンの主張は積極的主張——相異なった種類の諸価値はそうした悲劇的な仕方で現に衝突しあうという主張——である。そして，われわれはその積極的主張を，それとは異なり，それよりはるかに厄介でない観察結果——自分の価値が自分に何を要求しているかについてときおり確かだと思われないという観察結果——から区別するように注意しなければならない。考え深い人々は，重要な政治的争点に関してしばしば確かだと思われず，正反対の立場の間をときおり揺れ動く。例えば，われわれは，憎悪にもとづく言論という厄介な争点に関して考え始めて，次のことを納得するかもしれない。それは，ある人の述べることを政府が承認しないという理由だけで，あるいはその人の述べることが共同体における他の人々に対して攻撃的であるという理由で，誰の言論の自由を奪うどんな政府も，不当な仕方で行為しているということである。その後で，われわれは，一部の人々が実際に言っていることを少し聞くかもしれない——われわれは，誰かが黒人女性を黒ん坊と呼ぶのを聞いたり，あるいは誰かがユダヤ人の少年に，ヒトラーは正しかったし，ユダヤ人はガス室で殺されるべきだと語るのを聞いたりするかもしれない。そうすると，われわれは第2の考えをもつかもしれない。すなわち，言論の自由は本当に，われわれが考えていたほどに重要だろうかと思うかもしれない。ある国がその最も傷つきやすい市民を，上記のような種類の攻撃から保護するとき，その国は自らの正当性について本当に妥協しているのだろうか。われわれは，最初に一方の決定へと行き，その後に他方の決定へと行くかもしれない。身をよじり向きを変え，行きつ戻りつするかもしれないのである。あるいは，われわれは非決定に陥って，当該の問いについてのそれぞれの側がもつ訴えかけの力がいったん分かると，確実に自信をもって，自分が何を考えているかを単純に言うことができないということに気づくかもしれない。

だが，バーリンの主張は不確かさとはいかなる関係もなく，そうした終局的な種類の不確かさとさえいかなる関係もない。彼は，正しい決定が何であるかがわれわれにはしばしば分からないと主張しているのではなく，いかなる決定も正しくないことがわれわれにはしばしば現に分かると主張しているのであり，それはきわめて異なった事柄である。だから，次の問いに集中しなければならない。われわれが何を行うのが正しいかはわれわれに分からないという単に消極的な観念への権原ではなく，われわれが何を行おうとも，不正な何事かを行うがゆえに，われわれが行ういかなることも正しくないのだとわれわれには分かるという積極的主張への権原を，いつわれわれはもつのだろうか。後者は極端に野心的な主張である。その主張は，ディレンマの底まで見ようと，そして逃げ道はないことを分かろうと企図しているのである。それほどに野心的な主張への権原が，いったいわれわれにあるのだろうか。

　それは，われわれが自分の責任の源泉をどのように考えているかに左右される。あなたが，自分の息子イサクの胸にナイフを突きつけているアブラハム[5]の立場にあると想像していただきたい。あなたは，どんなことであれ，自分の神に従う絶対的な宗教的義務を負い，またどんなことであれ，自分自身の子供を傷つけない絶対的な道徳的義務をも負うのだと信じており，そしてこれらがその源泉において互いに独立な義務だと考えていると想定していただきたい。あなたの神学は，神の権威は彼の命令がもつ道徳性に一切由来しないことと，道徳の権威が神の命令に一切由来しないこととの両方を力説している。これらの確信を保持しているかぎり，あなたは，自分が不正を行うのを避けることができないことは確かだろう。いわば，あなたは2人の主権者——神と道徳——に服しており，少なくともあなたが当該状況を理解するところでは，それぞれの命令は他方の目からはいかなる者としても数え入れられないという悲劇的な困難のなかにいる。あなたは選択しなければならないが，それぞれの選択は究極的で恐ろしい不忠な行為なのである。

　しかし，それは本当に政治におけるわれわれの状況だろうか。政府が人種差別主義的言論を禁止するとき，不正を行っているのか，あるいはその反対に，人種差別主義的言論を許容するとき，不正を行っているのかについて，われわれには確かだと思われないかもしれないと，今しがた述べた。どのようなさらなる議論なり内省なりであれば，こうした非決定を，政府はどちら

の場合にも不正を行っているという積極的確信に代えることができるのだろうか。われわれの状況はアブラハムのそれとはきわめて異なっている。われわれは 2 つの独立の主権的な力に負っており，その力の一方は言論の自由を命じ，他方は人種差別的侮辱の告発を命じるというわけではない。その反対に，われわれは，競合しあう立場のそれぞれへと引っ張られるが，それは，もしそれを権威あるものとして最終的に受け入れるはずだとすれば，他方の立場がもつ訴えかけの力からわれわれを解放するだろう議論を通じてである。われわれが本当に，市民には，他の一定の市民を攻撃する仕方でさえ公言する権利があると信じているならば，その一定の市民が，他の市民が言う事柄によって攻撃されない権利をもつとも信じるとすれば，それは奇妙だろう。そして逆もその通りである。つまり，この事例のような諸事例においては，われわれが政治的確信に達するのは，何か神的なものまたは権威ある実体が何を命令したか——それは深い衝突を容易に生み出すだろう——を発見することによってではなく，作用しているニーズや価値についてのわれわれ自身の感覚を内省し洗練することによってである。そして，そうした過程が，バーリンが主張する種類の衝突をどのように生み出しうるかは，不可解である。市民には人種差別的侮辱を発せられない権利があることと，市民には人種差別的侮辱を発する権利があることとを，いかにして一度に同時に納得しうるのかは，不思議に思われる。しかし，これらの主張の両方を最終的に受け入れ，しかも同時に受け入れることができるのでないかぎり，われわれが人種差別主義的言論に関して何を行おうとも，市民の権利を侵害するのだという積極的見解を主張することはできない。

　私が信じるところでは，バーリンは次のように応答するだろう。人種差別主義的言論に関してわれわれはどのように確信をもてなくなるかもしれないかについての私の説明は，重要かつ適切な事実——われわれが，自由と平等という 2 つの抽象的な政治的価値へのあらかじめのコミットメントによってわずらわされる論争のような特定の政治的諸論争の中にやってきているという事実——を見過ごしているというのである。また，これらの価値は，独立し競合しあう主権者——その指令は衝突しあうだろう——という様式で作用しうるし，現に作用しているというのである。実際のところ，ご存じのように，バーリンは，自由と平等の衝突が価値衝突のパラダイムだと考えていたし，それはまた，私が先に示唆したように，当今の政治において最も厄介で

危険だと思われる衝突だと主張されているものである。

　ある政治共同体が，何をなすべきかに関して確かだと思われないことに気づくだけではなく，その政治共同体が何をなそうとも，不正をなすにちがいないのは確かだと思われることに気づくのはなぜかを説明する何らかの仕方で，いま抽象的価値とみなされている自由と平等は衝突しあうのだろうか。それは，自由という語や平等という語でわれわれが何を言おうとしているかに左右される。それは，これらの抽象的価値をわれわれがどのようにいだいているかに左右されるのである。バーリンは，自由に関する著名な論文において，また他のいくつかの箇所でも，自分が自由をどのように理解しているかを明らかにしている。自由（liberty）とは，人がしたいと願うかもしれないことが何であろうとも，それを行う上での，他者の介入からの自由状態（freedom）だと，彼は述べる。さて，それが，われわれが自由を理解する仕方であるならば，バーリンが言うように，狼にとっての自由が羊にとっての死であることは，ただちに明らかではないのか。それが，自由という語でわれわれが言おうとしているものであるならば，またそのように理解された自由にわれわれがコミットしているならば，このコミットメントが他のコミットメント——最小限の平等尊重主義的コミットメントを含めて——としばしば衝突するだろうことは，きわめて尤もらしい。

　しかし，そうした仕方で理解された自由にわれわれはコミットしているのだろうか。以下は，それと競合する自由観である。その自由観を私がいま導入するのは，われわれの自由へのコミットメントが自動的に，バーリンが理解するような自由へのコミットメントではないことを示すためにすぎない。われわれは次のように言うかもしれない。自由とは，あなたが行おうと欲するどのようなことをも行う自由状態ではない。あなたが，他者がもつ適切に理解された道徳的権利を尊重するかぎりで，望むどのようなことをも行う自由状態である。それは，自分にとって最善だと思われるどのような仕方でも，あなた自身の正当な資源を消費したりあなた自身の正当な財産を扱ったりする自由状態である。しかし，そのように理解されると，あなたの自由は，そうするいかなる権利も自分にない仕方で，他の誰かがもつ資源を取り上げたり，その人を傷つけたりする自由状態を含まない。

　上記のような自由の説明では，羊はより幸福だろう。たとえ狼はより幸福でないだろうとしても。いずれにせよ，こうした異なった仕方で理解された

自由であれば，平等との不可避的衝突を生み出すかは明白からほど遠い。その反対に，平等との不可避的衝突を生み出すだろうということはありそうに思われない。より貧困な市民に，彼らがそれをもつ権原を平等によって与えられるようなものを提供するために，より高い税金が必要であるならば，そうした目的のための課税は，豊かな人たちがもつ自由の侵害として数え入れられえない。なぜなら，豊かな人たちから税金でとられる財産は，正当には彼らのものでないからである。読者は次のような異議を唱えるかもしれない——読者の多くがその異議を唱えるだろうと，私は予期している。それは，衝突が出発点から排除されるように自由を擁護することによって，私はバーリンに対して論点先取りを犯しているという異議である。しかし，読者は，自由についての唯一の成功した説明は，自由を他の価値から独立なものとする説明であると仮定しているのだろうか。すなわち，他の人々にはどのような権利——平等への権利であれ他の何物への権利であれ——があるかを考慮することなしに，自由が何を要求するか，また自由がいつ犠牲にされてきたかを，われわれが決定することを許すような説明であると仮定しているのだろうか。そのようなことは，正反対の方向で論点先取りを犯している——それは，諸価値を，衝突を不可避とする競合的で独立な主権者たちとして描く構図を仮定しているのである。次のように言ってよいだろう。事実としては，バーリンがまさに導入した，政治における価値多元論および価値衝突という大きな問いは，われわれの政治的諸価値が，自由についての彼の定義が主張する仕方で互いに独立しているのか，あるいは私が素描したそれと競合する自由観が示唆する仕方で相互依存的であるのかという問いである。そして，その問いは，私がいまから論じたいと思っているように，辞書的定義上の問いでも経験的発見上の問いでもなく，実質的な道徳哲学上・政治哲学上の問いである。

　バーリンは，私が冒頭で引用した一節で，そのような競合する自由観をわれわれがとらないよう警告していた。衝突を生み出さない自由の観念を人々が進んでもつならば，われわれはその人々に対して，彼らが提示する価値はわれわれの価値ではないと語らなければならないと，バーリンは述べた。しかし，それはどのような意味だろうか。バーリンの自由の定義——それは衝突を生み出すが——がわれわれの自由の観念であり，それと競合する自由の説明がわれわれには異邦のものであると，どのようにして決めるのだろうか。

もちろん，バーリンは意味論的論点を指摘しているのではない。彼は，自分の説明にとって辞書〔的定義〕が決定的だと言おうとしているのではないのである。実際のところ，彼は，人々が政治的概念の名となる語を相異なった仕方で用いていることを認めている。われわれはまた，自由が本当は何であるかが分かるために，実験室での実験または観察との類似物を行うこと，すなわちライオンが本当は何からできているかをはっきりさせるためにテストを行いうるようなやり方をとることもできない。自由のDNA分析を行うことはできない。だから，どのような自由観がわれわれの捉え方であるか，また他のどの自由観が異邦のものであるかに関するバーリンの主張をどのようにテストするのだろうか。歴史に目をやることができるだろうか。
　一部の読者はすでに，私が歴史に対してそれにふさわしい地位を与えていないと考え始めているのではないかと思う。私は，観念の歴史がしばしば決定的に重要であることに同意するし，またもちろん，観念の歴史がバーリンにとって第一の重要性をもっていたことに同意する。しかし，歴史が決定的に重要だと単に述べることを超えて，歴史はなぜ，またどのように決定的に重要であるかを分かろうと努めなければならない。われわれの議論においてこの地点で歴史がどのようにして決定的でありうるかは，私には皆目分からない。歴史はもちろんわれわれに，行き渡ったイデオロギーが重要な諸価値の間の衝突を否定していた多くの社会が何らかの形の惨事に終わったということを教えるだろうし，そのことは，疑いの余地なくわれわれを警戒させる。しかし，歴史はわれわれのさらなる助けとなることはできないように私には思われる。例えば，貧しい人たちに再分配するために順境の人たちに課税するとき，不正を行っているかどうかが分かるためには，自由の価値——われわれがコミットしている価値——をどのようによりよく理解するのかを決めるよう努めている。この点を少なくとも主要な面では歴史的論点でなくむしろ道徳的論点として扱うことに取って代わるいかなるものも，私には分からない。
　どのように進むべきだろうか。バーリンにとっては，個人的価値であれ政治的価値であれ，基本的諸価値における衝突は単に不都合なことまたは失望するようなことではなく，一種の悲劇でもあるのだと先に述べたのを，覚えておられるだろう。彼の見解では，そのような衝突に直面するとき，われわれは不可避的に何らかの損害を被っているか犯している。すなわち，それを

もたないと人生が傷つけられるとわれわれが考えるような何物かを，われわれは自分の人生から奪っている。あるいは，それをもたないと誰かが不正を行われることになるものを，その人に対して否定することによって，その人に不正を行っているというのである。われわれはそこから始めるべきだ。われわれの重要な諸価値のそれぞれの事例で，上記のことがなぜその通りであるのかをわれわれに示す，政治的価値についての説明が必要である。われわれの指導的な政治的価値——自由・平等・民主制・正義その他——は，抽象的には是認することでわれわれの意見が一致する一般的理念である。そうした抽象的な意見の一致は重要である。市民が政府によって攻撃的な仕方で強制されるべきでないこと，経済構造が平等な配慮をもって人々を扱うべきであること，人民が自らを統治することなどが本質的に重要であるという点で，われわれは意見が一致しているのである。どのような形態の強制が攻撃的であるか，どのような資源の分配が平等な配慮をもって現に人々を扱っているか，どのような形態の自己統治が可能であるかなどを決めることによって，これらのきわめて抽象的な価値をより具体的にしようと努めるときには，かの第1の理解を尊重し保持しなければならない。自由・平等・民主制という諸価値の妥協が単に不都合ではなく悪でもあるのはなぜかが分かるように，自由・平等・民主制に関して何がよいかをわれわれに示す説明が必要である。もちろん，われわれはこの点で意見を異にするだろう。われわれ各人は，自由・平等その他についての，いくぶん相異なった，多分きわめて相異なった捉え方を擁護するだろう。しかし，基本的諸価値の妥協とわれわれがみなすものがまさにそれ自体で，由々しい何物か，少なくとも悪である何物かであるのはなぜかを明らかにするためには，われわれ各人が，その論争の余地ある捉え方へ向かって抽象的価値を運び込む捉え方を擁護するということが，決定的に重要である。

　したがって，提案された自由の捉え方を——または他のどんな価値の捉え方も——次の仕方でテストすることができる。提案された捉え方が自由の侵害として定義するさまざまな行為は，本当に悪または不正であるのか——本当に，何か競合する価値を侵害しないために必要であるときでさえ，国家がそれについて自責を感じるべきである，何か特別な責任への違背であるのか——と問うべきである。その通りでなければ——その提案された定義に従えば，国家が市民の自由を侵犯したときに，国家はどの市民にも不正を行って

いないならば——，提案された自由の捉え方は不十分である。その提案された自由の捉え方は，侵害がいかなる不正でもないときに侵害を宣言しており，したがって自由の特別な重要性が何であるかをわれわれに示していない。

　バーリンの自由の説明はそうしたテストを通過するだろうか。私が自分の批判者たちを殺害したがっていると想定していただきたい。法は，私が殺害しないように押しとどめ，したがってバーリンの説明では，法は私の自由を妥協させている。もちろん，私が押しとどめられなければならないということには，あらゆる人が同意する。バーリンの定義を擁護する人たちは次のように言うのである。私の自由は侵犯されたけれども，その侵犯がこの事例では正当化されるのは，私になされた不正が他者へのより大きな不正を防ぐのに必要だからである。この事例では，自由は他の諸価値と衝突しており，その他の諸価値が優越しなければならないのだと，彼らは言う。しかし，私が問うているのは，その衝突と主張されるものを生み出す自由の説明が成功した説明であるかどうかである。私が自分の批判者たちを殺すのを妨げられるとき，不正なことが何も起こらなかったならば，その出来事を，自由が犠牲にされた出来事として記述する自由観を採用するいかなる理由もない。繰り返して言うと，「自由」という単語が意味するものがもつ力によっても，あるいは自由の構成に関するどんな科学的発見がもつ力によっても，その出来事を上記の仕方で記述するように求められてはいない。自由観とは，自由が否定されるとき，それがなぜ悪であるのかをわれわれに示すことをめざしている解釈的理論であり，したがって自由観は，悪であることが何も起こっていないときに，何らかの出来事を自由の侵犯として記述するようにわれわれを強いる場合には，成功していない。

　だから，私は再び問いたい。私が自分の批判者たちを殺すのを禁止することには，一定の限度でさえ不正な何物かがあるだろうか。もちろん，他の誰かを害したいとも他の誰かの財産を害したいとも誰も思わないとすれば，それはよりよいことだろう。すなわち，刑法が不要になるとすれば，それはよりよいことだろう。だが，それはここでの問題ではない。一部の人々が現に何らかの機会に殺人をしたがっていることを所与として，その人々が殺人をするのを防ぐことによって，その人々に不正が行われるのだろうか。自分の〔獲物である〕羊の足を食べるのを禁じられた狼に対して謝罪するべき理由があるだろうか。ある哲学者たちはその問いに，然りと答えるだろう。彼ら

が言うには，尋常でない精神と野心をもつ人々が道徳的小人どもの法律によって邪魔されるときにはいつも，重要な何物かが失われる。〔しかし，〕そのように考えようとすれば，考えられるだろうかと，私は尋ねているのではない。私が尋ねているのは，あなたがどう考えるかである。そして，あなたが私のように，そのような法律を通じてどんな不正もなされていないのだと考えるならば，バーリンの自由の説明を拒否するべき理由があなたにはあるだろう。自由と平等の間の衝突は不可避であるというバーリンの見解が，そうした自由の説明に左右されるならば，その見解をも拒否するべき理由があなたにはあるだろう。

　もちろん，私は，自由と平等の間の衝突が不可避でないことを示してきたわけではない。多分，バーリンの自由の説明よりも微妙であり，私が出した異議にさらされず，しかし自由と平等の間の衝突をなおも保証する自由の説明があるだろう。私の主張点は限定されたものだった。私が努めてきたのは，第１に，価値多元論に関するバーリンの重要なテーゼを明確化すること，すなわちそのテーゼの独創性・問題関心・野心を示すことだった。第２に，その野心的テーゼを維持するのがどのくらい困難であるかを示すことだった。バーリンは，自分が記述する価値衝突はわれわれ全員に関わっており，未熟な人たちを除いて全員にとって明らかであると述べた。彼がそうしたきわめて広範な主張を維持できたとは思わない。実際のところ，たったいま論じてきたように，彼は，パラダイムだと自分が捉えた事例，すなわち自由と平等の間の衝突と想定されているものにおいてさえ，そうしたきわめて広範な主張を維持できたとは，私は思わない。

　上記のことは価値多元論の敗北を意味しない。しかし，私が信じるところでは，上記のことは，多元論を擁護するのに必要な議論がきわめて長く複雑な議論であるにちがいないことを現に示唆している。そうした議論は，互いに何らかの種類の概念的衝突のなかにあると自らが捉える諸価値のそれぞれの事例において，その概念的衝突を生み出す当該の価値の理解がなぜ最も適切な理解であるかを示さなければならない。互いに衝突しあう自由・平等・民主制・共同体・正義の定義を構成すること以上に易しいことはない。しかし，哲学において，これらの定義がなぜ，われわれが受け入れるべき定義であるかを示すこと以上に困難なことは，多くない。そうした論証へのいかなる近道もない。多分，結局のところ，指導的なリベラルな諸価値の最も魅力

的な捉え方は，正しい仕方で現につじつまがあっているのだろう。そうした希望を捨てる理由はまだ与えられてはいない。

第5章　原意主義と忠誠

　ジョージ・W・ブッシュ大統領は，第2期政権の第1教書演説において，自分自身の個人的確信ではなく憲法制定者の意図を奉じる裁判官を，連邦裁判所および最高裁判所の裁判官に任命することを公約した。そして，彼は，自分が任命するつもりの裁判官が避けるだろう種類の判決の一例として，最高裁判所が奴隷制を是認した1857年のドレッド・スコット判決を引用した。ブッシュは憲法学者ではなく，そして彼が誤っていることは明白だった。元々の憲法は奴隷制を予期していたから，ドレッド・スコット判決は，憲法制定者の意図を無視するのでなく強行する裁判官の例だったのである。しかし，ブッシュが言おうとすることは十分に明らかだった。彼は，ロー対ウェイド判決，すなわち州が初期の中絶を犯罪とすることはできないと最高裁判所が判示した1973年の判決において多数意見に票を投じたような種類の裁判官を任命するつもりはないと言おうとしたのである。実際のところ，多くの評者は，ブッシュが，最高裁判所が南北戦争後にドレッド・スコット判決を拒絶したように，ロー対ウェイド判決を覆すだろう裁判官を任命するという意図の合図を送っているのだと考えた。ブッシュは自分の教書演説の聴衆を，そうした任命が，憲法への信仰を保つことが意味しているものだと仮定するように仕向けた。だが，忠誠の観念へのそうした訴えかけは，より深甚でさえある誤りだった。大統領がよき裁判官として念頭においていた人たちは実際には，彼らにとって憲法への忠誠が実際にはほとんど物の数に入らない裁判官である。そして，大統領が悪しき裁判官に数え入れている人たちは，私見では忠誠の真の英雄である。いずれにせよ，それが本章で議論することである。

だが，私はある区別から始めなければならない。それは，憲法の法文への忠誠と，憲法を解釈し適用する過去の判決を含む過去の憲法実践への忠誠との区別である。適切な憲法解釈は，法文と過去の実践との両方を自らの目的とする。現下の憲法上の争点に直面する弁護士や裁判官は，特定の条文の法文，憲法全体の構造，憲法の下でのわが国の歴史について，首尾一貫し，原理づけられ，説得的である解釈——それが可能であるかぎり，これらの別個の源泉を統合するとともに，将来の裁定を方向づける解釈——を構成するよう努めなければならないのである。つまり，弁護士や裁判官は憲法的一貫性を追求しなければならない。憲法の法文への忠誠は憲法解釈を汲み尽くさず，そしてある場合には，総体的な憲法的一貫性は，憲法が強行されてきた歴史から離れて考えられる憲法の法文についての最善の解釈によっては正当化されえないだろうし，衝突さえするかもしれない結果を要求するのかもしれない。しかし，それにもかかわらず，法文解釈は，より広いどんな憲法解釈のプログラムでも本質的に重要な部分である。なぜなら，憲法を制定した人たちが実際に述べたことはつねに，真正に解釈的な憲法上のどんな議論においても少なくとも重要な要素だからである。

　だから，私はここで法文解釈に集中したいと思う。そうすることが適切だと思われるのは，憲法訴訟の弁護士がしばしば，憲法への忠誠とは憲法の法文への忠誠を意味すると考えているからである。憲法の法文への忠誠は，ブッシュ大統領が明らかに念頭においていた種類の忠誠である。それが，最高裁判所判事のアントニン・スカリアのような憲法についての自称「原意主義者」によって求められており，またローレンス・トライブ教授のような原意主義の批判者によって拒否されている種類の忠誠である。われわれが排他的に法文への忠誠に集中する場合にさえ，われわれはブッシュ，スカリアその他の「原意主義者」が予期するのとは根源的に異なった結論に達すると，私は論じたいと思う(1)。

　実際のところ，法文への忠誠は，立法府に道徳的標準を方向づけさせるという司法府の広い責任を支持するように強く論じるから，その結果，「原意主義」を最も声高に求める人たちも含めて，非常に多くの憲法学者は実際には，憲法的標準としての法文への忠誠に反対して論じている。彼らは，忠誠の代替物として他の標準や価値に依拠している。彼らがそうした仕方で述べるのは稀である。しかし，〔彼らの言葉を〕注意深く聞くならば，忠誠の代替物は

隠れた副法文であることに気づくだろう。一部の学者は次のように論じるだろう。われわれが発見するよう努めるべきであるのは，憲法またはそのさまざまな修正条項を起草したり批准したりした人たちが何を言おうとしたかではなく，それらの人たちが，自分がそれを言ったということからの帰結が何であると期待したり希望したりしたかであって，これはきわめて異なった事柄である。他の学者は，大部分の人々がどのように法文の趣旨を理解したかを，わが国の歴史の大部分よりも優位におくために，法文それ自体を無視するべきだと論じるだろう。例えば，多くの州が同性愛者間のソドミー行為を犯罪としてきたという事実は，憲法がそうした一片の不正義を禁じていないということを示していると論じるだろう。これらは両者とも，憲法の法文を無視する仕方である。傑出した学者がなぜ，憲法を避けるためにそれほど奮闘するのだろうか。その問いへの解答を本章で後に試みる。人々は，憲法への忠誠を無視するさまざまな根拠が自分にはあると考えているかもしれないが，それらの根拠を同定することによって，上記の解答を試みる。

　しかし，私はいまのところ，憲法への忠誠を無視する根拠がないと仮定しようとはしていないと言っておくべきである。確かに，大半の市民は，最高裁判所が憲法訴訟での自らの判決を正当化するために憲法を引用することを期待している。しかし，わが国の政府の相異なった部門は，きわめて重要かつ重大な決定を行うのだが，それを支持するために，どんな法文または伝統への忠誠のいかなる議論も要求されない。われわれは，戦争に男も女も送り，外交政策や金融戦略を採用し，火星にロケットを打ち上げ，そしてこれらの決定を，将来にはそれらの決定からよいものが来るだろう——われわれは，より安全になり，より繁栄し，より宇宙に精通するだろう——という根拠によって正当化する。出発点では，そのような未来志向の正当化論を憲法訴訟の裁定においてとるならば，その正当化論は法文への忠誠という過去志向の議論よりも適切だろうということを排除するべきでない。それは部分的には，リチャード・ポズナーほどの傑出した裁判官が，大きな情熱をもって，未来志向の正当化論がより適切だと論じてきたからである。私が言及した学者の一部が是認する，上記と異なった種類の過去志向の正当化論——それは，憲法の法文から離れて憲法解釈史に訴えかけるものだが——をとるならば，その正当化論はより適切でないだろうと仮定するべきでもない。多分，少なくともいくつかの状況では，忠誠を無視することが正当化可能だろう。

だが，その問いを考察する前に，わが国の憲法の法文への忠誠が何を意味するのかに関する私の初発の主張をまず正当化しなければならない。私の主張がその解答となっている問いと，しばしば混同される異なった問いとを区別するよう注意しなければならない。それは，どのような集合体――裁判所か，立法府か，レファレンダムを通じて行為する人民か――に，忠誠が特定の事例で何を要求するかを決定する最終的責任をわりあてるべきかという制度的な問いである。成文憲法が立法府の権限を限定している国が，裁判所以外の何らかの制度に当該憲法を解釈する最終的責任をわりあてているということは，完全に可能である。この制度には立法府自体が含まれるだろう。私の問いは，制度設計の問いに先行する論点に関わっている。何が，あるいは誰が，解釈の最終的責任を与えられているかにかかわらず，わが国の憲法は本当は何を意味しているか。

　われわれには憲法の法文がある。われわれは，どの記載がその法文を構成しているかに関して意見を異にしているわけではない。どの一連の文字と語間が法文をなしているかに関して論じたてる人は誰もいない。もちろん，正典となる一連の文字と語間を同定することは，解釈の始まりにすぎない。その一連の文字と語間の特定部分は何を意味しているかという問題が残っているからである。ハムレットはかつての友人に，「私にはホーク（hawk）と片手用のこぎりの違いが分かる」と言った。ハムレットは，鳥の一種を指示する「鷹」という単語を用いていたのか，あるいは〔しっくい受けという〕ルネッサンス期の道具を指示する異なった語を用いていたのかという問いが，――例えばハムレットの役を演じる人にとって――生じる。ミルトンは『失楽園』で，悪魔のゲイ（gay）の遊牧民について語った。ミルトンは，悪魔の手下たちが明るい色の服を着ていると報告していたのか，あるいはその手下たちは同性愛者だと報告していたのか。合衆国憲法は，大統領が少なくとも「35歳」でなければならないと規定している。それは年代記上の年齢を意味しているのか，あるいはその代わりに（当今のいく人かの政治家にとっては警告となるだろうが）精神年齢を意味しているのか。

　憲法第 8 修正は「残酷」かつ異常な刑罰を禁止している。そのことは，立法者が残酷だと考えた刑罰を，あるいは（恐らく同じことになるが）立法者の時代の一般民衆の意見によって残酷だと判断された刑罰を意味しているの

だろうか。あるいは，それは——そのような事柄を決定する正しい標準によれば——事実として残酷である刑罰を意味しているのだろうか。第14修正は，いかなる州も，どの個人にも「法の平等な保護」を否定してはならないと述べる。そのことは，いかなる州も，わが国の歴史を通じて大部分の州が許容してきた処遇の平等性を誰にも否定してはならないという意味だろうか。あるいは，それは，いかなる州も，市民の資格の真正な平等に矛盾するどんな区別も——アメリカ人がそうした矛盾を以前に理解していたかどうかを問わず——永続させてはならないという意味だろうか。

　私見では，問題となっている法文の起草者が——利用可能な最善の証拠によれば——何を言おうと意図していたのかと問うことから始めなければならない。それが，私が構成的解釈と呼んだことがあるものの実行課題である[2]。それは，何世紀も前に死んだ人々の頭蓋骨のなかを覗き見ようと努めるという意味ではない。それは，ある歴史上の出来事——誰かが特定の機会に特定の仕方で語ったり書いたりしたこと——について，われわれがなしうる最善の理解をしようと努めるという意味である。そうした標準をハムレットに適用するならば，ハムレットの主張を鳥に言及しているものと解するのではなく——そのように解するとすれば，それは当該の主張を極端に馬鹿げた主張としてしまうだろう——，ルネッサンス期の道具に言及しているものと解さなければならないということは，明らかである。ハムレットは油断できない同行者たちに，自分には道具の種類の違いが分かっており，それらの道具のうちどの種類を自分が扱っているかが分かっているのだと請けあったのである。悪魔のゲイの遊牧民の事例では，ミルトンが遊牧民を同性愛者でなく派手な者として記述しようとしていたと考えるべき決定的な理由がある。それは，同性愛者を意味する「ゲイ」という語の用法が，ミルトンよりも何世紀も後に現れたということである。私見では，大統領は35歳でなければならないと書いた人々が何を言おうとしていたかという問いに答えるのも，やさしい仕事である。その人々が大統領職の適任性について，精神年齢という特性のように本来的に曖昧で論争の余地ある特性を条件としたとすれば，それは馬鹿げたことであり，またそのような意図があったといういかなる証拠もない。その人たちが現に述べていることを理解できるのは，彼らが年代記上の年齢を言おうとしていたのだと想定することによってのみである。

　だが，第8修正の「残酷」という単語，第14修正の平等保護の文言，第1

修正の言論の自由，第5修正や第14修正のデュー・プロセスの文言に来ると，翻訳上のいっそう困難な問題がある。われわれは次の2つから選択しなければならない。一方には，抽象的で原理づけられた道徳的解釈——起草者は，事実として残酷であるとともに異常である刑罰を禁止しようとしていた，あるいは事実として市民の資格の平等と整合しないどのような差別も禁止しようとしていた——があり，他方には，具体的で日付のある解釈——起草者は，自分たちが語った時代には残酷であるとともに異常であると広く考えられていた刑罰や，不公正な区別を反映していると当時一般に理解されていた差別は禁止されると言おうとしていた——がある(3)。正しい解釈が抽象的解釈であるならば，今日，法文に忠実であり続けようと努力している裁判官はときおり，制定者が自分たち自身では残酷とみなさなかっただろう刑罰——例えば，死刑——が，それにもかかわらず残酷であるか，あるいは制定者が自分たち自身では市民の資格の平等と整合していると考えた差別——例えば学校の人種分離——が，それにもかかわらず法の平等な保護の否定であるかどうかと自問しなければならない。正しい解釈が日付のある解釈であるならば，これらの問いは少なくとも法文への忠誠を実行する一部分としては場違いである。なぜなら，日付のある理解が提起するだろう唯一の問いは，制定者やその読み手〔すなわち当時の一般市民〕が何を考えたかという問いだからである。

　われわれが，制定者が語った文脈のなかで，彼らが語っていることを最もよく理解しようと努めているならば，制定者は，日付のある命令や禁止ではなく抽象的な命令や禁止を定立することを意図していると結論づけるべきである。制定者は，自分たちが語る言語をどのように用いるべきかが分かっている注意深い政治家だった。恐らく，制定者は，自分たちが用いた言葉を用いる人々であれば普通は言おうとするだろうことを言おうとした——制定者が抽象的言語を用いたのは，抽象的原理を述べようと意図していたからである。制定者は，抽象的道徳原理から憲法を作成したのであって，そうした原理を適用する最善の仕方に関する自分たち自身の意見（または自分たちの同時代人の意見）へのコード化された言及から憲法を作成したのではない。

　しかし，明らかに抽象的な，権利を生み出す憲法の規定がどのように理解されるべきかという問いに対する上記の答えは，具体的で日付のある理解が正確な理解である場合と比べて，当今の憲法訴訟を裁定するという課題をは

るかにいっそう困難にする。われわれ——市民・立法者・裁判官——が抽象的規定の法文への忠誠にもとづいて適用しようと努めねばならない標準が，抽象的な道徳的標準であるならば，われわれが発しなければならない問いも，行わなければならない判断も，道徳的なものであるにちがいない。われわれは次のように問わなければならない。何が本当は残酷であるのか。市民の資格の平等は本当は何を要求するのか。法的一貫性が法の過程の本質であることや，また一貫性は，わが国の文化が一般原則として承認する諸自由——例えば良心の自由——が，例えば死を選択する自由に関する個々の立法的決定において尊重されなければならないと要求することを所与として，どのような立法が本当に法の適正な過程と整合しているのか(4)。

　これらは難しい問いである。市民・弁護士・裁判官は，他者とりわけ裁判官が過去にそれらの問いに対して与えたことがある諸解答を無視しつつ，立派な記録でそれらの問いに答えようと努めるべきでない。先述のように，憲法上の総体的一貫性をめざす憲法上の議論のどのような戦略も，わが国の実践や伝統と十分にうまくかみあう諸解答——わが国の継続する歴史とともに憲法の法文にも足場を十分に見出す諸解答——を追い求めなければならず，その結果，それらの解答が尤もらしい仕方で，一国としてのわが国のコミットメントを記述するものとして捉えられうるのである。例えば，私が，市民の資格の平等が何を意味するかという問いに，哲学上の練習問題として答えようと努めるとすれば，市民は，自らの政治共同体が自分に少なくとも見苦しくない最小限の標準の住居・栄養・医療を保障しないかぎり，自らの政治共同体によって平等な存在者として扱われていないのだと力説するだろう。しかし，最高裁判所が突然そうした見解を採用して，州は普遍的ヘルス・ケアを提供する憲法上の義務を負うと宣言するならば，それは法的な誤りを犯すものだろう。なぜなら，それは，わが国の憲法体系に，（私見では）まったく適合しない何物かを接木しようと試みることだからである。

　だが，非常にしばしば，新奇だと思われ論争の余地ある判決が，適合性のテストを現に満たしている。最高裁判所が1954年に，何世代もの反対の実践にもかかわらず，人種による公式の分離は違法だという判決を下したとき，単に学問上の政治的真理を宣言したのではない。最高裁判所は，わが国の実践において選択的に無視されていたけれどわが国の歴史のなかで堅く固定された平等の一般的標準に，すなわち政府がもついかなる正統な目的にも資

さない恣意的差別を非難する標準に注意を向けたのである。最高裁は，人種分離が原理のより広い解釈と整合していないと説得的に論じることができた。中絶についての最高裁判決であるロー対ウェイド事件判決にも，同じことが言えるだろうと思う。ロー対ウェイド事件の事案では，最高裁は，一定の基本的自由は原則的に政府の規制を免れているという考え——先例によって第14修正に埋め込まれている考え——が，より具体的な，妊娠初期の中絶への権利を保障するかどうかと自問しなければならなかった。

　私がこれらの例を提示するのは，次の点を明らかにするためである。憲法の抽象的な道徳原理を適用するように要求される道徳的判断は，法的一貫性の命令のおかげで歴史と先例によって制約されていると，私は考えるけれども，その道徳的判断はそうした歴史によって明白に先取りされているわけではないという点である。道徳原理についての新たな問い——例えば，中絶への権利は，法の適正な過程を定義する基本的諸自由のなかに入るほど十分に基本的であるか——は，不可避的に残っている。そのような問いを当今の裁判官にではなく，〔憲法という〕かの文書を作成し批准した人たちにわりあてる——少なくとも，彼らが与えるだろう解答をわれわれが発見または推量できるかぎりで——ことはなぜ，憲法に対してより忠実であることにならないのだろうか。憲法の条文が何を意味しているかを発見するためには，起草者の意味論的意図を見やらなければならないのだとすでに力説した。彼らの政治的意図——彼らが起草した条文がどのように適用されるかについての彼らの仮定や期待——にも敬譲を示すべきだということは，なぜ導き出されないのだろうか。平等保護条項の起草者が，人種的に分離された学校が市民の資格の平等を否定するとは考えていなかったのであれば，そのことはなぜ，平等保護条項への忠誠が何を要求するかという問いに終止符を打たないのだろうか。

　だが，そうしたさらなる一歩を踏み出すことは，事実としては，深刻な知的混同かつ憲法上の誤りである。歴史上の政治家がもった意味論的意図は，彼らが作成した文書が何を言っているかを不可避的に固定する。〔しかし，〕そのことから，彼らが言ったことへの忠誠を維持することは，その文書が強行されるだろうと彼らが希望したか予期したか仮定したとおりにその文書を強行することを意味するのだと推論することは，誤謬である。あなたが大会社のオーナーで，その会社の部門の1つに空席の地位があると想像していた

だきたい。あなたは，自分が雇っている経営者を呼んで，次のように言う。「この空席の地位を，連れてくることができる最良の候補者でうめて下さい」。そして，ウィンクしたり肘でこづいたりせずに付け加える。「ところで，私の息子がその地位の候補者であることは知っているはずですが」。あなたは，自分の息子が最良の有資格の候補者だと本心で納得していると仮定していただきたい。その上，あなたは，自分の息子が最良の候補者であることが，経営者を含むあらゆる人にとって明白であるのは確かだと思わないかぎり，そうした指示を彼女に与えなかっただろうと仮定していただきたい。最後に，あなたが雇っている経営者にはこうしたことすべてが分かっている，すなわち仮に選択権があなたにあるとすれば，あなたは良心にもとづき最良の有資格の候補者として自分自身の息子を任命するだろうと分かっていると仮定していただきたい。

　それにもかかわらず，あなたは経営者に自分の息子を雇うようにとは言わなかった。最良の候補者を雇うようにと言ったのである。そして，彼女の判断では，あなたの息子が最良の候補者でなく，他の誰かが最良の候補者であるならば，彼女が当該の他の候補者を雇うとすれば，それによってあなたの指示に従っていることになり，またその仕事を得るようにあなたが意図し期待した候補者〔つまりあなたの息子〕を雇うとすれば，それによってあなたの指示に従っていないことになる。経営者がそうした仕方であなたの指示に従うとすれば，あなたは彼女を解雇するかもしれない――あなたが彼女を解雇しないように私は望むが。しかし，あなたは，経営者があなたの指示に忠実であったということ，そして仮に彼女が最良の候補者に関して自分自身の見解の代わりにあなたの見解に服したとすれば，あなたの指示に忠実ではなかったということを，否定できないだろう。行為者は，適切に解釈された指示が方向づけるものをめざすのでないかぎり，その指示に対して不忠実である。当該指示が抽象的標準を定立するならば，行為者は，何がそうした標準を満たすのかを決定しなければならず，それはもちろん，何がその標準を満たすとある人が――どの人であれ――考えるのかとは異なった問いである。当今の立法者と裁判官はその同一の厳格な要求に服している。

　忠誠という問題は，数年前のプリンストン大学での会議で支配的なテーマだった。その会議では，スカリア裁判官が2つのタナー基金講演を行い，そ

の講演に4名のコメンテーターが応答し，スカリアがコメンテーターに再応答した。会議記録は，(一部の参加者が自分の元々の発言を編集し加筆した後に)『解釈の問題』という書名の一冊として公刊された[5]。参加者のうちスカリアとトライブの2名のコメントは，私がいま強調してきた区別――意味論的意図(発言者が何を言おうとしたか)と，政治的意図ないし期待的意図(発言者は，自分がそれを言うことの帰結が何であると期待したか)との区別――が困難であるとともに重要であることを例示している。

その会議での私自身の発言では，スカリアが「原意主義」と呼んだものがとる2つの形態を対比するために，当該の区別を用いた。それは，立法者が集合的に言おうとしたものを，憲法の意味を決定するものとして捉える意味論的原意主義と，立法者がそれを言っていることで何を達しようと期待しているかを決定的なものとする期待的原意主義である。私が言ったのは，スカリアは第1タナー講演では，原意主義の前者のヴァージョンに賛同していたが，第2タナー講演では，憲法解釈に関する発言のなかで，代わりに期待的意図に依拠していた――実際のところ，私はそう言ったのだが，スカリアが最高裁判所での自分の経歴においてそうしてきたように――ということである。

スカリアは，私のコメントに対する公刊された応答のなかで，当該の区別を受け入れて，自分自身は期待的原意主義者ではなくむしろ意味論的原意主義者だと宣言した。スカリアは，私が強調した〔彼の〕矛盾を否定した。しかし，その否定の仕方は，彼の憲法上の実務が，彼の唱道する忠誠を廃棄してきたという私の疑念を確認するものである。私は，ここで用いた例の1つ――第8修正中の「残酷」の解釈――を用いて，意味論的原意主義と期待的原意主義との区別を例証した。スカリアは自分の講演のなかで，次のように論じた。その修正条項の制定者が――例えば，第5修正で法の適正な過程なしに「生命」は奪われえないと宣言することによって――，権利章典のなかの他所で死刑の可能性を熟考したという事実は，制定者たちが第8修正で死刑を禁じようと意図していなかったという明白な証拠である。私は次のように言った。スカリアが真の意味論的原意主義者だとすれば，彼はそうした議論のなかで，きわめて奇妙に思われる次のことを仮定しているのだろう。すなわち，制定者は「残酷かつ異常な」という語を用いることによって，自分たちが語っている時代に一般に残酷だと考えられている刑罰は，禁止されて

然るべきであると言おうと意図していた——つまり，制定者が現実に用いた誤解を招く言葉の箇所で，「この制定日に残酷かつ異常だと広くみなされている刑罰」という句を用いたとすれば，自分たち自身の考えをより明確に表現したことになっただろう——と仮定しているのだろう。

　スカリアは，死刑に関する自分の議論がそのようないかなることも前提していないと応え，また彼は私の示唆が自分の見解の「戯画」となっていると呼んだ。だが，彼はたった2，3行後には，次のような自分自身の見解を述べたのである。第8修正が制定しているものは，「何が残酷であるかについての，現存している社会の評価である。…それは，われわれ［すなわち，制定者とその同時代人］が今日残酷だと考えるものを意味している」。その後，彼は次のような適切な結論を引き出している。「この分析では，1791年には広く利用されていた死刑が第8修正の抽象的道徳原理を侵害していないということは，まったく明らかである」(6)。この後者の一節は，私が見抜けない深い意味をもっているのでないかぎり，たった2，3行前ではスカリアが戯画として拒否していた見解をまさに是認している。

　だから，スカリアは，自分が仮に意味論的原意主義者だとすれば，自分の憲法解釈上の立場が何を前提するかについての1つの説明に直面して，そうした説明を途方もなく馬鹿げたものとして拒否している。しかし，その直後に，憲法の法文に忠実であるとともに自分自身の憲法解釈上の姿勢と一貫している見解を述べようと努めるときには，たったいま拒否したまさにその見解を述べるように強いられている。それゆえ，彼が理論上立っている位置は矛盾している。その位置は彼の憲法上の裁定を抑制できず，その裁定は事実上，憲法への忠誠の保持とほとんど関係がない。スカリアの様態での憲法訴訟弁護士が働くときの困難について，これ以上に劇的な例証がありうるだろうか。その弁護士は，〔憲法への〕忠誠を公言しなければならないが，実際には忠誠との係わりを否認せざるをえないと感じているのである。

　トライブは，著名な憲法実務家たちのなかで最も傑出し，泰然とし，妥協のないリベラルであるけれども，彼自身の発言は，スカリアのディレンマと驚くほど似たディレンマに彼が直面していることを示している。もっとも，そのディレンマを同定することは，私にはいっそう時間がかかるだろうが。トライブは，大幅に加筆して公刊したコメントを書き始めるにあたって，自分がスカリアと私の両方に賛成しないと宣言している。彼は言う。「私は，

ドゥウォーキン教授にもスカリア判事にも賛成しない。すなわち、われわれの過去の特定の時点において行為者の有限集合が何を言おうとしたかに関する経験的事実を…『発見する』ことができるという点には賛成しない」。彼は私を、とくに次のように考えているとして批判する。憲法解釈はそのような経験的事実を引き出すことに左右されると考えており、また新奇な憲法解釈は、「実際には新しいものをまったく表現しておらず、すべて単に推論であって、その推論は、憲法の起草者または批准者が何年も昔にわれわれの前においたと確実に考えることができるような原理上の問いに対する正解へとわれわれのやり方で達する推論の…まっすぐな過程によって生じる」と考えているというのである。(私は、そのような見解に似た何物も保持したことはなく、擁護したこともない。)

　これらの発言は、憲法の法文についての相異なった解釈が可能であるときには、トライブはその法文への忠誠の要求を拒否するということを意味しているものと、私は捉える。確かに、彼の発言は、これよりはるかに無害な仕方でも解されうるが、しかし彼の発言がそのように解される場合には、彼自身とスカリアおよび私との間にあると彼が宣言した意見の相違は消滅してしまう。例えば、われわれはトライブの発言を、意味論的意図に関して行う特定の判断においてわれわれが示しているように思われる自信に対してのみ、異議を唱えているものと解することができる。彼は、自分がスカリアや私に帰している見解に対して認識論的増幅をまき散らしている。例えば、トライブは、自分自身も憲法解釈に関する多くの見解を保持しているけれども、「私はこれらの見解が厳密に論証可能な結論であると主張しないし、これらの見解を普遍的に保持された見解と混同もしない」と言っている。彼は他所で、第1修正が「自明な仕方で、広範な道徳原理を制定するように意図されて」いたということを、第1修正の「ドゥウォーキン的解釈」として記述しており、自明性というそうした主張が「論証可能であることも」否定している。彼は、スカリアおよび私の「疑いの余地なく誠実な（それにもかかわらず心得違いの）確固たる信条」として彼が同定したものをはねつける(7)。

　もちろん、スカリアも私も、われわれの意見についてのこれらの報告を受け入れるつもりはない。敵対者の見解をそのような句で飾りたてることは、論争上は有用であるかもしれないが、しかしそれは議論の品位を下げる。なぜなら、そのように飾りたてられた見解をいかなる人も擁護しないだろうか

らである。憲法解釈は数学ではなく，愚か者以外には誰も，自分自身の憲法解釈が，考えられるどんな挑戦からも超越しているとは思わないだろう。われわれは自分の憲法解釈を支持して論じるべく，その解釈が競合的解釈に対してもつ優越性のためにわれわれが提示しうる最良で最も実直な論拠を提示する。その際，われわれには次の点が分かっている。他の人がわれわれの議論を拒否するだろうことは不可避だという点，またわれわれの考えが正しいことを論証するために，政治道徳上の共有された諸原理にも憲法解釈上の共有された諸原理にも訴えかけることができないという点である[8]。

　スカリアの見解や私の見解のなかでトライブが拒否しようとしているすべてのものは，解釈についての悪しき形而上学なのだと想定することによって，われわれは彼のコメントを罪のないものと解することもできる。トライブが，人々が過去に言おうとしたことに関する「経験的」事実を発見するのは可能であるということを否定するとき，彼はただ，ある死んだ人または死んだ人々の霊異との直接的な心的結びつきを確立するのは可能でないと言おうとしているのかもしれない。しかし，もちろん，そうしたことは，スカリアが念頭においている企てでも，私が念頭においている企てでもない。先述のように，人々が，他の人々が言ったことを翻訳する——食卓をまたいで，あるいは何世紀もまたいで——のは，構成的解釈の過程によってであり，そして構成的解釈の過程は，頭蓋骨の内部を覗き見ることをめざしているのではなく，他の人々の語りや他の振る舞いについて可能な最善の理解をすることをめざしている[9]。それは規範的過程であって，「経験的」過程ではない。それがとりわけ複雑な過程であるのは，解釈対象が政治的行為であり，しかもその構成員の意見が政治的に分かれていたかもしれない集団に政治原理または政治的目的を帰することなしには，上記の翻訳について決定することができないときである。しかし，構成的解釈の本質は，そうした複雑な事例でも個人の事例と同一のままである。われわれは，当該の発話という出来事を，競合的解釈がなしうるよりもよく説明する——また政治的事例では，よりよく正当化する——解釈を見出さなければならないのである。われわれが大いに抽象的な憲法の条文をはるかによりよく理解するのは，その条文がきわめて抽象的な原理を述べていると仮定することによってであると論じた際に，私がもっていた野心は，上記の構成的解釈の本質だった。その本質はまた，スカリアが論じたかぎりでは〔私とは〕反対の自分の見解を支持して論じた際に，

彼がもっていた野心でもある。そのことは，スカリアが自分の見解に有利なように述べたあらゆることが示しているとおりである。

　それゆえ，適切な問いは，制定者が何を言おうと意図していたかに関する「確固たる信条」ないし「自明の」命題をわれわれは「論証する」ことまたは確立することができるかどうかではなく，また歴史から心的状態を引き出して，その心的状態を単に「経験的な」試験に服させることができるかどうかでもない。適切な問いは，われわれがそうしたことのどれも行えないという事実にもかかわらず，それでもなお，すべてを秤にかけると，制定者が言ったことについてのどの見解がよりよい見解であるか——たとえその見解に論争の余地があっても——を決めなければならないかどうかである。トライブが本当にスカリアや私と現に意見を異にしているならば，彼は次のように考えているにちがいない。制定者が何を言おうと意図していたかは，最善でも不確かであるから，その問題に関してはまったく，あるいは少なくとも大いに抽象的な条文の場合には，どんな結論にも達するべきでなく，また達する必要もないのであり，そのような結論を含まない何らかの仕方で——多分，われわれ自身の政治道徳への，あるいは現代の支配的な政治道徳であるとわれわれが捉えるものへの直接的な訴えかけを通じて——憲法解釈を実行するべきであり，また実行する必要があるというわけである。

　しかし，それは首尾一貫した立場ではあり，また先述のように多くの論評者に訴えかけるものがあるけれども，トライブが同等の熱情をもって行っている他の主張とはあからさまに矛盾すると思われる。例えば，トライブは，スカリアのタナー講演に対する自分のコメントにおける他の箇所で，法文へのきわめて強い形態の忠誠を是認している。「それにもかかわらず，憲法の書かれた法文が首位の座をもち，根本的出発点と考えられなければならないという信念，法文と和解不可能な何物も適切な仕方で憲法の一部とはみなされえないという信念，そして憲法の一部が尤もらしい仕方で，重要な仕方で相異なる解釈に開かれていることはありえないという信念を，私はスカリア判事と共有している」(10)。それは，法文への忠誠のきわめて強い宣言である——それは，私自身が是認するつもりのものよりも強い。なぜなら，先述のように，全体的な構成的解釈において法文と実践を和解させるいかなる仕方も見出せないときには，時代を越える先例と実践は原理上は，憲法の法文と同じくらい基底的な解釈上の一片のデータという地位を〔法文から〕奪うい

るからである。だが，法文にはきわめて重要な役割があるいう点では，私はトライブに同意する。われわれは，法文そのものが何を言っているかについて自分がもつ最も尤もらしい解釈と首尾一貫したものとして擁護でき，しかも他の何物でよしとするのにも非常に抵抗するような一組の憲法的諸原理をめざさなければならないのである。

　しかし，法文は単なる一連の文字と語間ではない。法文は命題からなっており，意味論なしには，つまり文字と語間が（何事かを意味するならば）何を意味するのかを特定する解釈なしには，法文に「首位の座」——あるいは実際のところ，どんな座もまったく——を与えることはできないのである。そうした仕方で文字や語間を解釈してしまうまでは，何が法文と「和解不可能」であり，あるいは「和解不可能」でないのか，法文が曖昧または多義的であるかどうか，法文が「尤もらしい仕方で，重要な仕方で相異なる解釈に開かれている」ことができるかどうかは，まったく分からない。だから，法文がもつ首位の座に関するトライブの発言は，意味論上の戦略を前提していることになる。それは何だろうか。

　自然な戦略は，私がたったいま記述した戦略である。法文にどのような命題が含まれるかを決定するために，その法文を作った人たちに意味論的意図を帰し，そして彼らがそのとき何を行ったかについてわれわれがなしうる最善の理解をするよう努めることによって，彼らに意味論的意図を帰するのである。しかし，トライブが本当にスカリアや私に同意しないでおこうとするならば，彼はそうした戦略を拒絶していることになる。代替案は何だろうか。われわれは憲法のような古い文書を，その文書を作った人たちが何を言ったのかを理解しようと努めることによって解釈するべきではなく，その文書が意味していると過去に捉えられてきたものを意味していると想定することによって解釈するべきだと言う人がいるかもしれない。そうした戦略には〔無限〕背進の問題があるが，しかしその問題を探査する必要はない。なぜなら，その戦略はいずれにせよ，トライブが意図している独立した首位の座を法文に与える仕方ではないからである。その反対に，それは，法文が当今の解釈において独立の役割をもつことを否定している。

　それゆえ，（多分，「尤もらしい」代替案に関するトライブの発言によって示唆されている）異なった可能性を考えていただきたい。法文の首位の座は次のことだけを要求すると言う人がいるかもしれない。それは，当該法文を

作り上げている一連の文字と語間が，ある状況または他の状況では，その法文が展開する命題を表出するのに用いられうるのでないかぎり，いかなる憲法解釈も受容可能とは考えられないということである。そうした極端に弱い制約は，〔例えば〕制定者が第1修正で抽象的道徳原理を定めるのを意図していたか否かを問わず，裁判官が言論の自由という憲法上の広範な「道徳的」権利を宣言するのを許すだろう。なぜなら，制定者が用いた一連の文字と語間は，広範な原理を宣言するために用いられたということもありうるからである。(詩におけるテクストの首位の座についてこれと並行的な見解では，『失楽園』を同性愛者嫌悪のものとして解釈することができるだろう。なぜなら，「ゲイ (gay)」という語を作り上げている文字はいまでは，同性愛者に言及する語を作るために用いられているからである。) しかし，そうした奇妙な解釈戦略は，法原理または政治原理においては恣意的であって〔採用する〕動機づけを欠いている。憲法に見出された碑文が特定の命題を述べるために用いられうるか用いられえないかは，当該命題が，その碑文がそれを述べるために用いられた命題であるとわれわれが考えるのでないかぎり，なぜ問題となるというのだろうか。それに代えて，法文は綴り換えの意味で首位の座になければならない——法文は，そのなかの文字が禁止するように再配置されうるどんなことをも禁止しているものとして理解されうる——と言うことは，同等に理解可能ではないだろうか。

　そこで，法文への忠誠に対するトライブの誓いと自然な解釈戦略を除くどんな解釈戦略とを和解させることも，極端に困難である。しかし，彼が本当にスカリアや私と現に意見を異にするならば，そうしたことは，彼が拒否しなければならないことである。さらに厄介なことがまだある。トライブは他の多くの一節で明らかに，上記の自然な戦略が正しい戦略であるという点，また制定者が用いた語がどちらを言うためにも用いられうるときに，制定者が別のことでなくむしろあることを言おうと意図したと想定することは，現に意味をなすという点を仮定している。例えば，トライブは自分自身の加筆されたテクストに，私が会議で行い本章で繰り返した議論を付け加えている。スカリアが，第8修正は死刑を禁止していないことの証拠として，権利章典の他の部分に依拠していることは，彼が公言する意味論的原意主義と首尾一貫しないという議論である[11]。しかし，首尾一貫しないという私の非難は，制定者が第8修正で何を言おうとしたかに関する主張によって絶対に左右

される。制定者が宣言しようとしたとスカリアが仮定していると私が述べた命題——当時の一般的意見によれば異常かつ残酷である刑罰は禁止されるという命題——を，制定者が宣言しようとしたとすれば，スカリアの法文解釈は首尾一貫していないのではなく，その反対に説得力をもっているだろう。スカリアの法文解釈が首尾一貫していないと宣言することができるのは，制定者は当該の日付のある規定を定立しようとしたのでなく，その代わりに抽象的な規定を定立しようとしたのだということを確信していられる場合——トライブはこの文脈では確かにそう確信しているように思われる——だけである。上記の議論を採用する際に，トライブは，スカリアと私が行いうると想定して自分が批判している種類の判断にまさに依拠している。

　上記の一節でさえも，〔トライブの見解の〕不可解さを汲み尽くしていない。トライブは熟練の訴訟代理人であり，自分の立場に有利なように軽々しく議論を脇においておくことはしない。彼は，第1修正が政治道徳的原理を述べているということに同意すると言う。そうすると，最善の解釈では，第1修正がそのような原理を表出するよう意図されていたという議論を，彼はなぜ拒否するのだろうか。彼はなぜスカリアや私との意見の不一致を主張するのだろうか。彼は，その意見の不一致を正真正銘のものとするよう格闘しなければならず，それに成功するならば，その意見の不一致は，彼が言うことの残りの大半を首尾一貫しないものとし，また憲法についての彼の確信の多くを支持する明らかに強い議論を喪失する。〔上記の問いへの〕答えは，他の一節の冒頭で強く示唆されている。彼は，憲法解釈が，「憲法注釈という見せかけの下で自分の個人的な選好・価値観を課することに退化するのを防ぎたい」(12)と言う。先述のように，抽象的な道徳的憲法を解釈する裁判官は，道徳的争点を単に自分自身の良心の前においているのではないけれども，それは確かに，裁判官が行わなければならないことの一部である。トライブは，制定者が制定しようとしたものへのどんな依拠も否認できればと願っている。なぜなら，彼は私と同様に，最も説得力のある見解では，制定者は，忠実な裁判官や弁護士に，正統性がないとトライブが心配するようなことを行う他には選択の余地を残さない憲法を制定しようとしていたと信じているからである。

　しかし，トライブは，そうした難局から抜け出すいかなる途ももちあわせていない。私がその冒頭部をたったいま引用した文章で，彼がどのように結

びとしているかに注意していただきたい。「…その課題がいかに困難であるかを認めなければならない。その課題が，解釈を構成するのでなくむしろ発見するという受動的過程に縮減されうるというふりをすべて避けよ。そのようなふりに代えて率直な説明を行え。率直な説明とは——不完全で結論に達しないかもしれないが——，法文について自分が提案する解釈構成が，憲法全体およびその解釈史に照らして受容に値しているとなぜ自分が考えるかについてのものである」[13]。言い換えれば，この文章の終わりの部分は，冒頭での心配をいかなる仕方でも緩和せず，その心配を確認しているだけである。一貫性が裁判官にそう要求するように，「憲法全体およびその解釈史」を見やる裁判官でさえ，そうしたテストを通過するだろう他の解釈構成よりも，自分の解釈の方がなぜいっそう「受容に値して」いるかを論じる際には，にもかかわらず自分自身の政治道徳的確信を展開しなければならない。そして，「率直な」虚心坦懐さはもちろん一つの徳であるけれども，人が腹蔵なく言うことを変えるわけではない。

　トライブの見解の困難さは，スカリアのそれと並行的であるが，正反対の方向に進んでゆく。スカリアは，忠誠を信奉していると見られたがっているが，しかし忠誠を拒否することに終わる。トライブは忠誠を拒否したがっているが，それを信奉することに終わる。誰の終わり方が正しい終わり方だろうか。それは，ここまで延ばしてきたが，いまや取り上げなければならない問いである。憲法への忠誠は，適切に理解されると政治的徳だろうか，あるいは政治的悪徳だろうか。

　一貫性によって規律づけられた抽象的憲法への忠誠さえも，裁判官，弁護士，立法者，憲法を解釈する他の人たちに対して，中絶，医師の幇助による自殺，人種間平等のように，市民たちを深く分裂させる争点に関して新たな道徳判断を行うよう要求する。これらの争点についてのどんな公務員の意見も，論争の余地あるものであるだけでなく，多くの人によって憎悪されることは確実である。多分，わが国の裁判官は，忠誠を脇におくならばよりよく物事を行えるかもしれない。多分，裁判官は，われわれがもっている憲法を強行することでなく，よりよい憲法，あるいはともかくも異なった憲法を作り上げることをめざすとすれば，われわれによりよく奉仕できるかもしれない。多分，ブッシュが本当は，自分で言ったのと正反対のことを言おうとし

ていたならば，彼の意見は正しかっただろう。

　しかし，〔憲法への〕忠誠を脇におくためのいかなる根拠を提示しうるだろうか。何が忠誠に対する切り札として勝ちうるだろうか。憲法の文脈ではいっそう重要だと考えられるかもしれない3つの徳を考えることができる。第1に，ある状況では，忠誠が正義という切り札で負かされるかもしれない。政治社会が，その構成員の多くが不正義だと考える憲法上の解決を負わされていることに気づき，ある状況では，そうした共同体の裁判官が当該憲法を単純に無視することを決めるのが，適切であるかもしれない。裁判官は嘘をつくかもしれない。自分の判決が忠誠によって指令されていると公的に主張するにもかかわらず，その正反対が真であることを知っており，また多分私的には認めることによってである。あるいは，裁判官は，（自分の状況が許すならば，）古い憲法が，あるいは少なくともその一部がもはや自分を拘束しないと単に宣言するかもしれない。例えば，多くの人々はいまでは，逃亡奴隷法が違憲だと宣言するよう求められた南北戦争前の裁判官は，そうした宣言を行うべきだった——（これらの批判者の意見では）忠誠は反対の結果を要求していたという事実にもかかわらず——と考えている。憲法は，逃れた奴隷を主人に返すよう市民に求める法律を非難してはいないが，それにもかかわらずそのような法律は，強行するにはあまりに非道であると独り言を言っている裁判官を，容易に想像することができる。

　だが，私が忠誠からの要求を上回る切り札となりうるものとして正義に言及したのは，単に正義を脇におくためである。先に同定された想定上の問題は，忠誠が裁判官に，自分が不道徳だと考える法を合憲とするよう求めるということではないからである。それはその正反対のことに近い。すなわち，憲法が抽象的道徳原理を含んでいるので，忠誠は裁判官に，自分には不正義だと思われる法律——その法律は，適切に選出された〔議員からなる〕立法府によって是認されているけれども——を非難するあまりに多くの余地を与えているということなのである。

　忠誠を上回る切り札となりうる第2のものは，いまやはるかにいっそう的を射ている。それは民主制自体である。道徳的憲法への忠誠は，裁判官が，そうした憲法が具体的論争において要求しているものについての最終的裁断者であるべきだということを含まない。それでも，わが国の政治的制度配置においては，連邦裁判所裁判官は憲法典についての最終的権威者であり，多

くの学者・裁判官・市民は次のように信じている。真正の民主制では，人民が自ら政治道徳上の根本的争点について決定するべきだから，真の忠誠であれば要求するだろう種類の道徳的判断を裁判官が行うのは非民主的である。こうした異議によれば，われわれがわが国の民主制を慮るならば，少なくとも憲法の大いに抽象的な条文の場合には，われわれは忠誠へと盲目的な注視を向け，またわが国の裁判所についてはより控えめな役割を主張するだろうというのである。

　そうした議論は健全だろうか。それはすべて，民主制という語で何を言おうとしているかに左右される。2つの民主制概念を区別することができ，その一方は上記の不平を確実に正当化するだろうが，他方は正当化しないだろうからである。第1の概念は多数派主義的である。そうした見解によれば，民主制の本質は，原理についてのすべての争点が多数決投票によって決定されなければならないということである。言い換えれば，民主制とは全面的に多数派支配である。そうしたことが民主制の意味するものであるならば，多数派が承認する政治道徳的判断を脇におく権力を裁判官に与える司法審査の枠は，反民主的である。しかし，それとは異なった仕方で民主制を定義すると想定していただきたい。民主制とは，平等な立場にある協力的共同投企の構成員としてともに行為する人々の全員による自己統治を意味する。私見では，それは，多数派主義的主張よりもはるかに魅力のある民主制の中枢についての理解である。多数派支配が民主的であるのは，ある前提条件——平等な構成員の地位という民主的条件——が満たされ保たれるときだけである。

　これらの前提条件とはどのような条件だろうか。私は自著『自由の法：憲法の道徳的解釈』で，いくらか詳しくそれらの条件を確定しようと努めた[14]。第1に，すべての市民が政治生活において平等な役を果たす機会を与えられていないかぎり，自己統治の共同投企として受け止められるいかなる民主制もありえず，そしてそのことは，選挙権の平等のみでなく，公式の公共的熟議と非公式の道徳的意見交換の両方における平等な発言権をも意味している。それは，第1修正によって原則的に保障されている権利である。第2に，人々が個人として政府への平等な利害関係をもたないかぎり，上記のように受け止められるいかなる民主制もありえない。集合的利益がどこにあるかを確定する際に，あらゆる人の利益が同一の仕方で考慮に入れられるべきだということが，理解されなければならない。そうした要求が，適切に理解された

平等保護条項の基盤にあると，私は信じている。第3に，個人が，多数派の良心と判断でなく自分自身の良心と判断に返答できるように，最も宗教的・倫理的な決定を自分自身で自由に行う私的領域が付与されていないかぎり，いかなる民主的共同投企もありえない。自分自身で決定するよう自己尊重によって要求されていると自分が考えることについて，自分のために〔代わって〕決定するという権威を主張するような組織化された投企では，自分を十全かつ平等な構成員として捉えることは誰にもできない。そのことは，第1修正による信教の自由の保障の基底である。そのことはまた，自分の生がなぜ価値あるものであるか，そして自分の生を生きることにおける成功とは何を意味するかについての各個人の感覚を確定する根本的な倫理的選択における独立性を，デュー・プロセス条項が保障していること——これまでは不完全に実現されてきたにすぎないが——でもある。

　民主制についての上記の代替的見解——それをパートナーシップ民主制と呼べるかもしれない——によれば，前述の諸条件が少なくとも実質的に満たされているのでないかぎり，多数派支配は民主的であるのはともかく正統的でない。だから，民主制についてのそうしたパートナーシップ的見解を採用するならば，司法審査はその本性において民主制と首尾一貫しないという議論は，失敗している。すでに述べたように，立憲民主制は実定的に，わが国のような憲法構造を，すなわち民主的条件を成文の根本的文書に記録し，またそうした条件が満たされてきたかどうかについて裁判所に最終的解釈の権威を帰するような構造を要求すると言おうとしているのではない。最終的解釈の責任を選出された〔構成員からなる〕何か特別な組織体に与えておいたならば，いっそうよかっただろうと考えることや，そうした解釈の責任を選出されない裁判官に与えるという，19世紀に行ったか批准した決定は賢明でなかったと考えることは，当然なのかもしれない。しかし，それは別問題である。論点を先取りすることなしには，多数派はそうした解釈上の決定を行う自動的なデフォルトの権原をもっていると言うことはできない。なぜなら，条件が満足されないかぎり，統治するいかなる権限も多数派にはもちろんないからである。民主制概念が，どの機関は最終的解釈の権威を与えられるべきで，どの機関は与えられるべきでないかを命じうると考えることは，論点を先取りしている。そうした決定は，私が『自由の法』で論じたように，他の根拠にもとづいて行われなければならない。

忠誠を上回る切り札だと世評上言われる2つのものをいま考察したところである。第1のもの——憲法は，忠誠を喪失するほどにたいへん不正義であるかもしれないということ——を，現在の議論には密接な関係がないものとして脇においた。また，第2のもの——最終的解釈の権威を裁判官に帰するわが国の統治構造の下では，憲法の抽象的な道徳的条文への忠誠は，裁判官という公務員に非民主的権力を与えるということ——について調べた。さて，私は，忠誠に切り札で勝つ第3の根拠を，短くではあるが論考したい。その根拠を法的プラグマティズムと呼べるかもしれない(15)。プラグマティズムは，何十年間もアメリカの法理論に一定の影響をおよぼしてきたのであり，いまではとくに憲法理論において何かルネッサンスのようなものを謳歌している。

　法的プラグマティズム——あるいは少なくともその顕著な要素——は，司法的決定が小さく，注意深く，実験的な決定であるべきだと論じる。法的プラグマティズムがそうした主張を行うのは，民主制の考慮からではなく，次のような確信からである。弁護士や裁判官は，憲法の法文への忠誠ならば要求するだろう種類の原理についての，大きく広範な抽象的言明から具体的決定を演繹しようと努力するよりも，むしろ何が実際には本当にうまく働くかを発見するよう努めることによって，社会にとってよりよいことをなしうるだろうという確信である。プラグマティストが主張するところでは，裁判官は，特定の事案がおかれた実際の限られた状況に集中して，そうした限られた枠組で成功している争点や利害の調整を見出すよう努めるべきである。なかんずく，裁判官は，自分が一度に決定しなければならないよりも多くのことを決定しないよう用心するべきである。憲法典を含む法が，大原理よりもむしろ類推によって緩慢で漸進的に，一歩ずつ歩みをテストしながら，法をよりよく作用させるよう少しずつ努力しながら，成長する方がよい。わが国の抽象憲法への忠誠はその正反対のことを命令する。忠誠は裁判官に，大道徳原理の大規模な解釈を構成するよう命令する。こうした見解では，忠誠はまさに誤った方向をわれわれに指し示している。

　法的プラグマティズムはすばらしく賢明に聞こえるではないか。それは，きわめてアメリカ的であり，経験主義的であり，実際的であり，とりわけこの見解のおもな主唱者を考慮に入れると，きわめてシカゴ的である。世界に対する重荷に耐えうる豚屠殺者であり，そのすべてである。しかし，法的プ

ラグマティズムの声はまた，言い回しやニュアンスを適切に変えれば，オリヴァー・ウェンデル・ホウムズの声でもある．彼は，このアプローチの後援者的聖人であって，法の生命は論理でなく経験であると言ったのである．それは，そう呼ばれるようになっていた呼び名では，アメリカの法的リアリストの声である．アメリカの法的リアリストは，学問的な法はより実践的でより事実に浸されたものとなるべきであり，より理論的でなく抽象的でないものとなるべきだと力説することによって，1930年代に始まるアメリカ法学教育を転換した．

　ある程度までは，そうしたプラグマティストの声は，（何も驚くものがないとしても）健全な助言を提示している．その声はわれわれに，どんなことをするかを決めるときにも，できるだけ情報を与えられていることや帰結を見やることがよいのだと思い出させてくれる．しかし，その声は本当に，憲法への忠誠に勝つ切り札となることや，忠誠の精神でなされる憲法上の裁定が要求する抽象的政治原理についての大きな問いを無視することを支持する議論を提供しているのだろうか．

　政治共同体がおかれているのに気づく2つの状況を区別しなければならない．第1の状況では，政治共同体は，自らが憲法や他の法を通じてどのような目標を追求したがっているかについてかなり十分な考え——言うなれば，政治共同体が最後にはどこに行き着きたいかについての十分な感覚——をもっている．例えば，政治共同体は，インフレを低く抑えつつ，それにもかかわらず経済成長を持続させたがっているかもしれない．政治共同体は，政治的討議が活発で，犯罪率が低く，人種間の緊張がより少ないことを欲しているかもしれない．政治共同体は，どのようなときにこれらの目標を達したことになるかを知っているだろうが，しかしそれらの目標をどのように達するかについていまは不確かである．そのようないくつかの場合には，そのような共同体に対して，最初に大きな経済原理や道徳原理を構成し，次にそれらの原理に照らして進むことによって，自らの問題を解決しようと努めるのでなく，それに代えて実験的であるように——何がうまく働くのかをまさに見るために次々と試すように——努めよと言うことは，実際のところ助けになるかもしれない．

　だが，第2の状況では，共同体にとっての問題は，すでに同定された目的を達するのにどの手段が最も適しているかが，当該共同体には分からないと

いうことではない。むしろ，どのような目標を追求する・べ・きか，どのような原理を尊重する・べ・きかが分からないのである。共同体は，公正な共同体や正義にかなった共同体でありたいと思っているが，しかしそのことが例えば，人々が親密者との性的決定を自分たち自身で行う自由を増加させることを意味するかどうか，あるいは雇用や教育において少数派に優先権を与えることを意味するかどうかが，分からない。共同体にとっての困難は，増加した性的自由を付与することからの，あるいは積極的是正措置プログラムを採用することからの帰結を予測できるための事実に関する基礎がないということではない——あるいは少なくとも，そのことは共同体にとっての唯一の問題ではない。共同体にとってのより深い問題は，これらの帰結が，当該共同体の構造上の正義や公正における総体的改善となるか，あるいはさらなる欠陥となるかが分からないという点にある。こうした状況では，プラグマティストの真っ正直な助言——プラグマティストの実践的・経験的な警戒の勧告と理論の禁欲——に価値がないことは，明らかではないだろうか。

　第2の状況にいるとき，特定の一歩が「うまく働く」かどうかと自問することによって，一般原理を回避することはできない。そうしたことができないのは，いかに暫定的であれ，ある一歩を後退の一歩でなくむしろ前進の一歩として同定する一般原理を是認してしまうまでは，何がうまく働いて・い・るかに関してどんな意見ももちえないからである。性的自由の増加や積極的是正措置が社会をより正義にかなったものとするかどうかは，どのような自由の否定または処遇上の区別が不正義であるか，またそれはなぜかが決まらないかぎり，決まりえない。

　確かに，代用的テストを自分自身に提示することはできる。社会的プログラムまたは法的プログラムは，それが社会的緊張を減少させるならば，すなわち緊張感がより明白でない仕方でわれわれがともに生活する助けとなると思われるならば，うまく働いていると言うことができる。しかし，そうした戦略は，緊張の減少が社会正義の改善の兆候だと仮定しているが，その正反対が真であるかもしれない。少数派を社会的または専門職的に鼓舞することを——何十年も行われてきたように——より厳しく禁止し続けるならば，現在も今後もいかなる銃火も生じないだろう。第2次世界大戦後の，ジム・クロウ法がもはやうまく働かないときに，国はプラグマティズムの精神でジム・クロウ法を廃止したのだと言われるかもしれない。しかし，何十年間もの

黙認の時代は不正義の時代だったのであり，なぜそうだったのかを説明するには，市民の資格の平等についての説明を構成せざるをえず，その説明は，事例の本性上，憲法的次元上の一般原理でなければならない。

憲法訴訟の事案は原理よりもむしろ類推によって決定されるべきだと示唆することも，助けとはならない。なぜなら，（カントの言葉を言い換えれば，）原理なき類推は盲目だからである。最高裁判所は，女性には妊娠初期の中絶への権利があるかどうかと問われたとき，どちらの類推を採用するべきだったのだろうか。中絶はある意味では嬰児殺のようであり，他の意味では虫垂切除のようであり，他の意味では芸術作品の破壊のようである。これらの比較のどれが事実として適切であるか——どれかが適切であるとして——は，議論の広大なネットワークに左右される。そこには，単に「見る」べきいかなるものもないのである。原理を通じて達した結論を述べる際に類推を用いることはできるが，そうした結論への異なった道筋として類推を用いることはできない。

裁判官は手許の事案によって要求されるもの以上に憲法原理を発展させるよう試みるべきでない——裁判官は自分のすぐ眼前にある原理上の争点について決定することの「外側に手を伸ばす」べきでない——という慣例的な法的知恵のかの古い主要素については，どうだろうか。憲法を，私が推奨したように解するならば，すなわち原理の憲章として解するならば，また裁判官の責任はこれらの原理を名指してそれらの原理の方策と範囲を確定することにあるのだと力説するならば，かの古い忠言の名を汚すよう裁判官に助言しなければならないのだろうか。

必ずしもそうではない。というのは，裁判官は自分の眼前にある事案で，熟考した自説では憲法的道徳上の抽象的原理の最善の解釈から導かれる結果に達することによって，憲法への忠誠を保つという自らの義務を果たすからである。忠誠はそれ自体で裁判官に，そうした限られた目的に必要であるよりも広く原理を述べるように要求するわけではない。しかし，ある原理を，それが手許の問いになぜ適用されるかを示すのに十分であるほど広く述べることは，その原理を，他の事案に関する結論を正当化するのに十分であるほど広く述べることをしばしば意味し，少なくともときには，そうした事実に注意を向けるのを拒否する裁判官には，いかなる明らかな利得もなく，何か明らかな費用がある。例えば，ローマー対エヴァンズ事件を考えていただき

たい。この1996年の事案では，最高裁判所は，市や〔他の〕下位行政単位が差別に反対する市民権を同性愛者に付与できないようにするコロラド州憲法の規定を違憲と宣言した。

最高裁のこの判決は，バウアーズ対ハードウィック事件——その10年前に下された最高裁自身の恥ずべき判決であり，そこでは最高裁は，合意した成人間の同性愛のソドミー行為を犯罪とするジョージア州法を合憲と宣言した——に言及さえしなかった。最高裁がエヴァンズ事件で依拠した原理は以前の〔バウアーズ事件の〕判決と明白に首尾一貫しないという事実にもかかわらず，以前の判決を明示的に覆すのを拒否する際に示した最高裁の寡黙さに，多くの人々は拍手喝采した(16)。それらの人々は，ジョージア州の事案における争点は専門的には〔コロラド州の事案の争点から〕独立している——たとえ同一の原理が両事案を覆うだろうとしても——と言った。

最高裁は後に，2003年にローレンス対テキサス州事件においてバウアーズ判決を現に覆した。最高裁が7年間待ったことについて言えることが何かあるかもしれない。しかし，憲法上の権利が働いているときには，裁判所が，原理についての自らの決定がもつ十全な含意を認めるのを先延ばしにすることを支持するどんなありうる理由にも対置されるべき，永続的かつ重大なリスクがある。それは，機が熟する日に達するまでの，きわめて多数の人々への不正義のリスクである。憲法訴訟上のタイミングは，法理だけでなく人々がどのように生き，また死ぬのかにも影響する。上記の7年間待つことは，同性愛の市民が，取り返しのつかない区分けにより2級市民とされた別の生を生きるよう強いられたことを意味する。受動的なプラグマティズムの徳が警句に優雅に包まれて，ロー・ジャーナル上の論文のなかでめかしこんでいる間，人生は待ってくれるというわけではない。

一国としてのわが国の偉大な実験，政治道徳に対するわが国の最も根本的な貢献は，以下の命題によって三角形として述べられる偉大な観念である。第1に，民主制は単なる多数派支配でなく，自己統治におけるパートナーシップである。第2に，そうしたパートナーシップは，個人1人1人に対して十全な構成員資格という前提条件を保証する道徳的憲法によって構成され可能とされている。第3に，われわれはわが国の歴史によって，裁判官——法の訓練を受けた男女——に，市民の資格の平等のそうした保証を強行するよう求めるという制度的戦略にコミットしている。もちろん，そうした大きな

政治的冒険には多くのリスクがある。ちょうど，どんな大きな政治的野心にも多くのリスクがあるように。だが，われわれはわが国の冒険のゆえに，その冒険のリスクにもかかわらず羨望の的となってきたのであり，ストラスブールからケープタウンまで，ブダペストからデリーまで，いまや世界中で以前にもまして模倣されている。世界中の他国の人々がわが国の例にならって自分たちの中枢を得つつあるときに，われわれの中枢を失わないようにしようではないか。

第6章　ハートの補遺と政治哲学の要点

アルキメデス主義者

ハートのプロジェクト

　H・L・A・ハート教授が亡くなったとき、彼の遺稿には、法理論上の私自身の作品に関する長文のコメントの草稿が含まれていた。彼は明らかにその草稿を、完成した暁には、最も知られた自著『法の概念』新版のあとがきとして公刊しようと意図していた。彼がこの草稿にどのくらい満足していたかは、まったく分からない。その草稿には、彼が十全に満足しなかったとしても当然だろう多くのものが含まれている。しかし、草稿は実際に、その著書の新版の補遺として公刊された。私は本章で、その補遺の中心的で最も重要な〔私に対する〕問責を論考する。『法の概念』において、ハートは、法とは何か、また妥当している法はどのように同定されるべきかを述べることに着手し、そうしたプロジェクトについて2つの重要な特徴を主張した。第1に、彼が言ったところでは、それは道徳的または倫理的に評価的なプロジェクトでなくむしろ記述的なプロジェクトである。それは、普及し精巧に仕上げられた法の社会実践を理解することをめざしているが、評価することをめざしていないのである。第2に、それは法学的プロジェクトでなくむしろ哲学的プロジェクトである。特定の主題について法が何であるか——例えば、〔ロンドンの〕ピカデリー通りでライオンを行進させるのはイングランド法に反するかどうか——を発見しようと努めることは、法律家の仕事である。しかし、法とは一般に何であるかを同定することは、とりわけ野心的な法的修練であるだけでなく、法律家が日々用いる方法とは全面的に異なった方法を

要請する哲学的修練でもある。

　これらの主張の双方に対して私は挑んだ。妥当している法はどのように同定されるべきかに関する一般理論——ハート自身の理論のような——は，法実践の中立的記述ではなく法実践の解釈であって，その解釈は，法実践を単に記述することだけでなく正当化することもめざす——当該実践にはなぜ価値があるか，またその価値を保護し向上させるために当該実践はどのように行われるべきかを示すことをめざす——と，私は論じた[1]。その通りであるならば，法理論それ自体が道徳的・倫理的な判断や確信に依拠している。私はまた，通常の法的議論が同一の性格をもっているとも論じた。何か複雑な争点について法が何であるかを決定しなければならない裁判官または市民は，どのような原理が過去の法を最もよく正当化するかが分かるように過去の法を解釈し，次にその原理がこの新たな事案で何を要求しているかを決定しなければならないのである。だから，法についての法哲学者の理論は，法律家が事案ごとに行う通常の法的主張と性格上は異ならない——もちろんはるかにより抽象的ではあるが。

　ハートは補遺のなかで，両方の論点について私が誤っていると力説した。彼が宣言したところでは，彼が自らのプロジェクトについて主張した特別な哲学的・記述的性格をそのプロジェクトに対して否定するいかなる権利も私にはない。彼が言ったところでは，裁判官が訴訟上の困難な事案でどのように判決を下すべきかに関する私自身の黙考が，道徳的であり関与的であるのは，私が裁判官の活動を批判し評価しているからである。しかし，彼はその反対に，これらの活動を一般的かつ哲学的な仕方で単に記述しており，法的戦争への活動的参加者としてではなく，その戦争に関与しない学者として，それらの活動を外側から記述している。法理学にはこれら両方のプロジェクトの余地があるが，しかしそれらは相異なったプロジェクトなのだと，彼は言った。

　ハートが自分自身の方法論についてもっている見解は，当今の多くの哲学に典型的なものである。形而上学や法哲学のような哲学の専門分野が繁栄しているが，その各々は，何か特定のタイプまたは部門の社会実践に関するものだが参加してはいないと想定されている。哲学者は，道徳・政治・法・科学・芸術を外側かつ上方から見下ろす。哲学者は，自分が研究する実践の第1階の言説——何が正または不正であるか，何が合法または違法であるか，

何が真または偽であるか，何が美的または低俗であるかに関して内省し論じる非哲学者の言説——を，自分自身の「メタ」言語という第2階の立ち位置——そのなかで第1階の概念が定義されて探究され，また第1階の主張が区分されて哲学的範疇に割り振られる——から区別する。哲学についてのこうした見解を私は「アルキメデス主義的」と呼んだことがあるが，いまはアルキメデス主義者の黄金時代である。

　これらの専門的哲学のうち最もなじみ深いのは，いわゆる「メタ倫理学」である。メタ倫理学は，普通の人々が，例えば中絶は道徳的に不正であるとか，人種差別は邪悪であるとか，友人を裏切るよりは祖国を裏切る方がましであるとかと言うときに行っている「価値判断」の論理的身分を論考する。一部のメタ倫理学的哲学者は，これらの価値判断が真または偽であり，そして真である場合には，心からは独立の何か道徳的な事実を正確に報告していると言う。他のメタ倫理学的哲学者はこれを否定する。価値判断は独立の現実に関する報告ではなく，むしろ感情または個人的嗜好の表現であるか，行動の推奨であるか，そうした性格の主観的な何物かであると言うのである。しかし，両集団の哲学者ともに，自分自身の理論——価値判断が客観的に真であるという理論も，価値判断は感情を表出しているにすぎないという対抗的理論も——はそれ自体では価値判断でないと力説する。価値判断に関する第2階の哲学的理論は，中立的であり哲学的でありコミットしていないのだと，哲学者は力説する。その哲学的理論は，中絶・差別・友情・愛国心の道徳性に関していかなる立場もとらない。その哲学的理論は，実質的かつ関与的ではなく概念的または記述的だというのである。

　私は以前の作品で，メタ倫理学についてのこうした見解に反対して論じた。私が信じるところでは，道徳的意見がもつ客観性または主観性に関する哲学的理論は，理論自身のきわめて一般的または抽象的な価値判断としてのみ理解可能である[2]。ハートが自分自身の方法に関して行っている主張は，それと関連しているがいくらか異なった形態のアルキメデス主義の例となっている。その形態は，道徳哲学においてよりも，法哲学を含む政治哲学においていっそう顕著である。繰り返して言うと，鍵となる区別は言説の2つのレベルの区別である。この場合には，自由・平等・民主制・正義・リーガリティに関して普通の人々がもつ第1階の実質的「価値判断」と，これらの理想についての政治哲学者による第2階の中立的な哲学的分析との区別である。

普通の人々——政治家やジャーナリスト，市民や大統領——は，これらの理想がもつ相対的重要性に関して論じる。普通の人々は，正義を保障するために，リーガリティがときには譲歩するべきかどうか，あるいは平等を達成したり共同体を保存したりするために，自由がときには制限されるべきかどうかを討論する。政治哲学者はその反対に，リーガリティ・自由・平等・民主制・正義・共同体が本当は何であるかについて，つまり普通の人々が論じており意見を異にしているものについて説明を提供しようと努める。政治哲学者の意見では，彼らの作品はまたも論争の間で中立的である。自由や平等が何であるか，また自由と平等の衝突はなぜ不可避であるかは，記述的または概念的な問いであって，そうした第2階の問いに答えるどんな哲学的理論も，これらの価値のうちどれが他よりも重要であるか，どちらがより好まれるべきであるか，どのような状況ではどちらが犠牲にされるべきかに関して中立的である。

　こうしたヴァージョンのアルキメデス主義もまた間違っている。私は本章で，平等・自由・法その他の概念についての定義または分析が，それらの理想に関して戦わされる政治的戦闘において競いあう意見のどれかと同じほどに実質的であり規範的であり関与的であると論じたいと思う。法哲学の中心問題に対する純粋に記述的な解決を与えるというハートの野心は，多くの指導的政治哲学者がもつそれと比肩する野心がそうであるのと同様に，思い違いなのである。

ソレンソンの事案

　私は，ハートのヴァージョンのアルキメデス主義をより詳細に記述しなければならず，その目的のためには，複雑な法的問題の一例を眼前におくことが助けとなるだろう[3]。ソレンソン夫人はリューマチ性関節炎に悩まされて，痛みを緩和するために何年間もジェネリック薬品——インヴェントゥム——を服用した。その期間に，インヴェントゥムは，11の相異なった製薬会社によって相異なった商品名の下で製造され市場に出された。事実として，その薬品には，製薬会社が知っているべきだった深刻で未公表の副次効果があり，ソレンソン夫人はその服用により慢性的心臓疾患を患った。彼女は，どの製薬会社の錠剤を実際に服用し，あるいはいつ服用したかを証明することができず，もちろんどの製薬会社の錠剤が自分を害したかを証明すること

ができなかった。彼女は，インヴェントゥムを製造した製薬会社をすべて一括して訴え，彼女の弁護士は，それらの製薬会社の各々が，彼女が治療を受けていた年月に当該薬品市場でのシェアに比例して彼女に対して有責であると論じた。製薬会社は次のように応答した。原告の求めはまったく新奇であり，何人も自らが引き起こしたと示されたことがない損失について有責ではないという，不法行為法上の長く確立している前提と矛盾する。製薬会社が言ったところでは，ソレンソン夫人は，どんな特定の被告が自分を害したことも示せず，あるいは自分が服用したインヴェントゥムを製造したことさえも示せなかったのだから，製薬会社のどれに対しても勝訴できない。

　弁護士や裁判官は，法が本当は何を要求しているかに関する主張において，どちらの側——ソレンソン夫人か製薬会社か——が正しいとどのように決定するべきだろうか。私自身の見解では，先述のように，製造物責任についての確立された法の根底にあり，それを正当化する一般原理を同定し，次にそれらの一般原理をこの事案に適用するよう努めるべきである。弁護士や裁判官は，製薬会社が力説するように，次のことを見出すかもしれない。何人も，その人またはその人が責任を負う誰か[1]が引き起こしたと示されえない危害については有責でないという原理は，先例に非常に強固に埋め込まれているので，それゆえソレンソン夫人はいかなる救済もなしに退けられなければならないということである。あるいは，弁護士や裁判官はその反対に，それと競合する原理で，市場シェアによる新奇な救済を正当化するだろうもの——例えば，何らかの事業から利潤を得てきた人たちは，当該事業からの費用も同様に負うべきだという原理——のかなりの支持根拠を見出すかもしれない(4)。だから，私が好ましいと思う見解では，ソレンソン夫人には，法的に最善の論拠があるかもしれない——必然的にあるわけではないが。あらゆることは，どの諸原理の組がこの領域全体での法の最善の正当化論を提供するかという困難な問いへの最善の解答に左右される。

　ソレンソン夫人の事案のような諸事案に対するハートの応答は，それとはまったく異なる。彼は，前述の補遺において，そうした応答を次のような言葉で要約した。

　　私の理論によれば，法の存在および内容は，道徳への言及なしに，法の
　　社会的源泉（例えば，立法・判決・社会慣習）への言及によって同定さ

れうる。ただし、そのように同定された法がそれ自体で、当該の法の同定のための道徳的規準を包含してきた場合を除いてである[5]。

(この見解——ソレンソンの事案のような困難な諸事案において、法がどのように同定されるべきかに関する見解——を、ハートの「源泉テーゼ」と呼びたいと思う。) したがって、特定の事案において法を同定するために、弁護士や裁判官がどこまで、またどのような仕方で自分自身の「価値判断」を行わなければならないかに関して、ハートと私は意見を異にしている。私見では、法的推論は特徴的かつ浸透的な仕方で道徳的議論である。法律家は、競合しあう諸原理の組のどれが、法実践全体についての最善の——道徳的に最も説得力がある——正当化論を提供しているかを決定しなければならない。他方、ハートの源泉テーゼによれば、実質的な法的議論が規範的であるのは、社会的源泉が道徳的標準を法の一部分とするときだけである。いかなる立法府も過去の判決も、ソレンソン夫人の事案において道徳を適切なものとしていない。だから、ハートの見解では、ソレンソン夫人が、自分が求めたものへの権原を法的にもっているかどうかという問いに、いかなる道徳判断も道徳的熟慮も入ってこない。法に関わるかぎり、彼女は敗訴しなければならないと、ハートならば言っただろう。

　ハートと私は同一の争点——ソレンソン夫人が法において有効な請求権をもっていたかどうかをどのように決定するか——に関して正反対の意見を保持しているのだから、われわれは本当は意見を異にしていないとか、同じ問いに答えようと努めてはいないとかというハートの主張を信用することは、困難である。しかし、ハートと私が共有しているプロジェクトがどのように特徴づけられるべきかという争点は、残っている。彼が自分の補遺のなかで宣言したところでは、彼の説明は、「法についての私の一般的説明のなかに現れる形式や構造を、道徳的根拠または他の根拠にもとづいて正当化することも推奨することも追い求めないという意味で、記述的である」[6]。ハートは、法がどのように同定されるべきかに関して、私が正しく、彼が誤っているということも考えられると言った。すべての困難な事案で法を発見するために価値判断を行わなければならないという点で、私の方が正しいかもしれないというのである。しかし、そのことに関して私の方が正しいとしても、それは単に、第1階の法実践についての私の説明が、そうした実践についての第

2階の記述として彼の記述よりもよいからであるにすぎないのだと、ハートは力説した。だから、われわれは、法がどのように同定されるべきであるかに関してだけでなく、そうした問いへの一般的な答えがどのような種類の理論であるかに関しても、意見を異にしている。彼は、そのような理論が法実践の記述のみであり、また純粋にそうであると信じていた。私は、そのような理論が、道徳的・倫理的な主張を行い、またその主張に頼る法実践の解釈であると信じている。

だが、1つの点で、われわれは同じボートに乗っている。われわれ両者はともに、法実践や法現象をよりよく理解できるのは、スコットランドの製造物責任のような何か特定の現れにおける法ではなく、まさに法概念を研究することを引き受ける場合であると信じている。だが、そうした概念的研究がもつ本性および固有の方法に関するわれわれの相異なった主張は、それぞれ不可解だと思われるかもしれない——それは相異なった理由によってではあるが。概念的探究は一般には、経験的探究と対比されることになっている。ハートはどのようにして、自分の概念的研究が「記述的」だと考えることができるのだろうか。「記述的」という語のどのような意味を、彼は念頭におくことができるのだろうか。概念的研究はまた標準的には、評価的研究と対比されることになっている。私はどのようにして、ある研究が概念的と評価的の両方であると考えることができるのだろうか。法が何のようであるべきかを決定することが、法がまさにその本性において実際に何であるかが分かる助けとなるのは、どのような仕方においてだろうか。これらは十分に重要な問いであるので、この後の数頁にわたって主題を変えるのは正当だろう。

政治的概念

政治哲学者は、鍵となる政治的概念の定義または分析を構成する。正義・自由・民主制その他である。例えば、ジョン・ステュアート・ミルとアイザイア・バーリンは両者ともに、(概括的には、)自分がしたがるかもしれないことを他者からの制約ないし強制から自由な状態で行う能力として自由を定義し、そしてその定義は他の哲学者の間で流布してきた。そうした説明では、暴力的犯罪を禁止する法は、あらゆる人の自由の侵害である。この命題を受け入れるほぼすべての哲学者は、そのような法は現に自由を侵害しているが、明らかに正当化可能であると急いで付け加える——彼らが力説するところで

は，自由はときには他の価値に譲らなければならない。そうしたさらなる判断は価値判断である。その判断は，自由と安全がもつ相対的重要性に関して一方に味方しており，それを実際に拒否する極端なリバタリアンもいるだろう。しかし，バーリンが力説するところでは，それによれば暴力を禁じる法が現に自由に対して妥協させていることになるような定義それ自体は，価値判断ではない。その定義は，自由がもつ重要性についての是認でも批判でも限定でもなく，適切に理解された自由とは本当は何であるかについての政治的に中立的な言明でしかない。中立的だと想定されているその言明から，いくつかのきわめて重要な結論が現に引き出される。とりわけ，自由と平等という2つの政治的徳は，実際には不可避的に衝突するにちがいないという結論が，現に引き出される。自由と平等が現に衝突するとき，これらからの選択は価値観の問題であり，その問題に関して人々は意見を異にすると，バーリンは言った。しかし，自由と平等が衝突するにちがいなく，そのため何かそのような選択が必要だということは，彼にとってはそれ自体では道徳判断上または政治判断上の事柄ではなく，何らかの種類の概念的事実である。

　それゆえ，バーリンは政治哲学に関するアルキメデス主義者である。彼は，自由が本当は何を意味するのかを分析するというプロジェクトが，規範的な判断も仮定も推論も含まない何らかの形態の概念分析によって追求されなければならないと考えた。他の哲学者は，自由とは，他の事柄のなかでもとくに金銭の機能であり，そのため富裕層への課税は彼らの自由を縮減すると力説した。そうした定義は，課税が，自由への衝撃力にもかかわらず原理的に正当化されるかどうかという問いを十全に未解決なままとしていると，彼らは力説した。その定義は，課税が邪悪だという価値判断を許容するが，課税が，暴力を犯罪とすることのように正当化可能な自由の譲歩だという正反対の価値判断をもまた許容するというのである。他の政治哲学者は，それと並行的な仕方で他の政治的価値を取り扱ってきた。例えば，民主制とは多数派支配だということは，きわめて流布した考えである。そうした定義は，民主制が良きものか悪しきものか，また民主制が多数派支配への制約——それは例えば，司法審査によって強行される，多数派に反対する憲法上の個人権の体系を含むだろう——によって譲歩させられるべきかどうかというような問いを未解決のままにしていると言われている。アルキメデス主義的見解によれば，後者の問いは実質的で規範的だが，しかし民主制とは何かという閾値

の問いは概念的で記述的である。自由や民主制についてのこれらのさまざまな説明がアルキメデス主義的であるのは，それらは規範的社会実践——自由や民主制に関して論じあうという通常の政治実践——に関する理論であるが，それら自身は規範的理論であると主張しないからである。それらの説明はむしろ，社会実践について記述的であるにすぎず，またそうした実践を作り上げる論争のなかで中立的である哲学的ないし概念的な理論であると主張している。

だが，そうした主張は，結びつきあっている2つの困難によって悩まされる。第1に，通常の政治的言説はしばしば，実質的論争への中立的閾値としてのみならず，そうした論争における中心的要素としてもまた，哲学者が研究するまさに概念的な争点に関する議論を含んでいる。第2に，「記述的」という術語は多義的である——社会実践が「記述され」うる多くの仕方ないし次元がある。だから，アルキメデス主義者は，自分の立場を擁護可能なものとするために，より正確な記述の意味を選ばなければならない。しかし，彼らにはこのことができない。順番に考察される「記述」の各々の意味は，はっきりと適用不可能だと分かるのである。互いに独立な仕方で致命的なこれらの異議を順番に検討しなければならない。

概念をめぐる論争

哲学者たちの論争はしばしば政治的論争でもある。司法審査が民主制と整合していないかどうかに関しては，アメリカだけでなく世界中でまさにいま活発な議論が行われている。これに関して論じる法律家や政治家は，民主制とは多数派支配を意味し，そのため司法審査は定義により非民主的であって，決定されるべく残されている唯一の問題は，それにもかかわらず司法審査は正当化されるかどうかであると単に仮定しているわけではない。その反対に，法律家や政治家は，民主制とは本当は何であるかに関して論じている。彼らの一部は次のように力説する。司法審査は民主制と整合しないわけではない。なぜなら，民主制は単なる多数派支配を意味するのでなく，多数派支配を公正なものにする条件に服する多数派支配を意味するからである[7]。司法審査に反対する人たちの大半は，民主制のこうしたより複雑な定義を拒否して，次のように力説する。民主制は，単に多数派支配を，あるいは多分，いまや各国の憲法や国際社会の憲法〔とも言える国際人権規約等〕で保護されてい

る十全な諸権利の組よりもむしろ，言論の自由を含む2，3の狭い手続的権利のみによって制限される多数派支配を意味しているというのである。課税を擁護する政治家は，課税が自由を侵害すると譲歩して認めない。その反対に，彼らはこのことを否定して，課税はそれ自体では，どのような自由に対してであれ，いかなる衝撃力ももたないと力説する。課税は自由をあざむくものだと現に宣言する政治家や論争家がいることには，私も同意するが，しかし少なくともアメリカでは，これらの人はすべて，課税を憎んでそれを終わらせたいと願っている政治家なのである。民主制なり自由なりの定義が本当に，実質的な論争および決定に対するいかなる含意もない中立的な——閾値的——争点であるならば，なぜ政治家や市民はそれに関して論じることに時間を浪費するべきなのだろうか。普通の人々が，これらの概念の標準的定義——例えば，民主制とは多数派支配を意味するという定義——に単に収斂し，その結果，民主制はときには他の価値に譲歩させられるべきかどうかという争点のように，純粋に実質的な争点のために自分のエネルギーをとっておけるということを良識によって教えられたことがないのは，なぜだろうか。それに答えて，人々は自分自身の実質的立場を最も自然に支えると思われる定義に引き込まれるのだと，言われるかもしれない。しかし，そうした応答は異議を譲歩して認めている。定義が本当に中立的であるならば，特定の定義がなぜ議論上の有利な地位だと考えられるべきなのだろうか。

　アルキメデス主義的な物語は，政治的概念が政治的議論において実際に機能する仕方を無視している。政治的概念は意見の一致の抽象的地盤として役立っている。ほぼあらゆる人は，問題となっている価値には少なくともいくらかの重要性が，また多分きわめて大きな重要性があることで意見が一致しているが，そうした意見の一致は，より正確に言ってこの価値が何であるか，あるいは何を意味するかに関する決定的に重要な実質的争点を未解決のままとしている。このことが最も劇的に分かるのは，すべてのなかで最も抽象的な政治的概念，つまり正義の場合である。人々は正義の重要性を大して争わない。ある政治的決定が不正義であるということは，普通はその決定に対する最も決定的な異議である。正義に関する論議はほぼつねに，正義がどのくらい重要であるか，あるいは正義はいつ他の価値のために犠牲にされるべきかに関する議論ではなく，正義とは何かに関する議論という形をとる。それが面白みのあるところだと言ってよいだろう。したがって，かの概念につい

ての哲学的理論をアルキメデス主義的なものとして扱うとすれば，それは非常に尤もらしくないだろう。つまり，正義の本性に関して情報を与える理論が，実質的な政治的議論上の争点の間で中立的でありうると想定するとすれば，それは尤もらしくないだろう。確かに，正義について懐疑的な哲学者——正義は見る者の目にとってのみあるとか，正義の主張は感情の投影にすぎないとかと論じる哲学者たち——はしばしば，自分自身の理論は中立的だと想定している。しかし，自分の理論がそれ自体では規範的理論でないと信じている哲学者が積極的な正義観——例えば，政治的正義は共同体の富を最大化する制度配置に存するという正義観——を擁護しているのを見出すならば，それはきわめて驚くべきことだろう。正義を論じる哲学者は，自分がある側に味方していることを理解している。自分の理論が，政治家・指導者・著述家・市民が行う正義と不正義に関する主張と同じくらい規範的だと理解しているのである。自由・平等・民主制といういっそう濃密な政治的概念は，政治的議論において同一の役割を果たし，そしてそれらの概念の本性に関する理論もまた規範的である。われわれは，民主制に大きな重要性があることでは意見が一致するが，しかしどの民主制観がそうした重要性を最善に表出し説明するのかに関しては意見を異にする。司法審査が民主制と整合しないかどうかに関して論じる人たちの誰も，適切に理解されると民主制とは本当は何であるかという問いが，例えば，大半の人々が「民主制」という単語をどのように用いるかを研究することによって解決されるべき記述的問題だということを受け入れようとはしないだろう。その人たちは，自分たちの論争が深く本質的に実質的だということを理解している[8]。

　私がいま擁護している立場と，いく人かの哲学者がもっているいっそうなじみ深い意見——それは，指導的な政治的概念は記述的かつ規範的な「混合的」概念だというものである——との区別を強調するべきである。このなじみ深い見解では，民主制，自由，その他の概念は，情緒的構成要素と記述的構成要素の両方をもち，哲学者はこれらを相互に解きほぐすことができる。情緒的意味は社会実践と社会的期待の問題である。すなわち，わが国の政治文化においては，何らかの実践が非民主的だと宣言することは，ほぼ不可避的に批判という意味でなされ，またそう受け取られるのであり，そのことを理解しない異邦人であれば，当該概念に関して決定的に重要な何物かを逸するだろう。しかし，この見解では，民主制はそれにもかかわらず，まったく

分離可能な記述的かつ中立的な意味をもっている。民主制は，（1つの説明によれば，）多数派の意志に従った統治を意味しており，誰かが，アメリカは民主制であり，それゆえになお悪いのだと言っても，それが惹起するだろう驚きにもかかわらず，そこにはいかなる矛盾もないだろう。したがって，この見解では，中心的な政治的価値についての自分の理論が政治的に中立的だと力説するアルキメデス主義者の政治哲学者は，いかなる誤りも犯していない。その政治哲学者は，中心的な政治的価値が運ぶ政治的な説得力または非難にもちろん気づいているが，しかし根底にありそれ自体では中立的な記述的意味をありのままにおく際には，そうした〔説得力または〕非難を無視するというのである。

　真実はそれとは異なると，私は論じている。自由・民主制その他の概念は，通常の思考や発話では，価値の解釈的概念として機能する。それらの概念の記述的意味は争われ，その争いは，どの記述的意味の帰属が当該価値を最善に捕捉し，あるいは実現するか次第で決着する。記述的意味が評価的説得力から剥ぎとられえないのは，前者がそうした仕方で後者に左右されるからである。もちろん，哲学者なり市民なりが，民主制・自由・平等・リーガリティにはいかなる価値もまったくないと力説することはありうる。しかし，その哲学者なり市民なりは，例えば自由について争いあう多くの説明のなかから1つを単純に選び，次に，そのように理解された自由にはいかなる価値もないと力説することによって，そうした立場を擁護することはできない。その哲学者なり市民なりは，何らかの捉え方において自由は無価値だということだけでなく，自由は擁護可能な最善の捉え方において無価値であることをも主張しなければならない。そのことは，記述的意味と評価的意味を分離せずに両者間の相互連結をうまく利用する，はるかにより野心的な引き受けである。

どのような仕方で記述的か

　私が言及した第2の困難が際立つのは，次のように問うときである。政治的価値を同定するという第2階の哲学的なものと想定されているプロジェクトが，規範的であるよりもむしろ記述的であるのは，「記述的」という語のどのような意味においてであるか。その想定されているプロジェクトは，普通の人々が何物かを，自由の侵害として，非平等主義的なものとして，非民主

的なものとして，リーガリティに反するものとして記述するときに，彼らが多分全員気づかずに実際に用いている規準をあらわにすることをめざしている意味論的分析だろうか。あるいは，それは，人々がそうした仕方で記述するものがもつ真の本質を発見することをめざす構造的プロジェクト，すなわち，虎がもつ真の本性をその遺伝子的構造において同定したり，金がもつ真の本性をその原子的構造において同定したりする科学的プロジェクトのような何物かだろうか。あるいは，それは，何らかの種類の見事な統計的一般化のための調査だろうか――それは，例えば同一の行為を非リベラルなものとして弾劾するよう人々を導く，人間本性または人間行動に関する何らかの法則を発見することに左右される野心的なものであるかもしれず，あるいは事実問題として，大半の人々は現に特定の種類の政治的決定を非リベラルなものとみなすとだけ主張する，より野心的でない種類の一般化であるかもしれない。

　われわれは，諸可能性からなるこの短い目録を通じて，自分の途を進むべきである。上記の意味論的示唆は一定の事実的背景を仮定している。その示唆は，「自由」・「民主制」その他の名の政治的諸概念の使用が――わが国の言語では――共通の規準によって統御されており，その規準が，ある使用が正確であるか不正確であるか，あるいはその両者の間のどこか境界線の領域に属するかを確定すると仮定している。これらの規準が何であるかは，当初は明らかでないかもしれない――実際のところ，哲学的プロジェクトが行うに値するならば，これらの規準が何であるかは〔当初は〕明らかでないだろう。しかし，特定の状況で何を言うことが正しいと思われるかに関する思考実験によって助けられた細心の注意は，これらの隠れた規準を表面化するだろう。これらの意味論的仮定は一部の場合には尤もらしい。それは例えば，工芸品という概念を研究しているときである。私が，印刷されているただ1枚の紙を本として記述したとすれば，誤りを犯していることになるだろう。なぜなら，本という概念の適用のための共有された規準があり，これらの規準がただ1枚の紙を〔本の概念から〕排除するからである。私が「本」という語を正確に用いているかどうかは，その語が普通どのように用いられているかによって左右され，そして私がもし，たった1頁のテクストが卓越した本だと言うならば，私は間違ったことを言ったのである。

　私が信じるところでは，一部の哲学者は，すべての概念が，共有された規

準によってそうした仕方で統御されていると想定するという誤りを犯してきた，あるいは少なくとも，自分が研究している諸概念はそのように統御されていると無批判に仮定するという誤りを犯してきた(9)。しかし，政治哲学にとって非常に重要な概念を含めて多くの概念は明らかに，そのように統御されてはいない。共有された規準という背景は——われわれの最も簡単な事例に戻ると——正義の概念について妥当しない。なるほど確かに，正義または不正義に関する主張で，意味論的根拠にもとづいて除外されると思われる主張を想像することはできる。私が，7は素数のうち最も不正義であると力説し，しかもそれを文字どおりの意味で言おうとしたとすれば，私は概念的な誤りを犯しているだろう(10)。しかし，正義に関して最もわずかな重要性しかない主張でさえ，あるいは最もわずかにしか論争の的となっていない主張でさえ，そうした仕方で除外されるものを想像することはできない。

そうしたことはまた，すでに見たように，平等・自由・民主制・愛国心・共同体その他のいっそう濃厚な概念についても真である。これらの概念を含む言語的な誤りの愚かな例を再び構成することができる。例えば，ある国の年間雨量が増加するとき，その国は自動的に，より民主的でなくなるという主張である。しかし，司法審査が民主制を危うくするかどうか，すべての刑事法が人々の自由を侵害するかどうか，課税が自由を譲歩させるかどうかが，一方の仕方であれ他方の仕方であれ引き出されるだろう語法上のいかなる標準的規準もない。また，標準的語法はそのような論争を解決することができるとは，誰も考えていない。司法審査が民主制と整合しないかどうかは，大半の人々が何を考えているか，あるいは大半の人々がどのように語っているかによって左右されない。そして，民主制・自由・平等に関して，各人がこれらの政治的価値のいくらか異なった捉え方を用いているという事実にもかかわらず，人々には真正な意見の不一致がある。実際のところ，人々の政治的な意見の不一致がとりわけ根深いのは，民主制なり自由なり平等なりが本当は何であるかについて意見を異にしているときである。

したがって，われわれの目録における第2の可能性へと向かうべきである。われわれの概念の一部は，私がたったいま記述した共有された規準に関する背景的諸仮定によってではなく，まったく異なった組の背景的諸仮定によって統御されている。それは，当該概念の正しい帰属が，問題となっている対象に関する一定の種類の事実，すなわちきわめて広く行き渡った間違いの対

象となりうる事実によって固定されているという仮定である。哲学者が「自然種」と呼ぶものは，明白な例を提供している。人々は一定の種類の動物を記述するために，「虎」という単語を用いる。しかし，動物学者は適切な遺伝学的分析を通じて，人々が虎と呼ぶものの一部だけが本当に虎であることを発見するかもしれない。すなわち，人々が虎と呼ぶものの一部は，まさしく虎のように見えるが，それとはきわめて異なった遺伝的構成をもった別の動物であるかもしれない。こうした仕方で，虎に特有のDNAを同定することによって，科学者は，虎の本性ないし本質についてのわれわれの理解を改善することができる。他の自然種，例えば金に関しても，これと並行的な物語を話すことができる。人々は多分，自分たちが一律に金と呼ぶものについてまったく誤っているかもしれない。大半の人々がいま金と呼んでいるものの一部が，あるいは実際にすべてが，本当はまったく金ではなく，金に類似したものにすぎないということが，洗練された化学的分析によって示されるかもしれない。

　民主制・自由・平等その他の政治的概念は，そのようなものだろうか。これらの概念は自然種を記述しているのでないとしても，自然種のように，基底的で根深い物理的な構造ないし本質をもつと考えられうる政治種を少なくとも記述しているだろうか。あるいは少なくとも，何かまったく科学的・記述的・非規範的な仮定による発見に開かれている何らかの構造を記述しているだろうか。哲学者は，平等なりリーガリティなりが本当は何であるかを，DNA分析とか化学的分析とかのような何物かによって発見するという希望をもつことができるだろうか。否。それはナンセンスである。われわれは，そのような観念があるふりをするかもしれない。われわれは，それが民主的制度配置である点で意見が一致する政治権力の過去および現在のすべての制度配置からなる一覧表を編纂し，次に，そのようなすべての具体例が共有する特徴のうち，どれは制度配置が民主制として数え入れられるのかに本質的であり，どれは偶然的または不要化可能であるかと問うかもしれない。しかし，われわれの問いのそうした疑似科学的な改鋳を行うとしても，助けにはならないだろう。なぜなら，社会的または政治的な制度配置がもつある特徴を，その制度配置の性格が民主制となるために本質的なものとし，他の特徴を単に偶発的とするのは何であるかについての説明が，われわれにはなお必要となってこようし，また「民主制」という単語の意味についての内省はそ

うした区別を供給するだろうという考えをいったん拒否したならば，他の何物もそうした区別を供給しないだろうからである。

　そうしたことは，政治的概念だけでなく，相異なった種類の社会的配置ないし社会制度のすべての概念についても真である。何世紀にもわたる相異なった種類の法的・社会的な制度配置で——それらの間の大いなる制度上の相違点や他の相違点にもかかわらず——いまではすべて婚姻の例として記述するだろうものの長い一覧表を編纂するために，課題達成隊が編成されたと想定していただきたい。その途方もなく長い一覧表におけるあらゆる事例で，年月日を特定できる何らかの式典が含まれていること，そしていかなる事例でも，この式典は同性の2名の人を結合させるためには執り行われなかったことが見出されたと想定していただきたい。さて，コモン・ロー上の婚姻は本当は婚姻であるかどうか，あるいは同性愛者は概念上の問題として婚姻することができるかどうかという問いが——初めてだと想像していただきたい——生じる。婚姻のまさに本性に関するこれらの問いが，すでに編纂された一覧表を——いかに長時間であれ——凝視することによって解決されうると想定するならば，それは馬鹿げたことである。そうではないだろうか。

　だから，政治的概念の哲学的分析が，自然種への科学的探究というモデルにもとづいて記述的であると示すことはできない。自由はいかなる DNA ももたないのである。さて，われわれの一覧表での第3の可能性に向かおう。われわれはいま，アルキメデス主義的政治哲学がより非形式的な意味で科学的だと想定する。アルキメデス主義的政治哲学は歴史的一般化だけをめざしており，だからわれわれは，事実問題としていかなる同性愛者婚も過去においてどこでも承認されたことはなかったと言ってよいのとちょうど同じように，われわれがもっている証拠が次の命題を支持するとすれば，過去において人々はつねに司法審査を民主制と整合しないものとみなしてきたのだともまた言ってよいかもしれない。しかし，これは，政治哲学者が行う概念的主張よりも弱いだけでなく，政治哲学を社会史または政治人類学から区別するにはあまりに弱いとも思われる。アイザイア・バーリンが言ったのは，自由と平等は衝突するときわめてしばしば考えられてきたということだけでなく，自由と平等はその本性上，現に衝突するということでもあった。そして，そのことをほとんど誰もかつて疑ったことはないという点——たとえこれが真だとしても——を単に指摘することによって，彼がそうした野心的主張を支

えようとしても，できなかっただろう。確かに，そのような社会学的一般化を生物的・文化的・経済的な法則なり理論なりによって説明しようと試みるならば，それによってその一般化への関心を強化することはできるだろう。しかし，そうしたことは大した助けにならないだろう。同性愛者婚がなぜあらゆるところで拒否されてきたかについて，よきダーウィン主義的または経済学的説明があると力説することは，婚姻がそのまさに本性または本質によって異性同士のカップルに限られるという命題を支持するいかなる効果的議論も提供しない。

概念的かつ規範的？

　それでも，ソレンソン夫人が自分の事案で勝訴するべきかどうかに関する法律家の議論と，法とは何かに関する哲学者の議論との間で異なった何物かが明らかにあるように，政治家が自由なり民主制なり平等なりに訴えかける仕方と，これらの理念について哲学者が研究してきた捉え方との間で異なった何物かがある。哲学者の投企は記述的で中立的で非関与的だと想定することによっては，その2つを区別できないならば，その相違点をどのように同定できるだろうか。哲学者の関与は，政治家の関与が概念的でないような何らかの意味で概念的だと言うことができるのだろうか。規範的議論は，どのようにして概念的でもありうるだろうか。そして，概念的でありうるならば，政治家の議論もなぜ同様に概念的でないのだろうか。

　しばらくの間，自然種に関して私が行った議論に戻っていただきたい。事実上，自然種的概念と政治的概念の間には，私がその議論では無視していた示唆的な類似性がある。自然種には以下のような重要な固有の性質がある。自然種は現実的である。その存在も特徴も，誰の発明にも信念にも決定にも左右されないのである。自然種には深い構造——その遺伝的側面図または分子的性格——があり，その深い構造によって，表面的特徴を含めて残りの特徴が説明され，われわれは，そうした深い構造に気づいていようといまいと，その表面的特徴を通じて当該の自然種を認識する。例えば，われわれが水を認識するのは部分的には，室温では水が透明かつ液体であるからであって，水がもつ深い構造——水の分子的構成——によって，水がなぜそれらの性格をもつのかが説明される。政治的価値や他の価値は，それらの側面のほぼすべてにおいて自然種のようである。第1に，政治的価値もまた現実的である。

価値としての自由がもつ存在と性格は，誰の発明にも信念にも決定にも左右されないのである。そうしたことが論争の余地ある主張であることは分かっている。多くの哲学者はそれを論争しているのである。しかし，それは真だと仮定したいと思う(11)。第 2 に，政治的価値には深い構造があり，その深い構造によって，当該の価値の具体的な表れが説明される。累進課税が不正義であるならば，正義にかなった制度がもつ何かより一般的でより根本的な固有の性質で，累進課税には欠けているもののゆえに，それは不正義なのである。そうしたことはまたも論争の余地ある主張である。それは「直覚主義者」によって拒否される。「直覚主義者」が信じるところでは，具体的な道徳的事実は，彼らの見解では真であると感知されるとき，それ自体において，かつそれ自体について単純に真である。

　自然種と政治的価値の間にある，私が強調しておいた相違はもちろん，これらの類似点に気づいた後にも残っている。自然種がもつ深い構造は物理的である。政治的価値がもつ深い構造は物理的ではない——それは規範的なのである。しかし，ちょうど科学者が別個の種類のプロジェクトとして，虎なり金なりがまさにもつ本性を，これらの実体がもつ基底的な物理的構造をあらわにすることによって明るみに出すことをめざせるように，政治哲学者は，自由がまさにもつ本性を，自由の規範的中核をあらわにすることによって明るみに出すことをめざせる。それぞれの場合に，当該の投企を，もしそう望むならば，概念的なものとして記述することができる。物理学者は，水の本質が分かるように助けてくれ，哲学者は，自由の本質が分かるように助けてくれる。これほど壮大に記述されたこれらのプロジェクトと，より世俗的なプロジェクトとの相違——水の本質を発見することと，水が凍る温度を発見することとの相違，あるいは自由の本性を同定することと，課税が自由に妥協させているかどうかを決定することとの相違——は，最終的には程度の差にすぎない。しかし，より野心的な研究がもつ包括性および根本的性格——根本的である何物かを，説明を通じて発見するという，その研究の自覚的な目当て——によって，その研究のために概念的という名をとっておくことが正当化される。価値の哲学的分析が概念的で中立的で非関与的であると，分別ある仕方で主張することはできない。しかし，価値の哲学的分析が規範的で関与的で概念的だと，分別ある仕方で主張することはできる。

それに関してよいことは何か I

　政治的価値に関する概念的主張は，先述のように，その政治的価値のなかの価値を示すことをめざしている。その概念的主張は，説明を通じて金属の分子構造と比較できるほどに根本的であるような，自らの価値についての何らかの説明を提供することをめざしている。だから，政治に関する一般理論は，正義がもつ価値を相応に根本的なレベルで捕捉しようと努めるだろう。すなわち，その一般理論は——われわれならばそう表現するだろうが——正義をその最善の相において示そうとするだろう。しかし，論点を先取りすることなしに，そう表現することができるだろうか。そうしたことをするならば，赤という色を説明するのに，その色の赤さに言及しないよう努めるようなものではないだろうか。正義が不可欠であるのは，正義だけが不正義を回避できるからだとか，民主制が価値あるものであるのは，民主制が人々に自己統治を与えるからだとか，自由 (liberty) に価値があるのは，自由が人々を自由状態に (free) するからだとか，平等がよいものであるのは，平等が人々を同じ重要性をもつ者として扱うからだとか言うことができる。しかし，これらの命題は助けにならない。なぜなら，それらの命題は，自らが説明しようとしている当の観念を用いているからである。それよりも首尾よくなしうるという希望を，どのようにしてもてるだろうか。道具的正当化論を試すかもしれない——例えば，正義がよきものであるのは，不正義が人々を哀れな状態にするからだとか，民主制がよきものであるのは，民主制が一般に繁栄を促進するからだとかという正当化論である。しかし，これらの道具的主張は答えになっていない。われわれが知りたいのは，自由や民主制に関して何が特徴的によきものであるかであって，自由や民主制がどのような他の種類のよきものをもたらすかではないのである。私が先に言及した政治的価値の「混合的」説明は，そうした困難をかわすことを希望している。「混合的」説明は，民主制の意味がもつ「価値的」部分を哲学者が承認するのを許し，その後で，純粋に「記述的な」部分をときほぐすことに集中する。しかし，先述のように，それもまたうまくゆかないだろう。自由状態なり民主制なり法なり正義なりが本当は何であるかを理解したいのであれば，ある価値がもつ価値をどのように同定するかという困難な問いに立ち向かわなければならない。こうしたことをなせるという希望をもつことができるのは——私はそう論じたいと思うが——より大きな確信の網状体のなかに当該価値の居

所を位置づけることによってである。だが，他の重要な区別を導入することなしには，そうした議論を始めることはできない。

分離された価値と統合された価値

　正義・民主制・自由状態が何であるかをわれわれがよりよく理解したいのは，これを理解しこれについて意見が一致するならば，われわれが皆ともによりよく生きることができると考えるからである。しかし，価値を理解することと，帰結としてよりよく生きることとの結びつきに関してわれわれがとりうる見解は，2つある。第1に，よく生きることへのわれわれの配慮から分離されて独立に固定されたものとして，価値を扱うかもしれない。価値を尊重しなければならないのは単に，価値がそれ自体で，それを承認しないことは誤りを犯したり不首尾に物事を行ったりすることだからだというのである。あるいは第2に，よく生きることへのわれわれの関心と統合されたものとして，その価値を扱うかもしれない。すなわち，それが1つの価値であり，それに備わった性格をもっているのは，そうした性格をもつ価値としてそれを受け入れることが，何か他の仕方でわれわれの人生を向上させるからだと想定するかもしれない。

　正統派的宗教は，信仰している中心的価値について第1の見解をとっている。それらの中心的価値を分離されたものとして扱うのである。正統派的宗教は，よく生きることが1人の神または2人以上の神に身をささげることを要求するのだと力説する。しかし，正統派的宗教は，これらの神の本性なり神としての地位なりが，それらの神を崇敬することによき人生が存するという事実からともかく導き出されることを否定し，あるいは神への崇敬をわれわれにとってよいことまたはよりよいことにするためには，より正確に言って，神はどのようであるはずなのかと問うことによって，神の本性についてのわれわれの理解を向上させうるということを否定する。科学的知識の重要性について，われわれは同じ見解をとっている。宇宙の根本的構造を理解することは，われわれにとってよりよいことだと考えているが，しかし——露骨なプラグマティストであるか気が違っているのでないかぎり——根本的構造のあり方がどのようであるとすれば，ともかくわれわれにとってよいだろうかということによって左右されるとは考えない。われわれは物理的世界への付加物であって，その物理的世界は，それがいまもっている根本的な物理

的構造がどのようなものであれ，われわれが到着したときには，その根本的な物理的構造をすでに，また独立にもっていたと言えるだろう。だから，われわれの実践的関心は，科学における刺激棒であり信号であるが——それは，何を探究するか，また何らかの主張または正当化論にいつ満足するかをわれわれが決定する助けとなる——，当該主張の真理なり当該正当化論の説得性なりには貢献しない。

　多くの人々は，芸術がもつ価値について同じ見解をとっている。彼らが言うところでは，われわれはそうした価値の世界への付加物である。芸術において何がすばらしいかを発見し，芸術のすばらしさを尊重する責任がわれわれにはある。しかし，何物かが美しいのは，それを高く評価することがわれわれの人生をよりよいものとするからだと想定し，あるいはわれわれが芸術を崇拝している仕方でそれを崇拝するとすれば，他の仕方でわれわれにとってよいだろうものを考察することによって，上記の何物かの美しさを同定し分析することができると想定するという誤謬を犯さないよう注意しなければならないというのである。G・E・ムアは，芸術の価値が分離されているという見解のきわめて強い形態を保持していた。彼は，芸術の真価を評価できるすべての被造物がたとえ絶滅し，決して復活しないとしても，芸術はその十全な価値を保有するだろうと言ったのである[2]。だが，芸術の価値が分離されたものだと想定するために，それほどに遠くへ行く必要はない。絵画には感受性に対するいかなる意味もいかなる衝撃力もありえないとすれば，絵画にはいかなる価値もないだろうと——絵画の価値が，絵画が実際にもつ衝撃力に左右されるとか，被造物にとってのそうした衝撃力がもつ独立した価値に左右されるとかと想定することなく——言うことができる。

　他方，信用できる人生を作り上げている個人的な価値や達成物を，分離された価値だけをもつものとして扱うとすれば，それは際立って尤もらしくないだろう。面白みがあるとか興味深いということは，練磨し崇敬するべき徳であるが，しかしそれは，面白みがあるとか興味深いということが，われわれ自身の人生や他の人々の人生の享受に対してなす貢献のゆえであるにすぎない。より複雑な徳——例えば感受性や想像力——への貢献を同定することは，より困難である。しかし，より複雑な徳を徳として承認することが，それらの徳がいかなる独立の貢献もまったくしていないという一般的理解にもかかわらず生き残るということは，上記と等しく尤もらしくない。大半の人

々は友情を育む。大半の人々は，他者とのいかなる緊密なつながりもない人生は貧困であると考えている。しかし，友情がまさに，惑星のように，いまある通りのものであって，友情が望ましい人生との間にもつ唯一のつながりは，望ましい人生とは——友情がどんなものかが分かったのであれ——友情を承認している人生であるということだとは，われわれは考えない。もちろん，友情のような関係が価値あるものであるのは，目標を達成する際の協力のように，関係が友人同士の人たちにもたらす狭い意味での便益だけのためだと言おうとしているのではない。しかし，その関係がもつ価値は，その関係が他のやり方で人生を高める仕方から独立してはいない。われわれは，この仕方がどのような仕方であるかに関してはまさしく意見を異にするかもしれないが——友情は解釈的概念である[12]——，しかし友情が，友人同士の人たちの人生に——彼らを友人同士にしている他には——いかなる関わりもないことが分かったとしても，友情が重要性をもつ何物かであり続けるだろうとは，誰一人考えない。

　しかし，何か個人的な資質なり達成物なりには分離された価値しかないと想定するとすれば，それは尤もらしくないだろうが，上記の例のいくつかが示唆するように，当該の徳なり達成物なりの価値がよき人生についてのより包括的な観念に巻きつけられている仕方を同定することは，しばしば困難である。例えば，われわれは，一貫性・品性・独立心・責任感・慎み深さ・感受性を徳に数え入れ，また友情・理論知・自尊心を重要な達成物に数え入れる。進取の気性の社会的ダーウィン主義者はいつの日か，これらの特性や野心は先祖の時代のサバンナで生存のための価値をもっていたと示すかもしれない。しかし，そうしたことは，それらの特性や野心がわれわれにとって見えている仕方ではない。感受性なり個人的一貫性なり現代の科学について何らかの理解に達することなりが重要であるのは，共同体の市民がそれを徳または目標であるものと捉えないとすれば，共同体がより繁栄しないだろうとか，敵の侵略のより大きなリスクにさらされるだろうとかという理由によるとは，われわれは考えない。むしろこれらの価値を，魅力ある十全に成功した人生に向けた道具的手段ではなく，そのような人生の側面ないし構成要素とみなしている。

　正義・自由・リーガリティ・民主制のような，ここまで論考してきた政治的価値を，分離された価値として扱うとすれば，それはほとんど意味をなさ

ないだろう。正義は神でも聖像でもない。正義に価値をおくとすれば、そうするのは、われわれが個人として送る、あるいはともに送る人生に正義が与える帰結のゆえである。確かに、アルキメデス主義的伝統はときおり次のように想定していると思われる。例えば、自由はまさに、偉大な芸術のように、いまある通りのものであって、自由がどのくらい重要であるかを決定する際には、多分われわれ自身のニーズや利益を顧慮しなければならないけれども、自由が何であるかを決定する際には、そのニーズや利益には重要な関連性がないというのである。あるいは、民主制なり平等なりリーガリティなりが本当は何を意味しているかを決定する際には、そのニーズや利益には重要な関連性がないというのである。そうした仮定以外の何物も、例えば、自由と平等はまさに当該事例の本性において衝突しあう諸価値であるというバーリンの自信に満ちた宣言を説明しないし、あるいは適切に理解された自由は公正な課税によってさえ譲歩させられるという他の哲学者たちの主張を説明しない。しかし、それにもかかわらず、それを守るためにはほぼあらゆる人がときに犠牲を払わねばならない重要な政治的価値には、分離された価値だけがあるということは、直感に深く反していると思われ、また管見のかぎりでは、政治的アルキメデス主義者のうち誰もそうした主張を実際に行ったことはない。

それに関してよいことは何かⅡ

　明らかに抵抗しがたい事実——政治的価値は分離された価値ではなく統合された価値をもつという事実——は、先に出くわした困難へとわれわれをまっすぐに連れ戻す。すなわち、政治的価値に関してよいことは何かを、論点を先取りすることなく、どのように説明できるだろうか。そうした要求は、統合された価値の場合よりも分離された価値の場合には、より脅威ではない。例えば、偉大な芸術はなぜ価値をもつかという問いに、論点を先取りすることなく答えられると想像することさえ馬鹿げていると、われわれは当然考える。芸術の価値がまさに、芸術自体の分離された価値のなかにあるならば、そうした価値を他の術語で説明するよう求めるとすれば、それは本当にちょうど、赤の色を他の術語で記述するよう求めるようにおかしなことだろう。結局のところ、芸術が実際に現に価値をもつかどうかと、もちろん問うかもしれない。しかし、芸術が価値をもたない証拠として、そうした価値を何

循環的でない仕方で特定するのは不可能であることを言い張ろうとしても，分別ある仕方でそうすることはできないだろう。だが，統合された価値の場合には，当該の困難をそれほど簡単にかたづけることはできない。というのも，統合された価値の存在が，何か他の独立に特定されうる種類の価値——人々が送ることのできる人生がもつよさのような——に対してその統合された価値がなす何らかの貢献によって左右されると想定しているだけでなく，統合された価値についてのいっそう精密な特徴づけ——例えば，自由が実際には何であるかについてのいっそう精密な説明——が，そうした貢献によって左右されるとも想定しているからである。何らかの価値，例えば慎み深さに関する論議を想像していただきたい。慎み深さは結局のところ徳であるかどうか，またそうであるならば，そうした徳と自己否定という悪徳との境界線は何であるかと問う。そうした内省の途中で，慎み深さからの便益についての何らかの説明を期待するとすれば，また慎み深さがそれ自体の報奨であることを除いて何物も提供されえない場合には，そうした事実を，慎み深さが徳であるとの主張にとって致命的なものに数え入れるとすれば，それは完全に適切だろう。

　だから，政治的価値を含む統合された価値がもつ価値はどのように同定されうるかという問いを回避できず，いまやそれに立ち向かわなければならない。愛嬌のような一部の統合された価値は，全面的に道具的だと考えられるかもしれない。しかし，友情・慎み深さ・政治的価値のような，より興味深い価値は，どんな明らかな仕方でも道具的ではない。われわれは，友情がもたらすかもしれない狭い意味での有利さのみのゆえに，友情に価値をおくことはしないし，民主制が商業にとってよいという理由だけで，民主制に価値をおくことはしない。これらのさまざまな統合された価値を位階的構造のなかに配置することができるとすれば，その位階制におけるより低い価値による貢献を，より低い価値がより高い価値を向上させるのにどのように貢献するかを示すことによって説明することができるだろう。例えば，慎み深さが徳であるのは，慎み深さが愛情や友情をいだく能力に何らかの仕方で貢献するからだと示すことができるだろう。しかし，このプロジェクトには望みがないと思われる。というのも——一部の倫理的価値が他の倫理的価値を何かの仕方で支えているのだと分かることはありうるが——その支えは位階的であるよりも相互的だと思われるからである。慎み深い人は，慎み深いという

理由のゆえに，愛情や友情をいだくいっそう大きな能力をもつかもしれないが，しかし深い愛情や友情もまた，人々を慎み深くするかもしれない。魅力的で成功した人生だとわれわれが捉えるものがもついかなる一面も，われわれが承認する他のすべての価値や目標は当該の一面への奉仕者にすぎないということを尤もらしくするのに十分なほどに支配的ではないと思われる。よき人生がもつ一般的性格に関して思索することができると思う。例えば，われわれは倫理について，人生が人類史をどのくらい改善したかと問うことによって人生の成功を測るモデルよりもむしろ，挑戦モデル——よく生きることとは，人類史に他の仕方では影響することなくよく満たされうる挑戦課題に応えてよく遂行することを意味するというモデル——を採用するべきだと，私は他所で論じた[13]。しかし，倫理についてのいかなる一般的モデルも，下位の徳や目標に対する最終的ないし終極的なテストとして役立つことはできない。よく生きることは，独自の種類の挑戦課題によく応答することを意味するという点を受け入れることができる。そのことによって，鋭い勘をもって生きることはよく応答することであるか単に得意になっていることであるか，謙遜は一定の状況では本当に卑屈であるかどうか，高貴さは商売への関心によって汚されるかどうか，民主制は単なる多数派支配であるかどうかを決めることなく，上記の点を受け入れられるのである。

　倫理がもつ非道具的な統合された価値をより上首尾に理解するならば，その価値を歴史的かつ解釈的に，すなわちそれぞれの価値が他の諸価値の光の下で位階制においてではなく測地学的な丸天井の様式で組織化されているように，理解するよう努めなければならない。友情なり一貫性なり品性なりが何であるか，またこれらの価値がどのくらい重要であるかを，次のように決定するのでなければならない。すなわち，各価値のどの捉え方が，またそれらの価値にどのような重要性を帰するかが，よく生きることがもつ他の次元についてのわれわれの感覚や，人生を生きるという挑戦課題を成功させることについてのわれわれの感覚に最もよくあうかを見ることによって，上記の点を決定するのである。倫理とは，相異なった目標・達成物・徳からなる複雑な構造物であって，そうした複雑な構造においてこれらの各々が果たす役目は，他のすべてによって固定される全般的なデザインにおけるその各々の役割を練り上げることによってのみ理解されうる。われわれの倫理的価値が，各々が他のすべてについてのわれわれの暫定的説明に対してテストされうる

ように，そうした仕方でどのように縒り合わさるかが分かるまでは，それらの倫理的価値のどれも理解してはいない。にもかかわらず，哲学上のイメージのうち最も過度に使われた2つは，ここでは適切である。科学においてと同様に価値においても，われわれは，海原で甲板板を1枚ずつ張り替えて舟を再建している。あるいは，そう言う方がお好みならば，光はゆっくりと全体にさす。

政治的価値をよりよく理解することをめざす政治哲学は，自らの働きをそうした大きな構造へと挿入しなければならない。そうした政治哲学は，第1に，これらの価値の各々について，他のすべてを再強化する捉え方ないし解釈を——例えば，民主制の捉え方で，平等と自由に役立つものを，またこれらの他の価値の各々についての捉え方で，そのように理解された民主制に役立つものを——構成することをめざさなければならない。その上，そうした政治哲学は，これらの政治的な〔価値の〕捉え方を，政治構造をより一般的に道徳にだけでなく倫理にもまた接合させるいっそう包含的でさえある構造の一部として構成することをめざさなければならない。このことはすべて，疑いの余地なく不可能であるように聞こえ，多分魅力がないほどに全体論的でさえあるかもしれない。しかし，この巨大な人間主義的構造のすべての部分はもちろんのこと，どの部分についても可能なほど大いに批判的な意味の帰属に哲学者が接近することができる他のいかなる仕方も，私には分からない。そうしたことが時を超えて哲学者たちの集合責任であることを理解すれば，われわれ各人は，われわれ自身の分離された限界的かつ漸進的な役割をよりよく理解できるだろう。

こうした政治哲学観が，政治哲学という分野における当今の作品の最も注目される例のうち2つと反対の位置に立つことは，認めなければならない。その2つとは，ジョン・ロールズの「政治的」リベラリズムと，アイザイア・バーリンに結びつけられる政治的多元論である。私が推奨するものは，正義に関する直感と理論を互いによって裏づけられるようにすることをめざすロールズの反照的均衡という方法に似ている。だが，ロールズの方法論との相違は類似点よりも著しい。なぜなら，哲学が求めねばならないと私が信じている均衡は，彼が言う均衡のように政治の憲法的本質物にかぎられず，個人的な道徳や倫理もまた含む，彼が「包括的」理論と呼ぶものをも包含するからである。政治哲学がその野心において包括的でないならば，政治哲学は，

政治的価値が統合されており分離されていないという決定的に重要な洞察を救い出すことに失敗してしまう。

　上記のように考えられた政治哲学を，ここでいっそう詳細に記述することはできない。しかし，私の著書『平等とは何か』を，少なくとも自己意識の上ではそうした精神の作品の一例として提示している(14)。この包括的プロジェクトは，政治哲学における真理が，あるいはより一般的には価値理論における真理が，整合性の問題であるという途方もない前提にもとづいてはいないということを強調しなければならない。優雅で絶妙に整合的な政治道徳理論が誤っているかもしれず，厭わしいものでさえあるかもしれない。われわれは整合性をそれ自体のためにめざしているのでなく，確信とわれわれが占めうるかぎり多くの整合性との両方をめざしているのである。それら双子のめざすべきものは互いに再強化するかもしれない——実際のところ，それらはしばしば互いに再強化するにちがいないと思う。統一され統合された諸価値の組のなかに正しさの深い意味を見出すことの方が，買い物一覧表のなかに見出すことよりもたやすい。しかし，その2つのめざすべきものは互いにとって面倒を引き起こすかもしれないということをもまた，覚えておかなければならない。それらが面倒を引き起こすかもしれないのは，例えば，2つの価値——例えば，E・M・フォースターの名高い例における愛国心と友情[3]や，あるいはバーリンが説明した自由と平等——がもつ性質についてのわれわれの当初の感覚によって，これらの価値が衝突していることが示されるときである。その衝突を排除する愛国心および友情の捉え方を，あるいは自由および平等の捉え方を構成することができるかもしれない。しかし，これらの捉え方はわれわれの心を捕らえないかもしれない。それらの捉え方は，人工的だとか，性にあわないとか，単に正しくないとかと感じられるかもしれない。われわれに十分な世事と時間があるならば，また十分な想像力と技能があるならば，さらに内省を行うべきである。例えば友情と愛国心の両方について，それらが衝突していないことを示す何か説得力のある捉え方を見出すよう努めるべきである。だが，これを行うことができないかもしれない(15)。その場合には，それがどのようなことであれ，次のように信じる他はない。それは，愛国心と友情が両方とも本質的であるが，両方を十全にはもてず，あるいは適切な分量さえもてないということである。しかし，その場合には，われわれの内省が成功して，それを中止する権利を手に入れたと

考えることはできない。われわれは行き詰まっているのにすぎず，それは別のことである。

法

ハートの擁護論

　法は政治的概念である。人々はそれを，法的主張，つまりある場所なり他の場所なりの法が一定の行為を禁止したり許可したり要求したりするという主張，あるいは一定の権原を提供するという主張，あるいは他の帰結をもつという主張を作り上げるために用いるのである。そのような主張を行い，論争し，擁護し，命じることに関連して，膨大な社会実践が築かれる。しかし，その主張の性格は捕らえどころがない。「法」が何事かを要求するという主張は，本当は何を意味しているのだろうか。当該の主張が真であるときにその主張を真にするのは，あるいは当該の主張が偽であるときにその主張を偽とするのは，いったい何だろうか。イングランド法は人々に，定期的に税金を支払うように，また自分の〔締結した〕契約に違反するならば，一定の状況を除いて損害賠償を支払うように要求している。これらの命題が真であるのは，過去に議会が制定したものや過去にイングランドの裁判官が判決したもののゆえであると，イングランドの法律家は語るだろう。しかし，（例えば主要大学の学長からなる会議でなくむしろ）これらの特定の機関に，法命題を真とする権限があるのはなぜだろうか。その上，何らかの法命題——例えば，ソレンソン夫人には，薬品会社の各々から損害賠償の割当分を得る権原が法的にあるという法命題——は，いかなる立法府も過去の裁判官もそう宣言せず命じていないときにも真であると，法律家はしばしば主張する。これらの制度的源泉に加えて，他の何が法的主張を真としうるのだろうか。法律家たちは，機関が過去に何を決定したかに関するすべての事実を知っているときでさえ，何らかの法的主張——ソレンソン夫人の主張を含めて——が真であるかどうかに関してしばしば意見を異にする。そのとき，法律家たちはいったい何に関して意見を異にしているのだろうか。その上，われわれは，イングランド法のような特定の法体系についてだけではなく，アラバマ州であれアフガニスタンであれ他のどこであれ，一般的にこれらの問いに答えたい。法的主張が真であるところではどこでも，何が法的主張を真とするかに

関して，一般的に何事かを言うことができるのだろうか。われわれのとはきわめて異なった種類の政治制度がある場所では，真なる法的主張はありうるのだろうか。あるいは，政治制度として承認しうるいかなるものもまったくない場所では，真なる法的主張はありうるのだろうか。イングランドで，あるいは他のどこでも，法が誰かに，自分が署名した契約を履行するよう要求するという主張と，その人が履行しないならば，公務員は彼を罰するだろうという予測との間には，相違があるのだろうか。あるいは，上記の主張と，それとは明らかに異なった，その人は自分の契約を履行するよう道徳的に責務づけられているという主張との間には，相違があるのだろうか。法的主張が，帰結の予測および道徳的責務の言明の両方と異なるならば，法的主張は正確にはどのように異なるのだろうか。

　ハートは『法の概念』において，上記の古来の問いに答えることにとりかかっている。彼の答えの彼自身による要約——源泉テーゼ——を先に引用した。そうしたテーゼの詳細は，法哲学者の間ではよく知られている。ハートが考えたところでは，法的主張が行われるあらゆる共同体において，当該共同体の公務員の大多数は皆，どの歴史的またはその他の事実なり出来事なりが法的主張を真としているかを同定する最上位の承認のルールを，一種のコンヴェンションとして受け入れている。これらのコンヴェンションは法体系ごとにきわめて相異なるかもしれない。最上位のコンヴェンションは，ある場所では，立法府と過去の判決を真なる法的主張の源泉として同定するかもしれないが，他の場所では，慣習を，あるいは道徳的健全性さえも源泉として同定するかもしれない。どの特定の共同体でも，コンヴェンションがどのような形態をとるかは社会的事実の問題である。当該共同体において，公務員の大多数が最上位のテストとしてたまたま何について意見が一致したか次第で，あらゆることが決まるのである。しかし，あらゆる共同体において，何か最上位のコンヴェンションが存在し，当該共同体にとって法に数え入れられるものを取り上げるということは，まさに法概念の一部である。

　ハートの源泉テーゼには論争の余地がある。法的主張が真であるときに，何が法的主張を真としているかについての私自身の見解は，先述のように，それときわめて異なっている。だが，いま重要なことはハートの理論の適切性ではなく，その性格である。通常の第１階の法実践は，競合しあう価値判断からなっているかもしれない。当該共同体の承認の最上位のルールが有効

な法的主張に対するテストの一部として道徳的標準を用いるならば，通常の第１階の法実践は，競合しあう価値判断からなっているだろうと，ハートは自分の補遺のなかで言っている。しかし，彼が力説するところでは，通常の法的議論を記述する彼自身の理論は，規範的理論でも評価的理論でもない——それはどんな種類の価値判断でもない。それはむしろ，そうした通常の法的議論が展開する概念を明瞭にする経験的ないし記述的な理論だというのである。ハートの立場は，政治的概念の通常の使用と政治的概念の哲学的明瞭化との間には論理的分離があるという標準的なアルキメデス主義的見解の一特殊事例である。

　したがって，ハートの立場は，アルキメデス主義一般に対して回顧したのと同一の異議にさらされる。第１に，２種類の主張を区別して——すなわち，法実践における法律家の第１階の主張を，第１階の主張がどのように同定されテストされるべきかに関する哲学者の第２階の主張から区別して——それらの主張を相異なった論理的範疇に割り当てるのに十分なものとすることは，不可能である。例えば，ハートの源泉テーゼは，ソレンソン夫人の事案における両当事者の間で中立的であることからはほど遠い。ハートが念頭においた種類のいかなる「源泉」も，ソレンソン夫人の立場にある人々には，市場シェアを基礎とする損害賠償をとる権原があるとは規定しなかっただろうし，そうした結末ないし帰結をもたらすかもしれない道徳的標準を明記しなかっただろう。だから，ハートが正しいならば，ソレンソン夫人は，法が自分の側にあると主張することができない。実際のところ，製薬会社の弁護士は，ハートが自著で行ったのと正確に同一の議論を法廷で行った。ソレンソン夫人の主張が失敗しているのは，確立された法的コンヴェンションによって同定される，当該州の明確な法におけるいかなるものも，そのような主張に有利な規定をしていないからだと，製薬会社の弁護士は言った。ソレンソン夫人の弁護士は反対の方向で論じた。ソレンソン夫人の弁護士は源泉テーゼを否定した。法において固有な一般原理は，自分の依頼者〔つまりソレンソン夫人〕に勝訴する権原を与えていると言ったのである。だから，ハートの見解は議論のなかで中立的ではない。それは一方に味方しているのである。その見解は事実上，あらゆる困難な法的論争において，当事者の法的権利が，もっぱら法的な伝統的源泉を参照することによって確定されるべきだと力説する人たちに有利なように，一方に味方している。

だから，政治的アルキメデス主義がもつ第１の困難は，ハートの法的ヴァージョンにもまた成り立つ。第２の困難も同様である。ハートの社会的源泉テーゼはどのような仕方で「記述的」だと想定されるべきだろうか。もちろん，彼やその擁護者たちが認めるように，記述はある意味ではつねにそれ自体で規範的な投企である。どんな記述的理論も，何らかの現象の一説明を，より啓発的なもの，より目立つもの，より有益なもの，あるいはその種の何物かとして取り上げるのである。ハートは，どんなものの説明も規範的だという意味では，法についての自分の分析が規範的であることを認めていた。彼は，自分の理論が，道徳的ないし倫理的に評価的であるのとは反対のものとして記述的だと言おうとしたのである。しかし，自由・平等その他の事例において留意したように，記述について数通りの様式があり，これらの様式のうちどれにおいて，ハートは自分の理論が記述的であると言おうとしたのかを問わなければならない。ハートとその追随者たちは，自分たちの作品に対する私の批判が自分たちの方法と野心についての誤解にもとづいていると精力的に反論してきたが，記述的身分をもつという彼らの主張を説明する助けとなる積極的言明はもちろんのこと，彼らの方法と野心が何であるかについての助けとなるどんな積極的言明も見出すことは困難である。『法の概念』の初版における，人を当惑させることで有名な一節において，ハートは，その著書が「記述的社会学における実行課題」として理解されるべきだと言った。しかし，彼は上記のただそれだけの主張を念入りに仕上げなかったし，彼がその主張によって何を言おうとしたのかは，後に見るように，明らかであることからはほど遠い。

　われわれ自身の想像力をもう一度行使しなければならない。政治的概念についての概念的分析が記述的投企だと考えうる３つの仕方を先に区別したが，この文脈で再びこれらの各々を考察しなければならない。源泉テーゼは意味論上の主張だろうか。すなわち，源泉テーゼは，法律家が法的主張を行い判断するときに，どこの法律家も，あるいは少なくとも法律家の大部分が実際に従っている表面的な言語的規準をもたらそうとめざしているのだろうか。もちろん，ハートはどんな特定の単語または句についても単純な辞書的定義なり一組の類義語なりを提示しようとはしなかった。しかし，次のことは私には尤もらしく思われる。彼は――自分が当該の規準を指摘した後には――，法律家や他の人たちが，法が何を要求したり許容したりするかに関して語る

際には実際に現に従っているルールとして承認する適用の規準を明瞭化するという，いっそう野心的な哲学的主張を行おうとしていたということである。私は『法の帝国』において，彼の投企についての上記の理解を提案した。私は次のように言った。私の理解が正しいならば，他のどこでももちろんこと，特定の法域における弁護士の間でさえ，法命題を是認したり拒否したりするために共有されたいかなる規準も——隠された規準さえも——ないのだから，彼の投企は破滅を運命づけられている。彼は自分の補遺において，自分がそのようなことを意図していたことを強硬に否定している。彼は，自分のプロジェクトを私が深く誤解したのだと言う。私は打ちのめされているが，屈服してはいない。私はなおも，『法の概念』における彼の投企についての私の理解が採用可能な最善のものだと考えている(16)。それでも，ハートは補遺において自分のプロジェクトについてのこうした理解を嘲笑したので，われわれは他のどこかに目をやらなければならない。

　ハートが次のように考えようとしたとすれば，そう考えることができただろうか。すなわち，法命題が虎や金のような自然種の種類を形成し，その結果，法命題の真偽に関して大半の人々が考えることに矛盾しうる発見が，法命題に関してなされるかもしれないと考えることである。この見解では，動物園で「虎」という名札をつけられた多くの動物が実際には虎でないということを発見するかもしれないのとちょうど同じように，人々が何を考えようとも，源泉テーゼを確認しないいかなるものも法ではないということを発見するかもしれない。自然種に関する深い発見は，現にただちに概念的で——虎のDNAを虎というものの本質と呼ぶことができるというのは尤もらしい——記述的だと思われる。だから，この仮説を受け入れられるとすれば，それは，法への概念的探究が記述的でありうるが意味論的でありえないというハートの明らかな信念を説明するだろう。だが，このことを追求する必要はない。なぜなら，ハートは，真なる法命題が自然種を形成するとは考えられなかっただろうからである。自由がいかなるDNAももたないならば，法もそうである。

　私が区別した第3の可能性がわれわれには残されている。ハートの源泉テーゼが，何らかの種類の経験的一般化という仕方で記述的であるべく立てられているという可能性である。法人類学者の何らかの大部隊が次のようなデータすべてを集めるかもしれないということは考えられる。それは，われわ

れが法的主張とみなすものを人々が行ったり受け入れたり拒否したりするさまざま機会に関して，歴史が提供しうるデータである。部屋ほどの大きさのコンピュータと巨額の研究予算とをもつ社会学者は，法の本質ないし本性を見出すためではなく，〔法という〕広大な物語におけるパターンと反復を単に発見するために，エヴェレスト山のようなデータの山を分析することを望むかもしれない。最も野心的な場合には，その社会学者は人間本性についての法則を同定することをめざすかもしれない。例えば，その社会学者は，法命題が源泉テーゼによって是認されるときにのみ，人々が法命題を受け入れるということを見出すならば，そうした顕著な事実を，例えば恐らくダーウィン主義的原理なりその経済学的等価物なりその種の何物かなりを通じて説明することを望むかもしれない。あるいは，その社会学者はそれよりもはるかに野心的でないかもしれない——それ自体で十分確実に興味深い当該の規則性を単純に指摘して，それを説明しようとは努めないかもしれない。

　ハートのアルキメデス主義を，これらのうちより野心的な意味で，あるいはより野心的でない意味で経験的であるものと理解することにしよう。閾値について打ち勝てないほど強力な異議がある。ハートも彼の学説的後継者たちも，〔上記の2つの意味のどちらかで理解するとすれば，〕必要となるだろう一生涯を費やす経験的研究を始めてさえもこなかったのである。彼らは，データのエヴェレスト山はおろかアリ塚も生み出してこなかった。少なくともハート自身の場合には，閾値についてのさらなる異議がある。そのような経験的な研究ないし一般化に，法の概念なり本性なりまさに当の観念なりを発見することをめざしているものとして言及するとすれば，それは非常に奇妙だろうし，それらの発見を報告しているものと想定される本に『法の概念』という書名をつけるとすれば，それも非常に奇妙だろう。例えば，リカードウの法則はまさに賃金なり利潤なりの概念をあらわにしていると言う経済学者を想像してほしい[4]。

　これらの閾値についての困難の他に，第3の，いっそう大きくさえある当惑がある。ハートの理論——あるいは彼の学説的後継者の理論——を経験的一般化として考えるならば，それらの一般化は見事な失敗だとただちに考えなければならない。経験的一般化としての源泉テーゼを支持しようとすれば，データの山が必要となると先に言ったが，しかし経験的一般化としての源泉テーゼを論駁するには，2，3の反例が必要となるだけであり，そして反例

はあらゆるところにある。合衆国ではいま，死刑が合憲かどうかに関して活発な論争がある。「残虐かつ異常な刑罰」を禁止している憲法第8修正は，適切な刑罰について何らかの道徳的標準を組み込んでおり，死刑はそのテストを通らないと当然に考えられているのか，あるいはその反対に，同条はいかなる道徳的標準も組み込んでおらず，その代わりに，当該修正条項を制定した政治家——あるいは，当該修正条項が名宛てられた一般公衆——が残酷だと考えた刑罰だけを禁止しているのかに左右されて，議論の帰趨は決まる。死刑は事実として受け入れがたいほど残酷であるが，しかし18世紀には誰もそう考えていなかったと仮定するならば，これらの解釈のうち第1のものを受け入れる法律家は，憲法が死刑を禁止していると考えるだろうし，第2のものを受け入れる人たちは，憲法が死刑を許容していると考えるだろう。第1の，あるいは道徳的な解釈を支持して論じる人たちは，社会的源泉テーゼとは明らかに相容れない。なぜなら，いかなる社会的源泉も，第8修正が道徳を組み込んでいるように読むべきだと指図するものではないからだ。しかし，いかなる社会的源泉も，道徳には重要な関連性がないと規定したことはないから，道徳的解釈に反対して論じる人たちもまた，当該テーゼとは相容れない。

　ハートは，道徳がそうした役割をもつべきだと何らかの「源泉」が命じるときには，道徳には法の同定にとっての重要な関連性があると言い，そしてアメリカ憲法の抽象的条文を例として挙げた。しかし，彼は，アメリカ憲法典がおかれている状態を誤解している。合衆国憲法の道徳的解釈に有利とするかそれに反対するかについて，いかなる合意もない。その反対に，それは激烈な意見対立のある問題なのである。ハートが明らかに念頭においている道徳的解釈を，他の人たちの間でもとくに私は是認している(17)。しかし，他の人たち——合衆国最高裁判所のアントニン・スカリア判事や悪名高き元裁判官ロバート・ボークを含めて——はその道徳的解釈を，判断を深く誤ったものとして弾効している(18)。道徳的解釈への賛否について，いかなるコンヴェンションもなく，それにもかかわらず真だと道徳的解釈が主張する憲法典上の命題を，どちらかの側であれば支持すると期待できるかについて，いかなる基底的な承認のルールもないのである。

リーガリティという価値

リーガリティ

　新たなる出発のときだろうか。政治的諸概念は価値的諸概念であり，政治哲学者はその諸概念の各々について，それがもつ価値はどこにあるかをより精密に示すことをめざすべきだと先に述べた。政治的価値は分離されているのでなくむしろ統合されているので，この〔各政治的概念の価値がどこにあるかをより正確に示す〕プロジェクトは，より大きく相互に支えあう確信の網状体のなかに各価値の居所を見出さなければならないとも述べた。その網状体は，道徳的・政治的な諸価値の間の支えあう結びつきを一般的に表示し，次にさらにより大きな倫理の文脈のなかにこの諸価値を位置づけるのである。こうした政治哲学像は無謀に野心的であるだけでなく——それは協力的な仕方でしか想像さえできない——，私が認めたように，当今の流行にきわめて大きく逆行してもいる。その政治哲学像は穏当な価値多元論の精神にかなっていない。その代わりに，その政治哲学像は，ユートピア的でつねに実現されない目標——プラトンの価値の合一——をめざしている。

　そうした仕方で，法についての古来の謎にアプローチするよう努めるべきである。だが，それらの謎に正しい仕方で結びつけられた政治的価値を見出す必要がある。その政治的価値は，自由・民主制その他のような本当の価値でなければならず，また少なくともわれわれのプロジェクトが影響力をおよぼす機会をもつはずであるならば，その政治的価値は本当の価値として広く受け入れられなければならない。にもかかわらず，わが国という共同体のなかでは，政治的価値は解釈的価値として機能しているにちがいない——それを価値として受け入れている人たちは，にもかかわらず，まさしくそれがどのような価値であるかに関して意見を異にし，その帰結として少なくともある程度は，どの政治的制度配置がそれを満足させるか，あるいはどれがよりよく満足させ，どれがよりまずく満足させるかに関して意見を異にしているにちがいない。政治的価値は，法実践にとってきわめて根本的である独特な仕方で法的価値であるにちがいなく，その結果，政治的価値をよりよく理解することは，法的主張が何を意味しているかを，また何が法的主張を真または偽とするかをよりよく理解する助けとなるだろう。例えば，政治的価値

の特定の捉え方であれば，源泉テーゼをどのように生み出すか，また他の捉え方であれば，法理学の文献の一部となっている法についてのきわめて相異なった理論をどのように生み出すかが，分からなければならない。政治的価値の他の捉え方でなくむしろある捉え方をいだくことは，ソレンソン夫人の事案において他の判決でなくむしろある判決に達することをどのようにして意味するかが，分からなければならない。

　そうしたものがどのような価値であるかは，いまや明らかなはずである。それは，リーガリティ——あるいはときおりいっそう荘重に呼ばれるところでは，法の支配——という価値である。リーガリティは本当の価値であり，そしてそれは独特な仕方で法的な価値である。例えば，多くの人々は，第2次世界大戦後にナチスの指導者が裁かれ有罪判決を受けたニュルンベルク裁判が，たとえ他の政治的価値——例えば正義または便宜——によって正当化されるとしても，リーガリティを犯したと考えている。その上，リーガリティはきわめて流布した価値である。リーガリティは，先に論考した諸価値よりもはるかに広く，またはるかに何世紀も長きにわたり信奉されてきた。そして，先に論考した諸価値よりも根本的な重要性さえあるものと，きわめて広くみなされている。古典的哲学者や中世の哲学者は，他の哲学者が平等を賞賛したよりもずっと以前であるのはもちろん，自由を賞賛したのよりもずっと以前にリーガリティを分析し賞賛したのである。

　その上，リーガリティは当初から解釈的理想だったし，そしてわれわれにとってそうであり続けている。その価値を抽象的に述べるさまざまな仕方がある。リーガリティがかかりあうのは，政治的公務員が国家の強制権力を特定の人なり組織体なり集団なりに対して直接に展開する——例えば，彼らを逮捕したり，彼らに刑罰を加えたり，彼らに罰金または損害賠償を支払わせたりすることによって——ときだと，われわれは言うかもしれない。リーガリティは，そのような権力が，当該の実行の前に正しい仕方で確立された標準に一致するようにのみ行使されるべきだと力説する。しかし，そうした抽象的定式化は単独ではほとんど全面的に情報を欠いている。どのような種類の標準がリーガリティの要求を満たすか，また標準があらかじめ正しい仕方で確立されていることとしてどのようなことが数え入れられるかは，特定されるべきものとして残っている。それらの争点に関して，人々は著しく意見を異にしている。たったいま注記したように，ある人たちは，ニュルンベル

ク裁判が，何か他の価値によって最終的に正当化されるかどうかを問わず，リーガリティを犯したと言う。しかし，他の人たちは，ニュルンベルク裁判がリーガリティ上の真の理想を保護したか向上させたと言う。それと似た線で，座を追われた独裁者が，行為したときには当地の法によって非難されていなかった〔すなわち不可罰だった〕非人道的行為について裁かれる裁判に関して，また国際刑事裁判所におけるバルカン半島の悪漢どもの裁判[5]に関して，人々はいま意見を異にしている。

　リーガリティという価値と，真なる法的主張または妥当している法的主張を同定するという問題との結びつきに関しても，多くの疑いはありえない。先述のように，複数のリーガリティ観は，どのような種類の標準がリーガリティを満足させるのに十分であるか，またこれらの標準がどのような仕方であらかじめ確立されなければならないかに関して，相異なっている。法的主張とは，正しい種類のどの標準が事実として正しい仕方で確立されてきたかに関する主張なのである。したがって，リーガリティ観とは，どの特定の法的主張が真であるかをどのように決めるのかについての一般的説明である。ハートの源泉テーゼは1つのリーガリティ観である。リーガリティ観と真なる法的主張の同定との間のこうした緊密な結びつきを否定するとすれば，リーガリティも法もほとんど理解できなくなるだろう。法は市場シェアによる損害賠償額へのソレンソン夫人の請求権を拒否するが，正義はそうした請求権を支持するのだと，分別ある仕方で考えることができる。あるいは，(より尤もらしくないが，)その逆もある。法は彼女にそうした請求権を授与するが，正義はその請求権を非難するのだと，分別ある仕方で考えることができる。しかし，適切に理解された法は彼女に補償への権利を授与するが，リーガリティという価値はそれに反対して論じるのだと想定するとすれば，それは馬鹿げているだろう。あるいは，適切に理解された法は彼女に対して補償への権利を拒否するが，それにもかかわらず会社に支払わせるならば，そのことはリーガリティに資するだろうと想定するとすれば，それは馬鹿げているだろう。

　法哲学上の重要な問いに次のような異なった仕方で挑むことによって，それらの問いをアルキメデス主義的啓蒙主義から救い出すことができる。法実践をよりよく理解し，法命題がより知性的に分かるのは，明示的に規範的かつ政治的な投企を追求することによってである。すなわち，リーガリティの

捉え方を洗練させて擁護し，好ましいと考える捉え方から，具体的な法的主張に対するテストを引き出すことによってなのである。そうした仕方で構成された法理論が単に「記述的」だと語ることには，いかなる疑問もない。それらの理論は概念的であるが，しかしそれは，正義の理論が——民主制・自由・平等の理論も——概念的であるという規範的で解釈的な意味においてだけである。法理論は正義・民主制・自由・平等の理論のように，多かれ少なかれ野心的である。より野心的な人たちは，自分たちのリーガリティ観を支持するものを他の政治的価値に見出そうと努める——あるいはむしろ，その過程は一方向的でないから，より野心的な人たちは，あるリーガリティ観を支持するものを，他の関連する政治的諸価値の組に見出そうと努めるが，これらの価値の各々は今度は，当該のリーガリティ観を反映しそのリーガリティ観によって支持されるという仕方で理解される。

　私が念頭においていることのいっそう念入りに仕上げられた例——少なくともそう努力したのだが——として，私自身の著書『法の帝国』を提示しよう。そこでは「リーガリティ」という単語を強調しなかったが，しかしその価値に現に訴えかけた。哲学的法理論は，法実践の全体の要点についての何らかの理解から出発しなければならないと言ったのである。私は当時は，法の要点についての説得力ある説明であれば含意するだろう他の諸価値を切り離して洗練させることに，さほど関心をもっていなかった。しかし，いま記述したようないっそう野心的な法理学の記述は，あの著書では発展させられなかったか無視されていた諸論点をよりよく理解するのを，また私が望むにはよりよく追求するのを助ける。例えば，真なる法命題を同定することは，法的データを構成的に解釈するという問題であり，そして構成的解釈は法的データに適合し正当化することをめざすと，そこでは述べた。私は警告したのだが，「適合性」と「正当化」は，解釈がもつ２つのおおまかな次元のための名にすぎず，他の個別の政治的価値についてのより注意深い分析が必要だろう。その分析を通じて，これらの次元をより徹底的に理解できるはずであり，その結果，例えばこれらの次元が正反対の方向に引っ張られるとき，解釈的優位性についての全体的判断のなかでそれらの次元をどのように統合するのがよいかが分かるかもしれない。そうした仕方で探査されなければならない，鍵となる政治的概念は，適合性の次元の中枢である手続的公正の概念と，政治的正当化の中枢である実質的正義の概念であると，いまでは私には思われ

る。つまり、リーガリティ概念をよりよく理解することは、裁定についての論考を拡張してこれらのさらなる概念についての研究を含むようにすることを意味している。そして、そうしたさらなる研究によって、法についてのわれわれの理解が何らかの仕方で変わらないとすれば、それは驚くべきことだろうが、法についてのわれわれの理解が公正や正義についてもまた少なくともいくらか異なった見方をもたらさないとすれば、それも驚くべきことだろう。政治的概念についての広範におよぶ再解釈は、何物をも完全に元のままとしておかないのである。

法理学再訪

　法理学上の指導的な諸伝統ないし諸学派は、リーガリティの相異なった捉え方を反映しているものとして、（したがってその捉え方の点で互いに異なるものとして）解釈することができるだろうか。リーガリティという価値は、政治共同体の強制権力がその市民に対して、当該行使に先立って確立された標準に合致した仕方でのみ行使されるべきだと力説する。どのような種類の標準なのか。どのような仕方で確立されるのか。これらの問いにとりかかるのは、リーガリティという価値についての何らかの解釈——政治権力の行使をそうした仕方で制限することが資する何か推定上の要点——を提案することによってである。そして、この解釈は、いま何度か述べてきたように、われわれが承認する他の諸価値を含意しなければならない。その解釈が十分に野心的であるならば、それは、先に確信の網状体と呼んだものにおいてたいへん多くの諸価値を含意するだろう。それにもかかわらず、〔リーガリティの〕相異なった捉え方は、そうした混合においていっそう重要なものとして相異なった結合しあう諸価値を選び出すだろう。すなわち、それらの捉え方は、その各々がリーガリティを位置づける局地的磁場を創造する際に相異なった価値に帰する重要性において、相異なっていると言えるだろう。

　法理学上の諸学派ないし諸伝統は、それらの選択がもつ性格における大きな相違点によって形成されている。的確性・効率性・一貫性という政治的諸価値についての——局地的に影響力のある諸価値としての——敵対しあう選択によって、3つの重要な伝統が事実上形成されてきた。これらの3つの伝統を、そうした光の下で探査したいと思う。しかし、あらかじめ次のことをとくに強調したい。私が記述する伝統のうちどれかが、これら3つの価値の

1つをリーガリティにとって排他的に鍵となるものとして選び，他のすべてを軽視したり無視したりしてきたと示唆しているのではないということである。例えば，法実証主義の伝統はリーガリティと効率性の間の関係を強調していると，私は主張するが，しかし実証主義者はよき統治なり公正な統治なりに鈍感だと言うつもりはない。実証主義者が自分たち自身の間で相異なっているのは，政治的効率性が何を意味するのか，また政治的効率性になぜ価値があるのかについていくらか相異なった見解を保持しているからだけでなく，他の多くの政治的理想がもつ性格や説得力に関して，自分たちの立場上の詳細な点に反映されている相異なった見解を保持しているからでもある。そして，相異なった実証主義者が自分たちの効率性への支配的依拠を形作り再強化するために訴えかけてきた，それらの他の価値の一部に言及したいと思う。私が唱える三分割は，理論についての相異なった集団ないし学派がもつ重力の中心点を区別するものであって，どの一理論についても，複雑さを汲み尽くそうとしたり詳細を説明しようとしたりするものではない。

的確性 的確性という語によって，私は，実質的に正義にかない，かつ賢明な仕方で国家の強制権力を行使するという政治的公務員の権力を言おうとしている。リーガリティが的確性を促進するのは，次の場合である。それは，公務員の行為が，何であれば正義にかない，あるいは賢明であるかに関して誰か公務員がもつそのときどきの判断を単に反映するのでなく，確立された標準によって統御されるならば，公務員の行為がより賢明に，あるいは正義にかなうようになりやすいという場合である。そうしたことがつねにその通りであることはただちには明らかでなく，通常はその通りであることさえもただちには明らかでない。プラトンは次のように言った。リーガリティによって自らの権力が制約される公務員が，偉大な知識・洞察・性格をもった人々だとすれば，リーガリティは的確性を妨げるだろう。なぜなら，それらの公務員であれば，過去に法律を定立した人たちよりも，〔法律が適用される〕直接の事案についてより多くを知っているだろうし，また何か異なった取り扱いを要求したり正当化したりするかもしれない事案の個別の側面に対して敏感だろうからだというのである。しかし，にもかかわらずリーガリティが的確性を現に促進すると考えるのを支持する，少なくとも2つの可能的理由がある。第1のものは，過去の法制定者の判断が，何か直接の問題なり争点

なりからは距離があるにもかかわらず，それでも当今の公務員の勘または決断よりもよさそうだと考えるべき制度的・歴史的その他の偶然的な理由に訴えかける。私がたったいま報告した保留にもかかわらず，プラトンはそうした種類の理由によりリーガリティを是認した。彼が述べたところでは，哲人王が権力の座にあるのは稀であって，とくに民主制においては，実際に責任ある立場の人々は，情報を欠いているか，無能であるか，腐敗しているか，自己奉仕的であるか，あるいはこれらの全部である。そうした不幸な状況においては，公務員が自分たち自身のそのときどきのよい決定を行うとは信用できないので，過去に定立されたものに従うよう制約される方がよいと，プラトンは述べた[6]。バークやブラックストーンのような政治的保守主義者はしばしば，これと大いに同じような仕方でリーガリティを擁護した。確立された法は，蓄積された知恵と明確な思想の宝庫であり，したがって限界のある性格・知識・技能をもった個人による決定——とりわけある瞬間の熱に浮かされてなされる決定——よりも信頼できるはずだと，政治的保守主義者は考えた。

　リーガリティが的確性を改善すると想定する第2の理由は，これとは大きく異なっている。その理由は，確立された標準が新たな事案ごとの判決よりも賢明で正義にかなっていると想定する偶然的理由に依拠しているのでなく，確立された標準に対するテストがそうした結果を促進し，あるいは保証さえすることを許すリーガリティ観に依拠している。中世の自然法論者は，よき統治とは神の意志に従った統治を意味し，神の意志は自然の道徳法のなかに表明されており，神的霊感を与えられた聖職者や支配者はそうした法への信頼できる導き手だと考えた。したがって，中世の自然法論者は当然，リーガリティと政治的徳のこれらの幸運な結びつきを強調するリーガリティ観に惹きつけられ，したがって道徳的な値打ちないし受容可能性の要求を含む法のテストに惹きつけられた。リーガリティという抽象的概念には，政治的徳との結びつきを排除するいかなるものもなく，そしてリーガリティがもつ真の価値が，リーガリティに形を与える捉え方を通じてのみ同定されるならば，そうした捉え方は，当該の捉え方が適合する一組の理解を受け入れている人たちにとっては，抵抗できないものだと思われるだろう。自然法の伝統は，そのさまざまな形態や発現において，リーガリティが自らの価値をなぜもっているのかを理解するそうした仕方において前提されている。

効率性　だが，ジェレミー・ベンサム——法実証主義の少なくともイギリス的形態の創立者——は，これら2組の仮定のどちらにも惹きつけられなかった。彼は，古い標準がよい標準だと想定しなかった。その反対に，彼は過激でさえある不休の革新者だった。彼は，道徳法が神の本性において明白であると信じなかった。その反対に，自然権という観念は無意味な大言壮語だと考えた。リーガリティという徳についての彼の捉え方は，的確性にではなく効率性に存していた。彼が考えたところでは，政治道徳は最大多数の最大善に存するのであり，そうしたことが最もよく保障されるのは，自分自身の直接的で多様な判断に依拠する相異なった公務員によって行われる相異なった強制的または政策的な決定によってではなく，詳細にわたる政策枠組によってである。政策枠組は，その複雑な帰結があらかじめ注意深く考察されえ，また詳細に，好ましくは念入りに仕上げられた制定法典で定立されえて文字通りに強行されうるものである。そうした仕方でのみ，複雑な社会の政府が立ち向かう膨大な協調問題は解決されうる。法実証主義は，リーガリティの真の要点および価値についてのそうした理解からの自然な結末である。彼が考えたところでは，効率性が妥協させられるか総体として掘り崩されるのは，法に対するテストのなかに道徳的テストが含まれるときである。なぜなら，道徳的テストは，道徳が何を要求しているかに関して意見を異にする——しばしば激烈に意見を異にする——市民たちや公務員たちに，どのような標準が確立されてきたかに関する自分自身の判断をもって代えることを許すからである。帰結として生じる無組織化は効用でなく無秩序を生み出すだろう。だから，ベンサムや彼の追随者たちは，法はどのようなものでもありえ，主権をもつ支配者なり国会なりが宣言したものにすぎないのだと力説した。宣言が終わるところで，法は止まるのである。そうした理解のみが法の効率性を保護できる。

　後代の実証主義者はそうした信条に対して真摯であり続けてきた。彼らは皆，慣習または道徳の呪いがもつ不確かさを歯切れのよい指図に取って代える上での法の役割を強調する。ハートは，より昔の時代の一法実証主義者であるトマス・ホッブズの精神にほぼ従って，神秘的な前-法的な自然状態または慣習がもつ非効率性をリーガリティが直すのだと書いた。ジョゼフ・ラズは，リーガリティの中枢は権威であり，そして権威は，自らの指図が，権

威が語る前に市民がもっている種類の行為の理由に頼ることなしに同定されえないかぎり，損傷されているか掘り崩されていると論じる。彼が力説するところでは，権威の指図が，人々がすでにもっている理由に単に加えられるのでなくむしろ取って代わるのでないかぎり，権威は自らの目的に資することができない。

　先述のように，効率性は，実証主義者が自らのリーガリティ観を形成する際に考慮に入れる唯一の価値ではなく，その他の価値のいくつかは着目するに値する。例えば，ベンサムは，公衆が，自分たちの法律がもつ道徳上の値打ちに関して健全な疑いの感覚をもつこと，そして懐疑論さえももつことが重要だと考えた。公衆は，ある法とあるべき法の区別を理解するべきだというのである。ベンサムは，裁判官が，法が何であるかを決定する際に道徳に訴えかけうるのが適切だとすれば，この決定的に重要な線がぼかされるだろうと心配した。人々は，裁判官が法だと宣言するどのようなものも，そうした道徳的テストをすでに通過しているから，きわめて悪いということはありえないと仮定するかもしれないというのである。当今の法実証主義者のなかでは，リアム・マーフィーが，リーガリティの価値についての自分自身の実証主義的理解を擁護する際に，公衆の警戒がもつ重要性に訴えかけてきた[19]。ハートは，効率性だけでなく政治的公正がもつ独立した一面をも慮っていた。適切な社会的源泉——例えば立法府——が何を宣言したかを発見することのみによって，共同体の法が確定されうるならば，市民は，国家が自分たちを助けたり妨げたり罰したりするために自分たちの事柄にいつ介入するかに関して，公正な警告を受けることになる。他方，社会的源泉による決定が，道徳的な考慮事由・原理による補足なり限定なりに服しているならば，市民は，自分たちがどこに立っているのかを，〔上記の場合ほどに〕容易に，あるいは同じ自信をもって知ることができないというのである。アメリカでは，憲法訴訟に関わる一部の法律家は，まったく異なった理由により，実証主義の一ヴァージョンへと引っ張られている。道徳が法のためのテストの１つだと認められるならば，憲法訴訟の事案において自分自身の道徳的意見が決定的となるだろう裁判官は，普通の市民に対して，裁判官の職務に対する重要な関連性が道徳にない場合よりもはるかに大きな権力をもつ。とりわけ，裁判官が選出されるのでなくむしろ指名され，民意によって退職させられえないときには，裁判官の権力のこうした増大は非民主的である[20]。

だから，法実証主義者が，法の同定にとって道徳は適切でないと力説する自らのリーガリティ観を擁護しうるのは，そのように理解されたリーガリティが効率性に，また上記の他の価値にもいかによく資するのかを示すことによってである。もちろん，そうした擁護論はこれらの他の価値についての特定の捉え方を仮定しており，そしてこれらの捉え方は挑戦を受けうるし，また挑戦を受けてきた。例えば，次のように論じられるかもしれない。いわく，政治的効率性が意味するのは，全住民の行動を，単にどんな目標に向けてもではなくよき目標に向けて調整することである。いわく，公正な警告が十分に与えられるのは，少なくともいくつかの文脈では，特定の行動を判断する際に道徳的標準が適用されるだろうという約束ないし威嚇によってである。いわく，民衆による批判的判断は，法が何を要求しているかについての公式の宣言に対して，部分的には道徳的根拠にもとづいて意見が一致しないことを許す法の「抗議者的」理解によって減じられるのではなく鋭くされる。いわく，民主制が意味するのは単なる多数派支配ではなく，多数派支配を公正にする条件——それは道徳的条件である——に服する多数派支配である。実証主義は，これらの代替的理解や他の代替的理解を拒否する——つまり，実証主義は，リーガリティについての説明を構成する際にどの政治的価値を強調するかを選ぶだけではなく，自ら自身のリーガリティ観の光の下で，論争の余地ある仕方でそれらの他の価値を解釈してもいるのである。こうした複雑な概念的相互作用のなかには，脅威となるいかなる循環もない。その反対に，それはまさに，リーガリティのような政治的価値をより大きな価値の網状体に位置づけるという哲学的プロジェクトが要求するものなのである。

・一・貫・性　統治の効率性は明らかに，それが何を意味するかについてのどんな尤もらしい捉え方においても，リーガリティの重要な産物であり，そしてリーガリティの価値についてのどんな尤もらしい説明も，そうした事実を強調しなければならない。いかなる支配者も，専制君主でさえ，リーガリティを全面的に廃棄して気まぐれなり恐怖政治なりに陥るならば，長期間その地位にとどまれず，あるいは自分の目標——きわめて悪しき目標でさえ——を達成できない。しかし，リーガリティがそれにも資するように見られるかもしれない他の重要な価値がある。それは効率性とは競合せず，効率性から十分に独立して，効率性に大いなる重要性があると捉える人たちにとっては，リ

ーガリティが何のためにあるかについての別個の捉え方を提供する。それは政治的一貫性である。政治的一貫性とは法の下での平等を意味するが、それは単に、法が書かれているとおりに強行されるという意味においてではなく、原則的には万人に適用されうる一組の諸原理の下で政府が統治しなければならないという、いっそう帰結主義的な意味においてである。恣意的な強制または刑罰は、そのときどきに現に政府をより効率的にするとしても、政治的平等性がもつそうした決定的に重要な次元を侵犯する。

　一貫性は、何世紀間も政治哲学者の間で流布した理想であってきたし、それのリーガリティとの結びつきはしばしば注目されてきた。その結びつきはときおり、法の支配の下では何人も法より上には立たないという題目で表現されてきたが、しかしそうした主張の説得力は、その主張についてのさまざまな論考が明らかにしているように、各法律はその条項に従ってあらゆる人に対して強行されるべきだという観念によっては汲み尽くされない。そうした〔上記の観念の〕規定は、その条項によって貧者のみに適用される法律や、特権階級を免除する法律によっても満足されるだろう。そして、リーガリティをこうした仕方で記述する哲学者は、法の下での単に形式的な平等でなく実質的平等を念頭においている。例えば、A・V・ダイシーはイギリス憲法の古典的研究において、以下の区別を行っている。

　　第2に、法の支配について語るとき、われわれは、わが国では何人も法よりも上には立たないということだけでなく、(それとは異なった事柄だが、) この国ではあらゆる人が——その人の地位や状況がどんなものであれ——この領土の通常の法に服しているということをも言おうとしている…。

そして、ダイシーは後の箇所で、上記のことに「法的平等の理念」として言及している[21]。F・A・ハイエクもほとんど同一の主張を行っている。もっとも、驚くべきことではないが、彼はそのことを平等でなくむしろ自由に結びつけている。彼は、古典となった著作のなかで次のように書いている。

　　本書の主要な関心事である、法の下の自由という観念は、われわれへの適用の如何に関わりなく定立された一般的・抽象的なルールという意味

での法に従うときには，他の人の意志に服しているのでなく，したがって自由であるという主張に依拠している。…だが，このことが真であるのは，「法」という語によって，あらゆる人に平等に適用される一般的ルールを言おうとする場合だけである。こうした一般性は恐らく，法の「抽象性」と呼ばれてきた，法のかの属性がもつ最も重要な側面である。真なる法はどんな特定物も名指すべきでないように，どんな特定の個人または個人の集団も特別に選抜するべきでない[22]。

こうした仕方でリーガリティを一貫性に連関づけるならば，その連関を反映し向上させるリーガリティ観を好ましいと思うだろう。われわれは，法が何であるか，また法がどのように同定されるべきかについての説明で，われわれがそれの適切性および重要性を承認する価値——一貫性——を組み込むようなものをより好ましいと思う。ソレンソン夫人の事案で判決を下すある仕方は，一貫性が仮定する意味における法の下の平等者として彼女を扱うだろうが，別の仕方はそのように扱わないだろう場合には，われわれは，第1の決定を鼓舞し第2の決定を消沈させるリーガリティ観をより好ましいと思う。私は『法の帝国』でそのような法の捉え方を構成しようと努め，本章では先に短く記述したが，そうした記述をいま拡張するつもりはない。その代わりに次の点を強調したい。『法の帝国』が報告したのは，一貫性とリーガリティがそれぞれの相手方の術語で理解されうる仕方の1つにすぎず，私自身の構成に不満足である読者は，不満足だという理由でこの一般的プロジェクトを拒絶するべきではないのである。

だが，誰かがこの時点で唱えたいと願うかもしれない他の異議を，私は予想するべきだと想定する。誰かが次のように異議を唱えるかもしれない。ソレンソン夫人の事案での正しい判決は，法が実際に何であるかに左右されるのであって，われわれが一貫性のような何か他の理念に惹かれるという理由で，法が何であってほしいとわれわれが思うかには左右されない。しかし，私が何頁にもわたって論じようと努めてきたように，あるリーガリティ観を使用し擁護することなしには，法が本当は何であるかを決定するための正しいテストを同定できず，そして法にとって本当によいものが——もしあるならば——何であるかを決定することなしには，そのテストを同定できない。もちろん，法実践にはいかなる関係もないリーガリティの分析を成功裡に提

案することはできない。どんな価値についての成功した説明も、われわれが共有する諸価値の枠組において存在し機能しているものとして当該の価値を説明するものと理解されうるのでなければならない。ソレンソン夫人の法的権利に関するある主張が、その事案が生じている法域での法実践に適合しなければならないのとちょうど同じように、リーガリティとは何であるかに関するどんな主張も、より一般的に法実践に適合しなければならない。しかし、1つ以上のリーガリティ観が十分によく適合するだろう。そのことが、同一の法廷の裁判官席にさえ代表的支持者がいる法理学上の相異なった哲学がある理由である。法理学上の議論がもつ鋭利な刃は、道徳的な刃なのである。

解釈的実証主義

　ハートが自ら公言した、法の理論というものは記述的かつ中立的だと力説する方法論に見られる、私が記述してきた困難は、私が提案してきた解釈的様相で彼の議論を書きなおすことによってすべて矯正されうる。われわれは、リーガリティにおいて何が明瞭に重要であり価値あるものであるかを理解することによって、リーガリティを理解しようと奮闘する。そして、リーガリティが重要であるのは、権威が必要である環境においてリーガリティが権威を提供するからだという観念に当初は惹かれる。しかし、そうした主張はさらなる概念的な問いを招く。権威もまた争われる概念である。権威における価値とは何であるかを示す権威の説明が必要とされるのである。そうしたさらなる問いへの鍵は、法実証主義者が伝統的に賞賛してきた他の諸価値の混合物に存しており、とくに権威がもたらす効率性に存している。ホッブズからハートまでの実証主義者が指摘してきたように、また歴史があまるほど十分に確認してきたように、政治的権威は政策と協調を可能にし、そして政策と協調はあらゆる人の便益のためにうまく働かないかもしれないけれども、しばしば、多分原則的にさえうまく働く。こうしたより大きな諸観念の行列が互いに結びつける別個の諸概念の捉え方、すなわちリーガリティ・効率性・権威という諸概念の捉え方について決定する際に、われわれはその行列によって導かれる。われわれは、各概念がより大きな物語において自らの役割を果たすのを許すような各概念の捉え方について決定しなければならない。

　だから、真なる法的主張を同定する際に道徳はいかなる役割も果たさないのだと力説する、「排除的」実証主義のリーガリティ観を採用する。そして、

指図されたものが，その指図が解決し代替するものとされている理由に頼ることなしに同定されうる場合を除いて，いかなる権威の行使もないのだと力説する，ジョゼフ・ラズが「奉仕的」権威観と呼ぶものをもまた採用する[23]。これらの概念的主張が中立的であるとはもはや想定しない。すなわち，諸概念に埋まっているルール——当該概念について十全な把握をしているか，あるいは言語について十全な知識をもっているあらゆる人が認めるだろうルール——のアルキメデス主義的発掘を想定しない。それでも，実証主義者が言ってきたように，われわれは，自分たち自身あるいは自分たちの実践なり世界なりを最善に理解するのを助けてくれるような，自分たちの概念がもつ目立った側面を同定してきたと言うかもしれない。しかし，われわれはいまや，そうした助けにならない主張においては不明瞭なものを明示的にする。われわれが，自分たち自身あるいは自分たちの実践をよりよく理解するのは，ある特定の仕方において——内省すると，それぞれの価値においても諸価値の全体においても最も価値あると気づくものを示すような，われわれの諸価値の捉え方をデザインすることによって——である。われわれは，自分の結論に論争の余地がないというふりや，あるいは自分の結論が具体的な政治的決定から解放されているというふりをまったくしない。ほとんどの人々が法に関して考えていることの大半が誤りであると，われわれの構成物が示すならば——ソレンソン事件における両当事者が行う法的主張は，そのいずれも源泉テーゼを尊重していないという理由で誤っていると，われわれの構成物が示すならば——，そうしたことはわれわれを困惑させるものではない。すなわち，そうしたことは，平等に関するわれわれの結論が仮に，ほとんどの人々が安定した仕方で，平等とは何であるかを誤解してきたと示したとすれば，そのことがわれわれを困惑させるだろう以上にわれわれを困惑させはしないだろう。

　上記の議論が，法実証主義の中心的主張のためにわれわれがなしうる最善のものだと考える。その議論がうさんくさく人工的に聞こえることは分かっている。なぜなら，わが国の裁判官が突然法実証主義に改宗して，源泉テーゼを明示的かつ厳格に強行したとすれば，そのことによって事実として，わが国の法がより確実または予測可能になったり，わが国の政府がより効率的または効果的になったりするわけではないからである。その反対に，裁判官はその場合には，法的主張にいまよりもはるかにわずかしか依拠しないだろ

う。こうした私見が正しいならば，アメリカの裁判官は，憲法の生のままの解釈されていない語を除いて，アメリカにはいかなる法もまったくないと宣言するよう強いられるだろう[24]。アメリカの裁判官は，そうした人をおびえさせるような結論をどうにかして避けたとしても，リーガリティという徳についての実証主義者の捉え方においてさえ，リーガリティに奉仕するのでなくむしろそれを腐敗させるよう強いられるだろう。なぜなら，アメリカの裁判官はあまりにしばしば，論争中の事柄に関して法は何も言っていないと宣言するか，あるいは法はあまりに不正か不賢明か非効果的かであるから，強行しえないと宣言するよう強いられるだろうからである。例えば，ソレンソンはいかなる救済策も受けるはずがないということは許容できないと考える裁判官は，法によれば被告に有利だという事実にもかかわらず，自分は法を無視し，それゆえリーガリティを無視して，彼女に補償を付与すると宣言するよう強いられるだろう。その裁判官は，リーガリティが要求するものについての最も基底的な理解と矛盾する新たな立法権の行使を通じて，法を変更する，（あるいは，同じことになるが，自分が発見した法の欠缺を埋める）「裁量」が自分にはあると宣言するだろう。

　だから，実証主義者に対して，そのように自己論駁的な議論を彼らの立場とすることは，意地悪であるか，少なくとも不寛容だと私には思われる。しかし，実証主義が最初に提案された時代には，また実証主義が単なる学問上の立場ではなく弁護士や裁判官の間で実際に説得力あるものだった時代には，政治状況はきわめて異なっていたという点にいま注意するべきである。例えば，ベンサムは，〔今日と比べて〕より単純でより安定的な商業とより均質的な道徳文化との時代に著述を行っていた。彼は，欠缺を残したり論争の余地ある解釈を要求したりするのが稀となるだろう制定法の法典化を希望することが恐らくできただろうし，また現に希望した。そのような環境においては，法に対する道徳的テストを振り回す裁判官は，功利主義的効率性への明らかな脅威を提起した。その脅威は，最も単純には，法に対する道徳的テストを振り回す権力をその裁判官に与えないことによって，回避されえたのである。20世紀の初期においてさえ，進歩的な法律家たちはベンサムの見解を共有していた。彼らの考えるところでは，議会からの裁量幅のある命令の下で，専門技術者によって適用され強行されうる詳細に定められた規制を発する行政官庁を通じて，進歩が可能となる。あるいは，合衆国においては，法学者に

よる訓練を受けた全国的法的機関によって編纂され，またいくつかの州によって採用を提案された，詳細に定められた統一法典を通じて，進歩が可能になる。こうした雰囲気においてはまたもや，時代にあわない古来のコモン・ローから道徳原理を蒸留する権限を主張する裁判官は，古色蒼然としており，保守的であり，無秩序的であると思われた。そのような主張がもつ危険性は，1904年の最高裁判所のロックナー判決によって鮮明に例証された。その判決は，パン焼き職人がそれぞれの日に働くよう求められうる時間数を制限した進歩的立法が，第14修正に埋め込まれた自由観によって違憲とされるとしたのである[25]。法実証主義はそのような反動的道徳から法を救済すると，進歩主義者は考えた。

　オリヴァー・ウェンデル・ホウムズの実証主義はうまく働く法学説だった。彼は最高裁判所判決の反対意見において実証主義を引証した。その判決においては，彼の見解では，裁判官が，法全体に埋め込まれた原理を見出すふりをすることによって自分自身の法を作り出すという正統性のない権能を想定していたのである。彼は1つの有名な反対意見において，次のように宣言した。「コモン・ローは天空にたれこめる遍在物ではなく，同定することができる何らかの主権者または準主権者が明瞭に発した声である。私が反対意見を書いたことがある一部の判決は，その事実を忘れているように私には思われるが」[26]。実証主義とより古い法理論の間の法理学的議論は，ある長期間の論争の中心にあった。その論争とは，紛争当事者が相異なった州から出ているという理由のみによって，連邦の裁判官が管轄権をもつとき，裁判官は憲法上，それらの州の1つにおけるコモン・ローを，当該の州自体の裁判所によって宣言されてきたものとして強行するよう義務づけられているのか，あるいはどの州の裁判所によっても承認されていない「一般的な」法の原理を見出し適用することによって，別様の判決を行うことが許されているのかに関するものである。最高裁判所は最終的にはエリー鉄道対トンプキンズ事件において，「一般的な」法のようないかなるものもないという判決を下した。あるのは，特定の州によって宣言されたものとしての法だけだというのである[27]。最高裁判決のなかで，ブランダイス判事はホウムズの他の有名な一節を引用した。

　　裁判所が今日語る意味での法は，その背後に何か確定した有権的機関が

ないかぎり存在しない。…その有権的機関は，また唯一の有権的機関は州であり，そしてそれがその通りであるならば，州によって自らのものとして採用された声が［その声が州の立法府のものであれ州の最高裁判所のものであれ］最終的な言葉を発するべきである。

ブランダイスは，こうした法的見解がもつ実践的重要性を明らかにした。連邦裁判所が長年従ってきた反対の見解は，統一性を破壊する。なぜなら，その見解は，同一の争点について州裁判所と連邦裁判所で異なった結論を生み出し，州外の原告が——そうすることが原告に有利であるときは——連邦裁判所に訴訟を起こすよう鼓舞するからだというのである。もちろん，最高裁は実証主義を信奉することなく——上記のような実践的理由により——同一の結論に達することもできただろうが，しかしかの法学説のたくましいレトリックには大きな訴えかけの力があった。なぜなら，そのレトリックは，ホウムズ，ブランダイス，ラーニド・ハンド[28]や他の「進歩主義者」が，より保守的である自分たちの反対者を辻褄のあわない形而上学の犠牲者として描くことを許したからである。だが，法や裁判官への社会の期待における変化は，彼らが判決を書いていた1930年代でさえ十分に進行しており，それに続く数十年間には速度を増してきた。そうした変化が着実に，実証主義の一般的なリーガリティ観を，より尤もらしくなく，より自己論駁的にしていった。念入りに仕上げられた制定法の枠組がいよいよ重要な法の源泉となったが，これらの枠組は詳細に定められた法典ではなかったし，またそうではありえなかった。それらの枠組はますます，具体的な行政的・司法的決定において念入りに仕上げる必要がある原理と政策の一般的言明で構成されるようになった。裁判官が，主権者の明示の指示が尽きるところで法は止まると言い続けたとすれば，先述のように，彼らは，リーガリティは重要な関連性をもっていないか，あるいは自分の判決において妥協させられていると継続的に宣言しなければならなかっただろう。

その上，1950年代には，数人の最高裁判所裁判官がアメリカ憲法典における新展開を始め，その新展開は法理学を全国政治上の注意を釘づけにするような争点とした。その裁判官たちは，デュー・プロセス条項や平等保護条項を含む憲法の抽象的条項を，全国政府や州政府に対する重要な権利を市民に与える一般的道徳原理を述べているものとして解釈し始めた。この重要な権

利とは，その存在が，法は熟議された制定物に限定されないと前提しており，またその輪郭が，実質的な道徳的・政治的判断を通じてのみ同定されるような権利だった。そうした率先的行動は，法理学的議論がもつ政治的価値を突然ひっくり返した。最高裁は例えば人種間平等や生殖上の決定における自由という憲法上の新しい権利を作り出していると論じていた実証主義者が，保守主義者ということになったのである。そこで，最高裁の方向性を承認していたリベラルの一部は，実証主義からそれと異なったリーガリティ観に向けて移動した。そのリーガリティ観とは，アメリカの憲法訴訟の解決がもつ原理的一貫性を強調するものだった。最近の数十年間に，最高裁判所の最も保守的な裁判官たちは，横断幕でのさらなる変化を生み出してきた。彼らはいよいよ，自分たちの率先的行動によって，最高裁判所の多くの先例を無視するように要求され，したがって法実証主義のどんな正統派のヴァージョンよりも保守主義的な政治哲学のなかによりよき正当化論を見出すのである。

　ハートが『法の概念』を著したとき，彼は，ベンサムやホウムズができたように，実証主義的リーガリティ観がもつ当今の訴えかけの力に依拠することがもはやできなかった。実証主義の効率性についてのハートの説明は，想像上の太古の過去からもってきた〈まさにその通り〉式のお話である。それは，第１次ルールの下での部族社会の非効率性が現れている無秩序から，解放的で均質に近い合意の爆発的増加に包含されている第２次ルールがもつ歯切れのよい権威への，前歴史的な移行と想定されているものである。ハートの先導に追従した人たちは，権利・効率性・調整に関して著述を続けてきた。しかし，その人たちは，実際の政治実践のなかで自分の主張を確認することができなかった。そのことによって，彼らがなぜ，ハートが行ったように，実際の政治実践から自分の理論を隔離するように思われる自己記述へと退行するのかが，説明される。彼らが言うところでは，自分はまさに法の概念なり本性なりを委細に調べており，その概念なり本性なりは，政治実践ないし政治構造がもつ移り行く特徴にもかかわらず同一である。あるいは，彼らが言うところでは，ともかく自分は，政治実践が何であるかについての記述的説明だけを提示しており，政治実践が何であるべきか，あるいは何になるべきかに関するどんな判断も控えている。これらは，私が本章でそれに対する挑戦を行ってきた方法論上の偽装なのである。すでに論じたように，その自己記述が理解可能かつ擁護可能となりえないならば，私がそれに取って代え

ようと努めたいっそう包括的な正当化論——私がいま記述したばかりの，リーガリティの価値についての実質的な実証主義的説明——に集中しなければならない。私が考えるところでは，そうした記述がもつ1つの利点は，過去の時代に，すなわち実証主義のリーガリティ観がいまよりも尤もらしく思われたときに，実証主義が弁護士や裁判官に対して，また実定法の諸分野の学者に対してもっていた訴えかけの力を表面化させることにある。

結論的思考

　リーガリティの概念——法哲学の根本としての——と他の政治的諸概念の間にある類似点を強調してきたが，1つの重要な相違点に注意することで終えたいと思う。リーガリティはその適用において，自由・平等・民主制よりもはるかに大きな程度にまで，当該価値を尊重することをめざす共同体の歴史および現存の実践に対して敏感である。なぜなら，政治共同体がリーガリティを示すのは，他の諸要求のなかでも，一定の仕方で自らの過去への忠誠を保つことによってだからである。政府の執行的決定が，事後的に作り上げられた新たな標準によってではなく，むしろすでに然るべき場にある標準によって先導され正当化されるということ，そしてこれらの標準は実体法を含むだけでなく，そのような標準を将来に創出し強行し裁定する権限をさまざまな公務員に与える制度的標準をも含むということは，リーガリティにとって中心的である。革命は自由・平等・民主制と整合的であるかもしれない。それらの価値の見苦しくない水準を達成するためにさえ，革命は必要であるかもしれず，またしばしば必要だった。しかし，革命は，将来はリーガリティを改善すると約束するときでさえも，ほとんどつねにリーガリティへの直接的襲撃を含んでいる。

　だから，何か特定の法領域においてリーガリティが具体的な術語で何を要求しているかについての，穏当な程度に詳細などんな説明さえも，当該法領域における特別で制度的な実践および歴史にきわめて注意深く留意しなければならない。また，ある場所でリーガリティが何を要求しているかについての，穏当な程度に詳細な説明さえも，リーガリティが他の場所で要求するものについての並行的な説明とは異なっている——多分，きわめて異なっている——だろう。(特定の共同体におけるこれらの具体的要求について論議し決定することは，あるレベルでは当該共同体の法実務家にとっての，また別

のレベルでは当該共同体の法学者にとっての毎日の仕事である。）そうしたことは，より限られた何らかの程度までは，他の政治的徳に関してもまた真である。ある政治的な人口統計および歴史をもった国において，民主制を改善したり平等を向上させたり自由をよりよく保護したりするものとして数え入れられる具体的な制度配置は，他の国においてそうした仕方で数え入れられる具体的な制度配置とは当然に異なっているだろう。

　しかし，リーガリティは詳細においては，政治実践および政治史がもつ特別な特徴に対して，他の徳よりも明らかに敏感でさえあるけれども，リーガリティにとっては他の徳以上に，次のようになるわけではない。すなわち，場所をもつ最も詳細な事柄を超越する哲学的レベルで当該価値を探査するためには，重要ないかなることも行われえず，あるいは行われるべきでないということになるわけではない。というのは，民主制概念についての魅力ある抽象的な捉え方を発展させることによって，民主制の一般的概念を探査できるのとちょうど同じように，類似の抽象性をもつリーガリティ観をめざし，次に具体的な法命題という仕方でより局地的に何が続いて現れるかを理解しようと試みることもまたできるからである。そのように考えられた法理学と，私が今しがた言及した法律家や法学者がもつ，より通常の日々の関心事との間には，アルキメデス主義者が欲している種類の，鮮やかな境界線を示す概念的または論理的ないかなる相違もない。しかし，それにもかかわらず，抽象化のレベルには十分な相違がある。そして，哲学的争点がより具体的な争点とはなぜ異なっていると思われるのか，またいくらか異なった訓練を受けた人々の手になぜ通常はあるのかを説明することに重要な関連性がある技術にも，十分な相違がある。

　全世界的なリーガリティ観をめざす試みは，２つの方向からの圧力に直面する。その試みは，空虚でないために十分な内容をめざさなければならず，郷土主義的でないために十分な抽象化をもまためざさなければならない[29]。『法の帝国』においては，これらの危険性の間で必要とされる経路の舵取りをするよう努めた。リーガリティは，ありとあらゆるところで構成的解釈の過程を通じて最もよく仕えられ，上述の２つの次元に対して応答していると言ったのである。私が空虚さを免れていると示唆するのには十分なほどに，私の見解には論争の余地があるが，しかし私がどこまで郷土主義を免れてきたかは明らかでない。次のものは，イギリスでの批判者たちの間でしばしば出

される異議である。私のプロジェクトは野心において郷土的であるか——私の母国の法実践を説明する以上のいかなるものもめざしていないか——，あるいは結果において明らかに郷土的であるか——なぜなら，多くの思考も調査もなしにいくらかは分かるように，1つの当該法実践のみに適合するから——だというのである(30)。事実としては，私の説明はきわめて大きな一般性をめざしており，そうしたねらいにおいて私の説明がどこまで成功しているかは，これらの批判者が引き受けてきたよりもはるかに骨の折れる比較法解釈学的な実行課題によってのみ評定されうる。先に他の政治的諸価値について論考する際，その諸価値を——きわめてしばしばその状態にあると宣言されるように——衝突しあうままにしておくのでなく，むしろ互いに和解させるようなこの諸価値の尤もらしい捉え方を見出す上で，どこまで成功しうるかをあらかじめ述べることはできないと，私は言った。われわれは最善を尽くさなければならず，次にどこまで成功したかを見なければならない。情報に富んだリーガリティの説明がどのくらいの抽象化を達成しうるかという異なった問いについても，同一の見解をとるべきである。待たねばならず，見ねばならないのである。

　上記のことは最後の話につながる。しばらく前に，オックスフォード大学のジョン・ガードナー教授と話していたとき，法哲学は興味深いものであるべきだと考えていると，私は言った。彼は手ひどい反応をした。「興味深いということが分からないのですか」と，彼は応えた。「それはあなた側の問題ですね」。私は彼の非難を受けてしかるべきだろう。しかし，「興味深い」という語で言おうとすることを述べさせていただきたい。私が信じるところでは，法哲学は，法哲学自体よりも抽象的な専門分野と抽象的でない専門分野の両方にとって関心をもてるものであるべきだ。法哲学は，哲学の他の諸部門——もちろん政治哲学，しかしその他の諸部門も——にとって関心をもてるべきであり，また弁護士や裁判官にとって関心をもてるべきである。多くの法哲学は実際に，弁護士や裁判官にとって大いに関心をもてるということを証明してきた。いまや，合衆国においてだけでなく，例えばヨーロッパ，南アフリカ，中国においても，法哲学への関心の爆発的増大がある。しかし，この爆発的増大は，「法理学」と呼ばれる専門領域——それはかなり退屈なままだと私は恐れている——の内部で生起しているのではなく，法学の実質的諸分野の内部で生起している。もちろん，憲法学——それは長らく理論によ

り牽引されてきた——がそうだが，不法行為法学，契約法学，国際私法学，連邦裁判所管轄論，そしてごく最近では租税法学さえもまたそうである。これらの専門領域は理論的論点にも実践的論点にもかかりあっているとだけ言おうとしているのではない。それらの専門領域はまさに，私が論考してきた論点に，すなわちリーガリティの内容に，そしてその内容が法の内容に対してもつ含意に従事しているのである。しかし，自分の仕事を規範的なものから明確に区別された記述的または概念的なものとみなしている法哲学者は，これらの論議や論争に加わる機会を失ってきたのであり，その結果，一部の大学では法理学の支配圏は縮小してきた。

　この〔本章執筆の〕ような機会には，学術軍にまだ加わっていない若い学徒たちに直接に語ろうという誘惑に抗することは難しい。だから，読者のうち法哲学に従事し始めようと計画している人たちに対する次の訴えかけをもって，本章を閉じることにする。法哲学に従事し始めるときには，哲学のまっとうな負担を引き受け，中立性の仮面を捨て去っていただきたい。ソレンソン夫人のために，また法はすでに何であるかに関する新奇な主張に自らの運命が左右される他のすべての人たちのために語っていただきたい。あるいは，彼らのために語ることができないならば，少なくとも彼らに対して語り，彼らにはなぜ自分が求めるものへのいかなる権利もないのかを説明していただきたい。新たな人権法[7]を用いて何をするのかに関して悩まなければならない弁護士や裁判官に対して語っていただきたい。裁判官に対して，自分が最善と思うように裁量権を行使するべきだとは語らないでいただきたい。裁判官が知りたいのは，人権法を法律としてどのように理解するか，どのように判決を下すか，またどんな記録にもとづいて判決を下すか，自由や平等がどのようにしていまでは単なる政治的理念ではなく法的権利にもなってきたかである。あなたが裁判官の助けとなるならば，そしてこのような仕方で世界に語りかけるならば，分析法理学の性格や限界に関するハーバート・ハートのより狭い観念に従う場合よりも，彼の天才と情熱に対していっそう忠実であり続けるだろう。だが，警告しておくが，こうした仕方で法哲学に着手するならば，法哲学が興味深いというゆゆしい危険のなかにあるのだ。

第7章　30年間も続いて

序　　論

　イェール・ロー・スクールのジュールズ・コールマン教授は『原理の実践』において，法実証主義の一ヴァージョンと自分が呼ぶものを擁護している(1)。法実証主義という法理論の古典的形態は，次のように考えている。共同体の法は，その共同体の立法的公務員が法だと宣言したものだけからなっており，そのため立法的公務員がそれは法の源泉だと宣言したことがないかぎり，何か非実証的な力または行為主体——客観的な道徳的真理なり神なり時代精神なり散在する民意なり時間を通じた歴史の足音なり——が法の源泉でありうると想定することは，誤りである。

　コールマンは自分の論考を狭い歴史的文脈のなかにすえている。30年以上前，私は実証主義批判を公刊した(2)。実証主義は，複雑な政治的共同体における市民・弁護士・裁判官の実際の実践に忠実ではないと論じた。法の内容に関して議論する人々は，実証主義が説明できない仕方で道徳的考慮事由に頼ると言ったのである。コールマンは私の論文を，私が批判した立場がさらに発展するための重要な触媒として扱っている。彼が言うところでは，私の〔実証主義に対する〕挑戦は「多くの意味で誤って」(67頁)いたが，また「この頃は誰もこの議論を説得的だと考えていない」(105頁)が，それにもかかわらず私の挑戦は最近の法理学を支配してきた。なぜなら，「[その挑戦に対する] 2つの異なった両立不可能な応答の戦略が明確化されてきた」(67頁)からであり，これらの戦略が実証主義の2つのヴァージョンを，そしてそれらの間での刺激的で啓発的な競争をもたらしてきたからである。

これらのヴァージョンの第1は「排除的」実証主義である。それは，法が要求したり禁止したりするものはどんな道徳的テストにも決して左右されないという伝統的な実証主義的テーゼを力説する。コールマンは，排除的実証主義の当今の主導的提唱者としてオックスフォード大学のジョゼフ・ラズ教授の名を挙げ，ラズの見解をかなり長く論考している。実証主義の第2の形態は「包含的」実証主義である。それは，妥当する法を同定するためのテストに道徳的規準が現れることを許すが，しかしそのように規定するコンヴェンションが当該の法共同体によって採用されていた場合にだけである。コールマンはその第2の形態を後押ししており，次のように論じることに自著の大半を傾注している。包含的実証主義の彼のヴァージョンは，排除的実証主義のどんな形態よりも優れており，また私の代替的で非実証主義的な法の解釈よりも大いに優れているというのである。

　コールマンの著書は明快で，哲学的に野心的で，濃密に論じられている。したがって，その著書は，彼が触媒として扱っている私の挑戦から30年後の法実証主義の状態を精査する有用な機会を提供している。法実証主義の現在まで続く諸定式化のいずれかは，当該理論を現実の法実践に和解させるのに成功しただろうか。もし成功したならば，どの定式化が最も成功しているだろうか。コールマンが提出する議論や，彼が他の実証主義者たちに帰する議論は，成功していないと論じたいと思う。排除的実証主義は，少なくともラズのヴァージョンにおけるそれは，天動説的教義である。それは，法および権威についての人工的な捉え方を展開しており，その唯一の要点は，どんな費用を払ってでも実証主義を生きながらえさせることにあると思われる。包含的実証主義はいっそう悪い。それはまったく実証主義でなく，実証主義からまったくかけ離れた法および法実践の捉え方のために「実証主義」という名を保とうとする努力にすぎない。これらの手厳しい判断の点で私見が正しいならば，さらなる問いが生じる。法実証主義者は，実証主義のためにいかなる成功した議論も見出せないときに，実証主義を擁護することになぜそれほど熱中しているのか。その解答の少なくとも一部だと私が信じているものを，後に提供したいと思う。実証主義者が自分たちの法の捉え方に惹かれるのは，その捉え方がもつ本来的な訴えかけの力のためではなく，その捉え方によって，自分たちが法哲学を自律的・分析的・自己充足的な分野として扱うことができるからだという解答である。

ピックウィック流の風変わりな実証主義

　コールマンは，包含的法実証主義の自分のヴァージョンが，私の理論が提供するよりもよい法の理解を提供すると主張する。したがって，彼の実際の説明が私の説明に呆然とするほど似ていることは，不可思議である。事実としては，どんな真正の相違を見てとることも難しい[3]。私は次の諸点を述べた。法の内容は，弁護士や裁判官のどんな均一の行動なり確信なりによっても固定されず，弁護士や裁判官の間で論争の余地あるものだとしばしば理解されている。弁護士が法に関して意見を異にするときには，彼らはときおり道徳的考慮事由に訴えかけることによって，自分たちの相異なった立場を擁護し，自分たちの意見の不一致を解決しようとする。その意見の不一致がとくに根深いときには，これらの道徳的考慮事由には，法実践全体の根本的な要点または目的についての最善の理解に関する主張が含まれるかもしれない[4]。

　コールマンの定式化と比較していただきたい。彼が言うところでは，法実践の枠組は，

> 参加者の行動によって創造され保持されるが，当該実践を構成するルールの内容はそうではない。ルールは継続する交渉の結果である。そこで，ルールの内容に関する意見の不一致——さらには，実質的で重要な意見の不一致，また枠組を所与とすると，人がどのように進むべきかに関する実質的な道徳的議論への訴えかけによって解決されるのが当然だろう不一致——が当然にある。そして，そうしたことは，当該実践の要点に関する討論を招くだろう。(99頁)

　したがって，「そのような紛争を解決する際に，当事者が，自分たちが共同で参加する実践についての衝突しあう捉え方を，すなわちその実践がもつ要点または機能についての相異なった観念に訴えかける捉え方を提示することは，驚くべきことではない。それを提示することで，当事者は実質的な道徳的議論を行うだろう」(157-58頁)。

　これは実証主義のようには聞こえない。それは，執務中のヘラクレスや彼の同僚たちのように聞こえる[5]。しかし，コールマンはそれにもかかわら

ず，自分の法理論が私の法理論とは非常に異なっており，自分の法理論は法実証主義の1つの種であると力説する。それはただ1つの理由のゆえであり，彼は自分のすべての言い分をその理由にもとづかせている。彼が言うには，実証主義の中枢は，法の規準がコンヴェンションの問題「であり，そうでなければならない」というテーゼであって，彼と私の間の相違点は，彼と私がそのように類似の仕方で記述している法実践が，彼の見解においては全面的にコンヴェンションの実践であるが，しかし私の見解においてはそうではないという点にある（100頁）。もちろん，コールマンが仮に，われわれになじみ深い法体系においては，弁護士や裁判官の間での広範で挑戦を受けていない理解が重要な役割を果たしている——例えば，アメリカの弁護士が，合衆国憲法はアメリカ法の一部だという点で見解が一致していないとすれば，アメリカ法体系は，現に機能しているほどに効果的に機能しないだろう——とだけ主張したとすれば，彼の主張には論争の余地がないだろう。私も他のどんな法理論家も彼と意見を異にしないだろう。彼が仮に，これらの広範な理解がコンヴェンションを構成しているとだけ付け加えたとすれば，彼の主張はより論争の余地あるものだろうが，しかしほとんど驚くほどのものではないだろう。彼の主張が力強いのは，はるかに強いテーゼを力説しているからである。それは，法の規準はコンヴェンションによって尽くされる，すなわち妥当な法的推論は特別な法的コンヴェンションの特定の事実的状況に対する適用・・のみからなるというテーゼである。こうしたより強い主張を仮に保持することができるとすれば，彼は実際に，自分の立場と私の立場の重要な相違点を示したことになるだろうし，自分の説明を実証主義的なものとして記述する権原を実際にもっていることになるだろう。

　コールマンは，H・L・A・ハート自身の影響力ある実証主義のヴァージョンにおもに従っている。ハートは，あらゆる法体系が，どんな妥当する法命題を同定するためにも，またすべての妥当する法命題を同定するために，支配的ルールないし「承認のルール」に必然的に依存すると論じた。このルールが存在するのは，それがコンヴェンションの事柄として（少なくとも公務員によって）受容されているという理由のみによる[6]。このテーゼが正しいならば，実証主義は確証される。なぜなら，法的コンヴェンションは，公務員や法的過程への他の参加者の複雑な行動と姿勢によって形作られ，他の何物によっても形作られないからである。しかし，まさにその当該の理由に

より，法がコンヴェンションに依拠しているというコールマンの主張は，彼が次の点を認めることと相容れないと思われる。それは，弁護士や裁判官がしばしば，法が何であるかに関して，法制度のまさにその要点に関する意見の不一致を含む道徳的な意見の不一致を反映する仕方で，意見を異にするという点である。コンヴェンションは合意の上に建てられるのであって，意見の不一致の上に建てられるのではない。哲学者は，人々が二車線道路で右側車線を走行しなければならないことを，コンヴェンションの一例としてしばしば用いる。そうしたコンヴェンションが存在するのは，次の理由でそれが存在する場合である。すなわち，ほとんどあらゆる人が，現に右側車線を走行し，また誰かが左側車線を走行するときには異議を唱え，そしてほとんどあらゆる人が現に右側車線を走行し，また他者がそうしないときには異議を唱えるという点が，右側車線を走行する理由や人々が右側車線を走行しないときには異議を唱える理由の本質的に重要な部分となっているのだと想定しているという理由である。一群の人々が，どのような行動が要求されているか，あるいは適切であるかに関して意見を異にしているとき，その人々には当該争点について決定するコンヴェンションがあると言うことは，奇妙に思われる。人々が右側を走行している共同体において，運転者が横切るために左側車線を使ってよいかどうかに関していかなる見解の一致もないと想定されたい。一部の運転者たちは左側車線を使う。しかし，他の運転者たちは使わない。その運転者たちは，横切るという目的のための第3車線が現れるまで待ち，そして左側車線を現に使う運転者たちを，不適切な仕方で運転しているとして批判するのである。そのような共同体においては，少なくとも，一般に受容されている見解によれば，横切る際のエチケットに関していかなるコンヴェンションもない。しかしながら，コールマンは，法が要求するものに関して裁判官が意見を異にしているときにさえ，法が要求するものをどのように同定するかに関するコンヴェンションに従っているのだと力説する。だから，彼は，そうしたことがどのようにして可能なのかを説明するという挑戦課題に直面する。

　コールマンは，そうした挑戦課題を克服しようと努める際に，2つの別個の戦略だと私が信じているものを使う。（もっとも，彼はその2つの相違を強調せず，認知さえしていないと思われるが。）第1は，存在を主張されているコンヴェンションの当事者たちが，自分たちの間にあると気づくかもしれ

ない2種類の意見の不一致の区別に依存している。その当事者たちは，コンヴェンションと想定されているものがもつ内容に関して，つまり当該コンヴェンションのルールが実際には何であるかに関して，意見を異にしていると発見するかもしれない。あるいは，その当事者たちは，当該ルールが何であるかに関しては意見が一致しているけれども，特定のルールが何か特定の事案で適用されるかどうかに関して意見を異にしている——それは，そのコンヴェンションの適用に関して意見を異にしているという意味である——と気づくかもしれない。こうした戦略を追求する際，コールマンは次のことを譲歩して認める。裁判官たちが，法を同定するために従うべきルールの内容に関して体系的な仕方で意見を異にするならば，法が必然的にコンヴェンションに依拠するという彼の主張は失敗せざるをえない。なぜなら，そうした種類の意見の不一致は，そのようないかなるコンヴェンションも存在しないことを示しているからである。彼は次のように言う。法をどのように同定するかに関する裁判官の深い意見の不一致を，内容に関する意見の不一致として解釈しなければならないならば，「ドゥウォーキンに対して，承認のルールが社会的ルールではなく『規範的』ルールであるにちがいないという彼の結論を確かに是認しなければならないはずである」(117頁)。しかし，彼は，裁判官の意見の不一致は——それに道徳的次元があるときでさえ——つねに適用の問題であって内容の問題ではないのだと力説する。

　一部の事例では，内容と適用の区別は十分に明らかであり，ある意見の不一致を適用に関する不一致として自信をもって記述することができる。合議体の裁判官たちが，毎日の合議を午後7時よりも前に終わらせなければならないという点で見解が一致しているが，いま何時であるかに関して意見を異にするならば，裁判官たちは，自分たちのコンヴェンションの内容でなくむしろ適用に関して意見を異にしている。しかし，コールマンが念頭においている裁判官の意見の不一致はそれときわめて異なっており，これらの不一致のうち最も重要なものを，適用に関する意見の不一致としてのみ記述するならば，それは奇妙に思われるだろう。特定の裁判所の裁判官たちが，コンヴェンションの問題として，より上位の裁判所の過去の判決に従わなければならないことを受け入れているが，しかし自分たち自身の過去の判決に従わなければならないかどうかに関して意見を異にしていると想定していただきたい。その裁判官たちは，自分たち自身の先行する判決に対して負う敬譲に関

していかなるコンヴェンションも共有していないと言うならば，それは自然なものと聞こえるだろう。だが，そうした結論を回避し，代わりに彼らの意見の不一致をコンヴェンションの正確な適用に関する不一致に分類することもできるだろう。それは，私が抽象化戦略と呼ぼうと思うものを通じてである。その裁判官たちのコンヴェンションを抽象的な道徳的術語で記述しなおそうとすれば，そうできるだろう。例えば，われわれは次のように言うかもしれない。彼らは，すべての事由を勘案すると，自分たちが先例に従うことが「正しい」か「適切」か「望ましい」だろうという状況においては，先例に従うよう自分たちに要求するコンヴェンションを共有している。そうすると，その裁判官たちは，そうしたより抽象的なコンヴェンションの正確な適用に関してのみ意見を異にしている——彼らが自分たち自身の先例につねに従うとすれば，それは実際に正しいか望ましいことになるかどうかに関してのみ意見を異にしている——と，われわれは言うかもしれない。この戦略は，その行いを律するはずの標準をめぐってどんな集団にあるかもしれないどんな意見の不一致をも，彼らが共有している何かいっそう抽象的な道徳的コンヴェンションの適用をめぐる意見の不一致と想定されるものへと変換するために用いることができる。例えば，私が論じた運転手たちは，反対車線を横切ることに関して意見を異にしているが，運転手が「適切に」走行するべきだという点では疑いの余地なく意見が一致している。だから，反対車線を横切ることに関する彼らの意見の不一致は，コンヴェンション——適切な走行を要求するコンヴェンション——の反対車線を横切るという特殊的争点に対する正しい適用に関する意見の不一致にすぎないと言うことができる。

　コールマンはこの抽象化戦略を用いて，すべての法はコンヴェンションにもとづくという自分の主張を擁護している。先述のように，弁護士や裁判官が，すべての適切な事実に関して見解が一致するときでさえ，法に関してしばしば意見を異にすること——例えば，同性愛者を差別する一定の法律が妥当しているかどうかに関して意見を異にすること——を譲歩して認める。しかし，これは，弁護士や裁判官がすべて共有する法を承認するためのより抽象的なルール——道徳的術語で枠づけられた承認のルール——の適用に関する意見の不一致にすぎないのだと，彼は力説する。彼は，そのような抽象的ルールを次の仕方で例示している。

いかなる規範も，それが公正でないかぎり法ではありえないと主張する承認のルールは，道徳をリーガリティの必要条件として扱っているように見える。一定の規範は，正義ないし公正の次元を表明するから法であると主張する承認のルールは，道徳をリーガリティの十分条件として扱っている。

　合衆国憲法第14修正の平等保護条項やカナダ憲章における類似の規定［1］のような諸条項は，規範の道徳性がもつ一定の特徴をその規範のリーガリティの必要条件として扱う承認のルールの例だと論じうる。他方，「何人も自分自身の不正行為から便益を得るべきでない」という原理は，正義ないし公正の次元を表明するという理由で，法だと考えられるかもしれず，その場合には，当該原理がその次元を表明することは，その原理のリーガリティにとって十分であると思われる。(126頁)

　そうすると，コールマンの見解では，平等保護条項の正しい適用に関する論争は，抽象的な道徳的コンヴェンション——不公正な制定法は妥当する法律ではないという——を特定の事案に適用することに関する論争である。コールマンは，すべての最高裁判所裁判官がそうしたコンヴェンションを受容しており，同性愛行為に刑罰を科する法律が妥当しているかどうかに関して意見を異にするときには，当該コンヴェンションのそうした法律への適用に関して意見を異にしているにすぎないのだと力説する。だから，道徳的な意見の不一致を最も招くアメリカ憲法典のそうした部分さえも，実際にはコンヴェンションに依拠しているというのである。

　だが，コールマンの抽象化戦略は，少なくとも3つの仕方で実証主義を瑣末なものとしてしまう。第1に，どのくらい抽象的なコンヴェンションを法律家に帰してよいかにはいかなる限界もないから，法実践が実証主義の伝統的要求にどれほど逆行するかを問わず，どんな法実践をコンヴェンショナルなものとして数え入れるためにも抽象化戦略を用いることができる。次のような共同体を想像していただきたい。その共同体の裁判官たちは，「適切」か「望ましい」か「公正な」仕方で事案に判決を下すべきだという点についてのみ見解が一致しているが，法を見出すどの方法が適切か公正か望ましい判決を結果としてもたらすかに関して根源的に意見の不一致がある。なぜなら，何が適切か望ましいか公正であるかに関して根源的に意見の不一致があるか

らである。抽象化戦略によれば，その裁判官たちの実践は法体系に対する実証主義のテストを満足する。なぜなら，彼らはコンヴェンショナルな承認のルール——適切か公正か望ましいどんなものも法であるという抽象的な道徳的ルール——を共有しており，そうしたコンヴェンショナルなルールと想定されているものの特定の事案に対する適用に関してのみ意見の不一致があるからである。

　第2に，こうした仕方で救出された実証主義は，法および法的推論に関して特有なものを示すと主張することはもはやできない。なぜなら，抽象化戦略をいったん受容すると，同一の仕方で，どんな共同体の道徳実践もコンヴェンションに依拠しているものとみなすことが容易にできるからである。アメリカ人は大いなる範囲の道徳的争点に関して意見を異にしているにもかかわらず，彼らはほぼ全員，人々は「正しい」か「適切」か「正義にかなった」仕方で行動するべきだという点について意見が一致している。だから，より抽象的でない意見の不一致はすべて，より抽象的な共有されたコンヴェンションの正しい適用に関する意見の不一致だということになる。

　第3に，抽象化戦略はコンヴェンションの観念自体を骨抜きにする。あらゆる人が一定の仕方で行為するのは，他者もまたそうした仕方で行為するという理由によるときにのみ，コンヴェンションが存在する。コンヴェンションは，行動の適切さを他者の行動の収斂に依存させるのである。そのことが，すべての法は終局的にはコンヴェンションに依拠するという主張が実証主義的主張であることの理由である。しかし，自分が「適切な」仕方で事案に判決を下すべきだというどんな裁判官の確信も，他の裁判官の行動の収斂に依存すると考えることは，尤もらしくない。裁判官は，他の裁判官が何を行い，何を考えようとも，適切な仕方で判決を下すべきだと考えているだろう。それに代わるものは何だろうか。不適切に判決を下すことだろうか。

　多分，コールマンは，自分の抽象化戦略は，私がたったいま想像してきたほどに抽象的なコンヴェンションを弁護士や裁判官に帰するよう自分に要求しないと異議を唱えるだろう。しかし，彼がいったん，抽象化のはしごを上る第1歩を踏み出すと——彼がいったん，法を同定する適切な標準に関するどんな特定の論争も実際には，より抽象的なコンヴェンションの正しい適用に関する論争であると宣言すると——，その戦略が使うかもしれない抽象化の程度を制限するいかなる途も彼にはない。ともかく，アメリカ法体系を含

めて最もなじみ深い法体系が実際には全体としてコンヴェンションに依拠すると示すためにさえ，彼は，自分が承認しているように見えるよりもはるかに高いレベルの抽象化を心にいだかなければならない。私がたったいま引用した彼の言明は，アメリカの裁判官たちが，コンヴェンションの問題として，合衆国憲法の平等保護条項や他の諸規定が特定の法律の妥当性を道徳的テストに依存させているという点で意見が一致しており，それらの道徳的テストが実際に何を要求するかに関してのみ意見を異にすると示唆している。しかし，そのことは確かに真でない。その反対に，平等保護条項が法律を道徳に依存させているという命題にはそれ自体，根深い論争の余地がある。最高裁判所の一部の判事を含めて多くの法律家は，それが真であると力説し，一方では最高裁判所の他の判事を含めて他の法律家は，それを激烈に否定する。後者の法律家の多くが力説するところでは，平等保護条項は法律を，起草者が不公正だと考えていたものか，アメリカ人が一般に不公正だと考えるものか，あるいはその種の何物かに関する歴史的事実に依存させている。コールマンが仮に，合衆国憲法の抽象的な道徳的条項がどのように解釈されるべきかに関してアメリカの実質的にすべての弁護士や裁判官がもつ見解に適合する支配的な法的コンヴェンションを生み出そうと努めるとすれば，裁判官は合衆国憲法を「適切な」仕方で——つまり最善の政治理論が正当化する仕方で——解釈するべきだという，私が想像した「コンヴェンション」のように薄っぺらな何物かを除いて，彼は立ち止まることができないだろう。だが，そのコンヴェンションと想定されたものさえも，すべてのアメリカの法実践を捕捉するのに十分なほど抽象的ではないだろう。なぜなら，妥当するアメリカ法をどのように同定するかに関する政治道徳上の大半の論争は，どんな実質的な仕方でも，合衆国憲法の法文次第で決まるわけではまったくないからである(7)。

　コールマンの第2の戦略は，私が理解するところでは，コンヴェンションの内容と適用のどんな区別にも依存しておらず，したがって抽象化戦略を必要としない。その代わりに，彼は，いやしくも法をもつどんな共同体においても，司法的投企はそれ自体で一種のコンヴェンションであると論じる。つまり，法がコンヴェンションに依拠するのは，公務員が全員，何か根本的な承認のルールを受容しているからではなく，公務員が全員，自分たちの投企が全体に浸透する仕方で協力的な投企だということを受け入れているからで

ある。コールマンは，マイケル・ブラットマン教授から借用した「共有された協力的活動」(SCA)という概念を使う[8]。コールマンはSCAを，「われわれが一緒に行う何事か」として記述する。「一緒に散歩すること，一緒に家を建てること，一緒にデュエットを歌うことは，すべてSCAの例である」(96頁)。そのような共同の諸活動には3つの特徴がある。相互的応答性(各参加者が「相手の意図や行為に対して応答的」である)，共同活動へのコミットメント(「参加者たちは各々，共同活動への適切なコミットメントを(多分相異なった理由によってではあるが)もっている」)，相互的援護へのコミットメント(各人は「共同活動のなかで相手が自らの役割を果たそうとする努力を援護することにコミットしている」)(96頁)。コールマンは，どんな法体系における公務員の活動も，それらの特徴をそなえたSCAを構成するものとして見ることができると主張する。彼が言うには，「公務員は，リーガリティの規準の内容に関しては意見を異にしうるし，また現に異にしており，…そのような論争は実質的な道徳的議論によって解決されうると［信じている］」(158頁)[9]。それにもかかわらず，この意見の不一致は，「コンヴェンショナルな社会実践を規制する承認のルールと，それゆえコンヴェンショナルなルールである承認のルールと完全に両立可能である」，なぜなら「SCAがコンヴェンショナルだという意味は明らかだ」からである。「SCAの存在は，それのために提示された議論には左右されず，むしろそれが実践されていることに——共有された意図を構成している姿勢を諸個人が表出するという事実に——左右される」(158頁)。

　コールマンは，これら2つの主張——SCAは必然的にコンヴェンションに根づいているという主張と，法実践は必然的にSCAを構成するという主張——が相まって，彼が長年にわたり包含的実証主義を支持して行ってきた相異なった議論のすべてを精巧な仕方でもたらすと信じている(99頁)。しかし，これらの主張の各々は，著しい不成功に終わっている。第1に，SCAに帰された特徴を表出している活動としてコールマンが引いている例——一緒に散歩をしたり家を建てたりすることのような——は，どんな仕方でもコンヴェンションを構成したり含んだりする必要がない。一緒に歩いている2人の人は，コンヴェンション——例えば，森の細い小路では誰が先頭で歩くかに関するコンヴェンション——を採用したり遵守したりすることが有用だと気づくかもしれないが，しかしそうする必要はない。そして，彼らがコンヴ

ェンションを採用したり遵守したりしなければ，彼らが当該活動に従事していないとか，相互の意図への敏感さを表出していないとか，当該プロジェクトなり必要な場合に相互を援護することなりにコミットしていないとかといったことになるわけではない。実際のところ，彼らは現に，互いに意思疎通する必要があり，また相手が何をするかという視点で自分の行動を絶えず調節する必要がある。しかし，コンヴェンションはこの過程においていかなる役割も果たしていない。ともかく，当該の共同活動は，例えば一緒に家を建てるという行為についての実証主義的説明を支持するために必要となる種類の何か根本的かつ統御的なコンヴェンションにもとづくことなく，確かに進んでゆくだろう。共有された協力的活動の各当事者は，他者が行うことを所与として，また他の人々の過去の行動なり期待された行動なりによって構成されるどんなコンヴェンションからのいかなる導きもなしに，いつも自分が何を行うのが適切であるかを自分自身で判断するだろう。

　第2に，どんな国でも，法過程における行為者が，コールマンがSCAを定義するものとして列挙する諸姿勢の混合を表出するということは，ほとんど概念的必然ではない。彼は，「公務員が，他者の意図や行為に対して応答的であるさまざまな仕方で，自分の行動を相互に調整しなければならないということは，概念的真理である」と言う（98頁）。しかし，そうした過度に抽象的な記述は，社会生活のほぼあらゆる形態に適合する——自分が道徳的だと捉えている人々は，「さまざまな仕方で」自分の行動を他者と調整しなければならないということをもまた受け入れている。そうした抽象的なコミットメントが実際に何を要求するかに関しては，意見を異にするとしてもである。ブラットマンの条件は，彼の論文が明らかにしているように，それよりもはるかに多くのことを具体的協力のために要請している。そして，共同体の法的公務員がこれらのより過酷な条件を満たすかどうか——例えば，裁判官たちがより具体的な野心を共有しているかどうか，また各裁判官が他者の努力を掘り崩すのでなくむしろ援護することにコミットしているかどうか——は，経験的な問いである。アメリカの一部の裁判官は，全国政府に対して州の権限を増すことによって数十年間の憲法典〔の解釈の蓄積〕を覆すことを望んでいるが，一方で他の裁判官たちは，そうした変化に自分が反対するためにできるすべてのことを行うことにコミットしている。一部の裁判官は法を，国家的繁栄を保障するためのより効率的な道具とすることを望んでいるが，

一方でそうした野心を全面的に拒絶する他の裁判官は，それに代えて重大な貧困を緩和するために法を用いることを望んでいる。アメリカの裁判官たちは，これらの野心のゆえに統合されている以上に分裂している。彼らは，家を独りで建てるか仲間で建てるのであって，皆で一緒に建てるのではない。

　概念的必然の問題として，法体系は何か根本的な組織的コンヴェンションに依拠していなければならないことを示そうとするコールマンの精力的な努力は，すべて失敗している。だが，私は少なくとも次の点に言及するべきだろう。それは，コンヴェンションとコンヴェンションが「固定する」ルールとの関係について彼が行っているさらなる哲学的議論である（81頁）。このさらなる議論は彼のコンヴェンション・テーゼを支持すると思われるかもしれないが，しかし事実としては，それはかのテーゼを脅かす。彼は，「行動の収斂が」当該コンヴェンションが固定する「ルールの内容を十全に確定する」という「誤った」考えのゆえに私を論難する（79頁 注(10)）。だが，彼は，2つの異なった主張を区別しそこねており，その一方の主張を私は現に行っているが，他方は誤っている。ある共同体における大半の人々が特定の行動を提示しないかぎり，その共同体には，当該の行動を要求するコンヴェンショナルなルールがないのだと——私が考えるように——われわれは考えるかもしれない。例えば，人口の半分が，二車線道路の左側車線を横切ることにいかなる不正もないと考えて，大っぴらに，愉快気に，いかなる悔恨もなしに左側車線を横切るときには，二車線道路の左側車線を横切ることを禁止するルールを固定しているいかなるコンヴェンションもないのだと考えるかもしれない。これは，私が自分の見解を支持するために必要とする主張である。その見解とは，妥当する法を同定する規準に関して，裁判官たちが根本的に意見を異にするならば，彼らは，妥当する法を同定する規準を規定するコンヴェンションを共有していないという見解である。あるいは，そうしたルールと整合的な行動の収斂があることは，特定のルールを固定するコンヴェンションのための十分〔条件〕であると——私はそう考えないが——われわれは考えるかもしれない。

　コールマンが私の誤りを論証しようと提示している議論——彼はそれをヴィトゲンシュタインからとってきている——は，これらの主張のうちの第2のものが誤っていることだけを示している。特定の共同体の裁判官たちが，あらゆる民事事件について，その事案における最年長の当事者に有利な判決

を下し，勝訴者は最年長の当事者だという事実を自分の正当化論としてつねに引証してきたと想定していただきたい。これらの裁判官は全員，最年長の当事者に有利な判決をつねに下すよう要求するルールに従っていると結論づけようとしても，それはできないだろう。もしかすると，（ヴィトゲンシュタインの示唆を翻案すると，）その裁判官たちの半数はそうしたルールに従っているが，残りの半数はそれと異なったルールに従っているかもしれない。2004年12月31日までに事案の審理が行われるとすれば，最年長の当事者に有利な判決を下し，それ以後に事案の審理が行われるならば，最年少の当事者に有利な判決を下すよう要求するルールである。だから，裁判官の集団が，どのように法を同定するかに関するコンヴェンショナルなルールを共有していると考えるためには，「…彼らには，将来のどの行動が当該ルールに一致し，どの行動が一致しないかについて，意見が一致する傾向がなければならない」(80頁)(10)。コールマンは次のように付け加える。裁判官たちは，自分が従っているルールをどのくらい厳密に定式化できるかに関して，ある程度まで意見を異にしている。それは，「とりわけ，裁判官がそのルールをすべて詳細にわたって特定したり，そのルールをある範囲の仮定上の困難な事案に投影したりするよう要求される場合である」(81頁)。彼が力説するところでは，重要なことは，ルールの定式化における相違点にもかかわらず，仮定上の困難な事案が実際に生じるときには，裁判官たちは事実として，同一の判決に現に達するということである。「同一のルールに従っているならば，参加者たちは，行動の収斂に…反映されるルールの把握ないし理解を共有しているにちがいない」(81頁)。「言い換えれば，彼らには，将来のどの行動がルールに一致し，どの行動が一致しないかについて，意見が一致する傾向がなければならない」(80頁)。これらのコメントは，コールマンが後の箇所で拒否しようと奮闘するものを譲歩して認めているように思われる。それは，あるルールを共有することが最小限でも，十全に特定化された事実的状況において，そのルールが実際に，また具体的に要求するものについての理解を共有することを要請するという点である。

　要約しよう。法実証主義のコールマンのヴァージョンは，反実証主義として最もうまく記述される。彼は，自分が擁護することを引き受ける哲学的遺産から全体としてひそかに陣地を引き払っている。彼は，法がつねにコンヴェンションの問題だという実証主義の枢要的教義に対して忠実であり続けて

いると主張することによって，自分の退却号令を覆い隠す。しかし，彼のコンヴェンションの使用法は，降伏を通じて大勝利を追い求めるものである。彼の第1の戦略は，コンヴェンションの観念を瑣末にし，実践的にも理論的にも無用なものとしている。彼の第2の戦略は，協力をコンヴェンションに転換することを望むものだが，失敗している。協力はコンヴェンションに左右される必要がないからであり，また概念的必然の問題として，法体系は十全な協力に左右される必要がないからである。実証主義の祭壇付き添いが示す執拗さを理解する上で——例えば，コールマンは，それをするためのあらゆる信仰箇条を自分が進んで廃棄しているような実証主義の旗を振ることになぜそれほど熱心であるのかを理解する上で——，ここまでいかなる進歩もなかった。

プトレマイオス流の天動説的実証主義

　本章における私のねらいは，法実証主義者が自分たちの立場を擁護するために30年以上にわたって行ってきた議論を評価することである。したがって，コールマンが自分自身の〔法実証主義の〕擁護戦略にとっての主要な論敵として同定する擁護戦略を論考しなければならない。彼はそうした戦略を「排除的」実証主義と呼び，その権化としてジョゼフ・ラズを名指ししている。排除的実証主義は，真なる法命題を同定するための諸規準のなかに道徳的テストまたは道徳的考慮事由は現れえないと考える。そうした大胆な命題を支えるためのラズの議論は複雑である。それをやや詳しく説明するのを試みたいと思うが，しかしその議論をあらかじめ要約するならば，助けとなるかもしれない。彼は次のように宣言する。第1に，法が何らかの集団に対して正統な権威を主張することは，まさにその法概念の一部である。第2に，そうした主張は，権威的であることの潜在力が法的指図にはあるということを前提している。第3に，いかなる指図も，当該指図の内容——人々が行うようにその指図が要求するもの——が，どんな道徳判断もなすことなく確かめられうるのでないかぎり，権威的でありえない。この議論は，そうした骨格だけの形態においてさえ，奇妙なものという印象を与えるかもしれない。裁判官が，法を強行する自らの責任を実行する際に何を行ってよく，何をしなければならないかを確定することや，そうしたことを，それとは異なっていっそう論争の余地ある種類の正当化に依拠しなければならない裁判官の行為や決

定から区別することは，実践的・政治的に重要である。そのような決定的に重要な区別が，権威概念の抽象的分析次第であるとすれば，それは奇怪なことだろう。

　事実としては，私が要約した議論におけるあらゆる段階が，高度に問題あるものである。厄介なことは初発の擬人化で始まっている。ラズが言うには，「法には必然的に，すなわちどこであれ実効的であるあらゆる法体系には，事実上の (de facto) 権威がある。それらは，法が正統な権威を保持しているか，正統な権威を保持していると考えられているか，あるいはその両方であるということを必然的に伴う」(11)。「法」が正統な権威を主張すると言うことは，何を意味しうるだろうか。このタイプの擬人化は，哲学においてはしばしば，命題の集合の意味ないし内容を述べる簡略な仕方として用いられる。例えば，哲学者は，道徳が定言的要求を課することを主張するとか，あるいは物理学が物理的宇宙の深遠な構造を明るみに出すことを主張するとかと言うかもしれない。その哲学者が言おうとしているのは，いかなる命題も，それが（単に仮言的ではなくむしろ）定言的な要求を精確に報告しないかぎり，道徳上の真なる命題ではないということ，あるいはいかなる命題も，物理的構造を正確に報告しないかぎり，物理学上の真なる命題ではないということである。こうしたなじみ深い仕方でラズの擬人化を解釈するならば，彼は，いかなる法命題も，それが正統な権威の実行を報告するのに成功しないかぎり，真ではないと言おうとしていると捉えることになる。しかし，それらは，ラズが主張するように道徳が法のためのテストでありえないことを含意せず，法のためのテストでなければならないことを含意するだろう。なぜなら，彼が認めるように，「ある人の指図が権威的であるための道徳的・規範的諸条件が不在であるならば」，いかなる権威の実行にも正統性がないからである(12)。

　ラズの擬人化についての分別のある代替的解釈を見出すことは難しい。彼はときおり，「法」が正統な権威を主張すると自分が言うときには，法的公務員がそうした権威を主張すると言おうとしていると示唆する。法的公務員が現にそうした権威を主張するのは，彼らが，市民に責務を課する「権利」が自分たちにはあると力説したり，市民が「自分たちに対して忠節を負っており」，「法に従うべきだ」と力説したりするときである(13)。法的公務員がそのような主張をしばしば行うと想定することと，法的公務員がそのような主張を行わないかぎり，必然的に法はないと想定することは，まったく別である。

事実としては，多くの公務員はそのような主張を行わない。例えば，オリヴァー・ウェンデル・ホウムズは，まさにその道徳的責務の観念を混乱だと考えていた。彼は，法的制定物が，人々がもっている行為の通常の理由を，何か他に優位する責務賦課的な指図におき代えるとは想定せず，むしろ法的制定物が，一定の仕方での行為に伴う費用をより高価にすることによって，通常の理由に新たな理由を加えると想定していた。ある共同体に法があるかどうかは，その共同体の法的公務員のうちの何名がホウムズの見解を共有しているかには左右されない。だから，ラズの決定的に重要な擬人化が公務員の実際の信念なり姿勢なりに言及していると想定することによって，その擬人化を理解することはできない。確かに，彼は代替的解釈を提示している。彼は，私が先に引用した一節のなかで，法が正統な権威を「保持していると考えられている」ことで十分だと言う。彼が言おうとしているのは恐らく，ほぼすべての市民が，自分たちの法がそうした権威を保持していると考えているならば，それで十分だということである。しかし，そうしたこともまた必要だと思われない。市民が公務員と同様に，ホウムズの見解に賛同していると想定していただきたい。そうすると，法は途絶えて，それと異なったいっそうよい法理学が定着するときに再び出現するだけなのだろうか。ホウムズの見解は誤っており，彼があらゆる人を自分の見解に転向させたとすれば，あらゆる人が誤っていただろうと言う方が，より理解可能ではないだろうか。一般的に，市民が，アメリカ法は自分たちに対して服従の道徳的責務を課していると考えるかどうかを問わず，アメリカ法は現にそれを課しているのではないのか。

　だから，ラズの語りの外形をどのように脱構築するべきかは，不可解なままである。しかし，議論の目的のために，ラズは次のことを言おうとしているというように，われわれが仮定すると想定していただきたい。あらゆる法的公務員は，自分の制定する法律が道徳的責務を創出すると信じているということである。そして，こうした主張が真だとさらに仮定しよう。さて，ラズの第2段階を考察しよう。彼は，法的公務員の創出した法律に正統な権威の潜在力がないかぎり，法的公務員の主張は理解可能でないだろうと指摘する。そして，正統な権威の潜在力がないかぎり，何物も法ではないと結論づける。そうした結論には少なくとも2つの瑕疵がある。第1に，一部の法律が正統な権威をもつという事実——それは，法的公務員の主張が理解可能だ

と想定するために仮定しなければならないすべてである——から，そのような権威をもつことができないかぎり，何物も法律ではないということは導かれない。自分たちが作る法律のすべてが道徳的責務を課すると力説する立法者は，すべての法律が道徳的責務を課するとは信じていないかもしれず，あるいはどこでもすべての法律が道徳的責務を課することができるとさえ信じていないかもしれない。彼らは，潮は満ち引きをやめなければならないと宣言する制定法を制定したとすれば，単に概念的な問題としては，法律を作ったことになるだろうが，もっともこれは馬鹿げた法律であって，もちろんどんな道徳的責務も創出しえないだろうと考えるかもしれない。

　第2に，法律には必然的に，道徳的責務を課する潜在力がなければならず，したがって正統な権威の潜在力がなければならないと，すべての公務員が信じている場合にさえ，この意見は，彼らが用いている概念に関して彼らが間違っていることを単に示しているのかもしれない。人々は，概念的誤解に依拠した誠実な主張をしばしば行う。例えば，多くの人々は，正当化された課税さえも必然的に納税者の自由を妥協させると信じている。私見では，そのような人々は概念的な誤りを犯している。彼らは自由を誤解しているから，自分の主張の本性を理解していないのである[14]。実際にあらゆる人がそうした主張を行ったとしてもなお，税金が必然的または生来的に自由を妥協させるということは導かれないだろう。ラズは楽観的にも，公務員が権威概念に関して「体系的に」混乱していることはありえないという。なぜなら，「わが国の権威の構造における法的諸制度の中心性を所与とすると，彼らの主張や捉え方がわれわれの権威概念によって形成され，またわれわれの権威概念に貢献する」からだというのである[15]。しかし，「われわれの」捉え方に数え入れられるどんな権威観もないかもしれない。単一の共同体の内部でさえ，相異なった人々が相異なった自由観を保持しているかもしれないのとちょうど同じように，相異なった人々が相異なった権威観を保持しているかもしない。彼らのうち大きな集団さえも，誤った権威観を保持しているかもしれない[16]。すぐ後に分かるように，ラズ自身の権威観はエキセントリックである。その権威観が最善の権威観であり，あるいは法律家たちの採用するべき権威観であるという点で，ラズが正しいとしてもなお，その権威観は法律家が全員すでに採用している権威観だということは導かれない（また，そうしたことは明らかに真でない）。

だが，またもや議論の目的だけのために，法には必然的に正統な権威を構成する「潜在力がある」のでなければならないという点で，ラズが正しいと，われわれは現に容認すると想定していただきたい。そうしたことは，少なくとも一見したところでは，正統な権威をもつための必要条件をすべて満たさなければ，何物も法律ではないことを意味するように思われるだろう。ラズは，そのような数個の条件があると信じている。これらの条件の一部は道徳的条件である。法体系が「自らに正統な権威を賦与するために要請される道徳的姿勢を欠いている」ならば，「それはいかなる正統な権威も持たない」(17)。そうすると，恐らくラズは次のことに同意するだろう。法と推定されているものが，道徳的に邪悪であることを命じたり，あるいは地位を簒奪する独裁者のような正統でない権力者から発せられたりするならば，いかなる正統な権威ももたないということである。正統な権威の他の諸条件は非道徳的である。樹木のように他者と意思疎通できないならば，何物も正統な権威を行使できないと，ラズはわれわれに思い出させる。法が正統な権威を達成するための他の非道徳的条件は，法の内容が道徳的な推論または判断なしに同定されうることであると，ラズは信じている。（そのことは，先に要約した議論のうち決定的に重要な第3段階であり，すぐ後にそれへ向かおうと思う。）ラズが承認する道徳的諸条件は，彼にとって重大な問題を提起する。彼が，自分の先行的仮定から導かれると思われるもの——純正な法は，正統な権威のための必要条件を，道徳的必要条件を含めてすべて満たさなければならないということ——を受け入れるとすれば，彼は排除的実証主義者であることができないだろう。法があまりに邪悪であるために正統性がないかどうかは，道徳的な問いであって，排除的実証主義者は，法の存在が道徳的な問いへの正解次第であることを許すことができない。

　こうした困難をラズは理解している。なぜなら，彼は注意深くも，正統な権威の「潜在力がある」ことは，そうした地位のための非道徳的諸条件のすべてを満たすことを要請するが，しかし道徳的諸条件のどれも満たすことを要請しないと宣言しているからである。彼は，この区別が「自然」であるというが，もっともなぜそうであるかは説明していない(18)。そのように言うことは，彼の議論が自然法論に陥ることから救い出すだろうが，しかしいかなる独立の長所ももたないと思われる。法律が正統な権威のための単一の必要条件さえも欠いているならば——他のどんな条件が満たされていようとも，

あるいは他のどんな状況が成り立っていようとも、ことによると法が正統な権威をもちえないならば——、その法律に正統な権威を達成する「潜在力がある」と、どのようにして言えるのか。非道徳的諸条件は何らかの仕方で概念的であるが、道徳的諸条件はその仕方で概念的ではないと言うことは、助けにならない。そうした区別は誤ってもいるし、重要な関連性がない。その区別が誤っているのは、適切な道徳的な問いへの解答を概念的主張として組み立てることが、完全に意味をなすからである。まさにその正統な権威という概念から、邪悪な法律は正統な権威をもたないことが導かれると、分別のある仕方で言うことができる。いずれにせよ、その区別に重要な関連性がないのは、ラズの議論のこの段階において決定的に重要な主張は潜在力に関するものであって、概念に関するものではないからである。彼は、法には正統な権威の潜在力がなければならないことは概念的真理であると想定しており、いま問われているのは、そうした潜在力に何が必要であるかだけである。これを2つの設問に分割することができる。権威にとって何が必要であるか。正統性にとって何が必要であるか。権威の必要条件を確定するためには、われわれ自身の権威概念を用いなければならないと、ラズは論じる(19)。しかし、そうすると、正統性の必要条件が何であるかを決定するために、正統性に関するわれわれ自身の観念をなぜ用いるべきではないのか。法には正統な権威の潜在力が必然的になければならないというラズの主張を受け入れるならば、また法が本来的に邪悪である場合には、法は正統な権威を決して達成しえないと信じるならば、法は生来的に邪悪であることができない。それが意味するのは、実証主義が偽だということである。

　さて、ラズの議論についての先の要約のなかで私が同定した第3の——そして最も重要な——段階へと向かわなければならない。この第3段階を独立にテストするために、彼の先行する諸主張をまたもや容認するべきである。だから、法が正統な権威を主張し、また正統な権威の潜在力がなければならないという点、そしてこのことは、法が正統な権威の非道徳的諸条件を満たさなければならないことだけを意味しているという点を、概念的真理としていまは仮定する。ラズは、これらの非道徳的諸条件のうち2つの最も重要なものだと自分が考えるものを、以下の言明のなかで要約している。

　第1に、ある指図が権威的な仕方で拘束的でありうるのは、その指図が、

それの受け手がどのように行動するべきかについての誰かの見解であるか，あるいは少なくともそのようなものとして提示されている場合のみである。第2に，[その] 指図が裁決するのを目的としている理由や考慮事由に依拠することなく，有権的機関だと主張されているものによって発せられたものとしてその指図を同定することが，可能でなければならない[20]。

これら2つ条件のうち第1のものは不可解である。文字通りに捉えるならば，それは，合衆国の立法なりコモン・ローなりのうちきわめてわずかなものが権威的でありうることを意味する。通常の制定法は，多くの相異なった立法者や，企業・ロビイスト・市民団体のような立法過程における他の影響力ある相異なった行為者がもつ諸見解の妥協の産物である。それは，市民がどのように「行動するべきか」についての単一の立法者の見解を代表することが稀であり，あるいはそうした見解として提示されることさえ稀である。コモン・ロー上の法理は，多くの先例の判決が連なって増大したものである。それは，市民が何をするべきかについての単一の裁判官の見解を代表することがありえそうになく，またそうした見解として提示されるのは稀である。立法府の見解として提示されえないかぎり，あるいは諸個人の集合としてのコモン・ローではなく，むしろ制度としてのコモン・ローの見解として提示されえないかぎり，何物も制定法なりコモン・ローなりとして拘束力をもっていないと，ラズは言おうとしているにちがいない。しかし，合衆国議会もコモン・ローも心や見解をもたず，だからわれわれは擬人化の他の厄介さを手にしてしまう。われわれは，その擬人化を無害な仕方で解きほぐすよう努めるかもしれない。それは，その擬人化が意味しているのは単に，どんな特定の議会の制定物もコモン・ロー上の法理も「人々が以下の仕方で行動しなければならないというのが，合衆国議会（またはコモン・ロー）の見解である。すなわち，…」という形式の言葉で要約できなければならないということのみだと捉えることによってである。それ以上に易しいことはない。制定法のお気に入りの解釈なりコモン・ローのお気に入りの解釈なりに，そうした導入部を貼り付けるだけである。しかし，ラズの擬人化についてそうした無害な解釈をするとしても，それは，彼が言おうとしていることを捕捉しないだろう。彼は，私自身の法の説明が自分の第1条件を侵害していると手厳

しく宣言している[21]。私の見解では,法を同定するのはしばしば,過去の立法府の決定について最善の正当化論を見出すという問題であると,彼は説明する。次にこう付け加えている。「最善の正当化論は,あるいはそれの一部の側面は,誰によっても是認されないのはもちろん,決して考えられたことがないかもしれない」[22]。しかし,私は,自分が言おうとしているのが単に,個別の立法者のうち誰も念頭になかった原理を正当化論によって制定法自体に帰することが,分別のある仕方でできるということであるならば,制定法はそうした原理を是認していると確かに主張することができる。だから,ラズは自分の第1の非道徳的条件を宣する際に,より瑣末でない何事かを念頭においているにちがいない。しかし,それが何でありうるかは不可解なままである。法律家は,立法府が1つの機関として,何か決して特定されない仕方で結合させられた実際の立法者たちの心的諸状態から構成される集合的な心をもつかのようにときおり語る。しかし,ラズはそのように無邪気な見解を保持していない。もちろん,排除的実証主義が仮に正しいとすれば,ある制定法が本当は何を言っているか,あるいはコモン・ローの「見解」が本当は何であるかを決定する際に,道徳判断がときおり適切だと想定している点で,私の見解は誤っているだろう[23]。しかし,ラズは,正統な権威のための第1の非道徳的条件を,排除的実証主義を支持する自分の議論の一部として提示しており,そうした学説の真理を前提する勅令として提示しているのではない。

　権威のためのラズの非道徳的諸条件のうち第2のもの——権威的指図の内容は,道徳的判断を頼りとすることなく同定可能でなければならないという条件——は,もちろん彼の排除的実証主義の核心である。この条件は,権威の要点についての彼の顕著な見解を凝縮している。彼が言うには,権威は,「道徳上の訓戒と人々による自分の行動への訓戒の適用とを仲介する役割」を担っている[24]。何らかの有権的機関の権威が行使される以前には,人々は,行為を支持したりそれに反対したりする,自分が考慮するかもしれないさまざまな道徳的諸理由や他の諸理由といわば直接に接触している。有権的機関は,人々の諸理由を重みづけて衡量することによって,人々とその諸理由との間に自らを挿入し,次に新たな統合化の指図を発する。その指図は,多種多様な道徳的諸理由や他の諸理由を,単一の排除的訓戒に置き換える。有権的機関を受容する人たちはそれ以後は,その有権的機関が重みづけた諸

理由を，行為を支持する諸理由としては自分自身の計算から排除して，その新たな権威的指図にのみ依拠するだろう(25)。例えば，その問題を規制する法律が採択される以前には，ピカデリー通りでライオンを行進させることを支持したり，そうすることに反対したりするさまざまな理由が人々にあるだろう。有権的機関は，その実践を禁止する法律を制定するとき，その実践に反対して誰もがもつ諸理由が——結合しあうと——その実践に賛成して誰もがもつ諸理由よりも強いのだと裁定したことになる。その裁定を権威的なものとして受容することは，これらの多様な諸理由を再評価したり権威的指図と想定されているものをその諸理由に対して衡量したりすることを意味せず，単純にその指図を，ピカデリー通りでライオンを行進させない唯一の理由として捉えることを意味する。人々が，制定法が言ったり意味したりすることを重みづけるために，自分がつねにもつ，ライオンを行進させるのを支持する諸理由や，それに反対する諸理由をまだ重みづけなければならないとすれば，当該裁定は権威的ではないだろう。法はそうした諸理由に置き換わらず，その諸理由を生かしておき跳ね上がらせておくことになるだろう。

　権威の本性および要点についての上記の説明は，有権的機関に向けての一定の姿勢を力説する。人々は，自分が特定の機関を権威的なものとして受容するかどうかを決めなければならない。彼らは，当該機関が一般的に，自分自身で諸理由を重みづけるのと比べて，自分のために諸理由を重みづけるのによりよい位置にあるかどうかを自問することによって，そうした決定を行うかもしれない。当該機関がよりよい位置にあるのだと人々が考えるならば，人々は，その機関を排他的な有権的機関として受容するはずである。もちろん，特定の事案において，有権的機関はまさにその当該の決定の支持理由と反対理由を重みづけるのが人々よりも得意だという点を，その有権的機関の実際の決定は示しているかどうかと問うことによって，事後的にかの〔自分が特定の制度を権威的なものとして受容するかどうかという〕問いを発してその決定を行うことはできない。そんなことを行うとすれば，それは権威の要点をまるきり覆すことになるだろう。なぜなら，人々は，自分が特定の決定を，背景的な道徳的諸理由に取って代わるものとして受容するべきかどうかを決めるために，その同一の背景的諸理由を考慮し重みづけなければならないだろうからである。人々は一般的かつ事前的に決定しなければならない。だから，ラズが想定するところでは，ある機関がラズの第2の非道徳的条件

——権威的指図の内容は，道徳判断を頼りとすることなく同定可能でなければならないという条件——を受容しないとすれば，その機関の指図を権威的なものとして受容するという選択肢は開かれてさえいない。

　これは権威の要点についての1つの整合的な説明である。だが，それは，現代民主諸国においてはほとんど誰も示さない度合いでの法的権威への服従を前提している。われわれは，完全に妥当し正統なものとみなしている法律さえも，その法律の採択時に起草者が正しく考慮した背景的理由を排除し，それらに置き換わるものとして扱わない。われわれはむしろ，そうした法律を，それらの他の理由に対して通常は切り札となる権利・義務を創出するものとみなしている。他の理由はとどまっており，特定の状況において，その理由が異常に強力または重要であるため，当該法律の切り札が打ち勝つべきでないのかどうかを決めるために，その理由をときおり顧慮する必要がある。アメリカ憲法は，(少なくとも大半の学者の意見では)単独で行為する大統領ではなく議会のみに，人身保護令状を停止することを許しており，そして当該条項の起草者は明らかに，大統領が独力で人身保護令状を停止するのを支持する理由を考慮に入れていた。われわれのうち大半の人は，合衆国憲法を正統かつ権威的なものとして扱っている。しかし，それにもかかわらず，多くの論評者は，南北戦争中にエイブラハム・リンカーンが人身保護令状を停止したのは道徳的に正しいと考え，また彼は違法に行為したと考えている。ラズは，「大いなる重要性のある新たな証拠が，予期しない仕方で現れるならば」，権威を受け入れている人々は，それにもかかわらず権威を無視してよいと言う(26)。しかし，戦争による緊急の要請は新たな証拠ではほとんどなく，結局のところ，起草者自身も戦争に加わったのである。リンカーンは，自分の決定を行う際に憲法の権威を否定したわけではない。彼は単に，かつて起草者もまた考慮に入れ，その生命力を保有している種類の競合的理由に対して，憲法の権威を重みづけたのである。そして，リンカーンは，現下の状況においては，憲法の権威が競合的理由を上回るのに十分なほど強いことを見出した。

　だが，権威についてのラズの説明をいまや異なった仕方で検査しなければならない。なぜなら，彼はその説明を，人々が自由に受容したり拒否したりする構成された権威への服従の推奨としてではなく，概念的真理として提示しているからである。彼が力説するには，次のことはまさにその権威の概念

ないし本質の一部分である。有権的機関に服していると推定される人たちが，有権的機関に従うかどうかを，また有権的機関が何を言ったかを決定するために，道徳的内省に携わらなければならないならば，何物もその人たちにとっての有権的機関として数え入れられえないということである。ラズの議論のより早い段階での結論を所与とすると，上記の概念的真理からは，市民が法の内容を同定するために道徳判断を用いなければならないならば，何物も法として数え入れられえないということが導かれる。次の極端な事例を考えていただきたい。ある国の立法府が，今後は厳しい刑罰の苦痛を伴って，臣民は自分の生活のどんな側面でも決して不道徳に行為してはならないと宣言する法律を採択すると想定していただきたい。これは非常に愚かな制定法であり，そうした国での生活はそれ以後は厭わしいとともに危険なものだろう。だが，ラズによれば，その制定法をいやしくも法として記述したとすれば，それは概念的な誤りとなるだろう。この極端な例においてさえ，彼の主張はあまりに強いと思われる。結局のところ，当該制定法は，その制定法の権威を受け入れる気になっている人たちに対して規範的帰結をもっている。その人たちにはいまや，自分が行うあらゆることがもつ道徳的性質について注意深く内省し，几帳面に行為する追加的理由がある。それは，その人たちがいまや公式のサンクションに服しているからだけではなく，彼らの共同体が自らの刑法を通じて，道徳的精励がもつ枢要な重要性を宣言したからでもある。その人たちが，新法がもつ権威への服従のゆえに，自分はこれまでとは異なった仕方で行動しているのだと言ったとしても，彼らが概念的な誤りを犯していることにはならないだろう。だが，その人たちは，当該制定法が，自分の行いを公務員自身の道徳的標準に従って判断する権限を公務員に与えただけであるとは言わないだろう。その人たちが，良心に従って道徳的だと考えた行為のゆえに投獄されたとすれば，自分は法に反して投獄されたのだと力説するだろう。

　コールマンが認めるように——それは彼の「包含的」実証主義の中枢である——，通常の権威の概念における何物も，道徳的規準を組み込んだルールまたは原理を権威的なものとして扱うことを妨げない。「買主危険負担」[2]が支配的である取引慣行におけるビジネスマンがある宗教に改宗したが，その宗教の聖典は，当該宗教の信者が商業において「正直かつ公正に」取引するよう申しつけていると想定していただきたい。彼はこれまでとは異なった

仕方で行動するだろうし，またそのように行動することで，自分の新たな宗教の権威に服従していると彼が言うことは，分別のあることだろう——その権威が何を命令しているかを決定するためには，自分がつねにもっていた同一の諸理由を熟考しなければならないとしても。ある日，彼は，明らかな欠陥を，それに気づいていない買い手に対して開示しないとすれば，それは不公正だろうかと考えると想定していただきたい。開示しないとすれば不公正になるだろうと心を決めて，その欠陥を開示するならば，彼は，自分が宗教的権威に服従してきたと分別のある仕方で言うことができる。聖典は，不公正であることを禁止しており，非開示は不公正であり，したがって聖典は開示を要求する。その聖典は，彼に開示することを指図せず，非開示が不公正かどうかを考えることだけを指図したと言うとすれば，それは不精確だろう。彼の宗教は彼に，不公正であることを避けるようにと告げているのであって，不公正だと自分が判断することを避けるようにと告げているのではない。彼が注意深い内省の後に，非開示は完全に公正だと心を決めたが，何年か後に考えを変えるならば，彼は，かつて自分は宗教的命令に従わなかったと考えるだろう。

　だが，指図が言及によって何か希薄な道徳的概念を組み込んでいるにすぎないこれらの極端な事例を長々と考えるべきではない。なぜなら，当今の法実践が実際に道徳を用いる仕方は，はるかにより複雑かつ選択的だからである。例えば，制定法は，「理にかなっていない仕方で」取引を制約するいかなる契約も強行可能ではないと規定するかもしれず，あるいは憲法は，「適正な」過程を否定する刑法上のどんな過程も排するかもしれない。これらの条文が実際には何を要求しているかを決定する市民・弁護士・公務員は，実際のところ，自分が道徳的に行為することだけを気にかけているとすれば考慮するだろう諸争点と同一の諸争点の一部について内省しなければならない——しかし，同一の諸争点の一部だけであり，また異なった仕方で内省するのだが。彼らは，争点となっている規制の文脈で，また他の法律や規制からなる一般的背景に対して，これらの道徳的考慮事由にどのような説得力が帰せられるべきかと問わなければならない。要するに，彼らは，個別の文脈における個別の規制についての構成的解釈と私が呼んできたものを取り上げなければならない。（実証主義への批判者たちが長年力説してきたように，）構成的解釈は現に道徳的次元をもっているが，問題となっている制定法および

その法的文脈についてのみ要求されるだろうどんな推論過程も圧縮した形で反復するわけではない(27)。

　道徳は，コモン・ロー上の裁定においても同一の複雑かつ微妙な役割を果たす。第一印象の問題として次の点を決めなければならない裁判官を考えていただきたい。過失ある仕方で製造された薬品を長年にわたって服用したことによって損害を被ってきたが，しかし当該薬品の数社の製薬会社のうちどれが自分の服用した錠剤を作ったかを示すことができない患者には，その製薬会社のすべてから問題の期間における市場シェアに比例して損害賠償を受ける権原があるかどうかという点である(28)。その裁判官が公正についての２つの問いを考察し衡量するだろうことは，自然なことである。補償をまったく否定することは，そうした立場の患者に対して公正であるかどうか，またある製薬会社が引き起こしたと示されたことがない損害に対する賠償について，その製薬会社を有責とすることは公正であるかどうかである。それにもかかわらず，その裁判官は自分の全体的判断において，確立した法がもつ権威に数通りの仕方で服従するだろう。そして，彼の判断は，当該争点をある仕方なり他の仕方なりで解決する法律について，一立法者として投票するよう求められた場合に，自分が行うだろう判断とは当然に異なるだろう。例えば，その裁判官は，多様な先例や法的背景の他の側面を所与とすると，市場シェアによる有責性が製薬業の経済的健全さや医学研究に対してもつ衝撃力を考慮するべきでないと考えるかもしれない。法が何を要求しているかを決定する際に，そのような考慮事由を排除するという点で，裁判官は必然的に正しいだろうとか，立派な経歴でやってきた立法者は，そのような考慮事由を包含するという点で，必然的に正しいだろうとかと言おうとしているのではない。私が言おうとしているのは，まさにその法が権威として要求したり許容したりするものを決定する際に道徳が果たしている役割にもかかわらず，法が裁判に対してもつ権威を，上記の例は確認しているということである。

　したがって，ラズは，法が何を要求しているかをこのように普及した仕方で固定する作業のなかに道徳的争点が入ってくるならば，法にはいかなる権威もありえないのだと力説するとき，尋常でない特別な権威観を念頭においているにちがいない。彼は権威についての自分の捉え方を「奉仕的」捉え方と呼び，多分いっそうなじみ深い他の捉え方にはそのようないかなる含意も

ないと認めている(29)。そうすると、彼はなぜ、自分の「奉仕的」捉え方のみが法の本性ないし概念を明瞭化しうると力説するのだろうか。もちろん、排除的実証主義が他のどんな法理論よりも好ましいと考える何か他の認めざるをえない理由があるとすれば、それは別問題だろう。しかし、議論は反対方向で進むと想定されている。われわれは、奉仕的捉え方をすでに受け入れているから、排除的実証主義に説得されると想定されている。その捉え方を支持する独立の論拠が必要だが、私はラズの議論のなかに何も見出せない。

その上、権威についてのラズの見解が良識とどれほど矛盾するかに気づくとき、その見解の英雄的な人工的性格が強調される。先ほど、コールマンの包含的実証主義を論考した際に、平等保護条項、デュー・プロセス条項、言論の自由や信教の自由を保護する諸条項のようなアメリカ憲法の抽象的諸条文が、どんな形態の実証主義にとっても明らかな問題を提出することを見た。すでに見たように、コールマンは、この諸条項が道徳的標準を組み込んでおり、したがって他のどんな法律の妥当性も道徳的な問いへの正解に左右されるようにしているのだと想定している。しかし、ラズは、法の同定にとって道徳的判断に重要な関連性があることを否定する排除的実証主義者であるから、そうした見解をとりえない。そうすると、上記の憲法の抽象的諸条項がもつ法的効力について、彼はどのような見解をとりうるのか。コールマンは、次の意見をラズのものとして報告している。この諸条項はそれ自体では他のどんな法律も無効化せず、特定の制定法が完全に妥当しているという事実にもかかわらず、それらの制定法が強行されるべきでないかどうかを確定するように、裁判官に指図するにすぎないという意見である。そうしたテーゼは普通の意見を逆立ちさせたものである。大半の法律家や素人は、最高裁判所が、人種別学校の法律は強行されるべきでないという判決を下すまでは、その法律は完全に有効だったとは考えず、むしろ最高裁がこの法律を退けたのは、当該法律が憲法上無効であると正しく気づいたからだと考えている。その上、最高裁が憲法的根拠にもとづいてある制定法を退けるとき、最高裁はほぼつねに当該制定法を、それがすでに無効であるかのように扱う。最高裁は、自らが判決を下す以前にさえ、その制定に法的効力があったことを否定する。だから、コールマンが憲法の抽象的諸条項についてのラズの説明を正確に表現しているならば、実際のところその説明は直感に反している。

だが、コールマンがラズの見解だとしたものをラズが首尾一貫した仕方で

保持できるということは，明らかでない。ラズが言うには，憲法の条項のいかなる解釈も，その解釈が，それ自体で排除的実証主義の根拠にもとづいて妥当している解釈の法的ルール——つまり，何か均一に近い法実践にもとづいてそれ自体で確立されている解釈——によって権威あるものとされていないかぎり，法の問題としては妥当していない(30)。しかし，先に見たように，憲法解釈についてのいかなる適切なルールも，合衆国においてそうした仕方では確立されていない。一部の法律家は抽象的諸条項を，一定の道徳原理と矛盾する立法を違法とするものと解し，他の法律家はその諸条項を，一定の道徳原理が禁じるものについての起草者の理解と矛盾する立法を違法とするものと解する。ラズが言うには，そのような意見の不一致を所与とすると，抽象的諸条項の法的効力は「確立されていない」と考えなければならない(31)。恐らく，例えば平等保護条項の文言がわが国の法の一部であるのは，その通りだという点であらゆる人の見解が一致しているからだと，ラズは考えているのだろう。しかし，そうした文言によって，最高裁判所が何か特定の立法を退けるのを公認されたと想定するならば，それは，平等保護条項についての1つの論争の余地ある解釈を受容し，かつ他の解釈を拒否することを要請するだろう。だから，恐らく，ラズは，最高裁判所はほぼ2世紀間，いかなる法的権威も与えていない権力を行使してきたのだと言う最も残忍な批判者の側に立っていることになる。

　上記の結論は厄介なものだと思われるが，しかしラズにとって受容可能でより厄介でないいかなる代替的結論もない。例えば，ラズが次のように論じると想定していただきたい。最高裁判所による司法審査の初期の行使は，法によって公認されていない。なぜなら，憲法解釈についてのいかなる確立したルールも，司法審査の権限を賦与するものとして合衆国憲法を解することを正当化しないからである。けれども，先例を通じて法を創出するという最高裁自体の権限は，そうした司法審査の初期の行使が，最高裁がいま主張している法的権威を与えたことを意味するというのである。しかし，そうすると，そうした権威の限界は何だろうか。最高裁が制定法を覆す際に，どのようなときには法的な誤りを犯すことになるのだろうか。最高裁が，どこかの州の交通法を，それが妥当している法律でないかのように扱うことが，何らかの理由によって賢明であると考えるならば，最高裁がそのように扱うことを，法はいま公認するのだろうか。少なくとも，デュー・プロセス条項およ

び平等保護条項は，理にかなったいかなる個人にも深く不正義だとは考えられないだろう制定法を退けるいかなる権限をも，最高裁に与えていないと言うことは，自然だと思われるかもしれない。しかし，ラズは，立法を無効と宣言する最高裁の権威をいやしくもいったん認めたならば，その権威に対する上記のような制限さえも受け入れることができない。なぜなら，交通法はある根本的自由にとって破壊的だと考える無政府主義者が合理的であるかどうかは——たとえその問いへの答えが明らかだと思われる場合にも——，道徳的な問いだからである。したがって，ラズは，合衆国憲法が法であることを否定するか，合衆国憲法以外のものが法であることを否定するかを実際上は選ばなければならない。そのように嘆きたくなるような帰結をもつ法の理論を，ラズはなぜ固守するのだろうか。

実証主義と偏狭心

　法実証主義の体系的ヴァージョンを最初に提出した哲学者であるジェレミー・ベンサムは，政治を大いに念頭においていた[32]。議会が人民の議会として明示的に宣言したものを超えて，自然権なり古来の伝統なりのなかに法を発見したと宣言する裁判官の政治権力を掘り崩すことを，ベンサムは望んでいた。当時，実証主義には民主的香気があり，民主制がいっそう進歩的になると想定されるにつれて，実証主義はそうした進歩の頌歌の一部分となった。オリヴァー・ウェンデル・ホウムズとラーニド・ハンドは，進歩的な経済的・社会的立法を違憲とするのを正当化するべく，確立された所有権を保護している自然権として想定されたものに訴える最高裁判所の保守的裁判官に反対して，そのような立法を支持するために，実証主義に訴えかけた。1938年に——それは実証主義の実践的重要性の絶頂期だった——最高裁判所は，自らの歴史において最も重要な帰結をもたらした判決の1つを正当化する助けとするべく実証主義を信奉した[33]。紛争当事者が相異なった州から出ているという理由のみによって，ある問題の管轄権が連邦裁判所にあるときには，連邦裁判所は，法的伝統の何か独立した広範囲におよぶ統一体に訴えかけることができず，関連する諸州の1つにおける有権的機関によって宣言されたものとしての法を強行しなければならないという判決を，最高裁は下した。ブランダイス判事は，実証主義的信仰箇条を表すホウムズの初期の言明の1つを引用した。

裁判所が今日語る意味での法は，その背後に何か確定した有権的機関がないかぎり存在しない。…その有権的機関は，また唯一の有権的機関は州であり，そしてそれがその通りであるならば，州によって自らのものとして採用された声が［その声が州の立法府のものであれ州の最高裁判所のものであれ］最終的な言葉を発するべきである(34)。

　だが，法実証主義の政治的影響力は最近数十年間に鋭く落ち込み，法実証主義は法実践においても法学教育においてももはや重要な勢力ではない。政府はあまりに複雑になり，実証主義の簡素さにあわなくなった。明示的な立法的法典が，共同体の必要とする法をすべて供給することをめざすことができる時代には，共同体の法は立法的組織体の明示的命令だけから構成されているというテーゼは，自然で便宜だと思われる。だが，技術上の変化と商業上の革新とが実定法の供給よりもはるか先に進む時代には——第2次世界大戦に続く歳月に，その変化と革新はますますはるか先に進んだ——裁判官や他の法的公務員は，それに応えて法を適合させ発展させるために，戦略上のより一般的な諸原理や公正へと戻らなければならない。そうすると，法が何を要求するかを確定する際に，この諸原理もまた現れることを否定するのは，人工的で要点を外しているように思われる。その上，第2次世界大戦に続く時代には，人々が法創造的機関に対してもつ道徳的権利は法的効力をもち，そのため立法府がある階級の市民に2級の地位を申し渡すならば，立法府の行為は不正であるだけでなく無効でもあるという考えが，人気においても憲法実務においても着実に支持を高めた。政府に対するこれらの道徳的制約はそれ自体では共同体の法の一部でないと宣言することはまたもや，ますます要点を外しているように思われた。それに対応して，実証主義がもつ政治的な訴えかけの力は徐々に乏しくなった。法実証主義はもはや民主的進歩とは結びつけられず，保守的多数派主義と結びつけられた。個人の権利のより大きな法的保護を正当化する際に道徳に訴えかけたのは，リベラルな裁判官だった。大半の法学者は，法の本性に関する一般理論がいやしくも必要だとすれば，それは法実証主義よりも精妙でなければならないだろうと仮定した。

　コールマンやラズのような法実証主義の学問的擁護者は残っている。しかし，私が示そうとしてきたように，彼らの議論には，悩ましい証拠を前にし

て聖なる信仰の擁護者が構成する理論がもつ人工的性格と力みがある。そうした聖なる信仰とは何だろうか。残存する実証主義者は，多数派主義的な法の捉え方を力説することによって個人の権利や少数派の権利の拡張に抵抗することを望む政治的保守主義者ではない。その反対に，彼らは，裁判官や法的公務員が実際に行うことに対して，法実証主義はいかなる制約も課さないと論じる。彼らは，ベンサムからもエリー判決[3]からも遠いところに来てしまった。彼らは実証主義を，まさにその法概念の精確な記述として，あるいは時代を超えた法現象の最も啓発的な理論的記述として称揚する。ときおり，彼らは，法概念の精確な記述と時代を超えた法現象の最も啓発的な理論的記述とを，ほぼ同一のものとして扱う。しかし，自分が念頭におく種類の概念的分析についてのいかなる真剣な説明も提示しないし，また法制度の形態と歴史に関する大規模な一般化を支持するだろういかなる経験的証拠も提示しない。自分の法哲学を政治哲学一般に結合させたり，実質的な法実践・法学・法理論に結合させたりする努力をほとんど行っていない。「法哲学」ないし分析的法理学に限定された授業を教え，そこでは法実証主義の相異なった当今の諸ヴァージョンを区別し比較している。また，それらの主題に専心する会議に出席している。そして，〔それらの主題に〕専心する自分たち自身の学術誌において，最も微に入り細を穿ってお互いの正統学説や異端学説についてコメントしあっている。

　なぜだろうか。その答えの一部は，私が信じるところでは，実証主義についての影響力ある説明をずっと昔に公刊した2人の才能ある哲学者の継続的な影響力にある。アングロ・サクソン世界におけるH・L・A・ハートと，それ以外の世界におけるハンス・ケルゼンである。しかし，そうした部分的な答えは謎を深めもする。これらの哲学者は，ミネルヴァの梟のように自分の伝統の黄昏に飛び立ったのだが，なぜいまだに崇敬を命じ，知的な島国根性を鼓舞しているのだろうか。

　私には分からないが，しかしいまでは次のようなことではないかと疑っている。説明の少なくとも一部は，法の一理論としての実証主義がもつ訴えかけの力ではなく，独立的で自己充足的な主題および専門職としての法哲学がもつ訴えかけの力に見出されるということである。ハート以来（彼の死後に公刊された著書『法の概念』の補遺におけるハートを含めて）(35)，実証主義者は大いなる熱情をもってギルド的主張を擁護してきた。自分の作品は，他

のさまざまな同業者集団や専門職集団から自らを区別する仕方で概念的かつ記述的だという主張である。彼らの理解では，法哲学は実際の法実践と別個であるだけでなく，実体法や手続法の学問的研究とも別個である。なぜなら，実践と学問的研究は両方とも何か特定の法域での法に関わっているが，しかるに法哲学は法一般に関わっているからである。法哲学はまた規範的な政治哲学と別個であり，またそれから独立している。なぜなら，法哲学は実質的かつ規範的でなくむしろ概念的かつ記述的だからである。法哲学は法社会学なり法人類学なりとも異なっている。なぜなら，法社会学や法人類学は経験的分野であるが，一方で法哲学は概念的だからである。要するに，法哲学とは，それ自体の狭い世界とわずかな門弟とを超えて，どんな文献なり研究なりにおける背景的経験も訓練もなしにそれ自体で追い求めうる分野なのである。スコラ神学との類比がまたもや魅惑的である。

　実証主義者は，自分たちのギルド的排除性の追求において，いくつかの前線で戦争を行なわなければならない。法哲学はどのような意味で概念的であるのか。法哲学が概念的であるならば，どのような意味で記述的でもあるのか。ジョン・オースティンの19世紀的な実証主義擁護論は，古風だが容易に理解できる意味で概念的かつ記述的であることをめざすものだった——彼は，「法」という語が法的議論や法的言説に現れるときのその語の定義を提示した[36]。20年前に，私は，『法の概念』におけるハートのねらいが，より洗練された形態での同一の野心であると捉えた。彼は，法律家や素人が，法命題を評価する際にしばしばそれと気づかずに従っている共有された諸規準を表面化させることによって，法概念を解明することをめざしたのだと，私は言った[37]。ハート自身は，死後に公刊された補遺において，自分の方法についてのこうした理解を否認した[38]。彼の追随者たちの一部がすでに行っていたようにである（200頁）[39]。だが，その理解は，ハートやその追随者たちが示唆してきたハートの目標についてのどんな記述よりも，彼の作品をよりよく理解しているという考えを，私はもち続けている。確かに，ハートは，自著を「記述的社会学」における実行例とみなしていると言った[40]。しかし，その発言は事柄を明確化するよりも不明瞭にするものである。どのような種類の社会学が概念的であるのか。どのような種類の社会学が経験的証拠を一切用いないのか。どのような種類の社会学が，あちらこちらの法実践や法制度のみを研究するものとしてではなく，あらゆるところでのまさにその法概念

をも研究するものとして，自らを定義するのか。

　実証主義者は，一見したところでは，少なくとも一時的にはこれらの挑戦課題への応答を定めてきた。その応答は，彼らが言うには，法哲学がどのようにして一度に概念的・記述的・地球規模的でありうるかを示す。コールマンはこの解決を順当に報告している。法の諸例は，それらがどの国に現れようとも，またどのような形をとろうとも，共通の「構造」を共有している。したがって，法理学はある意味では規範的である——それは，単に偶然的または周辺的なものでなく，むしろ法の構造に関して真に重要かつ根本的なものを，優雅で啓示的な仕方で捕捉することをめざす。しかし，法理学は，実質的な政治哲学のやり方で規範的ではない。なぜなら，法理学は，自らが開示した構造を評価しないし，法実践を改善する仕方で諸構造からの選択をしないからである。コールマンが言うには，「ドゥウォーキン的解釈は法をその『最善の様相』において表示することにコミットしているが，一方でここで使用されている方法はそうではない。それは，どのような原理が——そうした原理があるとすれば——法における実践的推論の実際の構造および内容を明らかにするのかを同定することにのみコミットしている」（10頁注(13)）。法理学はある意味では概念的である——それは，法の根本的構造がもつまさにその本質に何が属しているかをわれわれに教える。しかし，法理学はア・プリオリではなく，そして「法」という語の適切または不適切な使用法に関して何も言わない。法理学はある意味では経験的である——それは法の経験的諸研究と連続的であり，その諸研究は，法の構造に関する法理学の判断に生の素材を提供する。しかし，法理学は，通常理解されているように経験的なものを超えてゆく。なぜなら，それはまた，生の素材を法の本質の体系的かつ開示的な説明へと組織化するからである。コールマンが言うには，「記述的社会学は，当該概念の唯一の理論を提供する段階には入らず，ある人がそれに関して理論化しようとする生の素材を提供する予備的段階に入る」（200頁）。

　だが，これらの主張の各々はその他の主張にとって厄介なことをもたらす。コールマンは，社会科学が法哲学に対してなしうる貢献を称揚する。「哲学の外部での，あるいは哲学を超えたこれらの探究に注意を払うことによって，相異なった時代や場所において，また互いにきわめて異なった状況の下で法を構成するものとして特徴づけられてきたガヴァナンスおよび組織化の諸形

態についての豊かで価値ある構図を得ることができる」(201頁)。しかし，例えば，彼の議論は法人類学の「豊かで価値ある」素材のどれをも用いず，どれにも言及さえしないのであり——ハートの作品も，コールマンが論考している他の実証主義者のうち誰の作品もそうである——，そしてコールマンがその素材を用いようとするとすれば，どのように用いうるのかは理解しがたい。きわめて相異なった千もの法制度からの，また相異なった時代と場所における何千もの行為者たちの刻々と変わる動機や仮定からの演繹が，法の構造がもつ「本質」ないし「まさにその本性」をどのように明らかにしうるのか。婚姻はつねに異性間で行われてきたから（そのことが実際のところ真であるならば），異性間結合が婚姻の「本質」であり，その結果，同性愛者婚は「概念的根拠」にもとづいて排除されると宣言することも，当を得ないわけではないだろう。

　だが，さらにより深い問題がある。実証主義者はいま——コールマンがそうしているように——時代を超えて法という制度に不変であるものを示すことによって，法の本質的構造をあらわにすることに関して著述しているけれども，このことがすべて前提している不可解な考え，すなわち記述を通じて純粋に開陳されうる本質的構造を法がもつという考えを擁護するために何も言ったことはない。原子や動物のDNAには生来の物理的構造があり，これらの構造が水素なりライオンなりの「本質」を命じると想定することは，意味をなしている。しかし，複雑な社会実践に関しては，それに比肩するいかなるものもない。複雑な社会実践の「本質」ないし本性をどこで探すべきだろうか。どのような物理的または歴史的または社会的な事実であれば，コールマンが主張するように，例えば，法がコンヴェンショナルでなければならないことや，ラズの「奉仕的」権威観によって規定されているように，法が権威的でなければならないことが，法の「構造」ないし「本質」ないし「本性」の一部分であることを論証しうるのだろうか。物理的世界なり歴史的世界なり社会的世界なりにおける何が，われわれの政治的・道徳的な目的からまったく独立に，これらの概念的「真理」をわれわれに強要するというのだろうか。実証主義者は，これらの問いに答えるか，あるいは自分たちは何か深い歴史的・社会的・人類学的・心理学的な現実を探り針で調べているという突如流布した自分たちの主張をあきらめるかのどちらかをしなければならない。誰かが，法の「本性」ないし「本質」についての理解可能な説明を通

じて，上記の主張を救済しないかぎり，その主張は単なる慰めとなる唱句——実証主義のフロギストン——のままである。

　最後に次の点を付け加えなければならない。すなわち，コールマンは，自分の著書の副題で，またその全編にわたって，法についての自分の説明が「プラグマティストな」説明だと主張することによって，上記のような自分で負わせた傷に塩を塗りこんでいる。だが，プラグマティズムについての彼の説明は，意味論的・方法論的な諸仮定の一覧表からなり（3－12頁），その諸仮定のほとんど何も彼の議論においてどんな現実の働きもしておらず，またその諸仮定のすべては，プラグマティストな伝統からきわめて遠く離れている哲学者たちによって受け入れられるだろう。実際に，政治的実践についてのどの理解がわれわれの実践的・道徳的・政治的な目標を推進するかを考察することなく，政治的実践に関する「概念的」真理を発見することができるという彼の確信以上に，アメリカの純正のプラグマティズムの精神から遠く隔たったものはないだろう。

補論：個人的特権で述べたい論点

　コールマンの著書が私自身の作品を論考していることは，すでに報告してきた。その論考はかなり広範であり，しかもとくに厄介な仕方で行われているという点を付け加えるべきだろう。彼は，私の「哲学的混乱」（155頁），「深く埋め込まれた」誤り（181頁），「ディズニーの世界のような」議論（185頁）に関して，大規模だが擁護不可能な主張を行っている。彼は，私が記憶しているかぎりでは，私が保持したことも表明したことも決してない重要な諸見解を私のものだとしている。いくつかの例では（これらの一部はすでに言及したが），彼は私自身の議論を私に反対するために用いている。これらの誤りは，引用のほぼ完全な失敗によって増幅されている。私の信念や混乱と主張されているものは，その信念が述べられている箇所なりその混乱が生じている箇所なりへのいかなる言及——それがどんな言及であろうとも——もなしに，しばしば報告されているのである。私自身も引用の失敗を犯したことがあるのは疑いえないが，しかしこのような規模で犯したことは決してないと思う。私が自分の不平を分離された本節に残しておいたのは，この不平には一般的関心をもてるものがほとんどないからである。しかし，私は過去に，訂正されなかった誤った報告や応答されなかった批判が，法理学の文

献においてそれ自体の命を得ているのに気づいたことがある。したがって，コールマンによる帰責と批判の最も深刻な誤りだと私には思われるものを訂正することに努めたいと思う[41]。

 1　私が行った法実証主義の要約についてのコールマンの記述から始めよう。それは，これに関する彼の誤りが彼自身の議論にとってとくに重要であるからではない。私が実証主義者の見解を誤って表現し，攻撃するための藁人形を作り上げているというのは，実証主義者の間で共通の不平であり，その不平はつねに資料的裏づけなしに出されるからである。例えば，コールマンは，私の議論の1つに，「終局的には［実証主義者の］プロジェクトの信用を落とさせようとする努力における，ドゥウォーキンによる当該プロジェクトの誤った特徴づけのさらに別の例」として言及している（155頁）。それは重大な非難であるが，しかし彼の著書の全体にわたってまき散らされている，彼が提示するわずかな例は，その非難を支えることに顕著に失敗している。彼は，私が，「『法』の範疇内にあてはまるあらゆる規範はルールであるはずだという主張」が法実証主義者の主張だとしていると言い（104頁），そして次にこう付け加える。「いかなる法実証主義者も実際には，すべての道徳的標準がルールであるなどと考えなかったし」，またハートは，「ドゥウォーキンがその見解を彼の見解だとしたよりもずっと以前に，その見解を否定していた」（107頁）。しかし，私は「ルール」を特殊技術上の術語として定義したのであり，ハートが，ルールに関して私が行ったどんな主張も，私が行うよりも「ずっと以前に」否定することができたということは，ありそうにない。私が論じたのは，すべての法的標準は私が規定した定義におけるルールであると実証主義者は主張しているということではなく——何名の実証主義者がそうした定義を信奉しているかは，私には分からない——，私が記述する実証主義の主主張であれば，そのように定義されたルールにのみ適合するだろうということである[42]。コールマンが言うには，私が実証主義の見解だとしているのは「次の2つだが，そのいずれをも実証主義者は保持しておらず，保持しなければならないわけでもない」(155頁)。第1は，ハートが意味論的分析のプロジェクトに携わっていたという私の主張である。確かに，先述したとおり，ハートは自分の死後に公刊された補遺のなかでこうした記述を拒否した。しかし，これも先述したとおり，他の著述家たちは，その記述が，ハートが『法の概念』において実際に書いたことについての最善の理解

を提示しているという点で私に同意し，私の解釈を支持してきた。コールマンは，彼らの議論や私の議論に答えるいかなる試みもしていない。私による明らかに誤った特徴づけと主張されているものの第2は，「実証主義者がコミットしている意味論は『規準的』だ」ということである（155頁）。事実としては，コールマンによる引用の鍵括弧の使用にもかかわらず，私は実証主義の誤りを記述する際にその語を用いていない。私が現に記述したのは，人々がある概念を共有していると言われてよいための条件に関して，一部の実証主義者が保持していると私が言った一定の諸仮定である。しかし，私は，実証主義がそうした諸仮定にコミットしているとは言わなかった。その反対に，実証主義をより強力な形式で述べなおすことを許すだろう異なった諸仮定の集合を記述したのである(43)。その上，コールマンは，私による誤った特徴づけだと想定されているものをより詳細に説明するとき，一部の実証主義者が，私が彼らのものだとしている諸仮定を共有していたことを否定していない。彼は私の言葉をおうむ返しに，この諸仮定は実証主義にとって必然的なものではないとだけ言い，次にはそれに代わる実証主義の意味論的基底を記述するが，まもなく分かるように，それはまさしく私が実証主義者に推奨した基底なのである（156-57頁）。彼は，私が法実証主義者の立場を歪曲してきたという，彼らの間ではなじみ深い主張を明確化したり擁護したりするために何も行っていない。その論難を行っている次世代の実証主義者はもっと前進しているだろうことを，私は期待している。

2　コールマンは，私が，互いにきわめて異なった2つの主張の幼稚な混同という罪を犯していると主張する。道徳は，必然的に法の一条件であるのではないという主張と，道徳は必然的に，法の一条件ではないという主張である（151-52頁）。だが，彼は私の罪を立証するためのいかなる引用も提示しておらず，そして事実としては，私はその区別を力説してきた。私はこれらの主張の第1のものを受け入れ，第2のものを擁護する哲学者のみに反対して論じてきたのである(44)。

3　彼は，私の議論の1つ——彼が「意味論の毒牙」の議論として言及するもの——は，「哲学的混乱で穴だらけになっている」と告知している（155頁）。しかし，彼が同定しているのは，哲学的混乱と主張されているたった1つである。「意味論の毒牙の議論に伴う問題は，その議論が，人々が同一の概念をもつために共有しなければならないものを誤って特徴づけていることで

ある」(156-57頁)。コールマンによれば，諸個人が1つの概念を共有できるのは，その概念の適用のための規準について見解が一致しているときだけだと，私は示唆している。しかるに，彼が力説するところでは，「諸個人は，適用の規準についてではなく，当該概念のパラダイム的な諸事例ないし諸実例の組について意見が一致している場合に，同一の概念を共有することができる。このパラダイム的諸事例は今度はそれぞれ原理的には修正されうる。もっとも，パラダイム的諸事例のすべて，あるいはほぼすべてが，同時に修正されることはできないが」(157頁)。こうした「パラダイム的」仕方で概念を共有している人々は，そのパラダイムが実際のところなぜパラダイムであるかに関して根本的に意見を異にするかもしれず，したがって当該概念が新規の事例や論争の余地ある事例に適用されるかどうかに関して意見を異にするかもしれないと，彼は言葉を続ける。私の「意味論の毒牙」の議論の目的は，まさしくその点を指摘することだった。すなわち，ある概念を共有することは，当該概念の適用のための規準を共有することを必ずしも意味せず，その代わりに，解釈的主張の基底としてパラダイムを共有することを意味するかもしれないという点である[45]。実際に，パラダイムを通じた概念共有についてのコールマンの説明は，「パラダイム」を含めて同じ術語の多くを用いており，私自身の説明とほぼ同一である[46]。彼は，概念共有についてのこうした説明は「標準的なプラグマティストな見解」だと付け加えるが（157頁），しかしまたも，概念共有についてのこうした「標準的」見解が実際に記述されているどんな著作物のいかなる引用も提示していない。もちろん，私は自分の説明の独創性を主張しておらず，パラダイムという観念は哲学者たちの間では広く用いられている。しかし，パラダイムを通じた概念共有の解明で，コールマンのものほど私自身のものに近い他のどんな解明も知らない。たとえ1つの引用でもあれば，私は喜んだことだろう。

 4　彼は，私が紛争当事者および裁判官の視点からのみ法を見ており，その結果として，法が人々一般に資する重要な「先導」機能を無視していると宣言する（166頁）。事実としては，私は，人々一般にとっての日々の先導としての法がもつ重要性を強調し，そうした理由のゆえに，法の「抗議者的」理解と私が呼ぶものを支持して論じた[47]。複雑で変化している共同体においては，大半の実証主義者の仮定よりもその抗議者的理解において，法は先導機能にはるかによりよく資する。大半の実証主義者の仮定とは，新奇な争

点または論争の余地ある争点が生じるとき，いかなる法もなく，その代わりに訴訟においてのみ行使されうる司法的裁量の機会があるという仮定である。だが，コールマンは，私が法の先導を説明していないという自分の奇妙な考えを発展させている。それは，彼が「破壊的」と呼ぶいっそう念入りな議論を通じてである（167頁注(23)）。

> ある人が次のように考えていると想定していただきたい。何物かが法であるのは，それが行動を先導する能力をもっている場合だけであり，そして規範なり決定なりルールなりが行動を先導する能力をもっているのは，法の名宛てられている人たちが，法が自分に何を要求しているかをあらかじめ知ることができる場合のみである（167頁）。

彼が言うには，私の見解では，どんな法命題も——それがどれほど広く受容され，どれほど挑戦を受けていなくとも——真であるということは，あらかじめ議論の絶対的確実性をもっては決して確証されえないことになる。なぜなら，誰かが，確立した法についてのよりよい解釈を通じて，当該命題が偽であると示すことがつねに可能だからである。だから，私の見解では，法は行動を先導する能力をもつことができない。しかし，上で引用された仮定は多義的である。その仮定は次のことを意味しているのかもしれない。人々が，自分にとって採用可能な議論を基底として，ある法命題が真であるという意見を形成することができないかぎり，いかなる法命題も真ではありえないということである。その命題は十分に無害である。その命題であれば，異議を唱えるいかなる理由も私にはないだろう（もっとも，その命題を「概念的」真理として記述することには難癖をつけるだろうが）。あるいは，上記の引用部分は次のことを意味しているのかもしれない。人々が，矛盾の虞なしにあらゆる人に対して最終的に論証されうるという強い意味において，ある法命題が真であると知ることができるのでないかぎり，いかなる法命題も真ではないということである。それほどに愚かなことを誰が想定するべきだろうか。真なる法命題には論争の余地がありうると，私と同じように強く信じているコールマンが，そんなことをどのように想定できるのだろうか。

　5　コールマンが誤って私の見解だとしているもののうち最も手に負えないものは，多くの頁におよんでおり，また彼による最も不寛容な非難のいく

つかの述語となっている（185頁）。厄介なことは，私の「法的内容理論」がもつ「諸要素」についての以下の説明で始まる（163頁）。

> そのような1つの要素は，法の内容を確定するのが自らの使命である公務員は，自分たちの行使する権威に正統性があると主張しているというドゥウォーキンの見解である。このことは，自分たちによる国家の強制的権威の行使が正当化されているという主張に等しくなる。当該説明の2次的で補助的な要素は，われわれが正統性へのこれらの主張の過半数を真なるものとして扱うことが，善意解釈の原理[4]によって要求されるというドゥウォーキンの見解である（163頁）。

これらの人を驚かせる「諸要素」のどれについても，またもやいかなる引用もない。第1のものは深刻ではないが，不精確である。公務員が自分たち自身の正統性を信じていることに関して，私はどんな主張をしているつもりもない。例えば，南アフリカの何名の裁判官が，アパルトヘイト時代に自分が行使した権力に正統性があったと考えていたかは，私には分からない。もっとも，何名かはその権力に正統性がなかったと考えていたことは，知っているが。第2の「要素」はさらにいっそう不可解である。大半の公務員の行為に正統性があると仮定するようわれわれに要求するという善意解釈の原理に，私は決して言及したことがない。不明瞭さが深まるのは2，3頁後である。そこでは，コールマンは，「善意解釈の原理が——ドゥウォーキンはそれをドナルド・デイヴィドソンから借用している——権威的な法的宣明の範囲にわたって全体論的に適用されると考えられている仕方」に言及している（168頁）。デイヴィドソンの善意解釈の原理は，意味および真理についての彼自身の説明において中心的役割を果たしているが，法についての私の説明とは一切関係がない。デイヴィドソン自身は，『法の帝国』における私の議論のなかで一度だけ現れる。善意解釈とは一切関係がない一例の典拠として現れるのである[48]。コールマンは，ある原理への私の依拠をでっち上げ，次に，それに依拠してきたとして私を繰り返し叱責する。多分，彼は，一貫性という政治的徳への私の訴えかけか[49]，あるいは法における構成的解釈についての私の説明と[50]，真理に関するデイヴィドソン的善意解釈への訴えかけとを混同したのだろう。そうであるならば，彼は，私の議論とデイヴィドソ

ンの議論のどちらかを，あるいは両方を重大な仕方で誤解してきたのである。またもや，デイヴィドソンまたは彼の原理に私が訴えていると想定されているものの1つの引用でもあれば，途方もなく助けとなっただろう。

6　彼の次の一組の諸批判は，「意味論の毒牙」の議論へと戻る。彼の導入部はまたもや手厳しいものである。「最初に，[ドゥウォーキンの] 議論の核心にある根本的混同に注意を払わなければならない。これは，法の概念の内容と特定の共同体がもつ法の内容との混同である」(180頁)。事実としては，これら2つの観念の間には，明らかで重要な結びつきがある。例えば，ある法律家が，自分の法域では，価格固定契約が非合法であること「が法である」と宣言するとき，特定の共同体での法の内容を述べる際に法の概念を用いている。私は次の問いを提起する際に，そうした結びつきに依拠した。2人の法律家が――法律家がしばしばそうするように――法の内容に関して実質的に意見を異にしているように見える場合に，したがって彼らには相異なった法の諸概念がある――その場合には，意見の不一致は幻想である――ということになるのか。私が指摘したのは次の点である。コールマンが概念共有の「規準的」見解と呼ぶものをわれわれが受け入れているならば，その2人の法律家は同じ法概念を共有できないことになる。「規準的」見解とは，人々が同じ概念を共有するのは，当該概念が特定の事例に成功裡に適用されるための規準について，少なくとも実質的に見解が一致しているときのみだという見解である。法律家たちは自分の法域での法の内容に関して，明らかに現に純正な仕方で意見を異にしており，したがって法概念を現に共有しているのだから，彼らが法概念をどのように共有するかについての規準的見解は誤っているにちがいないと，私は結論づけた。それとは異なった見解を提案したが，それには上記で言及している。法律家は，私が解釈的（または本質的に争われる）概念と呼ぶものとして法概念を共有している。彼らは，「…ことが法である」という主張に適用されるための規準について見解が一致していない。むしろ，自分たちが受け入れているその形式でのパラダイム的諸命題についての対抗しあう諸解釈を提示しあう。次に，自分たちが意見を異にするかもしれない新奇な事案に「…ことが法である」という判断を適用するための相異なった規準を，このパラダイム的諸命題から抽出するのである。前段落で言ったように，コールマンも，法律家が法概念をどのように使用するかについてのこうした見解を是認している。それでは，私の「根本的」――あ

るいは「深く埋め込まれた」とも彼が言う（181頁）——混同とは何だろうか。彼の説明は次のようなものとなる。法律家たちが法概念を解釈的概念として共有しているという点で，私が正しいならば，私が言うことに反して，彼らは，法概念を適用するための規準に関して実際には現に見解が一致している。彼らは，私が記述した解釈的なやり方で法概念が適用されるべきだという点で，意見が一致している（182頁）[51]。しかし，この説明は，法律家が規準を共有していないと私が言ったときに，私が言おうとしたことを誤解している。私は明白に言おうとしたのは，どの法命題が真であるかを決定するための諸テストの単一の組について，彼らは見解が一致しないのだということである。コールマンはそれには同意しているので，私が混同していると彼がなぜ想定しているのかは，不可解なままである。

　7　コールマンは，私の作品についての自分の論考を，法哲学の特徴に関する一連の発言でもって終えている。私見では，法律家が，特定の争点について法が何であるかを決定するために，確立した法および法実践がもつ諸側面の構成的解釈——それはしばしば道徳的次元をもつだろう——に携わらなければならないのとちょうど同じように，法哲学者や政治哲学者もまた，法概念それ自体についての特定の捉え方を擁護するために，法実践全体の構成的解釈——それもまた道徳的次元をもつだろう——を用いなければならない。そのことが，コールマンが「ディズニーの世界のような」と呼ぶ示唆である（185頁）。「これは，規範的法理学を支持してよしとする議論である」。そして，彼はこう付け加える。「しかし，それをいかにして真剣に捉えられるだろうか。決定的に重要な各点で，その推論は希薄な空気から出てくるように思われる」（184頁）。彼は，私がそうした見解のために実際に行った長い議論を無視している。その長い議論は『法の帝国』の大半にわたっており，そして解釈・一貫性・共同体・平等についての理論を頼りとするものである。彼は，私の議論がデイヴィドソンの善意解釈の原理の誤解に依存しているという自分の奇怪な主張を繰り返しており，したがって私も，その原理を一切用いていないと繰り返さなければならない。しかし，彼は，私の議論のどれも指し示していない。したがって，彼の著書の読者で，空気から推論を抜き出す私の手品と想定されているものに印象づけられた人たちは，もし確かめたいと思うならば，私が実際に言ったことがもつ断固として労苦的かつ現世的な性格を知ってがっかりさせられるだろう。

第8章　法の諸概念

意味論の毒牙

　本書のために書き下ろした本章では，先に提起された一定の哲学的争点をいっそう詳細に探査する。ここまでの全体を通して，人々が法に関して語るために用いる相異なった諸概念を区別することの重要性を強調してきた。ある法域での法が何を要求したり禁止したり許容したりするのかを述べる際に用いる学理的概念（「法の無知はいかなる弁護ともならない」），特定の形態の政治的組織を記述するために用いる社会学的概念（「ローマ人は，複雑で洗練された形態の法を発展させた」），特定のルールまたは原理を何か他の種類の原理でなくむしろ法的な原理として分類するために用いる分類学的概念（「何らかの法的議論のなかで，5と7を足すと12になるというルールが現れるが，それ自体は法のルールではない」），他とは別個の政治的な徳を記述するために用いる熱望的概念（「ニュルンベルク裁判はリーガリティの本性によって先取りされていた」）である。これらの概念の各々が法概念だと言われるかもしれず，またそれらの概念は多様な仕方で相互に結びついている。しかし，それにもかかわらず，それらは互いに異なった諸概念であって，すべて法と正義の関係について問いを生み出すが，生み出される問いはきわめて相異なっている。

　本書序論において，諸概念は，それらを共有し使用する人々の思考や言説において相異なった種類の機能を果たすことを注記した。独身男性概念のような一部の概念は，規準的なものとして機能することを特徴としており，虎概念のような他の概念は，自然種的概念として機能し，正義概念や民主制概

念のようなさらに他の概念は解釈的概念として機能する。これらの機能の相違点は，ある概念についての，あるいはその概念がいだく対象ないし現象がもつ本性についての啓発的な分析がどのような形態をとるかを考察する際に，決定的に重要である。独身男性のような特定の概念を，規準的機能を満たすものとして扱うならば，われわれの分析は，当該概念の使用のための正しい規準の言明からなる。その使用とは，古典的定義という形における使用であるか，あるいはその概念を共有している人たちがその概念を適用する際に——多分それと意識せずに——従っているルールの定式化という形における使用である。概念が不精密である場合には，例えば18歳の少年は必然的に独身男性でありえないと主張することによって，不精密性の領域に分析を押し出すとすれば，それは誤りだろう。われわれの分析は，18歳の少年は独身男性でありうるかどうかという問いが，当該概念の共有された規準によって掘り崩されるとだけ報告するべきである。先述のとおり，私見では，社会学的法概念は不精密な規準的概念である。そして，かつては法哲学者たちに愛好されていた，ナチスには法体系があったかどうかという議論は，そうした理由により無益である。だが，ある概念を自然種的概念として扱うことができるならば，当該概念についてそれと大いに異なった種類の分析が利用可能である。その概念が集めてくる諸対象には，本来的本性——その諸対象がそれなしでは，現にそうである種類のものではなかっただろう本質的構造——があると仮定することができる。たとえ，その本来的本性が何であるかが分からないかもしれなくても，そうなのである。だが，当該概念について助けとなる分析は当然，人々が例を同定するために用いる規準についての言明からなるのでなく，そうした本質的本性についての物理学的または生物学的な説明からなるだろう。

　解釈的なものとして機能する概念もまた，規準的概念と異なっているが，それは〔自然種的概念とは〕異なった仕方においてである。解釈的概念は序論と第6章で記述した。解釈的概念を共有することは，規準についても例についても，基礎にある合意ないし収斂を要請しない。リベラルと保守主義者は正義概念を共有しているが，しかし正義に関する判断のための規準に関しても，あるいはどの制度が正義にかなっており，どの制度が正義に反しているかに関しても，意見が一致していない。彼らが正義概念を共有しているのは，行為や制度が正義にかなっているとか反しているとかと判断するという

社会実践に彼らが参加しているからであり，また当該実践の最も基底的な仮定——当該実践の要点や目的——がどのようなものと捉えられるべきかに関して，各人が，明瞭であれ不明瞭であれ意見をもっているからである。彼らはその仮定から，特定の機会にその実践を続ける正しい仕方——行うべき正しい判断や，その判断に応える正しい行動——に関するいっそう具体的な意見を引き出す。正義概念の啓発的な分析は，まさにそうした種類の解釈的理論でなければならない。分析者は，当該実践が資するものと捉えられるべき価値についての，またそれらの価値に最もよく資して作動している概念の捉え方についての自分自身の感覚を展開させなければならない。規準的概念なり自然種的概念なりの分析は，当該概念が現れる多様な規範的論争——独身男性は結婚するよう鼓舞されるべきかどうか，あるいは虎は絶滅危惧種として保護されるべきかどうか——のなかで中立的でなければならない。しかし，解釈的概念についての有益な分析は——その概念が解釈的だというただそれだけの言明や，その概念が現れる実践についてのきわめて一般的な説明を超えて——中立的ではありえない。その分析は，自らが光をあてることを望んでいる論争において，争点に参加しなければならないのである。

　私は長年，多くの状況において法命題の基底的真理条件のなかに道徳的事実が現れると論じてきた。第6章と第7章では，ある論敵の主張を論考した。分析的な学理的実証主義である。この立場は，概念的問題として，法命題の基底的真理条件のなかに道徳的事実は現れえないと考えている。初期の著書『権利論』では，分析的実証主義は当今の法体系における弁護士や裁判官の実際の実務を曲解しており，したがってその実務についての不充分な理解しか提供していないと論じた[1]。『法の帝国』では，分析的実証主義者がなぜそうした誤りを犯すのかについての1つの説明を提示した[2]。私が立てた仮説では，分析的実証主義者は，学理的法概念を含めてすべての概念が規準的概念であると仮定し，したがって学理的法概念の適切な分析は，境界線的事例を例外として，法命題が真であるかどうかを判断するための，法律家たちによって共有されているテストを明瞭に説明することからなると仮定している。そうした仮定——すべての概念は規準的であるという仮定——を「意味論の毒牙」と呼んだ。次に，法律家たちが，真なる法命題を同定するための規準について意見を異にしている場合にさえ，彼らの意見の不一致はどのようにして真正のものでありうるかを示すために，規準的概念でなくむしろ解

釈的概念として法概念を分析することを提示した。

　1986年には，私は意味論の毒牙についての上記の説明を，その当時流通していた法実証主義を支持する議論に適合するように仕立てた。しかし，新世代の法哲学者は，言語哲学においていっそう洗練され，私が〔1986年に〕著述して以来，移動してきたのであり，そして私の記述が狭すぎることが判明してきた(3)。いまや意味論の毒牙をより広く特徴づけるべきだろう。意味論の毒牙は，すべての概念が，序論で記述した種類の言語的実践の収斂に左右されるという仮定に存する。実践は，適用の共有された規準を通じてか，あるいは当該概念を他とは別個の自然種に付属させることによって，概念の拡張を区画するのである。いまでは次のように言いたいと思う。意味論の毒牙にかかることは，学理的概念を含めてすべての法概念が，上記の2つのうち1つの仕方で実践の収斂に左右されるという仮定である。意味論の毒牙の病理学は同じままである。毒牙に刺されている法律家たちは，法概念の分析が，法が何であるかについて法律家たちの見解が一致しているものに適合して——ただ単に適合して——いなければならないと想定するだろう。

ドゥウォーキンの誤謬

　「ドゥウォーキンの誤謬，あるいは，言語哲学は法に関してわれわれに何を教えられないか」という論文において，マイケル・スティーヴン・グリーンは，自分が私の名を与えた誤謬を定義している。「ドゥウォーキンの誤謬とは，解釈的法理論を正当化するために解釈的意味理論を用いることである」と書いている(4)。彼が信じるところでは，その誤謬の私自身のヴァージョンは，次のように想定することからなっている。学理的法概念は解釈的概念であるから，法命題の真理条件の最善の説明はそれ自体で解釈でなければならない，つまり法命題が真であるのは，それが適切な現行法の大部分についての最善の解釈から導かれるときだというのである。

　もちろん，それは誤謬である。しかし，それには新しい名が必要である。なぜなら，私はその誤謬の罪を犯しておらず，事実としては，その誤謬に陥らないようにと警告するべく苦心していたからである。私は，学理的法概念が解釈的概念であると現に信じており，法命題の真理条件がそうした仕方で解釈的であるとも信じている。しかし，これらの信念の第2のものが第1のものから導かれるとは信じていない。その反対に，私は自著『法の帝国』の

3つの章を費やして，法命題の真理条件に関する他のきわめて異なった諸理論——その諸理論もまた，学理的概念を解釈的なものとして扱うことと首尾一貫していると，私は言った——を考察している。これらの1つは，法的プラグマティズムの一形態，すなわち本書で先にいっそう詳しく論考していた理論である。他の理論を私はコンヴェンショナリズムと呼んだ。コンヴェンショナリズムは，第6章で私が記述した精神において，つまりそれ自体が当今の実践の一解釈として提示された法実証主義の一ヴァージョンである。法理論の学理的段階で提起された問いに対する私自身の解釈的解答が最善であるのは，その解答がそのような最善の解釈を提供するからであって，学理的概念がそれ自体で解釈的概念であるからではないと，私は論じた。

グリーンによる驚くべき誤読は，意味論の毒牙にかかったのが長引いている一症状として最もうまく説明される。彼は，金・水・虎といった概念についての「伝統主義的」見解と彼が呼ぶものと，「リアリストな」見解と彼が呼ぶものとの間の哲学的論争をいくらか詳しく論考している。前者の見解は，これらの概念を規準的なものとして扱い，後者は，それらの概念が規準的ではなく，むしろ自然種的概念として機能していると力説する。グリーンは明らかに，これが，す・べ・て・の・概念をどのように理解するべきかに関する論争であると仮定している。だから，私は，「法が意見の一致ないしコンヴェンションによって汲み尽くされるという法理学上の立場を攻撃するために，意味に関するリアリストたちの議論と類似の意味に関する議論を」行っていると，彼は言う[5]。それは正しくないが，この誤解は重要である。私は学理的法概念の規準的説明を現に拒否している。しかし，その概念のために自然種的意味論を採用しなかった。本書第6章で，法の諸概念のどれについても自然種的解釈を明示的に拒否したのである。それに代えて私が言ったのは，学理的法概念は他の重要な政治的諸概念と同様に解釈的だということである。

法の諸概念についてのラズの見解

第7章では，ジョゼフ・ラズを，当今の指導的な分析的な学理的実証主義者の1人として挙げ，実証主義を擁護する彼の試みにおける誤りだと私が捉えるものを説明した。その初出の論文を書いて以降に，ラズは，自分の哲学的方法論の複雑な探査をする論文を公刊した。その論文には，「法の理論はありうるか」という好奇心をそそる題がつけられており，彼はそのなかで，

多数の興味深い概念的な問いを提起している。彼が言うには，法理論は「法の本性の探査」であり，その探査は法概念を説明するという形式をとり，したがって一連の諸条件を満足しなければならない。その諸条件の１つは，「当該概念に完全に精通することにかかりあう知識——それは，当該概念がそれの概念である事物がもつ本質的特色，すなわち法の本質的特色のすべてについての知識である——の諸条件を設定すること」である[6]。

ラズは，自分のプロジェクトについての上記の記述においてもそのプロジェクトの完遂においても，社会学的法概念と学理的法概念を区別していない。その反対に，彼はその区別を承認しているけれども，概念を説明する自分の説明がそれらの両方に妥当すると想定することによって，その２つの概念を一緒に吐き出している。彼が言うには，「ここでも以下でも，私は『法』の語を，しばしばそのように用いられているとおり，ときには法体系に言及するために，ときには法の支配に言及するために，あるいは特定の時点で法がどのようであるかについての言明に言及するために用いるつもりである。ときには，これらの一方あるいは他方に言及するよう多義的にその語を用いるつもりである。というのも，本章での論考の目的にとって，その語がどちらの仕方で理解されるかは問題でないからである」[7]。ラズは，〔社会学的法概念と学理的法概念という〕両概念が同じ種類であり，哲学的に同じ仕方で探査されなければならないと考えている。その帰結として，彼の方法論は両概念について失敗している。

ラズの方法論が社会学的法概念について失敗しているのは，社会学的法概念が，哲学的に興味深い「本質的特色」を生み出すほど十分に精密ではないからである。先述のように，社会学的法概念には，婚姻・実力主義・ボクシングといった概念や，社会的制度配置を記述するために用いる他の規準的概念のように，本質的特色のためにはあまりに多くの余地がある。社会学的法概念の境界線はあまりに柔軟で，本質的特色の哲学的探究を支えられないのである。わが国の人類学者が次のような社会的構造を報告すると想定していただきたい。そこでは，〔一部の〕公務員は，自分たちがよりよい道徳的論拠として記述するものが個人的紛争において誰にあるかを決定し，次に他の公務員が，進んで従おうとしない当事者がその決定に従うよう強制するために，実力を用いるのである。われわれの共有された言語実践は，そうした体系が法体系をなしていると言うよう要求するわけでなく，法体系をなしていない

と言うよう要求するわけでもない。多分，社会科学者は，自分たち自身の予測なり説明なりの目的のために，当該争点について決定するいっそう精密な法体系の定義を規定するべく，うまくやることだろう。しかし，わが国の法律家や一般市民がそれをするべきいかなる理由もない。われわれにとっては，当該区分をどのように行うか次第であるものは何もないのである。

　ラズの方法論が学理的法概念にとって不適切であるのは，それとは異なった理由による。ソレンソン夫人には市場シェアにもとづく損害賠償への法的権利があるという判決をわが国の公務員が下すかどうかは問題とならないからではなく——明らかにそれは大いに問題となる——学理的法概念が解釈的だからである。多様な状況において法が何を要求するかに関して鋭く意見を異にする2人の法律家が，それにもかかわらず両者とも等しく法概念について十分に習得していたということがありうる。2人のうち少なくとも1人は法に関して誤っているが，しかし彼が誤っているのは，彼の法的議論が失敗しているからであり，「特定の時点で法がどのようであるか」という概念を自分の論敵よりもよく理解していないからではない。だから，法理論は，法律家が自分たちの十分な習得を誇示しつつ，法として同定することに収斂するものがもつ本質的本性を同定するべきだと言うことはできない。分析的な学理的実証主義は，法律家たちの意見が通常はかなりの程度まで現に重合すると指摘する。当面は法律家たちの間で論争の余地がない源泉基底的な法の広大な範囲が，一般にはあるというのである。次に，分析的な学理的実証主義は，そうした重合の範囲を，学理的法概念の外延を汲み尽くすものと歓呼し，そしてそのように同定された法がもつ本質的本性は源泉基底的だと発表する。これは考案された循環的な捏造であって，本質的本性の発見ではない。

　ラズは明らかに，社会学的法概念と学理的法概念がわれわれの思考のなかで，自然種的概念の本性をもった何物かとして機能すると仮定している。この仮定によって，彼がなぜ自分の分析のなかでそれら2つの法概念を区別することが重要でないと考えているのかが説明される。また，この仮定によって，彼が概念の諸理論についての自分の一般的論考のなかで，自然種的概念——とりわけ，自然種的概念を探査する哲学者たちが標準的事例として用いてきた水の概念——を自分の例として取り上げるのかが説明される。そのことは，より広い意味での意味論の毒牙の印である。ラズが考えるところでは，概念的分析が重要であるのは，彼の言い方では，「われわれが法の本性を研究

するときに研究しているものは，大部分，われわれ自身の自己理解の本性である。…そうした意識は，われわれが法の本性を探究するときに研究しているものの一部分だ」からである(8)。分析法理学についてのそうした（私が信じるところでは過熱気味の）主張に関して，私は懐疑的である。われわれ自身の自己意識を研究したいならば，小説・政治・自伝・深層心理学・社会科学に向かった方が，はるかにうまくやれるだろう。われわれが法の特徴について内省するのは，われわれが何をなさねばならないかを知るためであって，われわれが誰であるかを知るためではない。しかし，法理学がわれわれ自身の心を覗くレンズであると考える点でラズが正しいかぎりでは，意味論の毒牙は醜いひずみを生み出している。

　ラズは，自分の方法論的論文のなかで法の諸概念に関する他の多くの興味深い争点を取り上げている。例えば，彼は「われわれの」法概念について語り，この概念が，他の諸概念，例えば中世の法概念あるいは当今のどこか異国の文化での法概念とは異なると想定している。彼は，われわれには法について異なった姿勢または期待があるとか，法の重要性なり価値なり起源なりに関して異なった一般的信念があるとかだけ言おうとしているのではない。彼が言うには，これらの重要な相違点は，文化を扱う社会学者なり知的な側面を扱う歴史家なりが研究するはずであって，法哲学者が研究するはずではない。だが，またもや社会学的法概念を他の諸概念から区別しそこねていることによって，彼の論考は台無しとなっている。社会学的概念は不精密な規準的概念であるから，中世の社会学的法概念がどのようにしてわれわれの法概念といくらか異なっているのかは，十分に明白である。当時の人々は，われわれの大半——あるいは多分われわれの時代の社会科学者の大半——が行うのとはいくらか異なった仕方で，社会的組織の諸タイプの間にしばしば恣意的な線を引いていたのかもしれない。多分，当時の人々は，特定の市場街での商人の慣習的実践を，政治上の国家の法と同じ範疇にあてはまるものとして数え入れただろうが，他方われわれの大半は，これらを相異なった範疇に入れ，後者のみを「法」と呼ぶだろう。そうした事実は歴史的には大変興味深いが，哲学的にはほとんどそうではない。

　しかし，われわれの学理的法概念が中世の学理的法概念と異なっていると言うとすれば，それは何を意味しうるだろうか。われわれの学理的法概念が自然種的概念として機能しているとすれば——そのように機能していると，

ラズはときおり示唆する——そうしたことが何を意味しうるかは理解しがたいだろう。歴史上のその時代の英語使用者が，水とウォッカを含めて飲用に適したどんな無色の液体に言及するためにも「水」の同音異義語を用い，そして水に別個に言及するためにいかなる語も用いなかったとすれば，彼らにはわれわれのそれと異なった水概念がなかったことになろう。そもそも彼らには，水概念がまったくなかったことになろう。彼らが，水に言及するために「水」の語を用いたが，しかし（われわれの大半がそうであるように）水の化学的組成を知らなかったとすれば，彼らにはなお「われわれの」水概念（つまり，ただ１つの水概念）があったけれども，彼らは水に関してわれわれの一部の人よりも少なくしか知らなかったということになろう。私がそう信じているように，学理的法概念が解釈的であるならば，中世には異なった法概念があったと言うとすれば，それもまた誤解を招くだろう。多分，彼らには，法が何を要求するかについての最善の理解においてどのような種類の素材が現れるかに関して，われわれのそれとはきわめて異なった観念があったのだろう。それはちょうど，彼らには確かに，正義が何を要求するかを決定する際に何が数え入れられるかに関して，きわめて異なった観念があったようにである。しかし，彼らには，われわれのそれと異なった正義概念があったのではないのと同様に，われわれのそれと異なった法概念があったのではない。

　ラズは，学理的法理論——法命題の真理条件についての説明——が，１つの法体系のみに，または相互にきわめてよく似た法体系の集団のみにあわせて仕立てられる郷土的なものでなければならないのか，あるいは学理的法理論は普遍的でありうるのかという，さらなる問いを論考している。学理的理論が法実践について解釈的であるならば，その後者の問いに対するきっぱりしたいかなる解答もありえない。われわれは，自分たち自身の実践についての解釈的解明をきわめて詳細なものにすることができる。その場合には，当該解明はもちろん，われわれにとって特別であるわれわれ自身の実践——例えばわれわれのルールや先例実践——がもつ特色に敏感であることができるだろう。あるいは，われわれは，自分の解明をはるかにより抽象的なものにすることができる。その場合には，当該解明にははるかにより広い適用域があるだろう。ラズは，「ドゥウォーキンの法の理論は出発点から郷土的だった」と言う(9)。彼が念頭においているのは，『法の帝国』における，われわ

れにとっての法理論はわれわれの法についての理論だという私の所見である。私が言おうとしたことは，あの著書で詳細に展開した理論はわれわれの局地的実践にあわせて仕立てられており，他の政治的共同体の局地的実践には適合しないかもしれないということである(10)。だから，ラズによる私の見解の特徴づけが正確であるかどうかは，彼が何を「私の」法の理論として理解しているかに左右される。私の理論が抽象的であると彼が捉えるにつれて，彼の観察結果はより精確でなくなる。

　法実践の解釈的理論はどのくらい普遍的でありうるか。われわれが，社会学的法概念にあてはまると自分で捉えたあらゆるものに適合する法実践の解釈を構成することに着手すると想定していただきたい。そうした高度に抽象的な解釈には，どのくらいの詳細さが含まれるのだろうか。多分，ごくわずかである。いったんその過程を始めると，われわれが経るどんな解釈的段階も自動的にわれわれの解釈的説明をより郷土的にするということだろう。例えば，どこか遠く離れた場所では法実践であるとわれわれが捉えるものに適合する唯一の正当化論は，学理的段階で，法の真なる機能についての実証主義的説明を生み出すということに，われわれは気づくかもしれない。『法の帝国』のなかで，そうした可能性に言及しておいた。実際のところ，われわれ自身の法実践についてさえ，最善の解釈が，「コンヴェンショナリズム」と私が呼んだものを生み出すかもしれないと，私は想像していた(11)。学理的法概念におけるいかなるものもそうした可能性を排除せず，もちろん保証もしない。だから，私が想定するところでは，私の法の理論が普遍的であろうとしているのか郷土的であろうとしているのかという問いに対する最善の解答は，両方だというものである。

　ラズはさらに別の興味深い問いを提起している。彼は，法概念を欠いている場所において，社会学的意味で法がありうるかどうかと問う。社会学的概念が知られていない場所で，確かに法概念はありうる。ある共同体に法体系があるためには，その共同体の誰も，法体系が他とは別個の形態の社会的組織化であると理解していることは必要でなく，ましてやどのような特色が法体系を他の諸形態の社会的組織化から識別するものと考えられるかに関してどんな意見をもつことも必要でない。しかし，いかなる人にも学理的法概念がないところで，つまり当該効果をもつ実践のおかげで，何事かが要求されたり禁止されたり許容されたりするという観念をいかなる人も理解していな

いときに，法はありうるだろうか。それは，社会学的法概念の境界線に関する問いである。次のような政治共同体を（できるならば）想像していただきたい。そこでは，法服を着た人々が強制力を独占的に行使しており，公衆によって選出された他の人々は，公衆が従うべき賢明な助言として自分たちが提示するものを定立し，そして法服の人々は，効率性への配慮から，自分の評決においてその宣言された賢明な助言に従うことにしている。しかし，法服の人たちがその助言に従うよう要求されているとは，誰も考えていない。法服の人々はただ従っているのであり，一般の人々はそれにもとづいて計画を立てている。そして，ときおり法服の人々は〔賢明な助言に従わないことによって〕市民を驚かせるが，こうした出来事はハリケーンのような不運の一撃として扱われている。この共同体の構成員には学理的法概念が欠けている。『法の帝国』でわれわれについて言ったように，彼らについては，実践が自分たちや自分たちの公務員に何を要求しているのかという問いに対する解釈的態度をとっていると言うことはできないのである。

　しかし，われわれには学理的法概念があり，われわれは分別のある仕方で，上記の共同体の人々がおかれている状況に学理的概念をおき，それを働かせることができる。序論では次のように言った。われわれの社会学的法概念は規準的かつ不精密であるけれども，それには現に境界線がある。そして，これらの境界線の1つが要求するのは，権利・義務その他の規範的諸関係が，法体系だとわれわれが捉えるものに帰しうると想定することが意味をなすのでなければならないということである。私が想像した共同体における人々は，自分たち自身ではそのように想定することができないが，しかしわれわれは彼らについてそのように想定することができる。われわれは次のように言うことができる。彼らには現に法的権利・法的義務があり，彼らの公務員が，賢明な助言を行う組織体によって公式に発表された賢明な助言を強行することを突然止めたとすれば，その公務員たちは人々を驚かせているだけではなく，人々にはそれをもつ権原があるものを否定してもいる。われわれは，彼ら自身〔の理解〕にもかかわらず，彼らには法体系があると言うことができ，そして彼らの法が特定の状況で何を要求するかに関してわれわれ自身の宣言を行うことができる。これらのすべての主張はもちろん学問的であって，彼らの哲学的関心を離れては的外れとなる。それらの主張は彼らの行動に対してはいかなる効果ももちえないだろう。それでも，無意味であるわけではな

いだろう。

　上記の共同体の人々が正しいということもありうるだろうか。それは道徳理論上の異なった問いである。その問いによって，われわれは，姿勢と権原の間の複雑な結びつきを探究するよう求められる。例えば，女性を含めて誰も平等処遇への権利を想像さえもしない共同体において，あるいは権利それ自体が知られていないいっそう未開な共同体において，女性が平等処遇への権利をもちうるかどうかを考察するときに，われわれが直面する問いを探究するよう求められるのである。それらの複雑な争点をいま取り上げようとしているのではなく，別個の法の諸概念を分離するよう注意するときに明るみに出る法理学上の争点がもつ複雑性を例示しようとしているだけである。

学理的法概念と分類学的法概念

　法哲学者が学理的法概念を分類学的法概念から十分に区別しないときに生じる，異なった諸問題へといまや向かおう。多様な学者が最近，私は分析的法実証主義への批判において根源的に異なる2つの議論を構成したと示唆してきた。1977年の著書『権利論』となった一連の論文における第1の議論と，1986年の著書『法の帝国』における第2の議論である。分析的実証主義に引っ張られているスコット・シャピロは，最近の論文で次のように言う。彼の見解では，法実証主義者たちは，私の初期の議論がもつ「説得力を鈍らせることに成功した」が，誰も私の後年の議論に対してはどんな効果的応答もまだ提供しておらず，その結果，私の法実証主義批判の全体は答えられないままである(12)。ジュールズ・コールマンは，〔一部の研究者の間で〕回覧してきたがまだ公刊していないある公開講演原稿のなかで，本書第7章で私が行った種類の議論によって，法についての自分自身のコンヴェンショナリストな説明が，私の後年の議論に対する満足のゆく応答でないことは示されたと譲歩して認めた。しかし，それにもかかわらず第7章が「人を当惑させる」ものであるのは，そこで私が，コールマンや他の人たちが私の初期の議論に対して効果的な仕方で応えたということを認めるのを拒否しているからだと，彼は言う(13)。ニコラ・レイシーは，H・L・A・ハートの最近の伝記のなかで，次のように示唆している。ハートもまた，私が1986年の著書で，ハートとの論争の「掛金を吊り上げた」と考えていた。また，彼は，私がその自著で行った新たな議論に対してどのように応えるべきかについて，自分の死の

時点まで確信がなかったというのである[14]。他の法実証主義者であるジョン・ガードナーは，レイシーの伝記の書評において，次のように言う。ハートは，私の初期の議論に対する自信のある応答をもっていたが，しかし私は『法の帝国』において，ハートにはそれを処理する知的素養がなかった「第一哲学」の議論を導入することによって，彼を「理不尽に蹴飛ばした」というのである[15]。

　このように，傑出した実証主義的哲学者たちが，自分たちの立場への根本的批判がまだ答えられていないと認めていることは，歓迎するべきことであって，討議を改善するはずである。しかし，私は，自分の後年の議論がどんな重要な点でも初期の議論とは異なっていないと信じている。シャピロは以下の仕方で，2組の諸議論を区別する。私の後年の議論は実証主義に対して，法的な意見の不一致を説明するようにと挑んでいる。法律家たちは，法命題の真理条件を汲み尽くすものとして実証主義者が引用する歴史的事実すべてに関して見解が一致していてもなお，何らかの問題について法が何であるかに関してしばしば意見を異にすると，その議論は指摘する。それとは対照的に，私の初期の議論は本質的に分類学的な指摘を行っている。裁判官が自分の判決を正当化するためにしばしば引用する道徳原理（『権利論』で論考したリッグズ対パーマー事件判決のなかに現れた，何人も自分自身の不正行為から便益を得るべきでないという道徳原理[1]のような）は，法原理でもあり，したがって分類学的実証主義者は，自分が行っている仕方で道徳原理から法原理を誤って分離していると指摘しているのだという。シャピロが言うには，そのように理解された私の初期の議論は，私が第7章〔の初出論文〕で記述した2通りの仕方で答えられてきた。道徳原理が法原理となるのは，道徳原理を含まないいっそう基底的な法原理が当該の道徳原理を法的なものとして指定するときだと論じる，コールマンのような「包含的」実証主義者によって答えられてきた。また，法的議論で役割を果たすあらゆる原理がそれだけを理由として道徳原理であるということを否定する，ラズのような「排除的」実証主義者によって，〔「包含的」実証主義者とは〕相互代替的な仕方で答えられてきたというのである。

　シャピロが仮に，『法の帝国』以前の私の議論をそうした仕方で分類学的なものとして構成するという点で正しいとすれば，上記のものは実際のところ適切な応答だっただろう。結局のところ，序論や本章の前述部分で言ったよ

うに，算術的ルールがたとえ少なくともわれわれの大半が語る仕方では法的ルールでなくても，裁判官は，人々にはどのような法的責務があるかを決定する際に，算術をしばしば用いなければならない。私の議論についてのシャピロの理解は，1967年に公刊した論文で私が言ったことの多くによって鼓舞されたのだろうと恐れている[16]。しかし，それにもかかわらず，彼の理解は不正確であり，それは，1972年に公刊した論文で指摘したとおりである。1967年論文について語るなかで，私は次のように言った。「私の主張点は，『法』には固定された数の諸標準が含まれ，その一部はルールであり，その他は原理であるということだったのではない。実際のところ，『法』がどんな種類であれ固定された諸標準の集合であるという観念に，私は反対したいのである。私の主張点はむしろ次のことだった。法律家が，法的権利や法的義務についての特定の争点を決定する際に考慮に入れなければならない考慮事由を精密に要約するとすれば，それには，原理の形式および力をもった命題が含まれるだろうということ，また裁判官や弁護士は彼ら自身，自分の結論を正当化するとき，こうした仕方で理解しなければならない命題をしばしば用いているということである」[17]。

　言い換えると，私の標的は学理的実証主義だったのであり，分類学的実証主義だったのではない。法命題の真理条件に道徳的考慮事由が含まれるという仮定を除くと，法的議論や法的論争を理解できないという学理上の議論を，私は行った。法命題の真理条件のなかに現れるあらゆるものが，法的と呼ばれるルールまたは原理からなる他とは別個の集合に属するものとして数え入れられるべきだという，分類学上の誤った議論を行おうとしたわけではないと，私は言った。そのとき以来，私は，実証主義に関する自分の著作物において，自分の標的に関してはっきりしていたと思う。したがって，私が実際に分類学的主張を行ったと捉えた応答は，私が実際に行った議論に対してどんな解答もまったく提供しなかったのだと信じている。多分，膨大な時間が浪費されてきたのだろう。

　分類学的法概念と学理的法概念を区別しそこねることによって，最近数十年間の法理論にとっていっそう大きな損害が引き起こされてきた。ラズは，別の重要な，しかし私が第7章を書いたときにはまだ公刊されていなかった論文において，自分の立場を明確にした[18]。彼が論じるには，裁判官は人間であるから，道徳上の要求につねに服している。あらゆる人間が，事案で判

決を下すことを含めて自分がなすあらゆることのなかで，道徳上の要求に服しているようにである。裁判官の責任の1つは通常の状況では，能力ある有権的機関が作った法を強行することであり，そしてその責任は通常，適切な法が存在していないとすれば自分にあるだろう他の道徳的責任を覆い隠す。しかし，その覆い隠しは部分的だろう。道徳的な光は，この有権的機関が創造した法を通じて，あるいはその法の周辺で，当該問題を照らし出し続けているだろうというのである。

　ラズは，法による覆い隠しが部分的にすぎないだろう1つの仕方を例示するために，アメリカ憲法を用いている。彼が言うには，第1修正は，言論の自由への道徳的権利を排除することを目的とする立法的制定物にもかかわらず，その道徳的権利によって生み出された道徳的要求が裁判官に対して拘束的であり続けることを許している。第1修正は言論の自由を保護する道徳原理を組み入れて，そうした原理を法原理としていると言うべきではないと，ラズは力説する。むしろ，第1修正は裁判官に，特定の制定法が言論の自由への特定の権利を侵害しているという理由により，自分がその制定法を強行するのを拒否するべきかどうかという問いについて，道徳的に推論するように指図していると言うべきだというのである。この点を区別および類比で要約している。彼は，法に関して推論することと法に従って推論することを区別するべきだと言う。裁判官は，第1修正が自分に，言論の自由に関する道徳的問題を決定するように要求していると結論づけるとき，法が何であるかに関して推論しているのではもはやなく，法が自分に推論するよう指図する通りに推論している。ギリシアで事故が発生したが，ポーランドで訴訟が起こされた場合に，ポーランド法は，ポーランドの裁判官が自分の判決に達する際に，ギリシア法に関して推論するよう指図するだろう。しかし，その場合に，ギリシア法がポーランド法の一部分になったと言うとすれば，それは誤解を招くものだろう。

　ラズの戦略はコールマンの戦略と，1つの著しい仕方で異なっている。コールマンにとっては，法が道徳を組み込むかぎりでのみ，裁判官は道徳によって拘束されるが，他方ラズにとっては，法が道徳を排除しないかぎり，裁判官は道徳によって拘束されるのである。しかし，ラズが学理的実証主義を擁護していると捉えるならば，彼の戦略は，〔上記の相違〕にもかかわらず，コールマンを悩ませるのと同一の事実によって打ち負かされる。ラズが学理

的実証主義を守ることができるのは，裁判官の道徳的責務に対する法の衝撃力——法が管理できる覆い隠しの程度——がそれ自体，道徳の考慮なしに確定されうると想定することによってだけである。それが恐らく，第 1 修正が「言論の自由への道徳原理」に言及していることは「一般に仮定されている」と，彼が言う理由である[19]。こうした解釈は，実質的にアメリカのすべての法律家が受け入れている憲法解釈上の戒律によって確立されており，その結果，その解釈が正しいことを確立するためにいかなる道徳原理に訴えかける必要もないと，ラズは想定している。しかし，その正反対が真なのである。多くの法律家は——私自身を含めて——第 1 修正が制定法の有効性を道徳的権利に依存させていると信じている[20]。しかし，他の多数の法律家はそうした見解を拒否している。彼らは，第 1 修正が裁判官に，言論の自由を道徳原理としてではなく歴史的事実として強行するよう要求していると信じている。裁判官は法的にも道徳的にも，第 1 修正が制定された時点で承認されていた言論の自由の捉え方を強行するように拘束されていると信じているのである[21]。だから，第 1 修正という挑戦課題と向き合う裁判官は，その修正条項についてのこの敵対しあう諸理解から選択しなければならず，そして第 6 章で説明したように，裁判官はその選択を政治道徳上の根拠にもとづいて行なわなければならない。民主制がもつ本性および徳に関して相異なった見解をとる裁判官たちは，民主的社会における憲法の役割を互いにかなり異なった仕方で理解するだろうし，そしてその道徳的な問いについての彼らの見解は，彼らがそれらの仕方のうち他のものでなくむしろあるもので第 1 修正を解釈するかどうかを確定するだろう。憲法の条文をどのように解釈するかに関する議論は，どんな源泉基底的ルールのなかに落ち着くこともない。それは始終，政治道徳上の議論なのである。

　だから，ラズの戦略はコールマンのそれのように，両者ともに譲歩して認める事実から学理的実証主義を救い出すことに失敗する。それは，裁判官が，自分の判決に達する際に道徳に関してしばしば推論するという事実である。だが，ラズが学理的実証主義を救い出したがっているということは，明らかでない。なぜそうであるかは，彼のお気に入りの戦略によって説明される。実際のところ，ギリシアの不法行為法がポーランド法の一部分だと言うとすれば，それは奇妙に思われるだろう。しかし，ポーランド法の下で，ポーランド人の特定の被告がギリシア人の特定の原告に対して，〔ギリシアの〕ピレ

ウスでの事故から発生した損害について，法的に有責であるという命題の真理条件のなかに，ギリシア法は確かに現れている。ポーランドの裁判官は，ギリシア法を考慮に入れることなしには，その個別的な問いについてのポーランド法の状態に関して，正しい結論に達することができないだろう。

　それは道徳についても同じである。これは事実に反するが，法律家が皆，第1修正によって制定法の有効性が言論の自由への道徳的権利についての最善の理解次第とされていることで意見が一致しているのだと考えている点で，ラズが正しいと想定しよう。さらに，合衆国議会が，連邦政府の公務員職の候補者が自分の選挙戦に，規定された金額よりも多くを支出することを禁止する制定法を制定したと想定していただきたい。さて，ジョン・ケリーは自分の大統領選挙戦に，規定された金額よりも多くを支出することを法的に禁止されていたという法命題を考えていただきたい(22)。ラズの説明では，その命題の真偽は，合衆国議会がその規制を制定したときに，合衆国議会は言論の自由を侵害したという道徳的判断がもつ健全性に左右される。その点をどのように言うかは問題とならない。第1修正のおかげで，法は，道徳がそうした衝撃力をもつことを妨げていないと言うか，あるいは第1修正は，道徳がそうした衝撃力をもつべきだと指図していると言うかは，問題とならないのである。ラズの立場の消極的定式化であれ積極的定式化であれ，その法命題――そしてもちろん，他の法命題の大部隊――の真理性は道徳的争点の正しい解決に左右されるという帰結がある。

　ラズの立場は学理的実証主義と整合的であるという諸議論も想像できるが，これらの議論のどれも成功していない。第1修正は裁判官に対して，何らかの様式で道徳に関して推論を行うようにとだけ指図しており，洗練された正しい分析とちょうど同じように，へたな小細工があり偽である道徳的分析も裁判官の義務を認めるかのように，うまく推論するようにとは指図していないと言うとすれば，それは助けにならないだろう。そうしたことは，どのような解釈においても第1修正が言っていることではない。また，最善の道徳的解釈への訴訟当事者の権利と，それが最善だという理由による特定の解釈への訴訟当事者の権利とを区別するいかなる余地も，ここにはない。訴訟当事者は抽象的には最善の解釈への権原を法的にもっているが，しかし最善の解釈は道徳的推論を要請するから，その訴訟当事者はどんな特定の具体的解釈への権原も法的にもっていないと言うことはできない。権利や責務は命題

への姿勢[2]とは違って，代用を超越した文脈を提供する。言論の自由についての最善の理解への権原が政治家には法的にあるならば，また最善の理解が選挙戦支出制限法を非難するものであるならば，無制限の支出への権原がその政治家には法的にある(23)。また，ジョン・ケリーが無制限の支出への権原を欠いていることに関連する，私が引用した命題は本当は，学理的実証主義者が念頭においている種類の法命題ではないのだ，すなわちそれは単独の命題にすぎず，法的ルールの本性における何物かではないのだと言うことは，助けにならないだろう。私が引用した命題——例えば，アメリカ法の下では，政治的候補者には無制限の支出への権原があるという命題——を，なじみ深い法的ルールの一般性すべてをもつまで，漸進的にいっそう抽象的かつ一般的にすることができる。

　だから，ラズの「排除的」実証主義は結局のところ，学理的実証主義ではないのだろう。概念的問題として，法的権利や法的義務は，「源泉」を参照することのみによって道徳的内省なしにつねに確かめられうるというテーゼを擁護したいとは，彼は願っていないのだろう。彼はむしろ分類学的実証主義者なのだろう。特定の法的結論にいたる議論は典型的には，大いに多様な諸命題を含んでいる。法創造機関が何をなしたかに関する報告，他の法域における並行的な法創造機関に関する情報，経済的事実なり社会的事実なり歴史的事実なりに関する主張，あるいは個人的状況・算術的仮定・道徳原理・道徳的所見に関する主張などである。分類学的実証主義者は，それらの命題すべての間での区別，すなわち問題となっている法域での「法」を現に記述する命題と記述しない命題との区別を力説する。「包含的な」分類学的実証主義者は，相異なった種類の道徳原理がときおり——その道徳原理が適切に組み入れられてきたときには——「法」の一部分として数え入れられると言い，「排除的な」分類学的実証主義者はこのことを否定する。

　これは行うに値する議論だろうか。もちろん，人々や公務員にはどのような法的権利や法的義務があるかを決定する上で何に重要な関連性があると考えるかは，重要である。しかし，重要な何物も，重要な関連性があるもののうちどの部分を「法」として記述するか次第で決まるわけではない。そうした言語上の選択をする際に，われわれにはかなりの余地があり，そのため「包含的」語法と「排除的」語法の両方が受容可能であると，なぜ言うべきでないのか。実際のところ，算術的原理がマサチューセッツ州法の一部分だと言

うとすれば，それは奇妙だろう。5足す7は11だと想定しつつ損害賠償額の算定をする裁判官は，法的誤りでなく数学的誤りを犯していると，われわれは言いたい。こうした言語上の選好はさまざまな仕方で説明することができる。〔例えば，次のように説明できる。〕算術は法にとっていかなる仕方でも特別ではなく，どの特定の法域での法にとっても確かに特別でない。だから，算術がマサチューセッツ法に属すると言うとすれば，それはたとえ理解不可能でないとしても，少なくとも高度に誤解を招くものだろう。ギリシアでの事故がポーランドの裁判所で審理されるときに，ギリシア法がポーランド法の一部分となると言うのをわれわれが躊躇することもまた，説明することができる。われわれは，自分たちの語法が次の諸点を認めるものとしたいのである。きわめて限定された状況においてのみ，ポーランドの裁判所でギリシア法に場があるという点，そして適切なギリシア法のそうした部分の内容さえも，ギリシアの――ポーランドのではなく――立法および不法行為の諸事案の実践を解釈することによって確かめるはずだという点である。だが，術語上の一部の選択は，これらの例よりもいっそう互角に衡量されると思われる。何らかの法域での法実践が商慣習の伝統的な実践および期待に法的効果を与え，その結果，商人の法的権利が何であるかは，商慣習が何であるかにしばしば左右されていると想定していただきたい。商慣習は法の一部分であると，われわれは言おうと思うだろうか，あるいは思わないだろうか。どちらの選択も擁護可能だろうし，またどちらの選択をするかは問題とならないだろう。

　特定の法域においては，特定の道徳原理――何人も自分自身の不正行為から便益を得るべきでないという，私が以前に挙げた例のような――がしばしば引用され依拠されているとき，しかも他の法域においてはその道徳原理が無視されたり，より引用されなかったりするとき，この道徳原理はかの法域での法の一部分となっていたと言いたい気がする。しかし，そうした言葉づかいは，先ほど引用した1972年の発言で注意を促した誤りを犯すリスクを伴う。ある共同体の「法」は，理論的にはすべて一覧表に挙げられ数えられるだろうルール・原理その他の標準からなる有限の集合体だと想定するという誤りである。だから，私が想定するところでは，私が仮に選択しなければならないとすれば，排除的な分類学的実証主義を選ぶだろう。もっとも，それに賛成しているわけではないが。それぞれの選択が鼓舞するかもしれない上

記の誤りを避けるようにわれわれが注意するならば，どちらの選択でもよいだろう。

　ラズは意見を異にしており，彼の最近の論文の大部分は，分類学的論争が重要であると示そうと努めることに向けられている。彼は，「法の一部分」という句が自然種を記述しているとは主張していない。道徳原理が法の一部分だと想定するとすれば，それは一部の犬が虎というものの一部分だと想定するのと同じ種類の誤りだろうとは主張していないのである。その反対に，法の一部分となった標準と，法の一部分ではないが，それにもかかわらず「従われる」よう法が要求する標準との間の線は，「とりわけ曖昧」であると，彼は譲歩して認めている(24)。それにもかかわらず，彼は，次の点を力説する必要があると考えている。道徳原理が法的権利や法的義務に関する主張の真理条件のなかに含まれるときでも，それにもかかわらず道徳原理は法の一部分に数え入れられるべきでないという点である。彼は２つの理由を提示している。第１に，彼が言うには，法は偶然的である——法は存在しそこねることがありうる——が，しかし道徳は存在しそこねることがありえない。第２に，法をもつ共同体において，法的権利や法的義務でない道徳的権利や道徳的義務がある（あるいは少なくともありうる）。だから，法と道徳の間には境界線がなければならない。

　これらの理由のどちらも感銘を与えるものではない。人々が自らの不正行為から便益を得るべきでないという原理はニュー・ヨーク州法の一部分であると言うことに決めたとしても，法が偶然的であることも道徳的が偶然的でないことも否定しているということにはならないだろう。当該原理が仮にニュー・ヨーク州法の一部分でない場合にも，あるいはいかなるニュー・ヨーク州法もない場合にさえ，当該原理はなお真だろうと付け加えることは，完全に首尾一貫しているだろう。また，人々が自らの不正行為から便益を得るべきでないという原理はニュー・ヨーク州法の一部分であると言うことに決めても，他の道徳原理でニュー・ヨーク州法の一部分でないものがあること——あるいは，法と道徳の間に相違があること——を否定することにはならない。ジョン・ダンは一定の語を自分の詩の一部分としたと言うとき，彼が自分の詩の一部分としなかった語があることも，ダンの詩という概念と語という概念の間に相違があることも否定するということにはならない。

　マシュー・クレイマーは自分を包含的な分類学的実証主義者の１人として

いるが，次のように言う。包含派－排除派論争は，私の実証主義批判に応答する最善の仕方に関する論議として始まったけれども，この論争はそれ自体の生命を帯びてきたというのである(25)。そうしたことは，ある意味では歓迎するべき発展である。なぜなら，分類学的実証主義のどちらのヴァージョンも，私の学理的実証主義批判に対するどんな応答もまったく提示していないからである。シャピロ，コールマン，その他の実証主義者たちが言ってきたように，実際のところ，そうした応答が行われうるならば，それは行われるべきであり続けている。しかし，包含派－排除派論争はそれ自体で気が滅入るものである。ベンサム，オースティン，ホウムズ，ハートという法理学上の重要な伝統が，きわめてスコラ学的な何物かをめぐる論争にいまでは落ち着いてしまったことは，悲しいことである。だが，そうした暗雲にも一筋の光明がある。例えばハートがかつてあれほど熱心に論証しようとした命題，すなわち概念的問題として，法的主張の妥当性は，道徳的事実でなく社会的事実にのみ左右されるという命題を擁護することには，もはや多くの興味深い点はないという信号が送られているのだろう。学理的実証主義は繁茂するが，しかしそれは政治的形態においてであって，分析的形態においてではない。

第9章　ロールズと法

法哲学者としてのロールズ

　私が出そうとしている話題「ロールズと法」に対してきわめて多くの仕方でアプローチできるということは，政治哲学者としてのロールズの偉大さの印である。世界中の政治家は彼の考え方を引用し，アメリカや他の国々の裁判官は彼の作品に訴えかけている。だから，相異なった国々の法にロールズがすでに与えてきた衝撃力に関して語れるだろう。あるいは，彼が与えるかもしれない衝撃力を考察できるだろう。例えば，ロールズの有名な格差原理であれば，アメリカの税制なり不法行為法なりでのどのような変化を推奨するかと問えるだろう。実際のところ，それらの論点はすでに探査されてきた論点に含まれている。他の方向でもまた彼の衝撃力を検討できるだろう。わが国の法のような法によって支配されている政治共同体，そして一定の決定的に重要な政治的争点——もしそう言いたければ，基底的自由および憲法上の本質な事柄という問題——が通常の政治から引き離されて裁判所の特別な関心事とされる政治共同体のなかで，ロールズが生活し仕事をしたという点は，彼の正義の理論の形態にとってどのくらい重要だったかに関して思索できるだろう。

　私は，それらとは異なった仕方でロールズと法に関して語る予定である。すなわち，法哲学者としての，また実際のところ法律家としてのロールズに関して語る予定である。彼は自分自身を法哲学者とは想定していなかった。そして，彼の作品のなかには法についてのいくつかの重要な論考があり，私はその一部に言及するつもりではあるけれども，彼は自らの政治哲学を通じ

て法理論へのおもな貢献を行ったのだ。なぜなら，法理論は政治哲学の一部門であり，ロールズは政治哲学という分野全体に関して抽象的に著述したからである。本章では，ロールズの正義の理論の諸側面で，法理学上の伝統的論点に対して直接的に語っているものを簡潔に同定し，評価もしたい。

　そうした伝統的諸論点の短い一覧表から始めるつもりである。どんな一般的法理論も，法とは何かという古来の問いに答えなければならない。しかし，その古来の問いは事実上，2つの異なった論点を提起する。第1の論点は方法論的なものである。どのような種類の理論がその問いへの諸解答の1つとして数えられるか。法の一般理論は記述的理論だろうか。そうであるならば，何を記述しているか。その理論は一片の概念的分析だろうか。そうであるならば，法概念のある分析を他の分析よりもよいものとするのは何だろうか。その理論は政治的理論だろうか。そうであるならば，法とは何であるかについての理論は，法は何であるべきかについての理論とどのように異なっているか。これらの方法論的諸問題に関して，法哲学者たちは意見を異にしている。ロールズの哲学からは，どのような見解が——そうした見解があるならば——導かれるだろうか。

　そうすると，第2の問いは明らかである。ある法理論が方法論的論点に関して1つの立場をいったんとると，その法理論は実質的な問いに答えなければならない。法の理論が何であるべきかを所与として，法のどの理論が最も成功しているか。かなり長い間，法の諸理論は，その著者と論評者の両方によって，大まかには2つの集まりに分割されてきた。どの法域でも法が何を要求したり許容したりするかは，社会的事実の問題にすぎないと力説する法の実証主義的諸理論と，法が何を要求するかはときには，社会的事実だけでなく，道徳的争点を含めて論争の余地ある規範的争点にもまた左右されると主張する反実証主義的諸理論である。管見のかぎりでは，ロールズは，これらの一般的立場の一方または他方を自分自身の立場として明示的には選択しなかった。しかし，彼の理論は一方の選択を他方の選択よりも支持するだろうか。

　第2の問いは不可避的に第3の問いを提出する。実証主義的理論でも反実証主義的理論でも，裁判官は，確立した法だと法律家が考えるものによって直接の争点が決定されない「困難な」事案にしばしば直面するだろう。実証主義者が言うには，そのような事案では，裁判官は新たな法を作るために裁

量を行使しなければならない。反実証主義者はその同じ必要性を異なった仕方で記述する。裁判官は自分の判決において一貫性をめざさなければならないと考える法律家は——私はそう考えている——，一貫性が何を要求するかにはしばしば——多分，通例として——論争の余地があり，そのため新たな判断が必要とされるということに同意するだろう。〔実証主義と反実証主義の〕両方の側とも，あるいはむしろそれぞれの側のすべてのヴァージョンが，どのような種類の議論ないしどのような議論の源泉がそうした裁判官の責任にとって適切であるかという問いに立ち向かわなければならない。

　裁判官は自分の新たな判決を擁護するために，どのような種類の理由を提示してよいか，あるいは提示するべきか。自らの宗教的確信に訴えかけてよいか。自らの個人的な道徳的確信はどうか。道徳なり終末論なりの哲学的体系はどうか。マクロ経済学的現象はどうか——裁判官が仮に，自分が特定の仕方で判決を行っているのは，それが国際為替市場でドルの助けとなるからだと言うとすれば，それは十分な議論だろうか。これらの決定的に重要な問いは，法理論において相対的に無視されている。しかし，ロールズは，公務員が自分の決定を正当化するために固有の仕方で用いてよい議論に関する学説——彼はそれを公共的理由の学説と呼ぶ——を発展させ，そして彼は断固として，公共的理由の学説は特段の説得力をもって裁判官に適用されるのだと言った。この学説を検討しなければならない。その学説が満足のゆくものでないことを見出すならば——私はそう疑っている——，ロールズの一般的理論のうち他の一部分が，裁判官の至当な推論がもつ性格を確定する上でより助けになるかどうかを問わなければならない。

　第4の争点は，憲法訴訟を扱う裁判所が，人民により選出され人民に対して説明責任を負う立法者によって採択された法律を無効化できるアメリカやその他の成熟した民主諸国における法理論家にとっては，とりわけ差し迫ったものである。すなわち，そうした裁判所の権限は民主的原理と整合しているか。整合していないとすれば，その理由により当該権限は正義に反しているか。そうした争点について，ロールズは相異なった機会に直接に語ったのであり，彼が言ったことに注意しなければならない。しかし，彼は最近，多くの点でさらにいっそう刺激的かつ重要でさえある争点，すなわち憲法的正統性でなくむしろ憲法的戦略の問題と呼べるものについて語った。憲法訴訟を扱う裁判所は，一定の争点について——例えば，中絶なり医師の幇助によ

る自殺なりに関して——判決を行うことを，当該争点の司法的解決を受け入れる心積もりが国民にはないという理由で断るべきだろうか。裁判所は，当該争点をめぐる意見の分裂を減じさせ，多分，共同体全体にとってより受け入れやすい妥協に達するために，その争点の扱いを通常政治に委ねるべきだろうか。いく人かの卓越した法学者はそうした示唆を是認してきたし，ロールズは彼らの議論が「十分な」議論だと考えていると言ったことがある。ロールズはなぜ彼らの議論を十分だと考えるのかを考察しなければならない。

最後に，はるかにいっそう抽象的な論点だと思われるだろうものに触れることにしたい。法が何を要求しているかに関する論争の余地ある主張は，単に主観的にではなくむしろ客観的に真でありうるだろうか。これは，弁護士や裁判官が自分の日々の実務のなかで思い悩む論点ではない。それにもかかわらず，その論点にはかなりの実践的重要性がある。なぜなら，その論点次第で，法政策上および市民的政策上の多くの争点が決まるからである。その争点には，法の支配は本当に，権力のある人たちによる支配と異なっているかどうか，われわれは法に従う一般的な道徳的責務を負っていると想定することが意味をなすかどうか，立法の制定物の司法審査には本当に正統性があるかどうかが含まれる。一部の法理論は事実上，法実践が本質的に主観的だという想定の周囲に築かれている。例えば，われわれの時代には批判法学という光り輝く——しかし短かった——花火の様態をとった，アメリカのリーガル・リアリズムと呼ばれる影響力ある運動が，そうである。ロールズは真理と客観性に関してきわめて多くのことを述べており，その一部は結論にいたらず不明瞭でさえあるが，しかしその多くは，法律家がより明示的に哲学的なこれらの論点へと向かうときに助けとなる。

法哲学の本性

当座の間，ほぼすべての法律家がそう仮定しているように，法的権利や法的義務に関する命題は真でありうると仮定していただきたい。その通りであるならば，法の理論は，そのような命題がどのような状況下で真であるかを語るべきである。例えば，この近辺では制限速度が55マイルだとか，マイクロソフト社は反トラスト法に違反したとか，積極的是正措置は違憲だとかということを，いったい何が真としうるのだろうか。法哲学者は，その問いへの解答を試みる法の一般理論を擁護する。法実証主義者は，法命題が社会的

事実——例えば，立法府が何を宣言したか，あるいは裁判官が何らかの先行事案でどのような判決を行ったかに関する事実——のおかげでのみ真でありうると主張する。そうした見解がもつ長所に関してすぐ後で短く言いたいと思うが，しかしまずはそれに先立つ問いを考察しなければならない。彼らすなわち法実証主義者は，どのような種類の主張を行っているのだろうか。法の真理条件に関する彼らの主張それ自体を真としうるとすれば，何がそうしうるのだろうか。

　多くの法哲学者は，自分の法の理論が，大部分の法律家が法命題を形成し擁護し決定する際に従っている社会実践ないしコンヴェンションに関する記述的理論だと信じている。もちろん，法律家たちは，どの法命題が真でありどの法命題が偽であるかに関して，しばしば意見を異にする。例えば，次のような女性の法的地位に関して意見を異にする。その女性は，母親が出産前に長年服用していた薬品からの副次作用を被ってきたが，しかし，その錠剤は数社によって製造され，そして母親は，自分が服用したときにどの会社の錠剤を服用したかが分からないので，特定の時点で母親が服用した特定の薬品の製薬会社を同定できないのである[1]。その女性には，当該の薬を製造した会社のすべてから，その市場シェアに比例して損害賠償額を受け取る権原が法的にあるだろうか。しかし，上記の法哲学者は，この種の意見の不一致が真正であるならば，より基底的な争点に関しては法律家たちは意見が一致しているにちがいないと仮定している。ある法命題が真であるかどうかを決定するために用いるべき正しいテストについて意見が一致していなければならない，さもなければ——相異なった法律家たちが相異なった諸テストを用いているならば——互いにすれ違いで語っているにすぎないことになるだろうというのである。そうした仮定が正しいならば，法の哲学的理論はその背景的な意見の一致を記述するようめざすべきである。法の哲学的理論は，法律家たちが，真または健全な法命題を同定するために実際にどのようなテストを用いているかを語ることによって，法が何であるかを語るべきである。

　こうした見解では，法哲学は記述的実行例として最もうまく理解される。それは法社会学における実行例なのである。しかし，事実としては，法の一般理論をそうした仕方で記述的だと捉えるならば，どんな法の一般理論を説明することも極端に難しい。H・L・A・ハートが発展させた法実証主義のヴァージョンを考えていただきたい[2]。彼は，自分が「源泉」テーゼと呼ん

だものを支持して論じた。そのテーゼが（実質的に）考えるところでは，法命題が真であるのは，立法府のような法的機関がなした明示的決定から推論されえ，その法的機関がそのような決定を行うことがコンヴェンションによって公認されているときであり，しかしそうしたときのみである[3]。適格な立法府が，先ほどの例での女性には法的に市場シェアによる損害賠償額への権原があると言ったということが，何かから導かれるのだと，ある法律家が示すことができるならば，その法律家は，彼女にはそのような権原があると示したのである。しかし，そうした命題が，公認された機関が言ったり行ったりしたどんなものからも導かれないならば，その命題は真ではない。

　ハートは，自著『法の概念』の，死後に公刊された補遺において，この源泉テーゼは純粋に記述的だと力説した[4]。しかし，源泉テーゼがどのような意味で記述的だと考えうるかは，不可解である。ハートが力説したところでは，彼は源泉テーゼを，法律家がどのように語っているか，どのように「法」という語を用いているかについての記述として意図していたのではない。というのは，法が実定的制定物のおかげで有効であるにすぎないということは明白に，まさに「法」の語の意味の一部分でないからである。彼は，未婚男性が婚姻をしていないことは未婚男性という概念に属していることを，われわれが受け入れているように，まさに法概念に属するものとしてすべての法律家が受け入れているものの記述として，源泉テーゼを意図しているのでもない。というのは，法律家たちは，源泉テーゼが正しいかどうかに関して意見を異にしているからである。先ほどの例での女性には市場シェアによる損害賠償額への法的権利があると考える法律家は，源泉テーゼをはっきりと拒否する。なぜなら，想像力に富む弁護士[5]が市場シェアによる有責性を支持して論じた以前には，いかなる機関もそのような有責性を宣言したことがなかったからである。これらの弁護士が誤っているならば，彼らの誤りは法的誤りであって概念的誤りではない。ハートが仮に，弁護士はあらゆるところで，源泉テーゼが満足されているときにだけ，法が自分たちの側にあると実際に主張するという社会学的仮説として，自分の源泉テーゼを言おうとしたとしても，上記と同じ理由によりできなかっただろう。その仮説もまた明白に偽である。

　そうすると，源泉テーゼのような法の理論をどのように理解するべきだろうか。ロールズはその論点について直接に語っているが，それは例を用いて

——正義概念についての自分の分析を通じて——である。彼は，法概念を共有し用いるあらゆる人が，何がある制度を正義にかなうものにしたり正義に反するものにしたりするのかに関する何か実質的な背景的理解を共有しているとは想定しなかった。その反対に，彼は，人々は互いに根源的に異なった正義の捉え方をもっていると力説した。彼は，人々が，これらの捉え方をすべて何か他の徳ではなく正義の捉え方とする，何かきわめて抽象的な理解を現に共有していることは認めていた。しかし，この共有された理解は非常に希薄であって，現実の内容がほとんど空虚なものである。正義に関する意見の不一致を可能にしているものは，人々が一定の特殊的な事例ないし実例について十分に意見が一致していることである——あらゆる人は，奴隷制が正義に反することや，賃金搾取が正義に反することなどについて意見が一致している。だから，ロールズは，正義を論じる哲学者が，反照的均衡の追求と自分が呼ぶ解釈的投企に携わることを推奨した。われわれは，何か一般的な射程のある原理を生み出すように努め，その一般的原理を，何が正義にかなっており，何が正義に反しているかに関する具体的判断とつきあわせるように努める。そして，その具体的判断から始めて，解釈的適合性を達するのに必要となるかぎり，原理か具体的判断のどちらか，またはその両方に関する自分の見解を移動させるというのである。

　こうした解釈的な実行課題を法哲学の方法として述べなおすことができる。わが国の法であることは明らかに言うまでもないもの——われわれにすべてなじみ深いものである，速度制限，租税法典，所有権・契約などについての通常の日々の諸ルール——を同定することができる。これらは法のパラダイムだと言ってよいだろう。次に，解釈的均衡の他方の極を構成することができる。なぜなら，ロールズにとって正義概念が果たしたのと同じ役割を法理論において果たすことができる抽象的理念を，われわれは共有しているからである。もっとも，ときには，すなわち法概念の政治的性格を強調しているときには，法概念を他の仕方で，すなわちリーガリティ概念ないし法の支配の概念として記述するが。次に，適当なリーガリティ観を提供するように努めることができる。つまり，それは，具体的法命題に関するわれわれの多様な前‐分析的仮定を，リーガリティがもつ性格および価値を最もよく説明すると思われる政治道徳上の一般的原理との均衡へともたらすリーガリティ観である。そうした仕方で，法命題の真理条件に関するある理論を，説得的だ

と分かっているいっそう大きな価値の捉え方のなかに埋め込むことができる。法の実証主義的理論は，源泉テーゼのような法命題の真理条件に関するテーゼを提示するだろうが，そのテーゼは実証主義的リーガリティ観によって支えられ，そのリーガリティ観は今度はより一般的な適切な正義観によって支えられている。そうした解釈的な図柄は，指導的な法哲学者たちが実際に行ってきた議論を理解する最善の仕方を提供している。そのように言い表された法哲学は，ある意味で記述である。なぜなら，法哲学は，自らがそれに向けられている共同体の内部では当然とされているものに関する何らかの理解から始めるからである。しかし，法哲学は他の意味では実質的かつ規範的である。なぜなら，法哲学が求める均衡は，独立した訴えかけの力で判断される原理との均衡だからである。だから，ロールズの仕事はまさしく出発点から，法哲学の自己理解への大きな貢献となっている。

法とは何か

さて，〔法とは何かという〕古来の問いの実質的な面へと向かおう。法についてのどの理解——実証主義的理解か何か他の理解か——が，リーガリティ概念の捉え方として最も成功しているだろうか。そうしたさらなる問いに対してロールズの考えがもつ含意をもたらすために，その問いを彼による公正としての正義の想像的構成のなかに埋め込んでよいだろう。彼が記述した「原初状態」[6]における代表者たちが，正義の一般的原理に加えて，リーガリティ観をも選択するよう依頼されると想定していただきたい。要点をより単純にするために，代表者たちは，2つの選択のみからなる一覧表を提示されたとする。彼らは，裁判官が真なる法命題のための特定のテストを用いると明細に言う，法についての単純化された実証主義的説明を選ぶかもしれず，あるいは単純化された解釈主義的で非実証主義的な説明を選ぶかもしれない。

規定された単純な実証主義的説明では，裁判官が，立法府によって定立されたルールを強行するべきであるのは，これらのルールが曖昧でないかぎりにおいて，あるいは立法史や立法者意思についての他の標準的源泉を参照することによって曖昧でないようにされうるかぎりにおいてである。しかし，しばしば起こるように，そのような仕方でのみ定立され解釈されたルールが事案の判決を下すのに不十分であるときには，裁判官は，法がいかなる解答も提供しないと発表し，次にそのようにして創出された欠缺を埋めるために

自分自身で立法するべきである。だが，裁判官は控えめに周辺的に立法するべきであり，そして現職の立法府が当該争点をよく承知しているとすれば立法するだろうように，立法するべきである。つまり，裁判官は，適格な議会であれば行っただろうと自分が考えることをするべきである。それに対抗する単純な解釈主義的説明では，裁判官は，〔実証主義的説明と〕同じ仕方で解釈された，立法府によって定立されたルールを強行するべきである。しかし，いわゆる欠缺につきあたったときには，立法府であれば行うだろうように立法しようと試みるべきでなく，それに代えて，共同体全体の法を最もうまく正当化する公正ないし正義の原理を同定し，その原理を当該の新事案に適用するように努めるべきである。

さて，ロールズの想定とは反対に，代表者たちが，一般的ですべてを包含する功利主義的正義観に決めたと想定していただきたい。その場合，彼らは，単純化された非実証主義的な法の捉え方を上回るものとして，単純化された実証主義的な捉え方を選択する強い論拠が自分たちにはあると考えるだろう。というのは，功利主義的正義観と実証主義的リーガリティ観の間には強い親和性があるからだ。近代法実証主義の2人の確立者であるベンサムとオースティンが主要な功利主義者だったことは，いかなる偶然でもない。ベンサムが指摘したように，健全な功利主義的立法は単一の源泉から組織化され方向づけられなければならない。効用を最大化する最善のプログラムとは，そのなかでは相異なった法律や政策が最大効用の衝撃音を生むように牽引され調整されうる統合されたプログラムなのである[7]。立法府は，そうした最大の衝撃音に達する最善の機関である。なぜなら，立法府は，法および政策からなる構築物全体を概観できるからであり，また立法府の構成と選挙手続は，共同体における諸選好の混合に関する情報を提供するのに資するが，その情報が，最大の集計効用を達成するために必要なトレード・オフの健全な計算にとって不可欠だからである。裁判官は，時間を超えて効用を最大化するように立案されたルールの小売的な強行にとって本質的に重要であるが，しかしできるかぎりわずかな程度で政策の可能的建築家であるべきだ。なぜなら，政策の建築は非効率性を増殖させるだろうからである。だから，裁判官は，立法府の言明が決定を発することなく尽きたときに，自らの判決を統御するいかなる法——それは他のどんな源泉からも来ない——もないと宣言するべきだと告げられるべきである。裁判官は欠缺を宣言するべきであり，次にで

きるかぎり控えめにその欠缺を埋める。自分の政治的主人の副官として，その政治的主人が自分で行うだろうことという精神において，主要な実証主義者かつ功利主義者であるオリヴァー・ウェンデル・ホウムズが言ったように，質量から分子へと進むように欠缺を埋めるのである(8)。

　以上が，功利主義的視点からの実証主義のための実証主義的論拠である。それに対応する，功利主義的視点から解釈主義に反対する否定的論拠がある。解釈主義は非合理的だというのである。功利主義者にとっては，道徳原理や政治原理は最大効用を長期的に達するための大雑把な経験的ルールにすぎず，そして原理の整合性をそれ自体のために追求することにはいかなる独立した価値もありえず，多くの害毒がありうる。後ろ向きに過去との一貫性を見やらず，将来のみに集中することは，確かによりよく効用に資するだろう。ただし，このことがそれ自体で戦略的に賢明であるかぎりで，そうなのだが。

　だが，いまや，原初状態での代表者たちは，彼らが選択するだろうとロールズが想定するとおりに現に選択すると想定していただきたい。代表者たちは正義の2原理に有利なように功利主義を拒否する。正義の2原理の一方は一定の基底的自由に優先性を与え，他方は社会において最も不利な集団の地位を保護することを求める。その場合，代表者たちが実証主義を上回るものとして解釈主義を選択するならば，それは自然だと思われる。なぜなら，解釈主義はその場合，正義を――小売でも卸売でも――長期的に達成するいっそうよい賭けだろうからである。2原理は，それに続く詳細さの諸レベルでの実施を要求する。第1に，それらの原理は，2つの基底的原理が求める結果を最も生み出しやすくするように諸機関が立案される憲法制定段階を要求する。次に，それらの原理は，その諸機関が，ロールズが立法段階と呼ぶものにおいて，基底的原理に仕える正義のいっそう特殊的な原理によって先導される法や政策に関する，より特殊的な決定を行うように要求する。平等な自由に辞書的優先性をおき，次に最も不利な集団の地位を保護することに次なる優先性をおく人々は，この立法段階でずれが生じる可能性に対してとりわけ敏感だろう。その人々は，多数派の承認に左右される立法府が，一部の集団の利益を他の集団の支払いにおいて推進するという大いなる圧力の下にあることを心配するだろう。したがって，彼らは，独立した権限と責任のある司法という観念に惹かれるだろう。彼らは，成文憲法の司法審査という観念に惹かれるだろう。そうした点でロールズの議論がもつ含意は，後に論考

するつもりである[9]。しかし，彼らはまた，裁判官が，立法者によって作られる日々の法を適用し発展させることに対する，効力はより少ないがしかしなお重要な監督権をも行使するべきだという観念にも惹かれるだろう。そして，裁判官がそうした権限を行使するのは，法の下の平等という方向においてであるべきだ，つまり立法府の優越性という理にかなった法理が許容するかぎりで，立法府が一部の集団に行ったことが前提するどのような原理も万人に一般的に援用可能であるべしと力説する方向においてであるべきだというさらなる観念にも惹かれるだろう。上記の人々には，解釈的な法の捉え方を有利に扱うそうした強い理由があるだろう。その法の捉え方は，立法機関が特殊的に指図したものに対する法的権利のみならず，それらの指図を原理づけて念入りに仕上げたものに対する法的権利も人々にはあると考えるものである。整合性は差別に対する最善の防御である。結局のところ，そうしたことが，わが国自体の憲法第14修正の平等保護条項がもつ前提なのである。

　ロールズは解釈主義を支持するこうした議論を行わなかった。実際のところ，私が気づいているかぎりでは，彼はどんな法の捉え方を支持するいかなる明示的議論も行わなかった。しかし，彼は現に，解釈主義を支持すると私が言った原理を明示的に是認した。そして，彼が当該原理を是認したのは，リーガリティないし法の支配について論考する途中だった。引用させていただきたい。

> 類似の事案には類似の判決が下されるべきだという訓戒は，裁判官や権威をもった他の人たちがもつ裁量を充分に制限する。その訓戒は，裁判官や権威をもった他の人たちに，自分が個人について行う区別を，重要な関連性がある法的ルールや法的原理に言及することによって正当化するように強いる。どんな特定の事案でも，法的ルールがいやしくも複雑であり解釈を必要とするならば，恣意的な判決を正当化することは容易だろう。しかし，事案数が増加するにつれて，バイアスのある判決のもっともらしい正当化論は，構成するのがより難しくなる。首尾一貫性の要求はもちろん，すべてのレベルでの正当化論に対して，またすべてのルールの解釈に対して妥当する[10]。

　ロールズが，複雑性をそれ自体で制約として強調していることに，また首

尾一貫性が，彼が言うところでは「すべてのレベルでの…すべてのルール」に対して妥当すると力説していることに注意していただきたい(11)。市民が恣意性や差別から最善に保護されるのは，困難な事案で法を解釈し念入りに仕上げる裁判官が，あちらこちらにある特定の諸法理との整合性に対してだけでなく，達成されうる最善のものとしては，法の構造物全体との原理づけられた整合性に対しても責任を負っているときである。

　さて，私が引証した歴史的親縁性にもかかわらず，実証主義者が功利主義者である必要はないという異議が出されるかもしれない。それに代えて，功利主義者でない実証主義的裁判官を想定することができる。その裁判官は，自分には裁量があると想定するときには，何か他の仕方で理解された正義に最もうまく適合すると自分が信じるルールを採用する心積もりがある。原初状態においてロールズの正義の2原理を選択した人々はまた，裁判官の役割についてのそうした特徴づけを選ぼうとしないということになぜなるのだろうか。そうした特徴づけを選ぶことは，ロールズが不完全な手続的正義と呼んだものを根拠とした，よりよい選択ではないのか。しかし，こうした示唆は次の事実を無視している。裁判官は，正義のみをめざしている場合でさえ，それにもかかわらずしばしば，正義とは何であるかに関して意見を異にしているという事実，また裁判官自身が，予断・偏見その他の不偏的正義の敵によって影響されているかもしれないという事実である。ある法の捉え方を選ぶ人々が次のように考える理由はない。すなわち，自分の事案における判決は，裁判官が，他の公務員や裁判官が行ったこととの原理づけられた整合性を自由に無視する場合には，原理づけられた整合性を尊重するよう求められる場合よりも，正義——それが何であるかについてのどんな捉え方においても——をよりよく反映するだろうと考える理由はないのである。その人々が次のように考えることは当然だろう。自分が裁判官に，自ら理解するような正義を行うように指示するのではなく，裁判官が，自ら理解するような原理づけられた整合性を尊重するべく最善を尽くすように力説することによって，裁判官を規律するのを追求するならば，自分自身を恣意性や差別からよりよく防御できると考えることである。そうしたことが，前述のように，わが国の平等保護条項が前提しているものである(12)。

法的推論への制約

　さて，より特殊的な問いへと向かおう。その問いは，すべての法の捉え方が直面するものだが，しかし一部の捉え方にとってはとりわけ困難なものである。困難な事案において裁判官はどのように推論するべきだろうか。前述の実証主義と功利主義からなる単純なパッケージの下では，裁判官は法における欠缺を埋めるために新たな判断を行わなければならないが，しかしそのパッケージが裁判官の推論の性格を定める。そのパッケージは，裁判官が，立法府であれば行っただろうことを行うよう努めるべきだと考えるのである。解釈主義もまた他の法理論と同様に，裁判官が困難な事案において政治道徳上の新たな判断を行わなければならないと想定している。解釈主義は裁判官に，法的構造全体と，その構造を最善に正当化するものとして理解された一般的原理との間の解釈的均衡を追求するように指示するのである。そうしたことは事実上，他所で論じたように，伝統的なコモン・ロー上の方法である(13)。しかし，こうした解釈的均衡を構成する際に，つまり法の記録全体を正当化する際に，裁判官が引証できる種類の原理には制約があるのだろうか。

　裁判官が一定の種類の議論を展開するならば，それは確実に不正であると思われるだろう。彼らは，自分の個人的利益にも，自分が結びついている何らかの集団がもつ利益にも訴えかけてはならない。そうした明らかな制約は，まさに正当化という観念の一部分だと思われる。しかし，裁判官は，自分の宗教的確信がある場合にそれに訴えかけてもよいのだろうか。あるいは，自分の教会の教義がある場合にそれに訴えかけてもよいのだろうか。結局のところ，一部の裁判官は，自分の最も深い確信上の問題として，宗教が政治道徳上の最も説得的な正当化論を，あるいは多分唯一の真なる正当化論を提供するから，したがって過去の判決の最も説得的な正当化論を，あるいは唯一の真なる正当化論を提供すると考えている。合衆国においては，宗教的議論は〔憲法〕第1修正によって裁判官の推論から排除されていると考えられるかもしれない。しかし，他の国に関してはどうだろうか。例えば，国教がある連合王国やイスラエルのような国ではどうだろうか。そうした国でさえ，宗教が許容不可能な裁決根拠であるならば，この制約は宗教に対するその場かぎりのものだろうか。あるいは，その制約は，政治道徳上の何かいっそう一般的な原理から単なる1つの事例として導かれるのだろうか。例えば，道

徳哲学的議論はどうだろうか。裁判官が自分の判決意見のなかで，イマニュエル・カントなりジョン・ステュアート・ミルなりの哲学上の学説に訴えかけることは適切だろうか。彼は，多くのアメリカの裁判官が事実として行ってきたように，ジョン・ロールズの哲学的著作物に訴えかけてよいのだろうか(14)。裁判官は，マクロ経済学理論に訴えかけてよいのだろうか。彼は，ある原理が法的構造全体をよりよく正当化するのは，その原理がインフレを抑制したり貯蓄を促進したりする助けとなるだろうからだという判決を下してもよいのだろうか。

　ロールズの公共的理由の学説はまさしく，政治的にリベラルな共同体における公務員に許容されている種類の議論を確定することに向けられており，そして彼は，その学説が裁判官にはとくに説得性をもって妥当すると力説している。だが，公共的理由の学説は定義し擁護するのが難しい。私が考える困難をここで要約するように努めるつもりである。その学説が要求するものを述べる２つの仕方がある。第１の，より基底的な仕方は，互酬性という重要な観念に訴えかけるものである。公共的理由の学説は，政治的共同体のすべての理にかなった構成員が理にかなった仕方で受け入れられる正当化論のみを許容する。第２の仕方は恐らく，そうしたより基底的なテストの結果である。公共的理由は公務員に，包括的な宗教的教説なり道徳的教説なり哲学的教説なりにもとづいた正当化論ではなく，当該共同体での政治的価値にもとづいた正当化論を提示するよう要求する。したがって，公共的理由の学説は，法の構造物の正当化論を捜し求める裁判官に，論争の余地ある宗教的教説も道徳的教説も哲学的教説も避けるよう要求する。

　だが，互酬性の学説が何を要求するのかは，私には分からない。私が，論争の余地ある特定の道徳的立場——例えば，個人は，自分が犯すどんな過ちについても自分自身の生活をかけて金銭的責任を負うべきだというという立場——が明らかに正しいと信じるならば，私の共同体における他の人々が同じ見解を受け入れられるのは理にかなっていると私には信じられないということは——その人々が当該見解を受け入れるだろうことがありそうかどうかを問わず——いかにしてありうるのだろうか。多分，ロールズが言おうとしているのは，理にかなった市民であれば，一定の種類の自分の確信——自分のX確信——を廃棄することなしには受け入れられないだろう観念に訴えかけるべきでないということである。しかし，このX確信が何であるかを規定

するいかなる基盤もわれわれにはないと思われる。宗教的確信がいくつかの理由により特別であることを，私は受け入れている。確かに，神の恩寵または何か他の特権的接近を通じてのみ，宗教的真理は入手可能であると信じる人は，すべての理にかなった市民であれば，自分自身の宗教的確信をいだきうることが理にかなっているだろうと考えることができない。しかし，ロールズは，互酬性のテストが宗教的確信の範囲を超えて理にかなった確信を排除すると考えるべきいかなる理由も提示していない。

　それと等しく大きな困難が私にとってはある。一方の政治的価値と他方の包括的な道徳的確信との区別である。公正としての正義というロールズ自身の捉え方は，論争の余地ある道徳的立場と思われるものに，決定的に重要な仕方で依存している。例えば，格差原理は，反照的均衡において一組の諸仮定によって生み出され擁護されるが，その一組の諸仮定は，努力なり責任なりには道徳上の根本的に重要な関連性がないという点に関する仮定を含んでいる。最も悪化している集団の地位を最もうまく最大化する制度配置が怠け者に褒賞を与えることが分かっても，そのことはいかなる異議ともならない。ロールズはこの結論を，努力が天分によって影響されると想定することによって擁護している[15]。努力は天分によって影響されるが，しかし天分によって汲み尽くされるのではない。そして，努力と天分という2つの間の相互作用がどのように現れるかという問いは，まさに個人の責任に関する相異なった包括的な道徳的見解を分かつような種類の，心理学上および道徳上の混合的な問いだと思われる。われわれの共同体では，ロールズの立場には確かに論争の余地があり，一部の人々は，個人の責任にいっそう依存する分配的正義の理論に有利なようにロールズの立場を拒否している。

　これらの困難は，ロールズが挙げている公共的理由の観念の作用例によって確認されると思う。彼はいくつかの機会に中絶論争を論考している。もっとも，それぞれの機会にごく短くであるが。彼の論考が前提しているのは，初期の胎児には，生命への権利を含めてそれ自身の権利や利益があるかどうかという問いは，包括的な道徳上または宗教上または哲学上の立場にとっての問いであって，リベラルな共同体でのどんな政治的価値によっても解決されないということである。しかし，そうした包括的争点について何らかの立場をとることなしに，アメリカの女性には中絶への憲法上の権利があるかどうかに関して1つの立場をどのようにとりうるのだろうか——最高裁判所は，

ロー対ウェイド事件(16)なりペンシルヴァニア州南東部家族計画協会対ケイシー事件(17)なりについてどのように判決を下しうるのだろうか。ここにはデフォルトの立場はないと思われる。胎児にはそれ自身の利益や権利がないという見解は，あるという見解と同じように1つの包括的立場から導かれるのであり，これら2つの見解から1つを採用することなしに，中絶に関する判決にいたることはできない。平等保護条項はすべての人に適用されるので，妊娠の第1三半期において女性には中絶への権利があるというどんな議論も，胎児が当該条項での意味における「人」であることを否定しなければならない(18)。

　したがって，リーガリティおよび裁決についての1つの捉え方の空所を満たす上で，ロールズの公共的理由の学説が大いに助けになることはないだろうと，私は疑っている。私見では，ロールズの一般的議論が示唆していると先に述べた法の捉え方のなかに，裁判官の議論に対する必要な制約を見出すことができる。それは解釈主義である。解釈主義的な捉え方を受け入れるならば，公共的理由のような分離独立した学説は必要でない。リベラルな社会においては，裁判官は宗教的な確信にも目標にも訴えかけてはならない。なぜなら，そのような確信は，リベラルで寛容な多元的共同体での法的構造物の全体的な包括的正当化論において現れえないからである。だが，こうした解釈的制約は，宗教的確信とは別個のものとしての道徳的確信を排除することができない。不法行為法上の一連の諸事案を解釈する裁判官は，過去の判決や法理についての功利主義的解釈を，1つの平等観によって堅固に基礎づけられた解釈に有利なように拒否する根拠として，ロールズの正義の理論に訴えかけることができる(19)。

　さらにもう1つの点を述べよう。ロールズは，公共的理由についての自分の論考のなかで，ともかく裁判官は自分の個人的な道徳的確信に訴えかけてはならないと言っている。過去の法の1つの正当化論が優越的であるのは，自分がたまたまそう思うからだと，裁判官は論じることができないという意味であるならば，それは明らかに正しい。裁判官の知的経緯録は法的議論ではない。しかし，裁判官が自分の判決のなかで論争の余地ある道徳的意見にどんな場も与えてはならないのは，そうする場合には，彼が正しいと考えるが，しかし他の人たちは正しいと考えない道徳的意見を引証していることになるからだという意味であるならば，それは不可能な要求を述べていること

になる。いかなる法の捉え方でも——実証主義的な捉え方であれ解釈主義的な捉え方であれ——，複雑な多元的共同体における裁判官は，論争の余地ある道徳的確信に依拠することなしには，自分の制度上の責任を果たすことができない[20]。

立憲主義

　司法審査という制度の下では，任命された裁判官に，立法府や代表を旨とする他の機関の制定物が，個人の権利の憲法的保障を侵犯しているという理由で無効だと宣言する権限がある。その司法審査という制度は，選挙されておらず実際上は首にできない少数の法律家に，選挙された代表者の熟考した評決を覆すことを許しているから，反民主的だとしばしば言われている。そうした古典的な不平に対して，ロールズはいくつかの機会に取り組んでいる。彼は，第1に，公正としての正義という自分が好ましいと考える捉え方によれば，自分が憲法制定段階と呼ぶものにおいて，無知のヴェールの背後で選ばれた正義原理の光の下で共同体が構成する多様な諸制度は，純粋な手続的正義でなく完全な手続的正義の精神において選択されるということを明らかにした。つまり，その多様な諸制度は，結果に目を配りながら選択されるのである。正義原理が基底的自由とその優先性を確立し，そして憲法制定段階で決定されるべき問いは，次のような道具的な問いである。諸制度のどの枠組が基底的自由を保護するのに最も適しているか。

　もちろん，それを保護するように諸制度が設計されなければならない平等な諸自由のなかには政治的自由があり，その政治的自由には投票権や政治参加権が含まれている。しかし，ロールズが『公正としての正義：再説』で言っているように，これらの基底的自由や他の基底的自由はそれ自体が準道具的なものと見られるべきである[21]。基底的自由は，2つの根本的な道徳的能力，つまり正義感覚を形成しそれにもとづいて行為する能力と，1つの善の捉え方を形成しそれにもとづいて行為する能力との発達および行使にとって本質的に重要なものとして正当化される。私が理解するところでは，これは次のことを意味する。人々には，広い意味で民主的な手続への基底的権利がある——なぜなら，広範囲の投票権や政治参加権は，上記の道徳的能力の発達にとって明白かつ不可避的に必要であるから——けれども，特定の形態の民主制へのいかなる基底的権利もなく，したがって民主的制度が特定の設

計に従うとか特定の管轄をもつとかといういかなる基底的権利もないということである。問われているのはむしろ，議会のどの構造やどの管轄に，他の命じられたり欲せられたりしている所産を保障する最善の見込みがあるかである。

　だから，公正としての正義というロールズの一般的な捉え方のなかには，司法審査に対するいわゆる「多数派主義的」異議をその最も包括的な形態において支持するいかなるものもない。しかし，彼の理論は構造化の憲法制定段階において，より限定的な異議の余地を残している。実際には，立憲主義および司法審査のアメリカ的構造は道具的な仕方で正当化されえないという異議，そして政治的自由を含む基底的自由には，何か他の制度配置がよりよく資するという異議である。何か他の制度配置とは，純粋な議会主権であるかもしれず，あるいは人権法[1]の制定後の連合王国の事例——議会は，人権法が特定する諸権利を侵害して立法することが，それを行うという自らの意思を明白に述べる場合には許される——のような混合的事例であるかもしれない。ロールズは，そのような多数派主義的な論敵に反対してアメリカ的モデルを支持する，〔政治過程の〕所産を基底とした全面的論拠の〔提示の〕ようなものを試みなかったけれども，概括的にはアメリカ的モデルを支持すると思われるいくつかの議論を行っている。例えば，彼は議会主権と人民主権を区別して，アメリカ的モデルは人民主権と首尾一貫したものだと言っている。彼が言うには，そうしたモデルは人々の基底的な道徳的能力を促進する。なぜなら，人民一般は，元々の合衆国憲法を是認しただけでなく，それ以来の憲法の枢要な発展——例えば，再統合期やニュー・ディール期における発展——を鼓舞し監視してきたからである。（そうした見解においては，ロールズは，自らが言うように，ブルース・アッカーマンの議論に従っている[22]。）第2に，彼は，立憲主義と司法審査が2つの道徳的能力の発達を制約するのでなくむしろ助けるさらなる仕方を指摘している。彼が言うには，最高裁判所が原理のフォーラムとして作用しているという事実は，中心的な道徳的争点についての公共的な政治的討議を奨励し集中化させている[23]。

　以上とは異なった，先に言及した争点にいまや向かうことができる。司法審査の正統性ではなく，司法審査の適切な戦略という争点である。最高裁判所は，自らが以前には認めたことがなく，しかもその権利としての身分が国民のなかでも考え深い人々の間で大いに論争中であるような憲法上の具体

権利を承認するようにしばしば迫られる。最高裁判所がそうした新しい権利を承認し強行するならば，その判決は甚大な憤激を受けるだろうし，また最高裁判所自体の地位や正統性が問われるかもしれない。最高裁は，ブラウン対教育委員会事件[24]や1950年代における他の初期の人種差別の諸事案において，そうした状況に直面した。学校祈祷の諸事案，ロー対ウェイド事件[25]に始まる中絶の諸事案，より最近では末期疾患患者の医師の幇助による自殺に関する諸事案においても，そうした状況に直面した。

そのような状況では，最高裁は，地方の政治・決定を通じて当該争点の長所を考察するいっそう多くの時間を政治過程に認めるために，新しい権利を承認するのを拒否するべきだと広く論じられている。地方の政治・決定は州によって変わり，したがってブランダイス判事が州という実験室と呼んだものにおける一種の実験を提供するかもしれないというのである[26]。最高裁は，一部の事案では自らの裁量上訴（certiorari）の方針を通じて，新しい権利を承認するのを拒否するかもしれない。最高裁は，個人の権利についての基底的争点を決定するように要求してきた事案を取り上げることを，その基底的争点を政治のなかでもっと濾過する方がより賢明だと考えるがゆえに断るかもしれない。だが，そのような大半の事案では，1つあるいはそれより多くの下位裁判所が，権利と主張されているものを憲法が容認しているかどうかを決定するよう最高裁に要求する仕方で，当該争点について語ったことだろう。そうした場合には，上述の受動的ないし警戒的な戦略は，論争の余地ある権利として主張されているものは存在しないと考えるよう最高裁に要求するだろう。例えば，医師の幇助による自殺の諸事案において，最高裁が現にそう考えたようにである[27]。

ロールズ自身は，最高裁判所が医師の幇助による自殺への限定的権利を承認するべきだと主張していた。彼は，他の数名とともに，そうした判決を主張する意見書に裁判所の友[2]として署名した[28]。しかし，ロールズはその後，警戒的議論こそが，自分の助言に反対して最高裁が行った判決を支持する「十分な」議論と自分が呼んだものであると言った。彼はまた警戒的議論を，ロー対ウェイド事件[29]で中絶への限定的権利を承認した1973年の最高裁判決に反対する「十分な」議論と呼んだ。そのことはもちろん，彼が警戒的議論を最終的に説得的な議論と考えたという意味ではないが[30]。だが，警戒的見解に反対する直截かつ強力な——相手を打ち負かしさえする——ロ

ールズ的議論があるように私には思われる。これらの非常に論争的な事案においては，原告ないし原告団は，何らかの法律または実務が自分の基底的自由を否定しており，したがって正義の第1原理を侵犯していると主張している。正義の第1原理は，公正としての正義においては，恐らく市民間の平和と平穏を含めて他のあらゆるものに対する優先性を与えられている。もちろん，標的とされている法律または実務が基底的自由を現に否定しているとは，どんな裁判官も信じないかもしれない。しかし，ロールズ判事は，例えば「哲学者たちの意見書」で自分自身が提唱した議論に納得しているだろうと，われわれは仮定しなければならない。プラグマティストと自称する功利主義者であれば，かの警戒的議論にどのようにして惹かれるかは，容易に理解することができる。しかし，ロールズがいったいなぜ惹かれるのだろうか。彼はいったいなぜ，警戒的議論が「十分な」それでさえあると考えるのだろうか。

　1つの答えは認識的なものかもしれない。多分，ロールズは，恐ろしい理性への重荷を認めている最高裁判所の裁判官は次のことを受け入れるべきだと論じることができると考えたのだろう。自分自身の判決には瑕疵が当然あるかもしれないということ，政治過程は数年にわたって，自分の判決とは異なる妥協点で，きわめて広範に受容されるだろうものを作り上げるかもしれないということ，そしてこの妥協点が仮に達せられるならば，この妥協点は，問題となっている基底的自由についての，裁判官の過半数があらかじめ自分たちで案出できるよりもいっそう的確または理にかなった説明だろうということである。だが，こうした答えにはいくつかの明らかな困難があり，そして中絶の争点を再び例として用いることによって，これらの困難を明るみに出せるだろう。

　第1に，わが国の政治において，意見が分かれない妥協点にまもなく達しただろうということは，ありそうに思われない。ヨーロッパ人は全般的に，形成外科的な形式性をもって，要望された中絶を許すという立場に定まってきた[31]。このことのゆえに，かの地では継続的論争は生じてこなかったが，しかしそれは，ヨーロッパが原理主義的な宗教運動にもどんな深刻な原理主義的感受性にもさいなまれていないからである。しかし，われわれはそれにさいなまれている。それは，いわゆる部分的分娩中絶に対する最近立法化された禁止によって，またもや証明されているとおりである[32]。この国で原

理主義者からの戦闘的異議を鎮める唯一の解決策は厳格な反中絶体制だろうし，そしてそうした解決策は，ほぼ等しく好戦的でありうる女性運動にとって許容できないものだろう。第2に，理にかなった仕方で万人にとって受容可能だと証せられる妥協点に政治的に達したとしてもなお，この妥協点が，問題となっている基底的自由をより的確または理にかなった仕方で同定しただろうと考えるいかなる理由もないだろう。その反対に，基底的自由についてどのような見解をとるのであれ，妥協点が一部の人たちへの不正義を意味するだろうことはありうると思われる。例えば，大半の人々が，自分自身の州での反中絶法に異議を唱えるのをほぼ止めたが，それは，中絶を欲する女性がいれば，中絶が合法である近隣の州に簡便に旅行できるだろうという理由によると想定していただきたい。そうした状態は，その旅行に伴う多様な支出をまかなうにはあまりに貧困な人々に対して，自由の平等な価値を否定するものだろう。

　ロールズが，中絶なり医師の幇助による自殺なり祈祷の自由な学校なりへの基底的自由があるかどうかは不確定だと考えようとしたとすれば，彼はそう考えられただろうか。そう考えられたとすれば，準–純粋な手続的正義がともかくも提示されているすべてのものであるときには，政治は裁決よりも優越しているから，上記のような争点を政治に残しておくことを支持する十分な論拠があると考えたかもしれない。しかし，これらのような争点が不確定性のある問題だとロールズが考えたというのは，極度に尤もらしくない。なぜなら，彼自身が，これらの争点のいくつかについて〔特定の〕立場をとっていたからである。また，ロールズが，州ごとの政治は，自分が承認した多様な公共的徳を発達させるための，裁決よりもよい媒介物であると（いく人かの学者が実際に想定してきたように）想定しようとしても，首尾一貫した仕方でそう想定することもできないだろう。最高裁判所の裁決がかの2つの道徳的能力の発展を刺激するという彼の議論は，より劇的でない事案とともに意見が分かれる事案にも全面的に妥当すると思われ，実際のところ，いっそう妥当すると思われる。

　ロールズは，一部の市民に対して深刻に攻撃的だと思われるだろう決定を行わない方がよいと論じて，丁重さという徳に訴えかけようとしたとすれば，訴えかけえただろうか。しかし，裁判所でなくむしろ立法府がこれらの決定を敗北者側に課する場合にも，それらの決定は敗北者側に対して等しく攻撃

的だと思われるだろう。いずれにせよ，この種の丁重さは，人が原理上擁護するだろうどんなものでもなく，むしろ不十分なものとしてロールズが拒否した単なる暫定協定をめざすものである。もちろん，最高裁判所なり憲法的制度配置全体なりがもつ権威が実際に危うくなるとすれば，話は異なってくるだろう。そうした場合には，警戒的助言にある知恵を理解することができるだろう。あらゆる人の権利を長期的に保護する体系を犠牲にするよりも，少数の人々がもつ権利を無視する方がよいというわけである。しかし，そうしたことはもちろん実際の状況ではない。フランクファーター判事が案じたのと反対に，ブラウン対教育委員会事件[33]や異人種間婚姻の諸事案[34]の後に最高裁の権威は生き残り，ロー対ウェイド事件[35]や学校祈祷の諸判決[36]の後にもまた生き残った。医師の幇助による自殺への限定的権利を支持する判決を下したとしても，その後に最高裁の権威は生き残れたことだろう。実際のところ，最高裁の権威は，ブッシュ対ゴア事件[37]という恥ずべきものの後に明らかに生き残ってきたので，ほぼ何物の後にも生き残れるのだと考えたい気がする。

真理と客観性

　最後に，ロールズの見解のうち，法理論にとってとりわけ重要なものとして私が引用した最後の側面を——ごく手短にせざるをえないが——注記したい。判決は，とりわけ困難な事案においては，どんな客観的真理の報告でもありえず，話者の承認または不承認という心理状態を表明しているにすぎないというのが，法の支配の祝福に対して頻繁に出される異議である。これは，道徳や価値の他の諸部門に関するなじみ深い懐疑論的見解であるが，しかし法においてはとりわけ実践的重要性をもっている。なぜなら，その見解は，多様な論争——例えば，人々には法に従う道徳的義務があるかどうか，あるいは多数派主義的立法への司法審査は擁護可能であるかどうかに関する論争——において実質的議論を提供すると考えられているからである。

　ロールズは『政治的リベラリズム』において，政治的主張に適していると自分が信じる客観性観を同定したが，彼が言ったことの多くは，論争の余地ある法的主張にもまた妥当する。ロールズが力説したところでは，彼が定義した意味での客観性は，政治的または法的な推論が認知の一事例であるというどんな仮定にも左右されない。つまり，ある政治的主張または法的主張が

客観的に真であるのは，その主張が真であるという信念が，その主張の報告する状況によって引き起こされているときのみだというどんな仮定にも左右されない。法的事実は，法律家の中枢神経系とのどんな因果関係にも立っていない。しかし，論争の余地ある法命題——例えば，危険な薬品の製薬会社は法的に，自らの市場シェアに比例して損害に対する責任があるという法命題——は客観的に真でありえないということが，いったいなぜ導かれるのだろうか。ある命題が客観的真理を主張しているかどうかは，その命題の内容に左右される。命題は，自らの真理が誰の信念または選好からも独立であると主張するならば，客観的真理を主張している。たとえ法律家がそう考えていないとしても，法の現在の状態では製薬会社は有責だろうと主張するならば，客観的真理を主張している。そのことが，客観性の主張が意味しているすべてのものである。その主張が成功しているかどうかは，その主張を支持してわれわれが提示することができる法的議論に左右される。つまり，たとえ法律家がそう考えていないとしても，製薬会社はなお有責だろうと考えるわれわれの理由に左右される。そう考えるわれわれの理由が十分な理由だと考えるならば，製薬会社は有責だという命題もまた客観的に真であると考えなければならない。

そのように理解された客観性は，一部のいわゆる道徳的実在論者たちの間で流布していると思われるある形而上学的仮定に左右されない。彼らが考えるところでは，ある命題が真でありうるのは，その命題をいだくことを支持してわれわれが提示できる実質的理由に加えて，当該命題がまた，これらの理由を超える何らかの種類の現実のなかに根拠をもっている場合のみである。彼らは誤っている。実質的理由で十分なのである。しかし，その理由は互いに隔離された諸理由であってはならない。客観性を支持するわれわれの諸議論が十分なものであるのは，その諸議論が十分に体系的であり，相互的かつ互酬的に検討される場合のみである。そうした決定的に重要な点を，ロールズは次のように言う。

> 政治的構成主義は，奴隷制が正義に反しているという言明の適理性（reasonableness）には何らかの種類の基礎づけが必要であるかのように，その言明の適理性がそれから成っているような何物かを捜し求めない。われわれは，奴隷制は正義に反しているというような一定の熟考された判

断を，固定点として，すなわち自分が基底的事実と捉えるものとして，暫定的にではあるが自信をもって受け入れてよい。しかし，十全に哲学的な政治的捉え方をわれわれがもつのは，基底的諸事実が，しかるべき内省によりわれわれにとって受容可能な概念や原理によって整合的に共に結びつけられるときだけである[38]。

　私は，客観性についてのロールズの論考のすべてに同意するわけではない。実際のところ，その論考の一部は不必要であり，また残りによって正当化されないと考えている——例えば，ある領域にとっての客観性は，当該領域において過ちだと捉えるものを，論点先取でない仕方で説明することができるまでは，適切な仕方で主張できないという彼の見解が，そうである。しかし，自分の議論が本当に関わっているものを理解したいと望んでいる法律家には，私は客観性についてのロールズの一般的論考を推奨する。

告　　白

　読者の一部は，ロールズの議論が支持していると私が言う法理論における立場と，私自身が擁護してきた立場との一定の一致に気づかれたことだろう。そして，これはいかなる偶然でもないと考えてよい。だから，私は告白するが，しかし謝罪はしない。哲学的な諸聖像からなる作品は，解釈を通じた専有を許すほど十分に豊かである。われわれ各人には，彼自身ないし彼女自身のイマニュエル・カントがいるが，いまからはわれわれ各人は，ジョン・ロールズの祝祷を求めて格闘するだろう。そして，それにはきわめて十分な理由がある。彼の著書すべてを，脚注すべてを，すばらしい論考すべてを読んだ後に，われわれは，かの男からいかに多くを学ばなければならないかをようやく掴み始めているところなのである。

原　　注

序論　法と道徳
（1）　私が行う区別は，相異なった法の諸概念があることを論証せず，単一の法概念が相異なった仕方で用いられうることを論証するにすぎないという異議が出されるかもしれない。仮にその通りだとしても，私が強調する法理学上の問いの間の重要な相違点は残るだろう。とりわけ，法命題の真理条件についての問いを，それがしばしば混同されてきた社会学的な問いや分類学的な問いから区別することは，重要なまま残るだろう。しかし，異議が言うとおりではない。諸概念は，前述のように濃密な相互関係にあるけれども，相異なっている。なぜなら，諸概念には相異なった諸事例が集まっているからである。学理的概念には，有効な規範的主張ないし規範的命題が集まり，また社会学的概念には，制度なり行動パターンなりが集まっている。一部の法哲学者による不注意な擬人化の使用――それは第7章と第8章で論考する――によって設けられる罠に陥らないよう注意しなければならない。われわれが，「法は，弁護士によい暮らしを提供する（provide）」と，「法は，証人が一人だけの遺言は無効だと規定する（provide）」の両方を言うと想定していただきたい。これらの2つの命題は同じ実体に関する2つの報告を提示しており，そのため，それらの命題はただ1つの「法」概念を，すなわち両方の事例で提供／規定（the providing）を行う実体という概念を用いていると考えたい気がするかもしれない。しかし，そう考えるとすれば，それは深刻な誤りだろう。これらは擬人化にすぎず，擬人化をつぶしてしまうと，いかなる単一の実体も残らないのである。第2の命題は，法命題を言明する隠喩的な仕方にすぎないのであって，何らかの実体が実際に言ったり命じたりしたことの報告ではない。第8章注(23)も参照。

（2）　*Max Weber on Law in Economy and Society*, ed. Max Rheinstein (Cambridge, Mass.: Harvard University Press, 1954), 13 を参照。

（3）　Lon L. Fuller, *The Morality of Law* (New Haven: Yale University Press, 1965)〔稲垣良典訳『法と道徳』有斐閣，1968年〕。

（4）　Dworkin, *Law's Empire* (Cambridge, Mass.: Harvard University Press, 1986), 102-8〔小林公訳『法の帝国』未來社，1995年，171－174頁〕を参照。

（5）　Joseph Raz, *The Concept of a Legal System*, 2nd ed. (Oxford: Oxford University Press, 1980), 34〔松尾弘訳『法体系の概念：法体系論序説 第2版』慶應義塾大学出版会，1998年，40－41頁〕を参照。

（6）　その誤りに私も寄与したことがあるかもしれない。ある初期の論文で，私は，

「法」がルールだけでなく一定の原理をも含んでいると示唆した。*Taking Rights Seriously* (Cambridge, Mass.: Harvard University Press, 1978), Chapter 2〔木下毅・小林公・野坂泰司訳『権利論』増補版，木鐸社，2003年，第1章〕を参照。だが，私は自分自身ですばやく訂正した。参照，ibid., Chapter 3, 76〔木下他訳『権利論』第2章，90頁〕。本書第8章も参照。

(7) 多分，解釈的概念の一部または全部はその概念的生命を規準的なものとして始めたのだろう。例えば，人々は多分，コンヴェンションによって非難されている行為に言及するものとして「正義に反している」の語を皆が理解したときに，正義の概念をもったのだろう。しかし，そうであるならば，解釈的概念は規準的なものとして機能することをとうの昔に止めたのである。だが，反対の過程は一般的に生じることである。例えば，不精密な規準的概念は，重要な何物かがそれの正しい解釈次第であるようなルールなり指図なり原理なりに埋め込まれているとき，解釈的なものとなる。立法府が仮に，未婚男性への特別な税控除を採用するのに十分なほどに愚かだとしたら，裁判官はいつの日か，婚姻していない18歳の男性が有資格者であるかどうかについて判決を下さなければならないだろう。その裁判官が判決を下すのは，「未婚男性」の語のより精密な定義を規定することによってではなく，当該の税控除の要点だと自分が考えるものにどちらの判決がよりよく資するかを考えることによってである。

(8) Thomas Nagel, "The Psychophysical Nexus," in his collection *Concealment and Exposure: and Other Essays* (Oxford: Oxford University Press, 2002), 194 を参照。

(9) もちろん，法律家がこれらの判断を意識的に行っていると言おうとしているのではない。これらの問いへの直感的解答を構成するものとして最もうまく説明される感覚は，教育・訓練・経験によって法律家に提供される。

(10) Harvard University Press, 1986〔小林訳『法の帝国』〕．

(11) *Dworkin and His Critics*, ed. Justine Burley (Maiden, Mass.: Blackwell, 2004), 381-82; *Law's Empire*, 410-11〔小林訳『法の帝国』，625−627頁〕における一貫性の2つの次元についての私の論考を参照。

(12) Dworkin, *A Matter of Principle* (Cambridge, Mass.: Harvard University Press, 1985), Chapters 12 and 13 を参照。*Law's Empire*, Chapter 8〔小林訳『法の帝国』第8章〕も参照。

(13) Cass R. Sunstein, "From Theory to Practice," 29 *Arizona State Law Journal* 389 (1997) を参照。

(14) *Law's Empire*, 250-54〔小林訳『法の帝国』，388−394頁〕を参照。

(15) Cass R. Sunstein, Daniel Kahneman, David Schkade, and Ilana Ritov, "Predictably Incoherent Judgments," 54 *Stanford Law Review* 1153, 1200-1201 (2002) を参照。

(16) *Taking Rights Seriously*, Chapter 2〔木下他訳『権利論』第1章〕を参照。

(17) H. L. A. Hart, *The Concept of Law*, 2d ed. (Oxford: Oxford University Press, 1994), 269〔高橋秀治訳「『法の概念』第二版追記　下」『みすず』439号93−105頁，

1997年，98頁〕．
(18) Liam Murphy, "The Political Question of the Concept of Law," in Jules Coleman, ed., *Hart's Postscript* (Oxford: Oxford University Press, 2001), 371 を参照。例えば，Tom Campbell, *The Legal Theory of Ethical Positivism* (Aldershot: Dartmouth Publishing, 1996); Abner S. Greene, "Symposium: Theories of Taking the Constitution Seriously outside the Courts: Can We Be Legal Positivists without Being Constitutional Positivists?" 73 *Fordham L. Rev.* 1401 (2005) も参照。
(19) H. L. A. Hart, "Positivism and the Separation of Law and Morals," 71 *Harvard Law Review* (1958), reprinted in his *Essays in Jurisprudence and Philosophy* (Oxford: Clarendon Press, 1983), 49〔矢崎光圀・松浦好治訳者代表『法学・哲学論集』みすず書房，1990年，59頁〕を参照。
(20) Dworkin, *Freedom's Law* (Cambridge, Mass.: Harvard University Press, 1996)〔石山文彦訳『自由の法：米国憲法の道徳的解釈』木鐸社，1999年〕を参照。
(21) Hart, *The Concept of Law*, Chapter 5〔矢崎光圀監訳『法の概念』みすず書房，1976年，第5章〕を参照。
(22) *Law's Empire*, 418 n.29〔小林訳『法の帝国』，77－78頁注(29)〕．
(23) 例えば，Stephen Perry, "Hart's Methodological Positivism," in Coleman, ed., *Hart's Postscript*, 311 を参照。
(24) Nicola Lacey, *A Life of H. L. A. Hart* (Oxford: Oxford University Press, 2004). レイシーは，ハートが言語哲学に魅惑されていたことを144－46頁で記述している。1956年にハーヴァード・ロー・スクールへの訪問者としてハートが行った省察についてのレイシーの説明は——ハートが遺した書簡やノートであらわとなっているように——，彼が自分のことを，「言語学」として自分が言及するものに従事しているといかに全面的に理解していたかを示している。参照，ibid., Chapter 8.
(25) *Taking Rights Seriously*, Chapter 2〔木下他訳『権利論』第1章〕を参照。

第1章　プラグマティズムと法

(1) Bernard Williams, *London Review of Books* (January 1991).
(2) Richard Rorty, "The Banality of Pragmatism and the Poetry of Justice," in Michael Brint and William Weaver, eds., *Pragmatism in Law and Society* (Boulder, Colo.: Westview Press, 1991).
(3) ブライアン・バリーとジョゼフ・ラズを含めて一部の批判者は，私が，ただ1つの正解という主張がもつ性格と重要性に関する考えを変えてきたと示唆している。だが，良きにつけ悪しきにつけ，私は考えを変えたことがない。Ronald Dworkin, *Taking Rights Seriously* (Cambridge, Mass.: Harvard University Press, 1977), Chapters 4 and, particularly, 13〔木下毅・小林公・野坂泰司訳『権利論』増補版，木鐸社，2003年，第3章，およびとくに小林公訳『権利論II』木鐸社，2001年，第12章〕を参照。それよりもいくらか以前の私の論文 "Is There Really No

Right Answer in Hard Cases?" which was reprinted as Chapter 5 in Ronald Dworkin, *A Matter of Principle* (Cambridge, Mass.: Harvard University Press, 1985); Chapter 7 of that collection; and Chapter 7 of Ronald Dworkin, *Law's Empire* (Cambridge, Mass.: Harvard University Press, 1986)〔小林公訳『法の帝国』未來社，1995年，第7章〕も参照。

（4） そのことが，形而上学において「実在論者」を「反実在論者」から分かつ争点——そうした争点があるならば——を述べることを，またより一般的には，哲学的にきわめて深い形態のどんな懐疑論を定式化することも非常に難しくしているものである。

（5） 最善の議論によってどちら側が有利とされるかに関して，法律家すべての意見が一致するとは主張していないことに注意していただきたい。(そうしたことを主張しようとしても，ほとんどできないだろう。なぜなら，困難な事案とは，法律家たちが現に意見を異にしている事案だからである。) 正解が何であるかを指示する何か演算的な決定手続が利用可能であるとも，私は主張していない。困難な事案に関して法律家がどのように考えるべきだと私が考えているかは，他所で記述したことがあるが，私の記述は，そうした決定手続がいかに個人的判断と密接なものであるかを強調している。

（6） Ronald Dworkin, "The Right to Death: The Great Abortion Case," *New York Review of Books* (January 31, 1991): 14-17.

（7） Dworkin, *A Matter of Principle*, Chapter 5 を参照。

（8） Dworkin, *Law's Empire*, Chapter 7〔小林訳『法の帝国』第7章〕。

（9） Marshall Cohen, ed., *Ronald Dworkin and Contemporary Jurisprudence* (London: Duckworth, 1984), 271-75 and Chapter 7 を参照。

（10） これらの論文はいまでは，Stanley Fish, *Doing What Comes Naturally* (Durham, N.C.: Duke University Press, 1990) に収録されている。"Working the Chain Gang: Interpretation in Law and Literature," Chapter 1; "Wrong Again," Chapter 2; and "Still Wrong After All These Years," Chapter 16 を参照。次も参照，pp. 384-92.

（11） ポズナー判事の著書は，かの驚異的に多作な著者の徳と欠点に特徴的なものである。それは，明快で，博学で，迫力があり，騒々しく，機知に富み，そして容赦なく表面的である。彼は，正解テーゼとして自分が記述するものを攻撃することを，自分の理論的なおもなねらいとして宣言する。彼が念頭においているのは，私が以前に記述し，また明確化しようと努めたテーゼである。彼は，困難な事案ではいかなる「客観的」解答もないと主張する際に自分が言おうとしているのは，そのような事案では専門家たちの意見が一致しないということであると言う。困難な事案を困難なものとしているものはまさしくそうした特徴——意見の不一致——であるので，ポズナーは全面的な勝利をする。というのは，専門家たちが意見を異にしている事案では，彼らの意見は一致していないからである。しかし，そうしたことはもちろん，「正解」の議論が関わっているものではない。以

前に述べたように，「正解」の議論は，法理学的規模と哲学的次元をもった法的な問いに関わっている。そうした法的な問いがもつ，他の著作者たちが取り上げたことがある切断面を以前に記述した。ポズナーはそれらの切断面すべてを潔癖に避け，意見の不一致に関する自分の自明の主張に拘泥している。もっとも，彼の著書には多くの興味深さや面白さがあり，また彼の話題は現に広くさまざまな論点にわたっていて，例えば制定法解釈および憲法解釈を論考している。

(12) Fish, *Doing What Comes Naturally*, 342.
(13) Fish, "Still Wrong," in *Doing What Comes Naturally*, 111-12.
(14) フィッシュはここで，私が他所で論証可能性テーゼと呼んだものに訴えかけていると思われるかもしれない。それは，いかなるものも，論証可能な仕方で説得力があるのでないかぎり，つまり合理的である何人もそれに抵抗しえないか，あるいは抵抗しないだろうというのでないかぎり，どの見解にとっても良き議論として数え入れられないというテーゼである。だから，実践の内部では，特定の議論が発明の一例であることにあらゆる人の意見が一致しないかぎり，いかなるものも，特定の議論が発明の一例であることを示すものとして数え入れられない。そのことがフィッシュの主張点であるならば，これは，ある実践にとって異質である十分な議論についての標準を何か外的な懐疑論のレベルから移入している別の例にすぎない。だが，この種の外的懐疑論が要点を外したものであることについて，彼は私と意見が一致していると言ったことがある。"Still Wrong," in *Doing What Comes Naturally*, 370-71 を参照。
(15) *Law's Empire*, Chapter 2〔小林訳『法の帝国』第 2 章〕を参照。
(16) フィッシュは最近，解釈がもつ認識論的構造についてのいっそう動態的な説明を提供した。それは実際のところ，〔スティーヴン・〕クナップへの応答のなかで私が提供した，解釈者がどのように制約されているかに関する説明と同質だと思われる説明である。例えば，フィッシュは次のように言う。「心が，自らが注目さえできるものを制限している諸仮定によって情報を与えられるとしてもなお，この諸仮定のなかには，ある人の仮定が一定の状況の下では，また一定の手続に従って，挑戦および可能的修正にさらされているのだという仮定が含まれている…」。そのことは，実践のレベルでは解釈が内的に批判的であることを承認しているように思われるが，しかし先に引用した一節ではフィッシュはそのことを否定していたのである。しかし，彼は，自分が考えを変えたとは示唆していない。それは多分，彼がこの動態的説明を，解釈実践の内省的特徴の説明としてではなく，より受動的に，解釈のスタイルがどのように変化しうるかの説明として提出しているからだろう。Fish, *Doing What Comes Naturally*, 146 を参照。
(17) フィッシュは，裁判官が仮に，私が先に記述した意味でのプラグマティストであろうとしても不可能だろうと言う。なぜなら，裁判官は，自分の法的訓練によって影響されざるをえないからだというのである。それは論理の飛躍である。裁判官が先例を無視する場合にも裁判官として行為しているとなお承認されてい

るという事実は，先例を無視することが裁判官の行っていることでないという点を意味しない。フィッシュは，どんな制定法を解釈する際にも解釈が必要であるから，私がコンヴェンショナリズムと呼んだ裁定のスタイルは不可能だと言う。しかし，私はコンヴェンショナリズムを，法が論争の余地なき解釈の問題だと考えるものとして定義したのであって，法がいかなる解釈の問題でもないと考えるものとして定義したのではない。過去との継続性のどんな責任も拒否する裁判官さえも，それにもかかわらず・ある意味では原理づけられた決定を行うだろうから，ある・種の一貫性が不可避であることが導かれると，彼は言う。しかし，それはもちろん，一貫性としての法にとって本質的なものとして私が記述した，多くを要求する種類の一貫性ではない。

(18) Fish, *Doing What Comes Naturally*, 386-87 を参照。
(19) 私の論文に対するフィッシュ教授の応答の一部分（Section V, Chapter 3 of Brint and Weaver, eds., *Pragmatism in Law and Society*）は，歓迎するべきものである。彼は理論がいくつかの実践のきわめて大きな部分であることを承認しているだけでなく法のような解釈実践の内部で理論がどのように働くかについての最善の説明における鍵となる要素をも認めている。そのような実践においては，「有能な実践者は，自分が従事している実践が何・に・つ・い・て・のものであるかについての強い理解の内部で働いている」と言う。この事実によって，解釈実践がもつ論証的かつ動態的な特徴が説明されると，彼は付け加えることもできただろう。適切に理解された法は何らかの状況で本当は何を要求するのかに関して，法律家たちはしばしば頭を悩ませ，また意見を異にする。なぜなら，法律家たちは，法が何物かについてのものだという感覚――法史を形成している多様なルールや実践には要点があるという感覚――を共有しているけれども，一般的にであれ，あるいは法の特定の部門なり学説なりルールなりに関してであれ，そうした要点が何であるかについての相異なった，敵対しあう，そして論争の余地ある諸説明をもっているからである。だから，法的推論は，以下の仕方で解釈的なものとして最善に理解される。新しい事案なり困難な事案なりにおける法は何であるかに関して法律家が推論するのは，過去のルールや実践の最善の正当化論だと自分が捉えるものを構成し，次に当該の正当化論をそうした新しい事案のなかへと外挿することによってである。そうした仕方で，法律家たちは，敵対しあう正当化論を定式化し再定式化しテストし立証しながら，自分たちの制度の過去を解釈し再解釈する。法律家たちが互いに意見を異にするのは，同一の歴史のいくらか相異なった正当化論を採用したり，あるいはほぼ同一の正当化論を相異なった仕方で外挿したりするときであり，またそれらのことをするという理由による。この過程はあらゆる事案で自己意識的でも明示的でもない。「容易な」事案とは，過去についてのどんな尤もらしい解釈もいま同一の判決を支持するだろうし，したがって新しい判決が非内省的で，自動的なものに近いと思われる事案である。しかし，少なくとも上級審のあらゆる裁判官は困難な事案に直面するのである。困難な事案で

は，正当化および外挿の過程はいっそう自己意識的かつ明示的となり，例えば〔ロー・スクールの〕教室での議論のなかでその過程がとる十全に内省的かつ明示的な形態に近くなるが，その形態は，同一の実践が展開する，相異なった仕方で構造化され動機づけられた別のフォーラムにすぎない。（私は，本段落で要約した裁決に関する見解を *Law's Empire*〔小林訳『法の帝国』〕で擁護するよう努めた。）

　フィッシュがそうした仕方で自分の説明を続けたとすれば，法理論がどのように法実践「のなかに折りたたまれる」かについての，また法学者や法哲学者がどのようにしてそうした投企の助けとなるよう努めうるかについての理解可能で精確な説明を与えたことだろう。だが，彼には，解釈実践のなかで非常に有力な場所を理論に与える心積もりはまだない。だから，彼は，それとはきわめて異なった仕方で，自分の以前の反理論的立場といっそう同質であり続けている。フィッシュは次のように言う。法律家は，法が要点に仕えていることを理解しているが，法律家の理解は「興味深い仕方で意味のあるどんな仕方でも，理論的でない」。なぜなら，法律家の理解は，「さらなる内省の追加なしに，特定の状況において何が適切または有用または効果的であるか，また何がそうでないかについての感覚を生み出す」からである。言い換えれば，彼はなお，弁護士や裁判官を自然的で非内省的な運動選手として描きたがっている。それは，法的問題に対して思慮のない仕方で反応する本能的職人である。その本能的職人は，そうするように訓練されたことがある仕方で決定し――というのは，当該の仕方で訓練された何人もそうせざるをえないからだ――，自分の専門職がもつ古来の実践に従い――なぜなら，他の仕方で行うことなど考えられないだろうからだ――，これらのルールの正当化論を求められた場合にのみ提供し，その場合にはロー・スクールで暗記した空虚な句を，すなわち鉛管工の書棚にある水力学の教科書のように印象づける他には，自分の実際の実践にいかなる関わりもない無駄な正当化論を繰り返すことによって提供するにすぎない。

　上記のものは，実際の法実践についての例外的に貧弱な記述である。フィッシュの説明は，謎にも進歩にも論争にも革命にもいかなる余地も残さない。その説明は，法が何であるかに関して，法律家たちがどのように慮ったり，意見を異にしたり，考えを変えたりするかを説明できない。先述のように，解釈実践についての彼の説明は，その実践を平板で受動的なままにしている。例えば，彼は，確立された裁定手続に裁判官は挑戦することができないだけだと力説する。裁判官が裁判所の位階制や先例についてのコンヴェンショナルな原理を再考するなどということは，シェイクスピアからの手当たり次第の引用によって事案の判決を下すことのように，「考えられない」だろうと，フィッシュは考えているのである。しかし，法史は，手続上の正統派的慣行に疑義をさしはさんだ裁判官の例で充満している。一部の挑戦は失敗に終わった――例えば，最高裁判所が自らの考えをまさに変えようとしていると自分が考えるときには，過去の最高裁の判決に従わない権利があると主張した連邦裁判所裁判官は，いままでに他の誰も説得できず

覆されてきた。他の事案では，挑戦は劇的であり成功した。例えば，貴族院すなわちイギリスの最高位の裁判所は，確立された実務とは反対に，貴族院はもはや自らの過去の判決によって拘束されないと突然に宣言した。イギリスの一部の法律家は，新しい実務をぞっとするものだと考えたけれども，そうした法律家のなかに，当該実務を疑問視する人はほとんどいない。これらは手当たり次第の例にすぎない。法史ないし法過程は，他の何百もの例を提供できるだろう。そのような事案のほぼすべてにおいて，正統派的慣行およびコンヴェンションに対する挑戦は，根底にある同一の構造をもった次のような議論で覆われていた。裁決・先例・位階制その他は——少なくとも変化を提案する人たちにとって見えるところでは——，疑問視される余地がないと思われてきたものからの多かれ少なかれ根底的な離脱が生じるとすれば，よりよく仕えられるだろうという議論である。

　フィッシュは，実質的な法原理に関してそれと並行的な主張を行っている。法律家は，契約法上の事案を考察する際に自分が用いている，申込と承諾，過失，履行不能，契約の目的不達成，違反等の諸法理のような「道具」の正当化論を出すよう求められるとすれば，ものも言えないほど怖気づくだろうと，彼は言う。大工が釘を使うために理論に頼らないのと同じように，法律家はこれらの法理を用いる際に理論ないし正当化論に頼らないのだと言う。しかし，スレイドの事件〔3〕後の何世紀にもわたり契約法がどのように発展したかについてのどんな標準的歴史学も，上記のものがいかに悪い類比であるかを，すなわち契約法の発展過程において理論的な議論と意見の不一致とが果たした役割をいかに全面的に誤って述べているかを示している。フィッシュが言及している諸法理の各々は，時代によって内容的に変化したのであり，またその諸法理はコモン・ロー世界での法域によってなお異なっている。その変更点や相違点が反映しているのは，他の諸事のなかでも，契約の自由，商業における効率性，商業実務に公正を課すること，交渉力が不十分な人々を保護することがもつ相対的重要性の相異なった強調である。これは，法律家たちが契約法の要点および正当化論に関して行ったり拒否したりしてきた多数の理論的主張のうち，4つの名を挙げたにすぎない。その上，当今のどんな契約法のケース・ブックも，これらの論争がいかに活発であり続けているかを示している。というのは，第2の自然となった道具とフィッシュが呼んだ諸法理は，強烈に論争の余地あるものだからである。例えば申込なり承諾なり過失なりとして何が数え入れられるべきかには，論争の余地があるだけでなく，これらの観念が，合意による取引を法が強行することにとってどのくらい中心的であるべきかにもまた，論争の余地がある。それは，他の諸事のなかでも準契約および附従契約の法理の発展や地位による契約の限定的代替が明らかに示していると思われるとおりである。繰り返すが，これらの論争の核心は，フィッシュが単に装飾的なものとして扱いたがっている種類の理論的議論——相異なった正当化論を主張し，それらに挑戦する理論的議論——である。本章で先に述べたように，法的懐疑論者は法的議論についての1つの通常の仮定——法的問いには諸

正解があるという仮定——に対して挑戦する。しかし，これらの懐疑論者は他の誰とも同じ程度に，法的議論がそれにもかかわらず，ちょうどフィッシュが否定した仕方で理論的であることを力説する。なぜなら，その懐疑論者は法的議論を，各論争者が私法についての自らの構想を自己意識的に推進する試みとして記述するからである。

したがって，フィッシュの見解はいったん思われたほどに過激ではなく，またぞっとするものではないけれども，彼はなお，法や文芸批評のような解釈実践における理論的議論の役割を深刻な仕方で誤解していると，私は信じている。しかし，彼の応答の末尾近くにある，上記と異なった結論を示唆しているかもしれない一節を指摘しなければならない。彼が言うには，弁護士または裁判官は自分の役割を有能な仕方で実行するだけのために，理論的内省に従事しなければならないという点で，私が正しいならば，「それを理論と呼ぶ理由はほとんどないと思われる」。それというのも，その理論的内省は単に，ある人の仕事に熟達している質だからである。しかし，他方では，「より高尚な意味で理論が用いられる…」ならば，「われわれはメタ注釈と高度な抽象化の領域に戻っている」。これらの主張の第 1 のものは，あらゆる読者を驚かせたにちがいない。哲学者なり天文学者なり厚生経済学者なりがきわめて複雑な理論的議論に従事できることは，確かにその学者が自分の仕事に「熟達して」いることの一部分である。そして，そうした事実において，彼らが現に行うものを理論と呼ぶ理由は「ほとんどない」のではなく，抗しがたい理由がある。フィッシュは，どんな専門職の仕事においても理論がいかなる「意味のある」役割も果たさないと本当に言おうとしているのだろうか。あるいは，彼は自分の側としては，「理論」という語を，いかに自己意識的であろうとも，仕事上の技術とともに進むどんな形態の思考を記述するのにも用いるつもりはなく，「メタ注釈と高度な抽象化」からなる決してありえない土地において，どういうわけか実践から自由に浮遊している心的過程を記述するために，「理論」という語をとっておくつもりだと言おうとしているだけなのだろうか。そうだとすれば，彼と私には最終的に，それに関して意見を異にするいかなるものも残っていない。ただし，私は，その決してありえない世界があるとは信じないので，「理論」を通常の仕方で用いるという点を除いてだが。

第 2 章　理論をたたえて

（ 1 ）　Sindell v. Abbott Labs., 607 P.2d 924, 935-38 (1980).
（ 2 ）　それ以来，最高裁判所はこれらの事案で判決を下してきた。Washington v. Glucksberg, 117 S. Ct. 2258 (1997) を参照。
（ 3 ）　Richard A. Posner, *Overcoming Law* (Cambridge, Mass.: Harvard University Press, 1995).
（ 4 ）　Cass R. Sunstein, *Legal Reasoning and Political Conflict* (New York: Oxford University Press, 1996)（以下では，Sunstein, *Legal Reasoning* と略記）。

（5） 何が正当化論として数え入れられるか，また1つの正当化論を生み出す際に適合性と道徳性という解釈的諸次元がどのように相互に働くかという問いをここで再訪しようとはしていない。Ronald Dworkin, *Law's Empire* (Cambridge, Mass.: Harvard University Press, 1986), 44-86〔小林公訳『法の帝国』未來社，1995年，79-139頁〕を参照。

（6） Ibid., 250-54〔小林訳『法の帝国』，388-394頁〕．

（7） 111 N.E. 1050 (N.Y. 1916).

（8） Posner, *Overcoming Law*, 8-10.

（9） Ronald Dworkin, "Objectivity and Truth: You'd Better Believe It," 25 *Phil. & Pub. Aff.* 87, 89-94 (1996).

（10） Posner, *Overcoming Law*, 11.

（11） Dworkin, *Law's Empire*, 176-224〔小林訳『法の帝国』，280-347頁〕．

（12） Ronald Dworkin, *A Matter of Principle* (Cambridge, Mass.: Harvard University Press, 1985), 235-89 (1986)を参照（ポズナーと功利主義を論考している）。

（13） 前注（7）を参照。

（14） H. L. A. Hart, *The Concept of Law* (New York: Oxford University Press, 1961)〔矢崎光圀監訳『法の概念』みすず書房，1976年〕．

（15） Edward H. Levi, *An Introduction to Legal Reasoning* (Chicago: University of Chicago Press, 1949)（初出は15 *U. Chi. L. Rev.* 501 (1948)）。

（16） 彼は1993年には，第1修正について大がかりなヘラクレス的プロジェクトを提案していた。彼が言ったところでは，「第1修正は表現の自由についての一般的原理を定立していると捉えられるべきことを，また当該原理の輪郭は，第1修正を起草し批准した人たちがもった特定の理解に制限されるべきでないことを，私は提案する」。その文に付された脚注では，彼が念頭においているのは——彼が言うには——私が擁護した種類の解釈的実行例であると説明されていた。Cass R. Sunstein, *Democracy and the Problem of Free Speech* (New York: Free Press, 1993), xv, 253. だが，1996年には，私の著書 *Freedom's Law*〔石山文彦訳『自由の法：米国憲法の道徳的解釈』木鐸社，1999年〕の書評のなかで，第1修正について表現の自由の一般的原理を生み出そうという私の野心を攻撃し，つい最近まで自分が是認していた解釈的方法を全体として拒否した。その際，「最高裁判所は当該修正の『要点』に関して決定を行ったことがない。…言論の自由の法という複雑な統一体は，全体を覆う単一の理論によって統合されていない」と注記している。Cass R. Sunstein, Book Review, *New Republic*, May 13, 1996, 35, reviewing Ronald Dworkin, *Freedom's Law: The Moral Reading of the American Constitution* (Cambridge, Mass.: Harvard University Press, 1996)〔石山訳『自由の法』〕（以下では，Sunstein, "Review" と略記）。若者の知恵には，あまりに短い盛りの時期しかなかったわけである。サンスティーンの書評には，私の著書について驚くべき数の誤った記述が含まれていることも，付け加えなければならない。

（17） Sunstein, *Legal Reasoning*, 38-41（「不完全」理論を支持する3つの主張を区別している）.
（18） Ibid., 50（引用は省略）.
（19） サンスティーンの説明が、私が擁護してきたものといかに隔たって異なった説明に帰着するかについての、より詳細な研究については、Alexander Kaufman, "Incompletely Theorized Agreement: A Plausible Ideal for Legal Reasoning," 85 *Geo. L. J.* 395 (1996) を参照.
（20） Dworkin, *Law's Empire*, 265〔小林訳『法の帝国』, 409-410頁〕.
（21） Ibid., 250-54〔小林訳『法の帝国』, 388-394頁〕.
（22） Cass R. Sunstein, "Incompletely Theorized Agreements," 108 *Harv. L. Rev.* 1733, 1760-62 (1995) を参照。Sunstein, *Legal Reasoning*, 44-46 も参照.
（23） Sunstein, *Legal Reasoning*, 53.
（24） サンスティーンがその2つを区別していない証拠については、一般的にSunstein, "Review"を参照.
（25） Sunstein, *Legal Reasoning*, 54.
（26） Cf. ibid., 54-61, with Dworkin, *Law's Empire*, 176-90〔小林訳『法の帝国』, 280-300頁〕.
（27） Sunstein, *Legal Reasoning*, 55-56.
（28） Ibid., 56-57.
（29） Ibid., 57.
（30） Laurence H. Tribe, "Comment," in Antonin Scalia, *A Matter of Interpretation: Federal Courts and the Law* (Princeton, N.J.: Princeton University Press, 1997), 65, 72-73 を参照.

第3章　ダーウィンの新手の勇猛な飼い犬

（1） Richard A. Posner, "Against Constitutional Theory," 73 *N.Y.U. L. Rev.* (1998); Richard A. Posner, "Conceptions of Legal Theory: A Reply to Ronald Dworkin," 29 *Ariz. St. L. J.* 377 (1997)（以下では、Posner, "Conceptions of Legal Theory"と略記）, Richard A. Posner, "The Problematics of Moral and Legal Theory," 111 *Harv. L. Rev.* 1637, 1640 (1998)（以下では、Posner, "Problematics"と略記）を参照.
（2） Posner, "Conceptions of Legal Theory," 379.
（3） Ronald Dworkin, "In Praise of Theory," 29 *Ariz. St. L. J.* 353 (1997)〔本書第2章〕.
（4） Ronald Dworkin, "Reply," 29 *Ariz. St. L. J.* 431 (1997) を参照.
（5） Posner, "Problematics," 1640.
（6） ポズナーは、「合意は、真なる主張が受け入れられうるか、あるいは受け入れられるべきである唯一の基底だ。なぜなら、真理が合意を強いるのでなく、むしろ合意が『真理』を創るからである」と示唆している。Ibid., 1657. 科学についてのこうした「ポストモダン的」見解は仮説的に提出されている。しかし、ポズナ

ーが繰り返している（もっとも，ときには矛盾しあっている），意見の多様性が客観的真理の欠如を論証しているという主張は，当該見解を前提している。ポズナーのポストモダン的なもてあそびと私が呼んだものについてのさらなる論考については，Dworkin, "Reply," 439-440 を参照。そのような見解を，その浅薄さを最近名高い仕方で明るみに出した文脈において批判するものとして，Paul Boghossian, "What the Sokal Hoax Ought to Teach Us," *Times Literary Supplement*, Dec. 13, 1996, 14 を参照。

(7)　Posner, "Problematics," 1647 を参照。

(8)　Ibid., 1655.

(9)　Ibid., 1640.

(10)　Ronald Dworkin, "Objectivity and Truth: You'd Better Believe It," 25 *Phil. & Pub. Aff.* 87 (1996).

(11)　最も顕示的かつ重要な誤りは，彼の次のような報告である。「［ドゥウォーキンは］道徳的相対主義・道徳的主観説・道徳的懐疑論を一緒くたに流し込み，それらの語を，自分が『外的［道徳的］懐疑論』と呼ぶものの相異なった名称として扱っている」。Posner, "Problematics," 1642 n.6（2つ目の変更は原文どおり）。私の論文の中心的主張点はまさしくその反対だった。これらの立場の各々が意味をなすのは，私が「内的」懐疑論と呼んだものの一形態としてのみだという点である。内的懐疑論は部分的にすぎないと言うことは——ポズナーはそう言っているが——外的懐疑論と内的懐疑論の区別がもつ要点を捕捉していない。両者の違いはむしろ，内的懐疑論は包括的であるかもしれないけれども，内的懐疑論はそれ自体で（恐らく反事実的な）主観的な規範的判断に根ざしているということである。ここは，記録のために次の点を付け加えるのに適切な場であるかもしれない。ポズナーが論文全体を通じて「形而上学」「道徳的リアリズム」「諸正解」に関して言っていることの多くを，私は理解できないのである。一見して明らかに，彼はそれらの術語を特異な仕方で用いている。

(12)　私はポズナー自身の見解を求めているのである。私の作品がもつこの側面や他の諸側面に対して決定的に重要である引用可能な論文を彼は見つけられるだろうと推測するつもりである。だが，彼はほんのわずかな引用による議論を好んでいる。例えば，マーサ・ヌスバウムの応答のなかで論考されている，ロールズに対する，かの傑出した哲学者による道徳哲学および政治哲学への貢献を簡単に片づけてしまうようなとりわけ弱体な批判を，ポズナーが引用しているのを見ていただきたい。Martha Nussbaum, "Still Worthy of Praise," 111 *Harv. L. Rev.* 1776, 1778 and n.11 (1998) を参照。そのような引用は不測の悪い結果を引き起こしうる。それというのも，著述家は，自分が引用する意見を是認していると通常は捉えられ，したがってその意見を確かめるべきだからである。例えば注(98)では，ポズナーは明らかに承認を添えて，私が「法的な『正解』」として，「市民的不服従，徴兵票焼却者の不起訴，効率性への依拠よりもむしろ分配上の帰結を明示的に考

慮すること」を含む多様な立場を推奨しているというダンカン・ケネディの意見を報告している。Posner, "Problematics," 1686 n.98 quoting Duncan Kennedy, *A Critique of Adjudication* (Cambridge, Mass.: Harvard University Press, 1997), 127-28（引用文内の引用符は省略）。これが仮にすべて真だとしても、そのことがポズナーの議論をどのように助けるかは、私には分からない。しかし、それは偽である。私は注意深く、徴兵票焼却を含めて市民的不服従に関する私の見解は、法的判断ではないと言ってきた。例えば、Ronald Dworkin, *Taking Rights Seriously* (Cambridge, Mass.: Harvard University Press, 1977), 206〔木下毅・小林公・野坂泰司訳『権利論』増補版、木鐸社、2003年、275-276頁〕を参照。また、私は注意深く、分配的正義に関する私の意見に対して法的身分を否定してきた。Ronald Dworkin, *Freedom's Law* (Cambridge, Mass.: Harvard University Press, 1996), 36〔石山文彦訳『自由の法：米国憲法の道徳的解釈』木鐸社、1999年、49-50頁〕を参照。

(13) Posner, "Problematics," 1639.
(14) Ibid., 1656-57.
(15) Ronald Dworkin, *Life's Dominion* (New York: Knopf, 1993), 28-29〔水谷英夫・小島妙子訳『ライフズ・ドミニオン：中絶と尊厳死そして個人の自由』信山社出版、1998年、40-42頁〕; Dworkin, "In Praise of Theory," 358〔本書第2章73-74頁〕を参照。
(16) Dworkin, "In Praise of Theory," 356〔本書第2章71頁〕.
(17) Ibid., 356-57〔本書第2章71-72頁〕.
(18) John Rawls, *Political Liberalism* (New York: Columbia University Press, 1993) を参照。
(19) Dworkin, *Freedom's Law*〔石山訳『自由の法』〕を参照。
(20) T. Scanlon, "A Theory of Freedom of Expression," in Ronald Dworkin, ed., *The Philosophy of Law* (New York: Oxford University Press, 1977), 153 を参照。
(21) H. L. A. Hart, *Punishment and Responsibility* (Oxford: Clarendon Press, 1968) を参照。
(22) Planned Parenthood v. Casey, 505 U.S. 833, 869 (1992) を参照（オコナー、ケネディ、ソーター各判事の共同意見）。当該事案における他の意見であるスティーヴンズ判事の意見は、3名の裁判官の意見に現れた根拠の1つに似ている、本事案での判決の根拠を提案していた哲学的文献に明示的に言及するものだった。次も参照、ibid., 913 n.2 を参照（スティーヴンズ判事の部分的補足意見および部分的反対意見）。
(23) Dworkin, "Reply," 435-56 で引用されている諸原典を参照。
(24) Posner, "Problematics," 1639.
(25) だが、ニヒリズムは事実としては、以下の113-115頁で記述される彼の多様で矛盾しあう道徳的諸見から最も自然に流れ出す実質的立場だということだろう。私は、後に探査する代替的解釈を考察することによって、そうした可能性を

排除しようとはしていない。
(26) Posner, "Problematics," 1642.
(27) Ibid.
(28) 参照，ibid., 89ff.
(29) Rawls, *Political Liberalism*, 3-11 を参照。
(30) Dworkin, *Freedom's Law*, 1-38〔石山訳『自由の法』，5 －52頁〕を参照。
(31) ポズナーがこのことを否定できるとすれば，それは，自分が念頭においている種類の道徳的コードが，きわめて特定の問題に関する互いに別個の道徳的諸判断からなる長々とした洗濯物一覧表のごときものであって，それの解釈が論争的な問題となりうるような一般的原理をもはや含まないのだと力説する場合だけだろう。しかし，そうであるとすると，彼が批判したいとは思っていないと自ら言っており，また相対主義者であっても承認できる「規範的推論」のためのいかなる余地もまったく残らないだろう。それはまた，いかなる実際の共同体にも道徳的コードがないことを意味するだろうが，このことは警告的な仕方で彼の相対主義を重要な関連性がないものとするだろう。
(32) 彼は，イギリスの裁判官が道徳を無視していると言うが，しかしイギリスの法実務についての彼のコメントは乏しい情報にもとづいており，また彼自身が最近書いたことと矛盾する。ポズナーが言うには，「イングランドにおいて，法学は自律的学問分野である。新奇な諸事案は大部分，権威ある法文を解釈することによって解決されるが，その法文は制定法・規則・判決からなっており，そのいずれも論争の余地ある道徳理論を包含していない。ときには，イングランドの裁判官は政策選択を行わなければならないが，しかしそれは非常に稀であるので，裁判官が政策選択を行うときには，自分が『法の外側に踏み出［してい］る』という感覚をもつ」。Posner, "Problematics," 1693, quoting H. L. A. Hart, *The Concept of Law* (Oxford: Clarendon Press, 1994), 272〔高橋秀治訳「『法の概念』第二版追記下」『みすず』439号93－105頁，1997年，100頁〕（変更は原文通り）。ポズナーは自分自身の著書において，ハートの言明がアメリカでの実務についてと同様にイギリスの実務についても精確さをもつことを否定している。Richard A. Posner, *Law and Legal Theory in England and America* (Oxford: Clarendon Press, 1996), 15 を参照。ポズナーは，「法の外側に踏み出している」という発言への批判として，次のように言う。「実証主義的な考え方に対するさらなる異議は，法適用者としての裁判官と法創造者としての裁判官という分割に弁護士や裁判官は気づいていないというものである」。そして，ポズナーは次のように付け加える。ハートは，「この分野での事案はしばしば不確定であるということ，またそのような事案で判決を下す際に，裁判官は，分析，内省，あるいは『法的推論』と呼ばれる探究がもつ何か特別な様相に全体として従事しているのでなく，むしろ…価値選択を行っているということを指摘している点で正しい」。Ibid., 18. ポズナーがイギリスの実務について新しく記述していることは，決して真でなかったし，またいま

では咎められるべき誤った記述である。（イギリスの行政法における司法上の政治理論の使用についての説明として，例えば，Jeffrey Jowell, "Restraining the State: Politics, Principle and Judicial Review," 50 *Current Legal Problems* 189 (M. D. A. Freeman and A. D. E. Lewis, eds., 1997) を参照。）例えば，ポズナーにとって，自分が論考している最高裁判所の医師の幇助による自殺の判決（Posner, "Problematics," 1700-1702 を参照）と，それに並行的な事案において当今の道徳哲学者の著作物に明示的に依拠しているイギリスの控訴院判決（Airedale NHS Trust v. Bland, [1993] 2 W.L.R. 316, 351 (C.A.) を参照）とを比較することは啓発的であるかもしれない。

(33) Posner, "Conceptions of Legal Theory," 388 を参照。
(34) Dworkin, "Reply," 435-36 を参照。
(35) James A. Henderson, Jr., "Judicial Reliance on Public Policy: An Empirical Analysis of Products Liability Decisions," 59 *Geo. Wash. L. Rev.* 1570, 1595 n.131 (1991).
(36) Posner, "Problematics," 1639.
(37) Ibid., 1697.
(38) Ibid., 1695.
(39) Ibid.
(40) Ibid., 1700. Brief for Ronald Dworkin, Thomas Nagel, Robert Nozick, John Rawls, Thomas Scanlon, and Judith Jarvis Thomson as Amici Curiae in Support of Respondents, Vacco v. Quill, 117 S. Ct. 2293 (1997) (No. 95-1858), Washington v. Glucksberg, 117 S. Ct. 2258 (1997) (No. 96-110), reprinted in "Assisted Suicide: The Philosophers' Brief," *N.Y. Rev. Books*, Mar. 27, 1997, 41 を論考している[1]。
(41) これは当該判決についての圧縮された説明である。十全な説明としては，私の論文 "Assisted Suicide: What the Court Really Said," *N.Y. Rev. Books*, Sept. 25, 1997, 40 を参照。
(42) Posner, "Problematics," 1703.
(43) 最高裁判所が中絶への憲法上の権利を承認するのを延期したとすれば，それは賢明なことだっただろうという示唆に対する応答として，私は次のように言った。最高裁がそれを延期し，しかし終局的には中絶権に有利な判決を下したとすれば，それは若い多くの女性の人生の破滅という「道徳的費用」と認められているものを招いたことだろう。Dworkin, "Reply," 437. ポズナーは，最高裁が，中絶権に有利な判決を下すのをいつにするかを決定する際には，自らの判決を遅らせたとすれば中絶されなかっただろう胎児の死という道徳的費用をもまた招くだろうと応答した。Posner, "Problematics," 1703 を参照。しかし，最高裁の終局的判決が意味しているのは，最高裁の見解では，妊娠初期の中絶にはどんな権利の侵害も含まれず，したがってより遅くでなくむしろより早く判決を下すことにはそうした種類のどんな道徳的費用も含まれないということなのである。そうした点をポズナーが見逃しているのは，ロー対ウェイド事件における最高裁の判決は道

徳的争点について裁決したということを，彼が承認しそこなっているからである。最高裁は道徳的費用を「衡量し」たのでなく，むしろ自らの判決に必要なかぎりで道徳的費用を定義したのである。

(44) 注(22)を参照。
(45) Posner, "Problematics," 1701.
(46) これらの言明の大半には著しく防御的な響きがある。例えば，ポズナーは，自分の驚くべき区別を明証的にあらかじめ行っている奇妙な脚注において，裁判官には道徳理論が必要だという私自身の議論は，私が仮に，裁判官には政治理論が必要だと言おうとしているとすれば，まったく効き目がないだろうと示唆している。参照，ibid., 1639 n.1. その示唆は人を当惑させるものである。裁判官に必要な種類の道徳理論について私が挙げている例，とりわけ憲法典についての私の作品における例は，ポズナーによる一見して明らかな示唆では個人的でなくむしろ政治的な原理なのである。彼は他所では，自分自身が倫理的議論に依拠しているという異議を予測しているが，しかしそれへの応答として，不明瞭な再保証を提示しているにすぎない。彼が言うには，「〔『道徳理論』という〕術語が助けにならない仕方で社会的な問いについてのすべての規範的推論を表示するよう用いられることになっているのでないかぎり，倫理学および実践理性は道徳理論と互換可能ではない」。Ibid., 1697. もちろん，論考されている種類の道徳理論は，「社会的な問いについての」戦略的ないし道具的な「推論」を含んでいない。しかし，その道徳理論は，これらの意味ではなく道徳的推論がもつ定言的意味において規範的であるような，社会的な問いについての推論をなぜ含んでいないのだろうか。道徳理論の定義が政治に関する道徳的争点を外に残しておくとすれば，どんな定義であれば意味をなすのだろうか。他の機会には，ポズナーは自分の議論について，適切な民主制の理解では，安楽死は政治過程に残されるべきだと言っている。「道徳が政策の同義語でないかぎり，それは道徳上の要点でない」。Ibid., 1701.「政策」という術語が道具的ないし戦略的な考慮事由に言及するために用いられるならば，「道徳」は実際のところ「政策」の同義語ではない。しかし，民主制に関するポズナーの議論は戦略的でも道具的でもない。それは，民主制がどのように最善に理解され管理されるかに関して，論争の余地ある1つの立場を言明しており，そしてそれは政治道徳上の1つの議論である——他の何でありうるのだろうか。さらに他の箇所では，ポズナーは，積極的是正措置計画の合憲性をテストする裁判官は道徳的判断に依拠する必要がないけれども，そのような一部の事案では，裁判官は「政治的に」判決を下さねばならないだろうと言っている。参照，ibid., 1706-7. 私が仮定するところでは，彼は，政党所属に従ってと言おうとしているのではなく，政治道徳における敵対しあう諸党派の主張がもつ健全さについての裁判官の最善の判断に従ってと言おうとしており，だからその言明は自己矛盾を完成させてしまう。

(47) 多分，ポズナーは，自分が念入りに仕上げていない，個人道徳と政治道徳の

何らかの区別を意図しているのだろう。そうした区別はほとんど明晰なものでない。(裁判官が市場シェアによる有責性を課することの公正さは、個人道徳上の問題だろうか、政治道徳上の問題だろうか)。どの場合にも、ポズナーの勅令が司法的推論から道徳理論だけを除外するとすれば、その勅令は正当な動機のないものだろう。彼自身の民主制の理論を含めて政治道徳的諸理論は、どんな道徳的判断も司法上の使用に適合しないようにする欠陥と想定されているもの——その諸理論が確かに論争の余地あるもので、かつ論証不可能なものであること——をすべて共有している。

(48) Posner, "Problematics," 1702-3 を参照。
(49) Ibid., 1704.
(50) Ibid., 1705 を参照。
(51) ポズナーは、他の事案 Riggs v. Palmer, 22 N.E. 188 (N.Y. 1889) を私が過去に用いたことを短く批判している。Posner, "Problematics," 1707 を参照。彼が言うには、殺人を犯した相続人が行ったことは不正だという点で、あらゆる人の意見が一致しているから、当該事案にはいかなる道徳的争点もなかった。だが、困難である判決の一例として私がその事案を用いたのは、関わっている道徳的判断に論争の余地があったからではなく、独立した道徳原理が制定法解釈においてどのくらい大きな役割を果たすのを許されるべきかに、論争の余地があったからである。Ronald Dworkin, *Law's Empire* (Cambridge, Mass.: Harvard University Press, 1986), 15-20〔小林訳『法の帝国』、36−42頁〕を参照。
(52) Posner, "Problematics," 1704.
(53) Ibid., 1705-6 を参照。
(54) Ibid. (引用文中の引用符は省略)。
(55) Romer v. Evans, 517 U.S. 620 (1996). この議論を念入りに仕上げているものとして、Ronald Dworkin, "Sex, Death, and the Courts," *New York Review of Books*, August 8, 1996, 44 を参照。
(56) Posner, "Problematics," 1646 を参照。
(57) William James, *Pragmatism*, ed. Bruce Kuklick (Indianapolis: Hackett, 1981 [1907]), 7-21〔桝田啓三郎訳『ウィリアム・ジェイムズ著作5　プラグマティズム』日本教文社、1960年、6−17頁〕を参照。
(58) Posner, "Problematics," 1642.
(59) 参照、ibid. ポズナーは、バナード・ウィリアムズの著書における論考を誤解している。Bernard Williams, *Morality: An Introduction to Ethics* (New York: Harper and Row, 1972), 20-21 を参照。ウィリアムズは相対主義の「機能主義的」ヴァージョンを論考しているが、そのヴァージョンは、ポズナーが自分自身のものだと主張しているヴァージョンとは、決定的に重要な仕方で異なっている。
(60) Posner, "Problematics," 1643.
(61) 参照、ibid.

(62) Ibid., 1642.
(63) 参照, ibid., 1644.
(64) Posner, "Conceptions of Legal Theory," 382.
(65) Posner, "Problematics," 1704-5.
(66) Ibid., 1642.
(67) Ibid., 1641.
(68) Richard A. Posner, "Utilitarianism, Economics, and Legal Theory," 8 *J. Legal Stud*. 103, 119-27 (1979) を参照。
(69) Posner, "Problematics," 1670 and n.62 を参照。
(70) 第1章を参照。
(71) Posner, "Problematics," 1642.
(72) Ibid., 1708 を参照。同じ調子での顕示的発言において,ポズナーは,教師が教育理論を学ぶことなく比較的よい仕事をするだろうのとちょうど同様に,裁判官は道徳理論を学ぶことなくうまくやれると示唆し,そして私がその反対を主張するのを「空虚」と呼んでいる。参照, ibid., 1697-98. その2つの専門職の間には,重要な関連性をもった2つの相違点がある。第1に,教師は,自分が行ったことがなぜ正しいかを書いて説明するよう努めることによって,自分が行ったことを正当化するようにしばしば求められるわけではない。ときにはそう求められるが,その場合には,教師は実際のところ一種の教育理論に従事しているのである。第2に,教える上での成功として何が数え入れられるか——例えば,生徒のテストの点数の改善——は,ときには理にかなった仕方で明白かつ論争の余地なきものあり,そしてその場合には,われわれは教師の試行錯誤の努力を道具的な仕方でテストすることができる。こうした類比が顕示しているように,裁判官の仕事について〔教師のそれについてと〕同一の見解をとっていることは,ポズナーの法理学の1つの注目される失敗である。
(73) Ibid., 1643(引用文中の引用符は省略).
(74) Ibid., 1704.
(75) Oliver Wendell Holmes, "The Path of the Law," 10 *Harv. L. Rev.* 457, 459-60 (1897) を参照。
(76) ポズナーか他の誰かがダーウィン主義的プラグマティズムを明示的に信奉するまでは,規範理論としてのそれに関して多くを述べないつもりである。(ダーウィン主義的プラグマティズムは,それの注意深い言明が十分な論駁となっているような範疇の理論に属するだろう。)道徳的発達の新進化論的モデルの多くが,実際に起こったどんなことも説明することができる疑似科学だと思われることは,そのモデルがもつ1つの弱点である。例えば,まさにポズナーが批判する実践の進化論的説明を構成しようとすれば,容易に構成できるだろう。正当化上の上昇がもつ多様な層——哲学的な層を含めて——を通じての道徳的内省は,他のどんなものとも同じように人間本性の一部分である。そのような内省の能力および嗜

好は恐らく，進化論がおもに関わっている先祖の環境においてはあまり発達しなかっただろうが，しかしここで，理論科学の場合のように，その物語のきわめて初期には存在しており有用だった能力の上に，われわれの後の歴史が築かれたのだろう．

(77) Richard Posner, "Bush v. Gore as Pragmatic Adjudication," in *A Badly Flawed Election: Debating Bush v. Gore, the Supreme Court, and American Democracy*, ed. Ronald Dworkin (New York: New Press, 2002) を参照．

(78) Richard Posner, *Breaking the Deadlock: The 2000 Election, the Constitution, and the Courts* (Princeton, N.J.: Princeton University Press, 2001), 171.

(79) Ibid., 185-86.

(80) 私は，哲学的プラグマティズムの歴史なり内容なりについてのポズナーの分析に同意しないが，しかし当該分析はブッシュ対ゴア事件に関する彼の議論に関係がないので，私の意見の不一致をここで擁護するつもりはない．だが，非哲学的な司法的プラグマティズムについての彼の説明は，*Law's Empire*〔小林訳『法の帝国』〕における私自身の司法的プラグマティズムの記述にあっていると思われる．

(81) Posner, "Bush v. Gore as Pragmatic Adjudication," 201.

(82) Ibid., 192, 201.

(83) 想像上のプラグマティストの裁判官であれば，誤謬だとポズナーが考える平等保護の根拠にもとづいてではなく，いくらかいっそう尊重されるべきだと彼が考える第2修正の根拠にもとづいて当該の長所について決定しようと意図するかどうかは，この点に対していかなる相違ももたらさない．それでも，プラグマティストの裁判官であれば，12月9日に，その時点でどんなさらなる介入も拒否することからの結果と，フロリダ州裁判所は第2修正に違反したといくらか後に宣言することからの結果とを比較しなければならなかっただろう．そして，12月9日に，再集計者はともかくその時点で〔再集計の〕道具を設けるが，何か解明できない理由により12月13日に初めてその道具を再び取り上げるだろうと仮定するいかなる理由も，その裁判官にはなかっただろう．

(84) Posner, *Breaking the Deadlock*, 180.

(85) われわれは，一部の裁判官はそう信じているとポズナーが想像するように，ゴアが大統領になるならば「国家的惨禍」だろうと仮定していると想定していただきたい．(Posner, "Bush v. Gore as Pragmatic Adjudication," 207 を参照．) われわれはまた，ポズナーが想定しているように，上記のような意見が最高裁判所に影響するのを許すとすれば，そこからの「体系的帰結」はきわめて悪しきものだろうと仮定していると想定していただきたい．そうした体系的帰結の悪しきものが，帰結主義的尺度で長期的に，ゴアが大統領になる場合の惨禍を上回る場合には，プラグマティストの裁判官であれば，自分自身の意見に従う気にならないだろう．しかし，その反対に，惨禍が長期的にさえ体系的帰結を上回る場合には，その裁

判官は，すべての事由を考慮して最善であることを行うのを躊躇するべきだとなぜ言えようか。この点でポズナーが一見して明らかに神経質であることは，彼がたかだか心の半分だけのプラグマティストであることを示唆している。
(86) Ibid.
(87) 本文での命題が重要な関連性をもっており真であると考えるならば，その命題に次の点を加えさえできるだろう。大統領選挙に関わる事案で裁判官が原理のみにもとづいて判決を下すならば，それは事実として長期的に最善の帰結を生むだろうという点である。
(88) 本書第7章を参照。

第5章　原意主義と忠誠

(1) 最高裁判所長官ジョン・ロバーツは，上院での任命承認のための公聴会において，まさしく当該の点を指摘した。私の論文 "Judge Roberts on Trial" in the *New York Review of Books*, October 20, 2005 を参照。
(2) Dworkin, *Law's Empire* (Cambridge, Mass.: Harvard University Press, 1986), Chapter 9〔小林公訳『法の帝国』未來社，1995年，第9章〕を参照。
(3) オリ・シムチェンが私に指摘してくれた他の可能性がある。第8修正による残酷さへの言及を，主観的だが日付のないものとして解するべきであり，そのため第8修正は，それが科せられた時点において残酷だと広くみなされている刑罰を禁止しているという可能性である。後に分かるように，スカリア裁判官は，日付のある主観的解釈を拒否する誰でも，日付のない主観的解釈を採用しなければならないと想定している。そのことが，彼がなぜ次のように力説しているかの理由である。すなわち，自分への反対者は，憲法の説得力がそのときどきに流布している意見に左右されると考えていると力説しているのである。しかし，日付のある主観的解釈に対する尤もらしい代替案は，日付のない主観的解釈ではなく，原理づけられた解釈である。それは，本当に残酷である刑罰に言及しているものとして第8修正を翻訳する解釈なのである。
(4) 「実体的デュー・プロセス」は，実体と手続が正反対であるから語義矛盾の句だと言う人たちは，決定的に重要な事実を見逃している。原理の整合性への要求には明証的な実体的帰結があるが，その要求は意思決定過程を法過程とするものの一部分だという事実である。*Law's Empire*〔小林訳『法の帝国』〕における，他とは別個の法的観念としての一貫性を支持する私の議論を参照。
(5) Antonin Scalia, *A Matter of Interpretation* (Princeton, N.J.: Princeton University Press, 1977).
(6) Ibid., 145.
(7) Tribe, in Scalia, *Interpretation*, 75, 78, 70. 強調は追加。
(8) それは，私の著書 *Law's Empire*〔小林訳『法の帝国』〕および *Freedom's Law* (Cambridge, Mass.: Harvard University Press, 1996)〔石山文彦訳『自由の法：米国

憲法の道徳的解釈』木鐸社，1999年〕に浸透しているテーマである。
（9）　*Law's Empire*, Chapter 9〔小林訳『法の帝国』第9章〕を参照。
（10）　Scalia, *Interpretation*, 77.
（11）　Ibid., 64.
（12）　Ibid., 69.
（13）　Ibid.
（14）　Cambridge, Mass.: Harvard University Press, 1996〔石山訳『自由の法』〕.
（15）　この機会にこの名を選んだことは，単に便宜のためである。私は，法的プラグマティズムと，哲学におけるいっそう一般的な運動ないし学派としてのプラグマティズムとの結びつきに関するどんな示唆も是認しようとはしていない。
（16）　私の論文 "Sex, Death, and the Courts," *New York Review of Books*, August 8, 1996, 44 を参照。

第6章　ハートの補遺と政治哲学の要点

（1）　私の著書 *Law's Empire* (Cambridge, Mass.: Harvard University Press, 1986)〔小林公訳『法の帝国』未來社，1995年〕を参照。
（2）　私の論文 "Objectivity and Truth: You'd Better Believe It," 25 *Phil. & Pub. Aff.* (1996)（以下では，"Objectivity and Truth" と略記）．
（3）　私が挙げている例は創作されたものである。市場シェアによる有責性に関わっている現実の諸事案については，例えば，Sindell v. Abbott Labs., 607 P.2d 924, 935-38 (1980) およびそこで引用されている諸判決を参照。
（4）　Ira S. Bushey & Sons Inc. v. United States, 398 F 2nd 167 (1968) を参照。
（5）　H. L. A. Hart, *The Concept of Law* (Oxford: Oxford University Press, 1994), 269〔高橋秀治訳「『法の概念』第二版追記 下」『みすず』439号93-105頁，1997年，98頁〕．
（6）　Ibid., 240〔布川玲子・高橋秀治訳「『法の概念』第二版追記 上」『みすず』438号59-82頁，1997年，60-61頁〕．
（7）　私の著書 *Freedom's Law: The Moral Reading of the American Constitution* (Cambridge, Mass.: Harvard University Press, 1996), particularly the Introduction〔石山文彦訳『自由の法：米国憲法の道徳的解釈』木鐸社，1999年，とくに序章〕を参照。
（8）　明白な事例だとその人が捉えているもの——例えば中国——をさして，「あなたはそれを民主制と呼ぼうとしないのですか」と当然言う人がいるだろう。しかし，これは戦術的な論点移動であり，次のような応答——「いいえ，呼びます。大半の人々がそう呼ぶようにね」——は人を失望させるものであるが，しかしそれが真だとしてもなお，それ自体では論駁でない。
（9）　*Law's Empire*〔小林訳『法の帝国』〕における「意味論の毒牙」についての論考を参照。
（10）　私は，次の線に沿った詩的主張を除外しようとはしていない。4月が最も生

のままの月であるならば，同様に 7 は適切な文脈においては最も不正な数字と呼ばれるかもしれないといった主張である。
(11) "Objectivity and Truth" を参照。
(12) *Law's Empire* 〔小林訳『法の帝国』〕を参照。
(13) 私の著書 *Sovereign Virtue* (Cambridge, Mass.: Harvard University Press, 2001), Chapter 6 〔小林公・大江洋・高橋秀治・高橋文彦訳『平等とは何か』木鐸社，2002年，第 6 章〕を参照。
(14) *Sovereign Virtue* 〔小林他訳『平等とは何か』〕の序章で言及したコロンビア大学での未公刊のデューイ講演 "Justice for Hedgehogs" は，この種の哲学を例証するいっそう明示的な 1 つの試みである。
(15) 本書第 4 章を参照。
(16) 他の研究者たちも賛同している。例えば，N. Stavropoulos, "Hart's Semantics," in J. Coleman, ed., *Hart's Postscript* (Oxford: Oxford University Press, 2001), 59 を参照。
(17) *Freedom's Law* 〔石山訳『自由の法』〕を参照。
(18) Antonin Scalia, *A Matter of Interpretation: Federal Courts and the Law* (Princeton, N.J.: Princeton University Press, 1997), 117 におけるスカリア判事と私の論争を参照。私の論文 "The Arduous Virtue of Fidelity: Originalism, Scalia, Tribe, and Nerve," 65 *Fordham L Rev* 1249 (1997) 〔本書第 5 章〕も参照。
(19) L. Murphy, "The Political Question of the Concept of Law," in Coleman, ed., *Hart's Postscript* を参照。
(20) *Freedom's Law* 〔石山訳『自由の法』〕では，民主制から出発して実証主義にいたるこうした議論を念入りに仕上げて批判している。
(21) A. V. Dicey, *Introduction to the Study of the Law of the Constitution*, 8th ed. (London: Macmillan, 1915), 114 〔伊藤正己・田島裕訳『憲法序説』学陽書房，1983年，183–184頁〕。
(22) F. A. Hayek, *The Constitution of Liberty* (London: Routledge, 1960), 153 〔気賀健三・古賀勝次郎訳『ハイエク全集 6　自由の条件 II　自由と法』春秋社，1987年，31–32頁〕。
(23) J. Raz, *Ethics in the Public Domain: Essays in the Morality of Law and Politics* (Oxford: Oxford University Press, 1994) を参照。
(24) 本書第 7 章を参照。本章の講演後しばらくして書いたその論文は，本章の本文における次の数段落における素材の一部を簡潔に要約している。
(25) Lochner v. New York, 198 U.S. 45 (1905).
(26) Southern Pacific Co. v. Jensen, 244 U.S. 205, 222 でのホウムズの反対意見。
(27) 304 U.S. 64 (1938).
(28) *Freedom's Law*, Chapter 17 〔石山訳『自由の法』第17章〕を参照。
(29) 成功するためのさらなる諸条件がある。成功したどんなリーガリティ観も，

リーガリティ概念が，手続的正義や実体的正義を含めた他の政治的諸価値とは別個のものだということを保持しなければならない。この多様な諸概念がいかに密接に関係しあい相互依存的であるとわれわれの理論が宣言するとしても，そうなのである。まったく正義に反した政治的制度配置が，それにもかかわらずリーガリティという徳を表示しているだろうと，われわれが信じるならば――われわれの大半はそう信じているが――，リーガリティについてのわれわれの説明はそうした判断を許容し説明しなければならない。このことがどのようになされるべきかが，きわめて邪悪な国にも法はありうるかという，法理学上の古臭い話の中枢だった。私はまた *Law's Empire*〔小林訳『法の帝国』〕において，必要な区別や差別化をリーガリティの説明が捕捉するような仕方で自らの解答を他の十分なものによって取り囲むとすれば，この問いに対して相異なった仕方で応えうると論じた。ハートは自分の補遺のなかで，この点についての私の発言は，争点となっているあらゆるものを法実証主義に譲歩して認めるものだと言った。しかし，彼は誤解したのである。

(30) その批判はイギリスの批判者たちに限られない。その点は，オックスフォードでクラレンドン講演を行った際のリチャード・ポズナー判事に対して訴えかけるものがあった。もっとも，多分，批判として以上に観察結果としてであるが。なぜなら，彼は，ハートの法理学も等しく郷土的だと付け加えたからである。Posner, *Law and Legal Theory in England and America* (Oxford: Clarendon Press, 1997) を参照。

第7章 30年間も続いて

(1) Jules Coleman, *The Practice of Principle: In Defense of a Pragmatist Approach to Legal Theory* (Oxford: Oxford University Press, 2001). 別様に表記しないかぎり，コールマンからのすべての引用はこの著作からのものである。

(2) Ronald Dworkin, "The Model of Rules," 35 *U. Chi. L. Rev.* 14 (1967), reprinted as Ronald Dworkin, "The Model of Rules I," in *Taking Rights Seriously* (Cambridge, Mass.: Harvard University Press, 1978), 14〔木下毅・小林公・野坂泰司訳『権利論』増補版，木鐸社，2003年，3－4頁〕.

(3) コールマンはこの困難に対して敏感である。2つの長い脚注（p. 4 n.3 and p. 10 n.13）において，彼は，自分の方法と結論が私のものに大いに似ているという，名指しされていない読者の見解を報告し，論駁しようと試みている。

(4) 私は，Ronald Dworkin, *Law's Empire* (Cambridge, Mass.: Harvard University Press, 1986)〔小林公訳『法の帝国』未來社，1995年〕において，法実践のこうした説明を擁護することに取り組んでいる。

(5) 私は *Law's Empire*〔小林訳『法の帝国』〕において，自分がヘラクレスと呼ぶ理想的裁判官を想像している。その裁判官は，法実践全体の要点についての，また自分の共同体における確立された法の最善の道徳的正当化論についての全体

的説明を発展させ，自分の眼前にある新たな事案での判決の基底として自分の結論を用いる。Ibid., 239-40〔小林訳『法の帝国』，373-374頁〕．

(6) H. L. A. Hart, *The Concept of Law*, 2d ed. (Oxford: Clarendon Press, 1994), 94〔矢崎光圀監訳『法の概念』みすず書房，1976年，104頁〕を参照．

(7) Benjamin C. Zipursky, "The Model of Social Facts," in Jules Coleman, ed., *Hart's Postscript* (Oxford: Oxford University Press, 2001), 219, 251-53 を参照．

(8) Michael E. Bratman, "Shared Cooperative Activity," 101 *Phil. Rev.* 327 (1992) を参照．

(9) 強調は追加．

(10) Ludwig Wittgenstein, *Philosophical Investigations*, trans. G. E. M. Anscombe (Oxford: Blackwell, 1953), 202〔藤本隆志訳『ウィトゲンシュタイン全集 8 哲学探究』大修館書店，1976年，163頁〕を参照．ヴィトゲンシュタインは，コールマンが受け入れていると思われるよりも過激な結論を支持して論じている．将来のすべての事案でどのように判決を下すべきかに関して，裁判官たちの間で明示的な意見の一致があってもなお，それはその裁判官たちが同一のルールに従っていることを示さないだろう．当該の意見の一致は命題において表現されなければならないだろうが，いかなる命題も，生じるかもしれない無数の事案を同定しえないだろう．一部の論評者はヴィトゲンシュタインの議論を，ルールに従うということはまったくありえないという懐疑論的帰結をもつものと解している．例えば，Saul Kripke, *Wittgenstein on Rules and Private Language: An Elementary Exposition* (Oxford: Blackwell, 1982), 55〔黒崎宏訳『ウィトゲンシュタインのパラドックス：規則・私的言語・他人の心』産業図書，1983年，108頁〕を参照．（哲学文献において，これ以上に人を誤解させるいかなる書名もないだろう．クリプキの議論は初歩的（elementary）からはほど遠いものである．）コールマンはクリプキ（p. 81）を引用しているが，しかし彼は，ヴィトゲンシュタインの議論の結末に関するクリプキの懐疑論的主張を受け入れることができない．なぜなら，コールマンは，法のためのいかなるコンヴェンショナルなルールもないということではなく，法は全面的にコンヴェンショナルなルールの問題だということを論証したがっているからである．

(11) Joseph Raz, *Ethics in the Public Domain: Essays in the Morality of Law and Politics* (Oxford: Clarendon Press, 1994), 215〔深田三徳編訳『権威としての法：法理学論集』勁草書房，1994年，150頁〕．

(12) Ibid., 218〔深田編訳『権威としての法』，155頁〕．

(13) Ibid., 215-16〔深田編訳『権威としての法』，151頁〕．

(14) 私見では，自由（liberty）とは，他者の権利を尊重するという条件下で，適切かつ道徳的に自らの固有物であるものを，自らが好むように用いるという自由状態（freedom）を意味する．だから，自由は正義にかなった課税によっては侵害されない．Ronald Dworkin, *Sovereign Virtue* (Cambridge, Mass.: Harvard University

Press, 2000), 120-83〔小林公・大江洋・高橋秀治・高橋文彦訳『平等とは何か』木鐸社，2002年，168－249頁〕を参照．しかし，もちろん，自由概念を誤解しているのは私の方だと，他の人たちは考えるだろう．現時点での私の主張点は，われわれが共有している一定の概念についての正しい理解というものはしばしば論争の余地あるものだということである．われわれは，当該概念についての正しい理解ないし捉え方があるという点では意見が一致しているが，しかし何が正しい理解ないし捉え方であるかに関しては意見を異にしている．Dworkin, *Law's Empire*, 45-86〔小林訳『法の帝国』，79－139頁〕を参照．だから，何らかの共同体の公務員が皆，法概念についての1つの理解を採用している場合にさえ，そのことは，彼らの理解が正しいことを示すものではない．

(15) Raz, *Ethics in the Public Domain*, 217〔深田編訳『権威としての法』，155頁〕.
(16) Dworkin, *Sovereign Virtue*〔小林他訳『平等とは何か』〕を参照．
(17) Raz, *Ethics in the Public Domain*, 215〔深田編訳『権威としての法』，150頁〕.
(18) 参照，ibid., 218〔深田編訳『権威としての法』，156頁〕.
(19) Ibid., 220〔深田編訳『権威としての法』，160頁〕.
(20) Ibid., 218〔深田編訳『権威としての法』，157頁〕.
(21) Ibid., 224〔深田編訳『権威としての法』，170頁〕.
(22) Ibid〔深田編訳『権威としての法』，170頁〕.
(23) ラズはある一節で，ある共同体が，排除的実証主義と首尾一貫している法の問題として，何らかの問題についての立法者の「見解」を確定するための純粋に事実的なテストを採用したかもしれないと注記している．だが，事実としては，制定法解釈上ないし憲法解釈上のほとんどいかなる標準も，排除的実証主義者であればこれらの標準を法とみなすように要求するだろうことが合衆国で一般的に受け入れられるということを命じてはいない．ラズにとっては，市民がどのように行動するべきかについてアメリカの立法府にはいかなる「見解」もないということが，一見して明らかに導かれるだろう．
(24) Ibid., 225-26〔深田編訳『権威としての法』，173頁〕.
(25) Ibid., 212-13〔深田編訳『権威としての法』，143－145頁〕.
(26) Ibid., 213〔深田編訳『権威としての法』，145頁〕.
(27) 法における構成的解釈についての説明として，Dworkin, *Law's Empire*, 62-86〔小林訳『法の帝国』，103－139頁〕を参照．
(28) Sindell v. Abbott Labs., 607 P.2d 924, 936-38 (Cal. 1980) を参照．
(29) Raz, *Ethics in the Public Domain*, 220〔深田編訳『権威としての法』，160頁〕.
(30) Ibid., 232-33〔深田編訳『権威としての法』，185－188頁〕を参照．
(31) Ibid., 233〔深田編訳『権威としての法』，188頁〕.
(32) Jeremy Bentham, *An Introduction to the Principles of Morals and Legislation* (New York: Hafner, 1948 [1823])〔関嘉彦責任編集（部分訳）『世界の名著38　ベンサム　J. S. ミル』中央公論社，1967年，69－210頁〕を参照．

(33) Erie R.R. Co. v. Tompkins, 304 U.S. 64 (1938).
(34) Ibid., 79（3つ目の変更箇所は原文どおり）(Black & White Taxicab & Transfer Co. v. Brown & Yellow Taxicab & Transfer Co., 276 U.S. 518, 533, 535 (1928)（ホウムズ裁判官の反対意見）を引用).
(35) Hart, *The Concept of Law*, 2d ed.〔矢崎光圀監訳『法の概念』みすず書房，1976年〕.
(36) John Austin, *The Province of Jurisprudence Determined*, ed. Wilfrid E. Rumble (Cambridge: Cambridge University Press, 1995 [1832]), 18-37.
(37) Dworkin, *Law's Empire*, 34-35〔小林訳『法の帝国』, 60-62頁〕.
(38) Hart, *The Concept of Law*, 2d ed., 246〔布川玲子・高橋秀治訳「『法の概念』第二版追記 上」『みすず』438号59-82頁，1997年，65頁〕.
(39) コールマンは特徴的な頑なさをもって，私の理解が誤りであることに「いかなる疑いもない」と言う (p. 200 n. 25)。しかし，他の著述家たちは意見を異にする。例えば，Nicos Stavropoulos, "Hart's Semantics," in Coleman, ed., *Hart's Postscript*, 59, 98 を参照。私がハートを誤って解釈したと信じているいく人かの著述家さえも，彼の著書には私の解釈を支持する証拠があり，そして彼の言明の一部を私の解釈を確認しないものと解するためには，「寛大な」解釈が必要とされると考えている。例えば，Timothy A. O. Endicott, "Herbert Hart and the Semantic Sting," in Coleman, ed., *Hart's Postscript*, 39, 41-47.
(40) Hart, *The Concept of Law*, 2d ed., v〔矢崎監訳『法の概念』iii 頁〕を参照。
(41) 私はここで，コールマンが私の見解だとするもの——その多くは不精確である——もコールマンによる批判も受け入れようとはしていないと言うべきだろう。
(42) Dworkin, "The Model of Rules I," 17-22〔木下他訳『権利論』，7-14頁〕.
(43) Dworkin, *Law's Empire*, 130-50〔小林訳『法の帝国』, 211-240頁〕.
(44) *Law's Empire*〔小林訳『法の帝国』〕では，この区別を全編にわたって仮定している。例えば，35-36〔62-64頁〕における自然法論についての論考や，96-98 and 101-4〔163-166頁および170-174頁〕における法と道徳の関係についての論考を参照。*Taking Rights Seriously*, 118-30〔木下他訳『権利論』, 147-165頁〕における法的「過誤」についての論考も参照。
(45) Dworkin, *Law's Empire*, 55-73〔小林訳『法の帝国』, 93-118頁〕を参照。
(46) ティモシー・エンディコットは，どんなパラダイムも原理的には修正可能であるという主張——コールマンが受け入れている主張——が法に対する私の解釈的アプローチの中枢であると論じて，当該主張を争うことにより私の「意味論の毒牙」の議論に対して実証主義を擁護している。Endicott, "Herbert Hart and the Semantic Sting," を参照。
(47) Dworkin, *Law's Empire*, 413〔小林訳『法の帝国』, 629-630頁〕.
(48) Ibid., 202〔小林訳『法の帝国』, 316-319頁〕.
(49) Ibid., 95-96, passim〔小林訳『法の帝国』, 162-163頁その他〕.

(50) Ibid., 52〔小林訳『法の帝国』, 89頁〕.
(51) 適切な文章を引用しよう。「例えば, 法があるところではどこでも, 法が何であるかはつねに潜在的論争がある問題であり, そして法が何であるかは解釈実践を必要とするという意味で, 法が争われうる概念であると想定していただきたい。…そのような意見の不一致は, 法がそれだとわれわれが捉えるものの一部分——法がそうした種類のものだというわれわれが共有する理解の一部分——である。そこで, わが国という共同体におけるリーガリティの規準に関する意見の不一致は, 法概念を適用する同一規準をわれわれが共有していることと両立可能であるだけではない。この場合, わが国という共同体におけるリーガリティの規準に関するわれわれの意見の不一致がわれわれにとって理解可能であるのは, まさにわれわれが法概念を適用する同一規準を共有しているからなのである」(p. 182)。

第8章　法の諸概念

（1） Cambridge, Mass.: Harvard University Press, 1977〔木下毅・小林公・野坂泰司訳『権利論』増補版, 木鐸社, 2003年および小林公訳『権利論II』木鐸社, 2001年〕.
（2） Cambridge, Mass.: Harvard University Press, 1986〔小林公訳『法の帝国』未來社, 1995年〕.
（3） 言語哲学が法理論に対してもつ意味あいについての鋭敏で啓発的な説明として, Nicos Stavropoulos, *Objectivity in Law* (Oxford: Clarendon Press, 1996) を参照。本書の序章および本章の草稿に対してスタヴロポウロス氏が下さった, きわめて助けになるコメントに感謝している。
（4） 89 *Va. L. Rev.* 1897 (2003); quotation on 1918.
（5） Ibid., 1908. グリーンは他所で, 解釈的概念についての私の説明は, 結局のところ実在論的説明ではなく, むしろネルソン・グッドマンの純然たる唯名論的な論理の理論に「類似した」ものだと示唆している。グッドマンは次のように考えていた[3]。演繹的推論上の一定のルールの妥当性についてわれわれが共有している感覚は, 妥当な推論のプラトン的形態をわれわれが認知することの結果ではなく, われわれが受け入れたい気持ちになる推論と信奉したい気持ちになる推論上のルールとの均衡をわれわれがともに達成することの結果である。グッドマンの説明は次のように想定している。批判的調整の（神話的）過程の後にわれわれが達成した均衡は, まったく偶然的であり——「われわれは」きわめて異なった均衡に落ち着いたかもしれず, その場合にはきわめて異なった論理をもったかもしれない——, しかもまったく社会的構成物である——われわれが皆, Aであるならば, かつAならばBであるならば, Bであるということをいま疑問の余地なく受け入れていないかぎり, 論理上のルールは,「われわれに」対してもっている説得力をもちえなかっただろう——。そうした仕方で, 演繹的論理および帰納的論理に関するグッドマンの唯名論は, グリーンが伝統主義と呼ぶものに似てい

る。〔グッドマンの唯名論では，〕意味論的交渉の何らかの期間の後に達成された均一的実践によって，術語の意味が定められる。こうした極端な唯名論以上に，解釈的概念についての私の説明から隔たったものはありえないだろう。私の説明の中枢は，解釈的概念は実践によって定められるのでなく争われるという点にあり，そして私は，解釈的概念の使用によって提起された価値的な問いには，少なくとも原理上は正解があると考えている。

(6) Joseph Raz, in *The Blackwell Guide to the Philosophy of Law and Legal Theory* (Malden, Mass.: Blackwell, 2005), 324, 326.

(7) Ibid., 341 n.6.

(8) Ibid., 331.

(9) Ibid., 332.

(10) ラズは，法理論は郷土的でなければならないと私が信じていると示唆するが，しかし彼は，そうした結論を支持する私の議論と想定されるものとして，私が承認していない悪しき議論を提示している。だが，これは私の立場がはっきりしない論点であると，彼は付け加えている。これらのことは意味論の毒牙のさらなる症状であると，私は信じている。

(11) *Law's Empire*, 114〔小林訳『法の帝国』, 190頁〕．

(12) Scott Shapiro, "The 'Hart-Dworkin' Debate: A Short Guide for the Perplexed," forthcoming in Arthur Ripstein, ed., *The Cambridge Companion to Dworkin* (Cambridge: Cambridge University Press). シャピロはこの論文で，実証主義者が私の「後期の」議論に対して行うことができると自分が信じているタイプの応答を提案している。

(13) コールマンは，こうした仕方で彼の見解を私が記述するのを寛大にも許してくれた。

(14) Nicola Lacey, *A Life of H. L. A. Hart* (Oxford: Oxford University Press, 2004).

(15) ガードナーの書評は 121 *Law Quarterly Review* 329 (2005) にある。彼は，私が法哲学にとっては異質な論点を導入することによって，ハートを居心地悪くさせたと言う。「ドゥウォーキンは，法哲学における古典的論争がおもに第一哲学ないし形而上学のレベルで解決されるはずだと論じていた。それらの論争は，法・法的ルールなどの本性に関する論争にすぎないのでなく，そのようなものを法や法的ルールとして人間が理解することの本性に関する論争でもあるというのである。第一哲学のこれらの高次の水準に向けてハートを駆り立て上げることによって，ドゥウォーキンはハートから，自分の作品に対する法哲学者としての無自覚の（しかし十全に正当化された）自信を奪い，ドゥウォーキンに対する彼の最後の応答をか弱く防御的だと思われるようにした。比喩を取り換えて言えば，ドゥウォーキンはハートに，自分がどのようにして直立し続けられるかを思い悩む気にさせ，その結果，ハートは劇的によろめいた。ハートがその注意の逸脱を無視して，自分の元々の目的地にしっかりと目を向け続けたとすれば，その方が法哲

学にとってよかっただろうにと，多くの人が考えている」。ガードナーは他所では，上記の比喩を拡張して次のように言う。「ハートの作品の大部分は哲学的に無自覚である。彼は，自分が研究している問題について研究しているのであり，それらの問題がどのように研究されるべきか，あるいはそれらの問題がどのような種類の問題であるかについて研究しているのではない。彼は形而上学上の一輪車乗りだ。自分がどのようにして直立し続けられるかと思い始めるやいなや，よろめいて転げ落ちる危険にあうのである。彼が自分自身の哲学的光景の探究に突進したのは，自分の教授就任講義において辞書的順序の接近法を生のままに拒否したのを恐らくは例外として，明らかに成功ではなかった」。ハートの哲学的能力についてのこうした「知的特技のある知的障害者」式の判定は，不相当なものである。ハートに困難があったのは，彼には「第一哲学」についての不安定な把握力しかなかったからではなく，分析的実証主義における彼の継承者の一部にはない，問題が分かる十分な哲学的把握力が彼にあったからである。ともかく，私が導入したと想定されている論点についてのガードナーの説明は，著しく誤っている。私は *Law's Empire*〔小林訳『法の帝国』〕でも他のどこでも，「そのようなものを法や法的ルールとして人間が理解することの本性」に関していかなることも書いていない。私の関心事は認識論的なものでなく，概念的なものである。ハートは学理的法概念を解明するのをめざしたけれども，彼はその概念の性格を誤解したのであり，そしてその理由のゆえに，法の本性に関する彼の主張は間違わざるをえなかったと，私は言ったのである。

(16) *Taking Rights Seriously* (Cambridge, Mass.: Harvard University Press, 1977), Chapter 2〔木下毅・小林公・野坂泰司訳『権利論』増補版，木鐸社，2003年，第1章〕を参照。

(17) Ibid., 76〔木下他訳『権利論』90頁〕。

(18) Joseph Raz, "Incorporation by Law," 10 *Legal Theory* 1-17 (2004).

(19) Ibid., 10.

(20) 私の著書 *Freedom's Law* (Cambridge, Mass.: Harvard University Press, 1996)〔石山文彦訳『自由の法：米国憲法の道徳的解釈』木鐸社，1999年〕を参照。

(21) Antonin Scalia, *A Matter of Interpretation* (Princeton, N.J.: Princeton University Press, 1997) を参照。

(22) 最高裁判所はいくらか以前には，当該命題が偽だと判示した。私の著書 *Sovereign Virtue* (Cambridge, Mass.: Harvard University Press, 2000), Chapter 10〔小林公・大江洋・高橋秀治・高橋文彦訳『平等とは何か』木鐸社，2002年，第10章〕を参照。

(23) この誤りは未修練の擬人化によって奨励されるかもしれないが，その擬人化は，一部の法理論家が中毒になっており，また私が第7章で批判したものである。命題への姿勢は置換に対して不透明である。エフタが，自分の大勝利後に最初に出合った人を神への感謝の捧げ物とすることを定めたという事実，また彼が最初

に出合った人が自分の娘だったという事実から，エフタが自分自身の娘を捧げ物とすることを定めたということは導かれない[4]。だから，法または憲法が，例えば言論の自由を侵害するいかなる法律も採用されないことを「指図する」あるいは「命令する」と言う習慣に陥るならば，選挙資金制限が言論の自由を侵害するというさらなる（道徳的）事実から，憲法はいかなる選挙資金制限も採用されるべきでないことを指図または命令していたということは導かれないのだと考えたい気がするかもしれない。憲法は，選挙資金制限が言論の自由を侵害しているとは知らないかもしれないのだと，われわれは考えるかもしれない。しかし，そう考えるとすれば，それは重大な誤りだろう。それは，いまでは廃棄されているジョン・オースティンの分析的実証主義の「命令」ヴァージョンの残滓なのである。「法は次のように命令している」は，法的な権利・義務・権能などに関する命題を述べる手短な仕方としてのみ分別ある仕方で理解されうるのであり，そしてこれらの命題は置換に対して透明である。議会が何事かを「命令した」ことがあるという事実は，当該命令から，人々がそれをもつのを議会が定めたことがあるような法的な権利・義務・権能を人々がもつということが導かれるのでないかぎり，どんな法命題に対してもいかなる適切さももたない。

（24） Raz, "Incorporation by Law," 12.
（25） Matthew H. Kramer, "On Morality as a Necessary or Sufficient Condition for Legality," 48 *Am. J. Juris.* 53 (2003). クレイマーの論文は，分類学的実証主義の2つの形態の区別を深く重要なものと捉えるどんな試みももつ危険性を示している。彼は，法には，裁判官を拘束するものと「自由に浮遊している」ものとの両方であるすべての標準が含まれると論じる。「自由に浮遊している」という語で彼が言おうとしているのは，当該標準がどんな有権的機関によっても採用されたことがないということである。道徳的標準が裁判官を拘束しているとき，その標準は当該テストを通過する。なぜなら，道徳的標準はどんな有権的機関によっても採用されたことがないからだというのである。しかし，数学上の原理もまたそのテストを通過してしまう。

第9章　ロールズと法

（1） Sindell v. Abbott Labs., 607 P.2d 924, 936-38 (Cal. 1980) を参照。
（2） H. L. A. Hart, *The Concept of Law*, 2d ed. (Oxford: Clarendon Press, 1994), vii を参照。
（3） 参照，ibid.
（4） 参照，ibid.
（5） これらの弁護士は彼ら自身，*Fordham Law Review* 誌上で公刊された学生のコメントによって，市場シェアによる有責性を支持する考えを鼓舞されたのである。Naomi Sheiner, Comment, "DES and a Proposed Theory of Enterprise Liability," 46 *Fordham L. Rev.* 963 (1978) を参照。

（6） John Rawls, *A Theory of Justice*, rev. ed. (Cambridge, Mass.: Harvard University Press, 1999), 15-19〔矢島鈞次監訳『正義論』紀伊國屋書店，1979年，13－17頁〕．
（7） 一般的には，Jeremy Bentham, *An Introduction to the Principles of Morals and Legislation* (New York: Hafner, 1948 [1823])〔関嘉彦責任編集（部分訳）『世界の名著38　ベンサム　J. S. ミル』中央公論社，1967年，69－210頁〕を参照．
（8） So. Pac. Co. v. Jensen, 244 U.S. 205, 221 (1917)（ホウムズ裁判官の反対意見）（「私は次のことを躊躇なく承認する。裁判官は現に立法しており，また立法しなければならないが，しかし裁判官は間隙を埋めるようにのみ立法することができる。裁判官は，質量から分子への動きに閉じ込められているのである」）を参照．
（9） 後出「立憲主義」の節を参照．
（10） Rawls, *A Theory of Justice*, 209〔矢島監訳『正義論』，184－185頁〕．
（11） Ibid.
（12） ロールズから私が引き出した，解釈主義を支持する議論が，そのような捉え方を支持する私自身の議論に適合していると言おうとしているのではない。ロールズの作品が法理学上のこの中心的な問いに対してもつ意味あいを示そうとしているだけである。しかし，ロールズの原初状態からの議論がもつ基底的構造についての少なくとも1つの解釈では，彼の議論は事実として私自身の議論からさほど遠くない。一貫性は市民の資格の平等についての正しい見解を表出していると，私は信じている。それは，1人の人に適用される原理が，能力ある機関が明白に別様の仕方で指図しないかぎり，他の人たちにも適用されなければならないという見解である。私見では，そうした種類の平等の観念は，原初状態という発見的装置がモデル化し強力に主張しているものとして最善に理解される一組の諸観念の少なくとも一部分である。だが，ロールズは，自分の論文 "Justice as Fairness: Political Not Metaphysical," の脚注(19)において，私の解釈を考察し拒絶している。John Rawls, "Justice as Fairness: Political Not Metaphysical," in *Collected Papers*, ed. Samuel Freeman (Cambridge, Mass.: Harvard University Press, 1999), 388, 400 n.19 を参照．
（13） 一般的には，Ronald Dworkin, *Law's Empire* (Cambridge, Mass.: Harvard University Press, 1986), 276-312〔小林公訳『法の帝国』未來社，1995年，431－480頁〕を参照．
（14） 例えば，Uhl v. Thoroughbred Tech. and Telecomms., Inc., 309 F.3d 978, 985 (7th Cir. 2002)（ロールズの *A Theory of Justice*〔矢島監訳『正義論』〕での「無知のヴェール」に言及），Goetz v. Crosson, 967 F.2d 29, 39 (2d Cir. 1992)(*A Theory of Justice*〔矢島監訳『正義論』〕を引用), Memphis Dev. Found, v. Factors Etc., Inc., 616 F.2d 956, 959 (6th Cir. 1980)（同），W. Addition Cmty. Org. v. NLRB, 485 F.2d 917, 938 (D.C. Cir. 1973)（同）を参照．
（15） Rawls, *A Theory of Justice*, 274〔矢島監訳『正義論』，238頁〕を参照．
（16） 410 U.S. 113 (1973).

(17)　505 U.S. 833 (1992).
(18)　一部の哲学者は，胎児が人であると仮定する場合にさえ，中絶への道徳的権利を擁護することができると信じている。なぜなら，そうした仮定の下でさえ，女性には妊娠の重荷を背負い続けるいかなる道徳的責任もないからだというのである。そうした示唆についての論考として，私の著書 *Life's Dominion* (New York: Vintage Books, 1994 [1993]), 102-17〔水谷英夫・小島妙子訳『ライフズ・ドミニオン：中絶と尊厳死そして個人の自由』信山社，1998年，165−188頁〕を参照。しかし，当該見解を受け入れる場合でさえ，中絶への憲法上の権利をそうした仕方で擁護できることが導かれるわけではない。国家が胎児を人として扱ってよいことが適切であるならば，国家は憲法上，母親が特別な責任を負っている人として胎児を扱ってよいことになり，その特別な責任は選択的中絶を排除する。
(19)　Dworkin, *Law's Empire*, 276-312〔小林訳『法の帝国』，431−480頁〕を参照。
(20)　Dworkin, "The Secular Papacy," in Robert Badinter and Stephen Breyer, eds., *Judges in Contemporary Democracy: An International Conversation* (New York: NYU Press, 2003), 67 を参照。
(21)　John Rawls, *Justice as Fairness: A Restatement*, ed. Erin Kelly (Cambridge, Mass.: Harvard University Press, 2001), 112〔田中成明・亀本洋・平井亮輔訳『公正としての正義 再説』岩波書店，2004年，198−199頁〕。
(22)　Bruce Ackerman, *We the People* (Cambridge, Mass.: Harvard University Press, 1991) を参照。
(23)　John Rawls, *Political Liberalism* (New York: Columbia University Press, 1996).
(24)　347 U.S. 483 (1954).
(25)　410 U.S. 113 (1973).
(26)　New State Ice Co. v. Liebmann, 285 U.S. 262, 311 (1932)（ブランダイス裁判官の反対意見）（「単一の勇気のある州が――その市民が選択する場合には――実験室として役立ち，国の残り〔州〕にとっての危険なしに社会的・経済的実験を試してよいということは，連邦制からの幸福な偶発事の1つである」）を参照。
(27)　Vacco v. Quill, 521 U.S. 793 (1997); Washington v. Glucksberg, 521 U.S. 702 (1997).
(28)　Brief of Amici Curiae Ronald Dworkin et al, *Glucksberg* (No. 95-1858, 96-110), available at 1996 WL 708956. ジョン・ロールズに加えて，トマス・ネイゲル，トマス・スキャンロン，私，ロバート・ノージック，ジュディス・ジャーヴィス・トムソンが意見書に署名した。
(29)　410 U.S. 113 (1973).
(30)　John Rawls, *Commonweal* Interview with John Rawls, in Rawls, *Collected Papers*, 616, 618 を参照。
(31)　ヨーロッパにおける中絶法の地位についての余すところのない論考として，Inter-Departmental Working Group on Abortion, Gov't of Ir., Green Paper on Abor-

tion 3.02, available at http://www.taoiseach.gov.ie/index.asp?docID=238 (last visited Apr. 14, 2004) を参照。

(32) Pub. L. No. 108-105, § 3(a), 117 Stat. 1206 (2003).
(33) 347 U.S. 483(1954).
(34) Loving v. Virginia, 388 U.S. 1 (1967); McLaughlin v. Florida, 379 U.S. 184 (1964).
(35) 410 U.S. 113(1973).
(36) Sch. Dist of Abington Township, Pa. v. Schempp, 374 U.S. 203 (1963); Engel v. Vitale, 370 U.S. 421 (1962).
(37) 531 U.S. 98 (2000).
(38) Rawls, *Political Liberalism*, 124.

訳　注

日本語版への序文
［１］　『ハリネズミにとっての真理』という書名は，アイザイア・バーリンによるハリネズミと狐の比喩的対比にちなんでいる。ハリネズミは，森羅万象を唯一の体系で説明する人々を表し，狐は，競合しあう多数の目的を追求する人々をさす。Isaiah Berlin, "The Hedgehog and the Fox," in his *Russian Thinkers*, ed. by Henry Hardy and Aileen Kelly (London: Hogarth Press, 1978), pp. 22-81（河合秀和訳『ハリネズミと狐：『戦争と平和』の歴史哲学』岩波書店，1997年）。狐になぞらえた価値多元論を唱えるバーリンに反対して，非価値多元論的理論を提示するというプロジェクトを，この書名は表現している。

序　論
［１］　「われわれは，『単に言葉を見ているのではなく，…言葉を用いて語っている現実をも見ている。われわれは，現象についてのわれわれの認知を鋭敏にするために，言葉についての鋭敏にされた意識を用いているのだ』」。H. L. A. Hart, *The Concept of Law*, 2nd ed. (Oxford: Oxford University Press, 1994), p. 14 (1st ed. 1961)（矢崎光圀監訳『法の概念』みすず書房，1976年，16頁）。

第１章
［１］　原文には，本章の先行箇所での記述を前提とした言及表現があるが，該当する先行箇所が存在しないため，言及表現の部分を削除した。
［２］　原文では "pervasive" であるが，文脈から "perversive" と解した。
［３］　Slade's Case 4 Co. Rep. 91a, 92b, 76 Eng. Rep. 1072 (1602), 1074. 本判決以前には，引受訴訟を提起するためには債務者による明示的な債務引受が必要とされていたのに対して，本判決では，債務の存在が立証されれば引受が推定された。これにより引受訴訟の争点が引受の有無から約因の有無へと移行したため，近代的契約法の端緒をなす判決とされる。

第２章
［１］　ヘラクレスは，ドゥウォーキンが法的推論における道徳の不可避的考慮を論じる際に登場させた，超人的能力をもつ架空の裁判官である。Ronald Dworkin, *Taking Rights Seriously* (Cambridge, Mass.: Harvard University Press, 1978), pp. 105-130（木下毅・小林公・野坂泰司訳『権利論』増補版，木鐸社，2004年，130-168

頁），Ronald Dworkin, *Law's Empire* (Cambridge, Mass.: Harvard University Press, 1986), Chapters 7-11（小林公訳『法の帝国』未來社，1995年，第7章－第11章）．

［2］　マクファーソン対ビューイック自動車会社事件判決の当時に支配的だったのは，製造業者は直接の契約関係がある相手方に対してのみ製品の責任を負うという直接当事者ルールだったが，カードウゾウ裁判官はこのルールの例外とされた諸先例の詳細な検討を通じて，消費者に対する製造業者の一般的注意義務を導出した．本判決は，製造業者の過失責任を契約法の拘束から解放して不法行為法のなかに位置づけなおした判決として，より一般的には原則と例外の逆転を通じたコモン・ローの発展の主要例として，つとに知られている．

［3］　原文では "the intellectual spirit of our age" であるが，指示されている前出箇所では "the spirit of our age" となっているので，前出箇所にあわせて訳出した．

［4］　本書第6章を参照．

［5］　ロックナー事件の当時の先例とは，最高裁判所が実体的デュー・プロセス理論により社会経済立法を憲法違反とした一連の判決をさす．製パン工場労働者の労働時間を規制した州法は合衆国憲法第14修正違反とされ（Lochner v. New York, 198 U.S. 45 (1905)），黄犬契約を禁止した連邦法は第5修正違反とされ（Aldair v. United State, 208 U.S. 161 (1908)），女性労働者の最低賃金法もまた第5修正違反とされた（Adkins v. Children's Hospital, 261 U.S. 525 (1923)）．こうした実体的デュー・プロセス理論は後に，アドキンズ判決を覆して女性最低賃金法を合憲とした判決（West Coast Hotel Co. v. Parrish, 300 U.S. 379 (1937)）により否定された．

［6］　先例の牽引力（gravitational force）とは，ドゥウォーキンが考案した理論装置であり，過去の判決が法律と異なって，その文言を超えて別の領域における類似の判決にも効力をもつという特徴を説明する．牽引力の説明および関連する議論として，Ronald Dworkin, *Taking Rights Seriously* (Cambridge, Mass.: Harvard University Press, 1978), pp. 110-115（木下毅・小林公・野坂泰司訳『権利論』増補版，木鐸社，2004年，136－143頁）．

第3章

［1］　出典中の "amici curiae"（裁判所の友）とは，係属中の事件について，裁判所の許可または要請にもとづいて情報や意見を提出する第三者の個人・組織を意味する．

［2］　蝶型用紙投票方式（butterfly ballot）とは，候補者名や投票の争点が列挙された用紙において，投票者が自らの支持する選択肢の個所に穴をあける穿孔用紙投票方式の一種である．候補者名等が見開き2頁にわたり段違いで記載され，穴をあける個所がその2頁の中央部分に縦に並んでいるために，この名がある．2000年の大統領選挙時にはフロリダ州の一部の選挙区でこの方式が用いられ，誤った個所に穴をあけた投票者が数多く出て，選挙結果の民主的正統性が論争の的となった．

第 4 章

［ 1 ］　Isaiah Berlin, "The Pursuit of the Ideal," in his *The Crooked Timber of Humanity: Chapters in the History of Ideas*, ed. by Henry Hardy (London: John Murray, 1990), pp. 12-13 (originally published in 1988)（福田歓一・河合秀和・田中治男・松本礼二訳『バーリン選集 4　理想の追求』（岩波書店，1992年，17－19頁）。引用部分は原典からの抜粋である。

［ 2 ］　Isaiah Berlin, "Two Concepts of Liberty," in his *Liberty*, ed. by Henry Hardy (Oxford: Oxford University Press, 2002), p. 217 (originally published in 1958)（小川晃一・小池銈・福田歓一・生松敬三訳『自由論』みすず書房，1971年，390頁）。

［ 3 ］　ハリネズミへの言及については，「日本語版への序文」訳注［ 1 ］を参照。

［ 4 ］　1940年11月14日夜のドイツ軍によるコヴェントリー中心部への空襲をさしている。コヴェントリー空襲計画は暗号解読にもとづいて事前に把握され，当時のウィンストン・チャーチル首相に報告されていたという見方が，後年広まった。もっとも，現在では，空襲計画の存在は捕捉されていたものの，標的地の事前の同定にはいたらなかったという見解が有力である。

［ 5 ］　『創世記』第22章第 9 ・10節。

第 6 章

［ 1 ］　「その人が責任をもつ誰か」とは，被用者が職務中に第三者に与えた損害について雇用者が不法行為による損害賠償責任を負う場合の被用者などをさす。

［ 2 ］　ムアによる芸術の本来的価値の主張については，G. E. Moore, *Principia Ethica* (Mineola, N.Y.: Dover, 2004), pp. 188-202 (originally published in 1903)（深谷昭三訳『倫理学原理』三和書房，1973年，245－262頁）。

［ 3 ］　E. M. Forster, "What I Believe," in his *Two Cheers for Democracy*, Abinger Edition of E. M. Forster, vol. 11, ed. by Oliver Stallybrass (London: Edward Arnold, 1972), p. 66（小野寺健・川本静子・小池滋・北條文緒訳『E. M. フォスター著作集11　民主主義に万歳二唱Ⅰ』みすず書房，1994年，105頁）。

［ 4 ］　リカードウの法則とここで呼ばれているのは，デイヴィド・リカードウの賃金論および比較優位説だと思われる。賃金については，リカードウは，賃金が労働の自然価格すなわち生産費用を反映した長期的価格に相当するならば，賃金は生存に必要な最低限の水準にとどまるだろうが，経済成長下の社会では賃金はその水準よりも高く上昇し続けるだろうと論じた。比較優位説とは， 2 国間（または 2 組織間， 2 個人間）の取引を，財の生産の相対的費用によって説明する理論である。例えば，A国ではB国と比べて，財 1 をわずかに安価に，財 2 を著しく安価に生産できるとき，A国では両財とも安価に生産できるにもかかわらず，A国が財 2 を生産し，B国が財 1 を生産して，両者が交換されるという国際貿易が生じる。なぜなら，各国は，生産に要する相対的費用が小さい財の生産に特化す

ることによって，利益を得られるからである．
［5］　これは，1991年以後に旧ユーゴスラビアで生じた国際人道法の重大違反行為を裁くために，1993年に国連安保理決議により設立された旧ユーゴスラビア国際刑事裁判所における一連の刑事訴訟をさす．
［6］　本段落で要約されているプラトンの見解については，例えば，プラトン『ポリティコス』293C-302B（藤沢令夫・水野有庸訳『プラトン全集3　ソピステス　ポリティコス（政治家）』岩波書店，1976年，314－344頁），プラトン『法律』875A-D（向坂寛・森進一・池田美恵・加来彰俊訳『プラトン全集13　ミノス　法律』岩波書店，1976年，561－563頁）．
［7］　人権法は，イギリスで1998年に制定された法律である．ヨーロッパ人権条約をイギリス国内でより実効的なものにするため，同条約と整合しない政府の決定を（関連法の法文のゆえにやむをえない場合を除いて）無効と定めるとともに，判決に際してヨーロッパ人権裁判所の判例を考慮に入れるよう裁判所に求めている．また，死刑制度を公式に全面的廃止とした．

第7章

［1］　1982年カナダ憲法第15条第1項．
［2］　買主危険負担（caveat emptor）とは，売主が売買の目的物について保証を与えないかぎり，目的物の不備不足による損害を買主が負担するという法理である．原意は，買主をして用心せしめよ，である．
［3］　Erie Railroad Co. v. Tompkins, 304 U.S. 64 (1938).
［4］　善意解釈の原理（principle of charity）とは，ある言語の解釈者が，当該言語の発話者が真だとみなす文のうち最も多くが真となるように解釈することを求める原理である．W. V. O. Quine, *Word and Object* (Cambridge, Mass.: Harvard University Press, 1960), pp. 59-60（大出晁・宮館恵訳『ことばと対象』勁草書房，1984年，93－94頁），Donald Davidson, *Inquiries into Truth and Interpretation*, 2nd ed. (New York: Oxford University Press, 2001)（野本和幸・植木哲也・金子洋之・高橋要訳『真理と解釈』勁草書房，1991年）．

第8章

［1］　Ronald Dworkin, *Taking Rights Seriously* (Cambridge, Mass.: Harvard University Press, 1978), p. 23（木下毅・小林公・野坂泰司訳『権利論』増補版，木鐸社，2004年，16頁）．
［2］　命題への姿勢（propositional attitude）とは，ある人が特定の命題に対してもつ認知的関係をさす．例えば，「太郎は，次郎が嘘をついていることを知っている」という文では，「知っている」が，命題「次郎が嘘をついている」に対する認知的関係を示している．
［3］　Nelson Goodman, *Fact, Fiction, and Forecast*, 4th ed. (Cambridge, Mass.: Har-

vard University Press, 1983)（雨宮民雄訳『事実・虚構・予言』勁草書房，1987年）.
[4]『士師記』第11章第30－34節。

第9章
[1]　人権法については，第6章訳注［7］を参照。
[2]　裁判所の友については，第3章訳注［1］を参照。

訳者あとがき

　法哲学は論争の学である。これは，先行学説への後続研究者による批判や同時代の論者間の討論がしばしば見られる分野だという意味にとどまらない。むしろ，後続者による先行思想の克服の試みや同時代的論議を通じて，学問的争点が浮き彫りとなり，理論的発展が進むことを特徴とする分野だという意味である。

　今日の法哲学的諸論争における1つの中心点を30年間以上も占め続けてきた理論家が，ロナルド・ドゥウォーキンである。H・L・A・ハートの法実証主義的理論に対する根底的批判によって一躍その名を馳せた彼は，その後もロバート・ボークらの原意主義や，リチャード・A・ポズナーがかつて唱えた富の最大化論に対して，また政治哲学上は厚生平等主義に対して，鋭角的批判と代替理論の提示を重ねてきた。こうした論争的研究方法を通じて法哲学界の第一人者の地位を占めるにいたったドゥウォーキン自身が，今度は数多くの法哲学者・政治哲学者・哲学者らによって批判の標的とされ，学問的討議の焦点であり続けている。このように多角的論争を重ねることによって自らの理論を彫琢し法哲学およびその隣接諸領域の発展に大きく貢献してきた彼が，主要な論敵たちに次々に新たな一撃を加え，そうすることで自説の擁護と深化を図っているのが，本書である。これは，Ronald Dworkin, *Justice in Robes*, Cambridge, Mass.: The Belknap Press of Harvard University Press, 2006 の全訳である。

　原著は序論と9つの章からなる。序論では，全体的理論枠組のなかに論敵たちが位置づけられる。その上でまず，近年のポズナーやキャス・R・サンスティーンに代表される法的プラグマティズムが，批判的吟味の俎上に載せられる（第1章～第3章）。続いて，アイザイア・バーリンの価値多元論とアントニン・スカリアの原意主義が，それぞれ検討される（第4章，第5章）。そして，ハート，ジュールズ・コールマン，ジョゼフ・ラズらが唱える相異

なった形態の実証主義的法理論が，順次精査されてゆく（第6章〜第8章）。最後に，ジョン・ロールズの理論が，法哲学的観点から考察される（第9章）。加えて，本訳書には，序論末尾で示唆された新たな知的地平の法理論を展開するだろう次作を予告する「日本語版への序文」が付されている。

　各章の概要を見てゆきたい。序論では，大きな理論的見取り図が描出され，そのなかに自説と対抗的諸学説が位置づけられる。法命題の真理条件のなかに道徳的規準は含まれるか。この問いに答えるための第一歩は，4種の法概念の区別である。特定の効果をもつ実体を意味する学理的法概念，特定の社会構造をさす社会学的法概念，道徳的標準や慣習的標準から区別された法的標準を表す分類学的法概念，解釈を争われる政治道徳的概念を示す熱望的法概念である。本書で探究されるのは学理的法概念の一般理論である。この探究は4つの段階を経る。第1の意味論的段階では，学理的法概念が，語の適用規準を定義により設定する規準的概念，物理的・生物的構造をもつ自然種的概念，人間の実践が何を要求するかをめぐる論争を鼓舞する解釈的概念のいずれに属するかが問われる。ドゥウォーキンの解答は解釈的概念である。この解答にもとづいて，第2の法理学的段階では，法実践を最善に正当化する諸価値の一般的説明が提供される。ここでは学理的法概念の考察は熱望的法概念のそれと軌を一にし，それゆえ道徳が現れる。熱望的法概念の説明では，首尾一貫した政治原理を通じた統治を要求する一貫性の理念が，優越的地位を占める。第3の学理的段階では，先に同定された諸価値の下で，法命題の真理条件が説明される。ある法命題が，他の真なる法命題の最善の解釈を提供する道徳原理から導出されるならば，当該法命題は真である。こうした法解釈の説明は，一方では現実の法実践に適合し，他方ではその実践が資する価値を記述しなければならない。第4の裁決的段階では，法の強行を担う裁判官は特定の事案で一貫性に従って裁判を行うよう要求され，ここでも道徳が現れる。

　上記のような構図のなかに，論敵たちの見解が位置づけられる。裁決的段階に関する理論であるプラグマティズムのうち，法命題の真理条件の探究を無意味だとする懐疑論は，リチャード・ローティらに見られる。また，裁決的段階のみで展開され，先行の3段階について語らないのが，ポズナーの議論である。他方，一貫性の観念に反対して基礎的価値間の衝突を主張するのが，バーリンの価値多元論である。法実証主義には社会学的形態や分類学的

形態もあるが，哲学的に重要なのは学理的形態である。学理的実証主義の一類型は，裁決的段階で判決の方針を与える政治的実証主義であり，そのなかでも手強い立場が，近時はスカリアを一主唱者とする原意主義である。他方，学理的実証主義のうち，ハートに代表される分析的実証主義は，意味論的段階で法概念が解釈的概念ではないと主張する。ドゥウォーキンは，ハートが法概念を規準的概念として捉えていると解して批判したが（意味論の毒牙の議論），ハートは遺稿のなかでこの解釈を否定した。ドゥウォーキンはかつての自らの解釈が最善だと信じつつも，本書では代替的解釈を提出する。より最近の分析的実証主義者であるコールマンとラズは，互いに大きく異なった視角からこの立場を擁護しているが，両者は――また他の実証主義者たちも――学理的・社会学的・分類学的という法概念の区別を無視している。最後に，法理論を政治哲学の一部門として位置づける構想が示唆される。

　第1章では，ローティとスタンリー・フィッシュへの批判が展開される。ローティによれば，法命題・道徳命題は現実に対して忠実ではありえず，われわれにとって有用でありうるにすぎない。この主張の背後には，人々が実践的企ての内部で法・道徳・世界が何であるかを語る内的レベルと，理論家が企ての外部でその企てについて語る外的レベルとの区別がある。ローティは，法や正義が何であるかを主張するのは形而上学的・基礎づけ主義的だと論難することによって，外的レベルを占拠しようとする。しかし，外的レベルはじつは存在しない。彼は大仰な表記によって，外的レベルの存在を読者に納得させようとするが，それらの表記をいったん取り去れば，内的レベルとの相違は何も残らない。以上とほぼ同様の批判は，フィッシュの近年の議論にも妥当する。

　第2章では，ポズナーとサンスティーンの理論が検討の俎上に載せられる。法的主張の真偽を推論し考察する適切な仕方は何かという問いに関して，理論埋め込み的見解と実践的見解を区別できる。ドゥウォーキンが展開してきた理論埋め込み的見解によれば，具体的な法的主張は，特定の原理が，法実践によりよく適合し法実践をよりよき光の下におくような解釈的正当化を提供するという主張に等しい。他方，ポズナーとサンスティーンに代表される反理論派のシカゴ学派は，理論埋め込み的見解を排して実践的見解を唱道する。ポズナーの議論は，形而上学的懐疑論と功利主義という2通りに解釈されえ，サンスティーンのそれは専門職主義として解釈されうるが，そのいず

れも成功していない。

　第3章は，ポズナーが法的プラグマティズムを擁護した長大な論文に対する詳細かつ辛辣な批判である。そのねらいは，この論文が具現している当今の反理論運動からの挑戦に対して反撃すること，またポズナーが自らの主張とは反対に繰り返し道徳理論に回帰していると示して道徳理論の頑健さを示すことにある。彼の議論にひそむさまざまな矛盾が剔抉された後，この議論の根底にはダーウィン主義的プラグマティズムがあると指摘される[1]。なお，本章への補論は，ブッシュ対ゴア事件の最高裁判所判決を弁護したポズナーの別稿や著書に対する応答である。

　第4章は，バーリンの価値多元論に対する論評にあてられる。彼の唱える価値衝突の不可避性，とりわけ自由と平等の衝突の不可避性というテーゼは，自らが欲する何事をもなしうるという自由観を前提している。だが，われわれがコミットしているのは，他者の道徳的権利を尊重するかぎりで何事をもなしうるという自由観である。ある個人の意思への妨害がいかなる不正義ももたらしていなければ，自由は侵害されていない。価値多元論を擁護するためには，バーリンが想定したよりもはるかに長く複雑な議論が必要となろう。

　第5章では，スカリアの原意主義的理論およびローレンス・トライブの批評が検討に付される。憲法について，具体的で日付のある解釈と抽象的で原理づけられた解釈とを区別できるが，起草者は後者を意図していた。そこで，期待的意図ではなく意味論的意図を尊重するべきである。ドゥウォーキンがスカリアのタナー基金講演に対して，期待的原意主義と意味論的原意主義の混在を指摘したところ，彼は自らを意味論的原意主義者と称して，反駁を試みた。だが，その立論は重大な矛盾をはらむ。他方，この2人と意見を異にすると宣言したトライブは，両者の主張を曲解している上に，スカリアと同型の矛盾を露呈している。

　本書の佳境と評しうる第6章は，ハートの死後に公刊された『法の概念』第2版の補遺に対する応答である。これは近年の英語圏法哲学における最重要論文の1つであり，またドゥウォーキンの法理論・政治理論の基本的性格を理解する格好の手がかりとなる。やや詳細に論旨を追ってゆこう。

　ハートの「源泉テーゼ」によれば，法の存在・内容は法の社会的源泉への言及によって同定されるが，法それ自体が法の同定のための道徳的規準を包含する場合はその例外となる。そして，法とは何か，法をどのように同定す

るかを述べるプロジェクトは，評価的でなく記述的であり，法学的でなく哲学的だとされる。この主張の背後には，研究対象である第1階の論争的言説と，自らが立つ第2階の中立的言説とを峻別するアルキメデス主義がある。しかしながら，法の定義や分析は，この概念をめぐる政治的論争における意見と同程度に実質的・規範的・関与的である。

　その理由を明らかにするため，ドゥウォーキンはまず，正義・自由・民主制等の政治的概念ないし政治的価値の考察へと向かう。政治的概念に関するアルキメデス主義は維持されえない。第1に，政治的概念の定義は具体的問題への解答を左右するから，中立的でない。第2に，政治的概念の分析が記述的だという主張は，当該の概念が規準的または自然種的だと前提しているか，あるいはその分析が歴史的一般化だと想定していると解釈されうるが，しかしこれらの解釈はいずれも擁護しがたい。むしろ，政治的価値の哲学的分析は，当該価値がもつ規範的構造を明らかにするという意味で概念的だが規範的なのである。次に，法は政治的概念であるから，政治的諸概念に関する考察はハートの法概念分析にも妥当する。第1に，「源泉テーゼ」は新奇な法的主張にとって不利な判決を導くから，そうした法的主張がなされた事案における両当事者間で中立的でない。第2に，分析の記述性の主張については，ハートは補遺のなかで，意味論の毒牙の議論を自説への誤解として退けたが，しかし彼が法概念を自然種的概念とみなしていると解釈しても，あるいは法概念分析を歴史的一般化と捉えていると解釈しても，困難に直面する。

　そこで，法概念の中核に位置するリーガリティないし法の支配という価値から新たに出発するべきである。「源泉テーゼ」は1つのリーガリティ観だと解釈され，より一般的に，法理学上の諸学派は相異なったリーガリティ観として理解される。諸学派の分岐点は，リーガリティと的確性・効率性・一貫性との結びつきである。政治的保守主義者や中世自然法論者は，リーガリティが，実質的正義にかなう賢明な仕方での国家の強制権力行使を意味する的確性を促進すると信じた。法実証主義者は，多数の公務員の多様な判断でなく事前に注意深く設計された法律を通じた市民の行為の調整を意味する効率性こそが，リーガリティにより促進されると考えてきた。ドゥウォーキン自身は，リーガリティが，原則的には万人に適用される一組の諸原理の下での統治という一貫性に資することを重視する。効率性を促進する権威がリーガリティによって提供されると論じる解釈的法実証主義は，アルキメデス主

義を脱して価値論争に明示的に参加している。

　ジェレミー・ベンサムやオリヴァー・ウェンデル・ホウムズらが法実証主義を唱道した時代には，道徳的判断権を振り回す裁判官は保守派だった。しかし，1950年代の合衆国最高裁判所では，実質的な道徳的・政治的判断を通じて新たな権利が承認されるようになり，法実証主義者がむしろ保守派となった。それゆえ，ハートやその追随者たちは先人と異なって，かつては法実証主義が備えていた訴えかけの力に頼れず，中立的記述という自己理解へと退行してしまった。

　第7章は，コールマンの近著『原理の実践』(2001年) の書評論文であるが，ラズの権威論の検討も含んでいる。コールマンによれば，ドゥウォーキンの法実証主義批判が触媒となり，この立場がいっそう発展して2派に分かれた。一方は，法の要求・禁止が道徳的テストに左右されないと主張する排除的実証主義であり，他方は，コンヴェンションがそのように規定する場合には，法を同定するテストのなかに道徳的規準が現れると認める包含的実証主義である。コールマンは，包含的実証主義こそがドゥウォーキンの法理論よりも優れた理論だと主張する。しかし，彼は，法実証主義とは異質で，むしろドゥウォーキンの学説に類似した自説に，「法実証主義」の名を冠しているにすぎない。その上，コンヴェンションという法の捉え方を，法の同定をめぐる法律家間の意見の不一致という認識と整合させようとする彼の試みは，失敗に終わっている。次に，ラズの排除的実証主義が検討される。彼の権威分析は，法実証主義を存続させるための人工的なものであり，推論上の誤りを含み，法体系の実態に適合しない。では，コールマンやラズはなぜそれほど頑に法実証主義を擁護し続けるのか。それは部分的には，法実証主義が，法理学を他の諸分野から峻別された自律的分野とすることに役立つからだと示唆される。

　第8章は，いっそう最近の分析的な学理的実証主義の批判的検討である。はじめに，かつて自らが提示した意味論の毒牙の議論は，その後の学的進展によって現在では狭隘になったとして，法概念が規準的または自然種的だという仮定を意味するように拡張する。次に，ラズの最近の一論文に対して，社会学的法概念と学理的法概念を区別せず，しかも法概念を自然種的概念と捉える広義の意味論の毒牙に侵されていると批判している。続いて，ドゥウォーキンの初期の法実証主義批判は排除的実証主義と包含的実証主義によっ

てそれぞれ応答されたのに対して，後の批判は未応答のままだというスコット・シャピロらの認識に対して，学理的法概念と分類学的法概念の区別という観点から反論が示される[2]。さらに，この区別の観点からラズの別稿をかなり詳細に検討している。

第9章は，ロールズの理論が法哲学に対してもつ含意を平易に説いている。第1に，法実証主義に対置された解釈主義の方法として，反照的均衡を位置づけうる。第2に，原初状態での代表者たちが功利主義者であるならば，法実証主義を採択し，正義の2原理を信奉するならば，解釈主義を採用する。第3に，困難な事案における法的推論法の候補として，公共的理由が考えられるが，しかしこれには難点があり，むしろ解釈主義こそが適切な法的推論法を提供する。第4に，ロールズは，民主制における司法審査の正統性の肯定を示唆する一方で，憲法訴訟での慎重な裁判戦略を首肯するにいたったが，その見解には異論の余地がある。第5に，懐疑論者は，困難な事案での法的判断が客観的真理の報告でなく話者の心理状態の表出にすぎないと主張するが，ロールズはその反対の見解をとっていた。

以上のようにきわめて内容豊富な本書は，アルキメデス主義批判，拡張された意味論の毒牙の議論，立法者意思の解釈，懐疑論批判など，本来ならば立ち入った解説や検討を要する多くの重要な議論を含んでいる。だが，そのような紙幅を要する作業にここで取り組むことはできないから，きわめて基本的な一論点を指摘するにとどめたい。コールマンやシャピロの主張に見られるとおり，ドゥウォーキンのハート批判ひいては法実証主義批判は，新旧二種類に大別されるとしばしば理解されてきた。その理解によれば，『権利論』（*Taking Rights Seriously*）で提起された初期の批判は，裁判官がときにルールのみならず原理をも援用するという事実をハートやその追随者たちは捕捉しそこねているというものである。そして，この批判を回避するところに包含的法実証主義の眼目があり，またこれを新たな議論によって論駁するのが排除的実証主義だとされる。他方，後期の批判は『法の帝国』（*Law's Empire*）で新たに展開された。そのなかでも，意味論の毒牙の議論は的外れだが，法的な意見の不一致の説明は法実証主義にとって重要な挑戦課題だというのである。

こうした認識の後段に対するドゥウォーキンの応答は，おもに第6章・第

8章に見出される。だが，この論争をどう評価するかという問題の以前に，そもそも初期の法実証主義批判に対する一般的理解は正確とは言いがたい。第8章で言及されているように，初期の批判とされているものは，1967年論文（『権利論』原書第2章）での議論に依拠している。この批判は，本書で言う分類学的法概念を不問に付するばかりか，むしろそれを前提していると解釈されうる立論であった。しかしながら，そのわずか5年後に公刊された1972年論文（同書第3章）では，ルールであれ原理であれ何らかの標準の集合として法を捉える見方に対して，異議申し立てがなされている。分類学的法概念それ自体を批判する立場が鮮明にされたのである。この事実を踏まえるならば，1967年論文の議論にもとづいて初期の批判なるものを同定した上で，それを克服する2つの方途として包含的実証主義と排除的実証主義を位置づける一般的理解には，異論の余地があるだろう。ドゥウォーキンが多種多様な論敵たちに対して次々に繰り出してきた一刺し，いわばドゥウォーキンの一刺し（Dworkin's stings）が，つねに急所を突いてきたとは，私は思わない。にもかかわらず，彼がつとに法実証主義者たちに向けた一刺しは，彼ら自身が理解してきたよりもはるかに深い刺し傷をもたらしたのである。

　若干の訳語・表記について述べておこう。第1に，ドゥウォーキン法理論のキー・ワードである "integrity" は，従来「全一性」・「純一性」等と訳されてきた。しかしながら，この語が示す概念は，「政府に対して，…原理づけられ整合的な仕方で自らの全市民に向かって行為すること，一部の市民に用いる正義ないし公正の実体的標準をあらゆる人に拡張することを要求する」ものだとされ，また「等しきものを等しく扱え」という標語との関連と異同が言及されている[3]。加えて，この概念は元来は個人道徳上のものであるから，個人についても自然に用いうる訳語が望ましいだろう。これらを勘案して，本書では「一貫性」と訳している。第2に，"legality" は一般に「合法性」と訳される。だが，法哲学においては，ロン・L・フラー以来，行為や事態の法規範への合致ではなく，法を法であらしめている性質をさす用法が確立している[4]。その意味で用いられている場合には，「リーガリティ」と片仮名表記した。第3に，"concept"（概念）から区別された "conception" は，「観念」・「概念解釈」・「構想」等と訳されてきた。「観念」については，概念の特定の見方という意味が希薄である点を，「概念解釈」については，「解釈」が過程−所産の両義性をもつ語である点を，「構想」については，"conception" が

未実現の計画の骨子や言語的作品の主題・配置の基本線を必ずしも意味しない点を，それぞれ指摘できるだろう。そこで，「～観」または「捉え方」と訳した。第4に，ドゥウォーキンが案出した裁判官 "Hercules" は，通常「ハーキュリーズ」と表記されてきた。だが，英語発音表記にすると，ギリシア神話における剛勇無双のヘーラクレースにちなんだ仮想的裁判官であることが想起されにくい。そこで，本書では，ギリシア語発音にのっとりつつ長音を省略して「ヘラクレス」としている。

凡例にも触れておく。[　] は原著者による挿入を，〔　〕は訳者による挿入を示している。なお，欧語文献については〔　〕中で邦訳を挙げたが，文脈等を勘案して訳文は必ずしも従っていない。文献引用上の誤記等については，逐一断らずに訂正してある。

著書のドゥウォーキンは，わが国の法哲学者はもとより法学者全般の間でかなり高い知名度をもつと思われるから，経歴等を改めて紹介する必要はないだろう。現在，ニュー・ヨーク大学でフランク・ヘンリー・ソマー法学教授と哲学教授を兼任し，ユニヴァシティ・カレッジ・ロンドンではジェレミー・ベンサム法理学教授の職を2008年に離れて法理学名誉教授となっている。最近の受賞としては，ジェファーソン・メダル（ヴァージニア大学，2006年），ホルバーグ国際記念賞（ノルウェー，2007年）などがある。本書以外の単著の著書およびその邦訳は，小冊子を除くと以下のとおりである[5]。

Taking Rights Seriously, Cambridge, Mass.: Harvard University Press, 1977（木下毅・小林公・野坂泰司訳『権利論』増補版，木鐸社，2004年，小林公訳『権利論Ⅱ』木鐸社，2001年）。

A Matter of Principle, Cambridge, Mass.: Harvard University Press, 1985.

Law's Empire, Cambridge, Mass.: Harvard University Press, 1986（小林公訳『法の帝国』未來社，1995年）。

Life's Dominion: An Argument About Abortion, Euthanasia, and Individual Freedom, New York: Knopf, 1993（水谷英夫・小島妙子訳『ライフズ・ドミニオン：中絶と尊厳死そして個人の自由』信山社出版，1998年）。

Freedom's Law: The Moral Reading of the American Constitution, Cambridge, Mass.: Harvard University Press, 1996（石山文彦訳『自由の法：米国憲法の道徳的解釈』木鐸社，1999年）。

Sovereign Virtue: The Theory and Practice of Equality, Cambridge, Mass.: Harvard University Press, 2000（小林公・大江洋・高橋秀治・高橋文彦訳『平等とは何か』木鐸社，2002年）。

Is Democracy Possible Here?: Principles for a New Political Debate, Princeton, N.J.: Princeton University Press, 2006（木鐸社より邦訳公刊予定）。

The Supreme Court Phalanx: The Court's New Right-wing Bloc, New York: New York Review of Books, 2008.

　ドゥウォーキン教授は，大変な多忙さにもかかわらず「日本語版への序文」の原文を驚くべき早さでお送り下さった。木鐸社の坂口節子氏とは，15年前の最初の拙著公刊でお世話になった直後から，折にふれいくつかの英文著作の翻訳について相談してきたが，このように意義深い書物の翻訳に行き着いたのは，誠に幸運だった。今回も公刊までに一方ならぬお世話になった。訳注における政治哲学文献の引用については濱真一郎氏が，経済学的説明については金子昭彦氏が，情報・助言を下さった。また，翻訳の準備作業では奥野翔君・安田香央里さん・渡邊智之君から，欧語文献の邦訳の列挙では大塚貴弘君から，索引の作成では坂根藤子氏・今井裕也君から，助力を得た。

2009年2月

宇佐美　誠

＊　本稿の一部は，原著の書評である宇佐美誠「ドゥウォーキン法理論の新たな展開」『アメリカ法』2008巻2号（2009年）に加除修正を行ったものである。

1　ポズナーによるドゥウォーキンへの反論を含む立論の洗練化の試みとして，Richard A. Posner, *The Problematics of Moral and Legal Theory*, Cambridge, Mass.: Harvard University Press, 1999．

2　シャピロはこの批判を踏まえて，ドゥウォーキンの法実証主義批判に対する理解を修正している。Scott Shapiro, "The 'Hart-Dworkin' Debate: A Short Guide for the Perplexed," in Arthur Ripstein, (ed.), *Ronald Dworkin*, Cambridge: Cambridge University Press, 2007, pp. 22-55.

3　Ronald Dworkin, *Law's Empire*, Cambridge, Mass.: Harvard University Press,

1986, pp. 165-166（小林公訳『法の帝国』未來社，1995年，264－265頁）。
4 　Lon L. Fuller, *The Morality of Law*, rev. ed., New Haven: Yale University Press, 1969（稲垣良典訳『法と道徳』有斐閣，1968年）。
5 　2003年時点までの包括的な公刊業績一覧は，Justine Burley (ed.), *Dworkin and His Critics*, with Replies by Dworkin, Oxford: Blackwell, 2004, pp. 396-404 にある。

初　出

第 1 章は元々, "Pragmatism, Right Answers, and True Banality" in *Pragmatism in Law and Society*, ed. Michael Brint and William Weaver (Boulder, Colo.: Westview Press, 1991) の一部分として公刊された。

第 2 章は元々, 29 *Arizona State Law Journal* (Summer 1997) で公刊された。

第 3 章から補論を除いた部分は元々, 111 *Harvard Law Review* (1998) で公刊された。補論は元々, *A Badly Flawed Election: Debating Bush v. Gore, the Supreme Court, and American Democracy*, ed. Ronald Dworkin (New York: New Press, 2002) の序論の一部として公刊された。

第 4 章は元々, "Do Liberal Values Conflict?" in *The Legacy of Isaiah Berlin*, ed. Mark Lilla, Ronald Dworkin, and Robert Silvers (New York: New York Review of Books, 2001) として公刊された。

第 5 章は, 私の論文 "The Arduous Virtue of Fidelity: Originalism, Scalia, Tribe, and Nerve," 65 *Fordham L. Rev.* 1249 (1997) の圧縮・改訂版である。

第 6 章は元々, "Hart's Postscript and the Character of Political Philosophy" in *Oxford Journal of Legal Studies*, vol. 24, no. 1 (2004) として公刊された。

第 7 章は元々, 115 *Harvard Law Review* (2002) で公刊された。

第 9 章は元々, 72 *Fordham Law Review* (2004) で公刊された。

索 引

人名索引

ア行
アッカーマン（Bruce Ackerman） 318
アブラハム（Abraham） 142-143
ヴィトゲンシュタイン（Ludwig Wittgenstein）
　52, 64, 78, 247-248, 348
ウィリアムズ（Bernard Williams） 52, 341
ヴェーバー（Max Weber） 13
エフタ（Jephtha） 353-354
エンディコット（Timothy Endicott） 350
オースティン（John Austin） 86, 267, 299, 309, 354
オースティン（J. L. Austin） 44

カ行
カードウゾウ（Benjamin Cardozo） 74, 83, 359
ガードナー（John Gardner） 233, 291, 352-353
カント（Immanuel Kant） 90, 103, 175, 314, 324
グッドマン（Nelson Goodman） 351-352
グリーン（Michael Stephen Green） 47, 282-283, 351
クリプキ（Saul Kripke） 348
クレイマー（Matthew Kramer） 298, 354
クワイン（W. V. O. Quine） 52
ケネディ（Duncan Kennedy） 337
ケリー 295-296
ケルゼン（Hans Kelsen） 266
ゴア（Al Gore） 122-123, 125-128, 132, 343
コールマン（Jules Coleman） 46-47, 235-249, 259, 262, 265, 268-277, 290-291, 293-294, 299, 347-348, 350, 352, 363, 365, 368-369

サ行
サンスティーン（Cass Sunstein） 37-38, 69, 77, 87-95, 334-335, 363, 365
ジェイムズ（William James） 52, 113
シムチェン（Ori Simchen） 344
シャピロ（Scott Shapiro） 47, 290-292, 299, 352, 369, 372
スカリア（Antonin Scalia） 42-43, 152, 159-168, 212, 344, 346, 363, 365-366
スキャンロン（Thomas Scanlon） 104, 356
スタヴロポウロス（Nicos Stavropoulos） 351

タ行
ダイシー（A. V. Dicey） 223
チャーチル（Winston Churchill） 139, 360
デイヴィドソン（Donald Davidson） 52, 275-277
デューイ（John Dewey） 52
ドゥウォーキン（Ronald Dworkin） 81, 89, 109, 162, 240, 268, 271, 275-276, 287, 336, 352, 358-359, 363-372
トムソン 356
トライブ（Laurence Tribe） 43, 94, 152, 160-168, 366

ナ行
ヌスバウム（Martha Nussbaum） 336
ネイゲル（Thomas Nagel） 137, 356
ノージック 356

ハ行
バーク（Edmund Burke） 219
パース（Charles Sanders Peirce） 52
ハート（H. L. A. Hart） 39, 41, 44-46, 86, 104, 179-185, 206-212, 215, 220-221, 225, 230, 234, 238, 266-267, 269, 271, 290, 299, 305-306, 327, 338, 345, 347, 350, 352-353, 363, 365-369
バーリン（Isaiah Berlin） 39, 135-146, 148-149, 185-186, 194, 201, 204-205, 358, 363-364, 366
ハイエク（F. A. Hayek） 223
パットナム（Hilary Putnam） 52
ハムレット（Hamlet） 154-155
バリー（Brian Barry） 327
ハンド（Learned Hand） 11, 40, 229, 264
フィッシュ（Stanley Fish） 36, 60-66, 329-333, 365
フォースター（E. M. Forster） 205

132, 151-152, 168
フラー（Lon Fuller） 13, 370
ブラックストーン（William Blackstone） 219
ブラットマン（Michael Bratman） 245-246
プラトン（Plato） 213, 218-219, 361
フランクファーター（Felix Frankfurter） 322
ブランダイス（Louis Brandeis） 228-229, 264, 319, 356
ヘラクレス（Hercules） 69, 72-75, 89, 92, 237, 347, 358, 371
ベンサム（Jeremy Bentham） 86, 220-221, 227, 230, 264, 266, 299, 309, 368
ホウムズ（Oliver Wendell Holmes, Jr.） 11, 40, 78, 119, 173, 228-230, 251, 264, 299, 310, 346, 355, 368
ボーク（Robert Bork） 212, 363
ポズナー（Richard Posner） 36-37, 60, 69, 77-78, 80-84, 94-95, 97-102, 104-132, 153, 328-329, 334-344, 347, 363-366, 372
ホッブズ（Thomas Hobbes） 220, 225

マ行

マーフィー（Liam Murphy） 41, 221
マッキー（John Mackie） 59
ミネルヴァ（Minerva） 72, 75
ミル（John Stuart Mill） 185, 314
ミルトン（John Milton） 154-155
ムア（G. E. Moore） 199, 360

ラ行

ラズ（Joseph Raz） 46-47, 220, 226, 236, 249-259, 261-265, 269, 283-288, 291-296, 298, 327, 349, 252, 363, 365, 368-369
リカードウ（David Ricardo） 211, 360
リンカーン（Abraham Lincoln） 120, 131, 258
レイシー（Nicola Lacey） 45, 290-291, 327
レヴィ（Edward Levi） 86, 90
ローティ（Richard Rorty） 36, 51-55, 57, 59, 61, 79-80, 117, 364-365
ロールズ（John Rawls） 48, 88, 104, 106, 04, 301-304, 306-312, 314-324, 335-336, 356, 364, 369
ロバーツ（John Roberts） 344

事項索引

ア行

アルキメデス主義 181-182, 186-188, 194, 201, 208-209, 211, 215, 232, 367, 369
意見の不一致 192, 291, 305, 328-329, 351, 368-369
一貫性 24-25, 27, 32, 35, 39, 64, 86, 89-94, 96, 157-158, 168, 217, 222-224, 230, 275, 303, 330, 355, 364, 367, 370
意味論的意図 158, 160, 162, 165, 366
意味論的原意主義 43, 160-161, 166, 366
意味論の毒牙 45, 272-273, 276, 281-283, 285, 350, 352, 365, 367-369
埋め込み的アプローチ 68, 74, 81-83, 85
埋め込み的見解 70, 94

カ行

解釈主義 3, 308, 310-311, 313, 316, 369
解釈の概念 21-24, 31, 44-45, 276-277, 280-283, 326, 351, 364-365
解釈的均衡 307, 313
解釈的実証主義 225
解釈的法実証主義 367

外的懐疑論 336
外的レベル 54, 60, 62, 365
学理的概念 279
学理的実証主義 41, 285, 292-296, 299, 365
学理的法概念 13-16, 23-24, 31-32, 35-36, 44-45, 281-290, 292, 364, 368-369
重なり合う合意 88
価値多元論 135, 137, 145, 149, 213, 358, 363-364, 366
帰結主義 34, 37, 81, 95, 121
規準の概念 20, 22, 40, 44-45, 280-281, 286, 326, 364-365
擬人化 250-251, 255, 325, 353
基礎づけ主義 54, 61
期待の意図 160, 366
期待の原意主義 43, 160, 366
義務論 81
共有された協力的活動 245
局地的優先性 38, 72, 92
権威 46-47, 220-221, 225-226, 230, 250, 252, 254, 256-261, 263-264, 269, 275, 368
原意主義 41-42, 152, 160, 363, 365-366

索引　377

原初状態　308, 355, 369
源泉テーゼ　184, 207-212, 214-215, 226, 305-306, 308, 366-367
憲法実践への忠誠　152
憲法的一貫性　152
憲法の法文への忠誠　152, 154, 164, 166, 172
行為功利主義　34
抗議者的理解　222, 273
公共の理由　303, 314-316, 369
厚生主義　81-82
構成的解釈　155, 163-164, 216, 260, 275, 277, 349
功利主義　37, 82-83, 95, 103-104, 309- 310, 312-313, 316, 365, 369
効率性　25, 32, 34, 217-218, 220-222, 225, 227, 230, 367
互酬性　314-315
コンヴェンショナリズム　283, 288, 330
コンヴェンション　207-208, 238-249, 306, 368

サ行

裁量　227
自然種　193-196, 210
自然種的概念　21-22, 279-281, 283, 285-286, 364, 367-368
自然法論　3, 47, 219, 253, 350, 367
実証主義　3, 86, 302, 308, 310, 312-313, 317, 350
実践的アプローチ　68-69
実践的見解　365
司法審査　187, 189, 192, 317-318, 369
社会学的概念　279
社会学的実証主義　39
社会学的法概念　13-15, 40, 284-286, 288-289, 364, 368
自由　144-149, 185-186, 188, 190, 223, 252, 348-349, 366
承認のルール　46, 207, 238
正解テーゼ　328
正義　169, 188-189, 192, 197, 280-281, 307
正義の第1原理　320
正義の2原理　310, 312, 369
政治的一貫性　223
政治的意図　158, 160
政治的実証主義　40-41, 44, 365
政治的な学理的実証主義　39

正当化上の上昇　71-72, 74, 89, 104, 342
正統性　275
正統な権威　249-254, 256
善意解釈の原理　275, 277, 361

タ行

ダーウィン主義的プラグマティズム　117-119, 342, 366
的確性　217-219, 367
適用に関する意見の不一致　240-241, 243
ドゥウォーキンの誤謬　282
統合された価値　198, 201-203
道徳の実在論　323
道徳的相対主義　97, 100, 106, 114, 118, 120
道徳的多元論　38
道徳理論　86, 88, 94-95, 97-98, 101, 104-108, 110-111, 113, 116, 119-120, 340-342, 366

ナ行

内的懐疑論　336
内的レベル　54, 62, 365
内容に関する意見の不一致　240
熱望的概念　279
熱望的法概念　15, 24, 364

ハ行

排除的実証主義　225, 236, 249, 253, 256, 262-263, 291, 296, 349, 368-370
反実証主義　302-303
反照的均衡　204, 307, 315, 369
プラグマティズム　34, 36-37, 51-54, 56, 60, 116-117, 120-121, 128-129, 131-132, 172, 174, 176, 270, 283, 343, 345, 364
分析的実証主義　41, 44-48, 281, 290, 353-354, 365
分析的な学理的実証主義　43-45, 281, 283, 285, 368
分離された価値　198-201
分類学的概念　279
分類学的実証主義　40, 44, 291- 292, 296-299, 354
分類学的法概念　15, 40, 290, 292, 364, 369-370
包含的実証主義　46, 236, 259, 262, 291, 368, 370
包含的法実証主義　237, 369
法実証主義　39-41, 47, 218, 220-222, 225-226,

228, 230, 235-236, 238, 248-249, 264-266, 271-272, 282-283, 290, 304-305, 309, 363-364, 367-370
法的プラグマティズム　34, 40, 363, 366
法と経済学　35
法の支配　15, 24, 96, 214, 223, 284, 304, 307, 311, 322, 367

マ行

民主制　92, 169-171, 176, 186-190, 222, 294, 317, 340-341
無正解テーゼ　58-59
無知のヴェール　317
メタ倫理学　102, 181

ヤ行

唯一正解テーゼ　59

ラ行

リーガリティ　15-16, 24-25, 214-221, 223-225, 227, 229-234, 279, 307-308, 311, 346-347, 351, 367, 370
理論埋め込み的アプローチ　69, 77-78
理論埋め込み的見解　69, 75-76, 88, 365
理論的上昇　38, 75
類推　87, 90-91, 95, 175
ルール帰結主義　130
ルール功利主義　129

判例索引

エリー鉄道対トンプキンズ事件／エリー判決（Erie R.R. Co. v. Tompkins）　228, 266
クルザン事件（Cruzan v. Director, Missouri Department of Health）　58-59
スレイドの事件（Slade's Case）　332
ドレッド・スコット判決（Scott v. Sandford）　151
バウアーズ対ハードウィック事件（Bowers v. Hardwick）　176
ブッシュ対ゴア事件（Bush v. Gore）　36, 120-122, 127-130, 132, 322, 343, 366
ブラウン対教育委員会事件／ブラウン事件（Brown v. Board of Education）　111-112, 319, 322
ペンシルヴァニア州南東部家族計画協会対ケイシー事件／ケイシー中絶事件／ケイシー事件（Planned Parenthood of Southeastern Pennsylvania v. Casey）　104, 110, 316
マクファーソン対ビューイック自動車会社事件／マクファーソン事件（MacPherson v. Buick Motor Co.）　74, 83, 359
リッグズ対パーマー事件（Riggs v. Palmer）　291
ロー対ウェイド事件／ロー対ウェイド判決（Roe v. Wade）　110, 151, 158, 316, 319, 322, 339
ローマー対エヴァンズ事件／ローマー事件／エヴァンズ事件（Romer v. Evans）　112, 175-176
ローレンス対テキサス州事件（Lawrence v. Texas）　176
ロックナー事件／ロックナー判決（Lochner v. New York）　22, 92, 359

著者略歴

Ronald Dworkin（ロナルド　ドゥウォーキン）
1931年生まれ。ハーヴァード大学・オックスフォード大学卒業，ハーヴァード大学ロー・スクール修了。イェール大学ロー・スクール法学教授，オックスフォード大学法理学教授等を経て，ニュー・ヨーク大学フランク・ヘンリー・ソマー法学教授および哲学教授。著書については，「訳者あとがき」を参照。

宇佐美　誠（うさみ　まこと）
1966年生まれ。名古屋大学法学部卒業，同大学法学研究科博士課程(前期)修了，博士(法学)。中京大学法学部教授等を経て，東京工業大学社会理工学研究科教授。編著書に，『公共的決定としての法：法実践の解釈の試み』（木鐸社），『決定』社会科学の理論とモデル4（東京大学出版会），『世代間関係から考える公共性』公共哲学20（鈴村興太郎・金泰昌との共編著，東京大学出版会）。

© Copyright 2006 by Ronald Dworkin
This translation of Justice in Robes
is published by arrangement through
The Sakai Agency

裁判の正義
────────────────────────────
2009年7月30日　第1版第1刷印刷発行 ©

訳者との了解により検印省略	著　者	ロナルド・ドゥウォーキン
	訳　者	宇　佐　美　誠
	発行者	坂　口　節　子
	発行所	㈲　木　鐸　社

印刷　㈱アテネ社　製本　高地製本所
〒112-0002　東京都文京区小石川5-11-15-302
電話 (03) 3814-4195　ファクス (03) 3814-4196
振替 東京00100-5-126746　http://www.bokutakusha.com/

乱丁・落丁本はお取替え致します

ISBN978-4-8332-2416-1 C3032

平等とは何か
R. Dworkin, *Sovereign Virtue*, 2000
R．ドゥウォーキン著　小林公・大江洋・高橋秀治・高橋文彦訳
A5判・620頁・6500円（2005年・2刷）ISBN4-8332-2327-9 C3012
　1981～99年に発表した一連の論文で，一般的な平等理論とその具体的適用を体系的に展開。「平等な尊重と配慮」をもって人々を扱うことは「分配的正義」の文脈上，人々の「何を」平等にするかの問題であるとする。「資源の平等論」が他の諸理論の批判的考察から導かれる。2部は福祉プログラム，選挙資金問題などを考察する。

権利論（増補版）
R. Dworkin, *Taking Rights Seriously*, 1977
R．ドゥウォーキン著　木下毅・小林公・野坂泰司訳
A5判・400頁・4000円（2003年・9刷）ISBN4-8332-2326-X C3032
　Ⅰ・Ⅱルールのモデル　Ⅲ難解な事案　Ⅳ憲法上の事案　Ⅴ正義と権利　Ⅵ権利の尊重　Ⅶ市民的不服従　Ⅷ逆差別　エピローグ
　正義，市民的不服従，人種差別などを論じながら，功利主義に対し「平等な尊重と配慮」を受ける自然権の優位を主張する。現代法哲学の代表的名著の邦訳。序文・序章をつけ加えて増補。

権利論 Ⅱ
R. Dworkin, *Taking Rights Seriously*, 1977
R．ドゥウォーキン著　小林公訳（立教大学法学部）
A5判・246頁・2500円（2001年）ISBN4-8332-2299-X C3032
　先に訳出刊行した『権利論』の続編に当る。原書で訳出されなかった9～13章と付録の全体を訳出（9. 自由とモラリズム　10. 自由とリベラリズム　11. どのような権利を我々は有しているか　12. 権利には異論の余地がありうるか　附. 批判者への返答）。法実証主義への批判と権利のテーゼを擁護した社会哲学的詳説。

自由の法
■米国憲法の道徳的解釈
Ronald Dworkin, *Freedom's Law*, 1996
R．ドゥウォーキン著　石山文彦訳（大東文化大学法学部）
A5判・522頁・6000円（2003年・2刷）ISBN4-8332-2280-9
　著者の体系的法理論に含まれる純一性の理念を擁護するという主張を，米国社会の様々な現実問題に適用し，国論を二分している個人の基本権をめぐる憲法上の具体的事例と関連付けて論じる。

合意による道徳
David Gauthier, *Morals by Agreement*, 1986
D．ゴティエ著　小林　公訳
A5判・456頁・5000円（1999年）ISBN4-8332-2281-7
　市場至上主義に立つ経済行為が必ずしも十分ではない所以を，ゲーム理論と合理的選択理論を駆使して説明し，契約と合意による道徳の優位を立証して学界に議論を呼び起こした名著。
1. 理論の概観　2. 選択：理性と価値　3. 戦略：理性と均衡
4. 市場：道徳からの自由　5. 協力：バーゲンと正義　6～11。